COMPLIANCE INTELIGENTE NAS CONTRATAÇÕES PÚBLICAS

DEFESA EFETIVA DA CONCORRÊNCIA

ALISSON CARVALHO DE ALENCAR

COMPLIANCE INTELIGENTE NAS CONTRATAÇÕES PÚBLICAS

DEFESA EFETIVA DA CONCORRÊNCIA

Belo Horizonte

FÓRUM
CONHECIMENTO

2026

FÓRUM
CONHECIMENTO

Luís Cláudio Rodrigues Ferreira
Presidente e Editor

Coordenação editorial: Leonardo Eustáquio Siqueira Araújo
Thaynara Faleiro Malta
Assistente editorial: Luisa Freitas
Revisão: Bárbara Ferreira
Capa, projeto gráfico e diagramação: Walter Santos

Rua Paulo Ribeiro Bastos, 211 – Jardim Atlântico – CEP 31710-430
Belo Horizonte – Minas Gerais – Tel.: (31) 99412.0131
www.editoraforum.com.br – editoraforum@editoraforum.com.br

Técnica. Empenho. Zelo. Esses foram alguns dos cuidados aplicados na edição desta obra. No entanto, podem ocorrer erros de impressão, digitação ou mesmo restar alguma dúvida conceitual. Caso se constate algo assim, solicitamos a gentileza de nos comunicar através do *e-mail* editorial@editoraforum.com.br para que possamos esclarecer, no que couber. A sua contribuição é muito importante para mantermos a excelência editorial. A Editora Fórum agradece a sua contribuição.

Dados Internacionais de Catalogação na Publicação (CIP) de acordo com ISBD

A368c Alencar, Alisson Carvalho de

Compliance inteligente nas contratações públicas: defesa efetiva da concorrência / Alisson Carvalho de Alencar. Belo Horizonte: Fórum, 2026.

316 p. 14,5x21,5cm
ISBN impresso 978-85-450-0982-5
ISBN digital 978-85-450-0981-8

1. Compliance público. 2. Licitações. 3. Integridade administrativa. 4. Concorrência. 5. Contratações públicas. 6. Combate à corrupção. I. Título.

CDD: 342
CDU: 342

Ficha catalográfica elaborada por Lissandra Ruas Lima – CRB/6 – 2851

Informação bibliográfica deste livro, conforme a NBR 6023:2018 da Associação Brasileira de Normas Técnicas (ABNT):

ALENCAR, Alisson Carvalho de. *Compliance inteligente nas contratações públicas*: defesa efetiva da concorrência. Belo Horizonte: Fórum, 2026. 316 p. ISBN 978-85-450-0982-5.

SUMÁRIO

PREFÁCIO
Jorge Ulisses Jacoby Fernandes 7

INTRODUÇÃO 11

CAPÍTULO 1
DIREITO À CONCORRÊNCIA NAS CONTRATAÇÕES E LICITAÇÕES PÚBLICAS 15
1.1 Direito Concorrencial no Brasil e na Espanha 17
1.2 Licitações públicas no Brasil e na Espanha 32
1.3 Direito à concorrência nas licitações e contratações públicas: estudo comparado entre os sistemas do Brasil e da Espanha 52

CAPÍTULO 2
AS PRÁTICAS ANTICOMPETITIVAS EM LICITAÇÕES 61
2.1 Combate aos cartéis em licitações no Brasil 67
2.1.1 Detecção dos cartéis e modelo de atuação 70
2.1.2 Sanções e procedimentos especiais 77
2.1.3 Prevenção e avaliação de resultados 82
2.2 Combate aos cartéis em licitações na Espanha 87
2.2.1 Definição e detecção dos cartéis 88
2.2.2 Sanções aplicáveis e programa de leniência 98
2.2.3 Atividade preventiva e avaliação de resultados 106
2.3 As recomendações da OCDE para o combate aos cartéis em licitações 110

CAPÍTULO 3

CONTROLE E *COMPLIANCE* DE PRÁTICAS ANTICOMPETITIVAS EM LICITAÇÕES PÚBLICAS 115

3.1 O modelo brasileiro de controle e *compliance* 121

3.2 O modelo espanhol de controle e *compliance* 141

3.3 A adaptação dos modelos frente à pandemia do coronavírus 158

CAPÍTULO 4

O *COMPLIANCE* INTELIGENTE COMO FERRAMENTA EFETIVA DE DEFESA DA CONCORRÊNCIA 171

4.1 A necessidade de adequação do modelo da Administração Pública à era digital 198

4.1.1 A evolução do modelo administrativo no Brasil 198

4.1.2 A evolução do modelo administrativo na Espanha 217

4.2 Proposta de novo modelo: *compliance* inteligente e defesa da concorrência 224

CAPÍTULO 5

EXPERIÊNCIA DO USO DE TECNOLOGIA NO CONTROLE DAS PRÁTICAS ANTICOMPETITIVAS EM LICITAÇÕES PÚBLICAS 257

5.1 Experimento brasileiro 260

5.2 Experimento espanhol 273

5.3 Diagnóstico, comparação e recomendações de aprimoramento 288

Considerações finais 293

REFERÊNCIAS 297

PREFÁCIO

É com imensa satisfação e profundo respeito que apresento o prefácio desta obra inovadora, "*Compliance* inteligente nas contratações públicas: defesa efetiva da concorrência", de autoria de Alisson Carvalho de Alencar. Em um cenário global em que a integridade das contratações públicas se tornou um pilar essencial para o desenvolvimento econômico e social, o tema central deste livro ressoa com urgência e relevância. A corrupção, como amplamente demonstrado em índices oficiais e estudos internacionais, transcendeu as barreiras locais para se tornar um fenômeno transnacional, drenando trilhões de dólares anualmente da economia mundial e corroendo a confiança nas instituições. A problemática do combate a esse mal, especialmente no âmbito das aquisições governamentais, clama por soluções que superem os modelos tradicionais, muitas vezes reativos e insuficientes diante da sofisticação das práticas ilícitas.

Nesse contexto desafiador, a busca por mecanismos preventivos e eficazes de defesa da concorrência e da integridade se impõe como uma prioridade inadiável. A transparência, a modernização da fiscalização e a colaboração entre as esferas de controle tornam-se imperativas. Este livro surge como um farol nesse debate, ao propor um "*compliance* inteligente" que não apenas reprime a corrupção, mas atua proativamente, em larga escala, com o auxílio de tecnologias de ponta, promovendo a efetiva concorrência e a participação social. É crucial que a sociedade e os operadores do Direito compreendam a dimensão e a complexidade desses desafios para, em conjunto, construir um ambiente de maior probidade e eficiência na gestão dos recursos públicos.

A qualificação do autor, Alisson Carvalho de Alencar, para abordar um tema de tamanha complexidade é irrefutável e se manifesta de forma contundente em seu vasto currículo. Doutor em Direito pela Universidade de Salamanca e mestre em Administração Pública pela Fundação Getúlio Vargas, sua tese de doutorado, intitulada "*Compliance* inteligente nas contratações públicas: defesa efetiva da concorrência" reflete a profundidade de sua dedicação ao assunto. Como Procurador-Geral do Ministério Público que atua junto ao Tribunal de Contas do

Estado de Mato Grosso e ex-advogado da União, Alisson combina uma sólida base acadêmica com uma vasta experiência prática em Direito Público e Controle Externo. Além disso, suas pesquisas de pós-doutorado e artigos publicados sobre o uso de inteligência artificial e *e-marketplaces* em compras públicas, como "Um modelo de *e-marketplace* para compras públicas eficazes com o uso de inteligência artificial generativa", demonstram seu engajamento com as soluções mais inovadoras para o setor, conferindo-lhe a autoridade necessária para guiar o leitor por este caminho.

A obra se destaca não apenas pela originalidade de sua tese central — o "*compliance* inteligente" —, mas também pela forma como se desenvolve, conferindo ao leitor uma compreensão clara e abrangente de um universo multidisciplinar. Ao analisar criticamente os sistemas jurídicos de contratações públicas no Brasil e na Espanha, o autor proporciona um estudo comparativo valioso, elucidando as peculiaridades e convergências que moldam a defesa da concorrência em ambos os países. Diferente de abordagens que se restringem ao legalismo, o livro mergulha nas práticas anticompetitivas, como os cartéis em licitações, e oferece uma análise detalhada dos mecanismos de controle interno e externo, incluindo a adaptabilidade desses modelos em situações de crise, como a pandemia de covid-19, um ponto de conexão atual e raramente explorado com tal profundidade.

O conteúdo se aprofunda na necessidade de adequação da Administração Pública à era digital, revisitando a evolução dos modelos administrativos (patrimonialista, burocrático e gerencial) para justificar a premente adoção de tecnologias como inteligência artificial e *machine learning*. A menção a iniciativas concretas, como os robôs ALICE, SOFIA e MONICA do Tribunal de Contas da União no Brasil, e as estratégias de interoperabilidade e governo digital na Espanha, oferece exemplos práticos e tangíveis de como a teoria pode ser aplicada. A clareza na explanação dos conceitos, aliada a um rigoroso embasamento em recomendações de organismos como a OCDE, facilita a compreensão de temas complexos, tornando o livro acessível tanto para especialistas quanto um público mais amplo interessado em integridade e eficiência na gestão pública. A proposta de um sistema que atue preventivamente, em rede, em larga escala, com participação social e viés tecnológico, não é apenas um ideal, mas um roteiro detalhado para um futuro mais íntegro e justo.

Para mim, Jorge Ulisses Jacoby Fernandes, é uma honra prefaciar esta obra. Sua leitura não é apenas um exercício de aprendizado, mas um convite à reflexão e à ação. Tenho convicção de que este livro está destinado ao sucesso, vindo a preencher uma lacuna existente até agora no pensamento científico, oferecendo um arcabouço teórico e prático para o enfrentamento da corrupção e o fortalecimento da concorrência em um mundo cada vez mais digitalizado. É uma contribuição inestimável para a literatura jurídica e para o avanço da Administração Pública.

Jorge Ulisses Jacoby Fernandes

Mestre em Direito pela Universidade Federal de Pernambuco, advogado e professor de Direito Administrativo. Consultor, escritor, conferencista e palestrante de renome nacional e internacional, além de fundador do escritório Jacoby Fernandes Reolon Advogados Associados. Atuou em diversas funções públicas, como Conselheiro do Tribunal de Contas do Distrito Federal, Procurador e Procurador-geral do Ministério Público junto ao Tribunal de Contas do DF, Juiz do Tribunal Regional do Trabalho da 10ª Região e Administrador Postal e Advogado da ECT. Também é membro benemérito do Instituto Amazonense do Direito Administrativo (IADA), do Instituto de Direito Administrativo de Mato Grosso do Sul (IDAMS), Membro Honorário do Instituto Nacional da Contratação Pública (INCP) e consultor cadastrado no Banco Mundial. Como conferencista e palestrante é um dos profissionais mais solicitados para cursos e congressos em todo o país. Autor de várias obras sobre o tema da Administração Pública, das quais destacam-se: *Tratado de Licitações e Contratos Administrativos, Contratação Direta sem Licitação, Tomada de Contas Especial, Sistema de Registros de Preços e Pregão Eletrônico,* além de ser organizador e coordenador de vários textos legais, dentre eles a *Lei nº 8.666/1993* e o *Vade-Mécum de Licitações e Contratos.*

INTRODUÇÃO

Esta obra tem por objeto de investigação o sistema jurídico-administrativo de contratações públicas do Brasil e da Espanha, apurando o funcionamento da proteção ao Direito Concorrencial e o combate à corrupção em práticas anticompetitivas. Ademais, analisará o funcionamento das atividades de controle e *compliance* de suas instituições para, ao final, propor um novo modelo de atuação, baseado no uso da tecnologia — em especial, a inteligência artificial — em prol da fiscalização de cartéis e fraudes em licitações.

Neste sentido, é necessário compreender a importância do tema: em primeiro lugar, tem-se a problemática da corrupção. Segundo a Organização das Nações Unidas (ONU), todos os anos 1 trilhão de dólares são pagos em subornos e cerca de 2,6 trilhões de dólares são desviados em atos de corrupção, valores que representam mais de 5% do PIB mundial.[1] Isso demonstra que, apesar dos esforços em combater a corrupção, ela ainda alcança patamares elevados de prejuízo em todo o mundo.

Neste contexto, por um lado, tem-se o Brasil, cuja problemática da corrupção desperdiça cerca de R$ 200 bilhões por ano.[2] A expressividade do prejuízo impacta diretamente o desenvolvimento do país e o cotidiano da população, que sofre com a falta de hospitais[3] e a crise na

---

[1] UNODC. Escritório das Nações Unidas sobre Drogas e Crime. *Agências da ONU alertam para impactos da corrupção no desenvolvimento dos países*. Disponível em: https://nacoesunidas.org/agencias-da-onu-alertam-para-impactos-da-corrupcao-no-desenvolvimento-dos-paises/. Publicado em: 15 dez. 2017. Acesso em: 11 abr. 2025.

[2] DA REDAÇÃO. *Quem rouba mata milhões*. Disponível em: https://www2.senado.leg.br/bdsf/bitstream/handle/id/513389/noticia.html?sequence=1. Acesso em: 23 abr. 2025.

[3] DA REDAÇÃO. *Por falta de recursos, um hospital fecha por semana no Brasil*. Disponível em:

segurança pública.[4] Na apuração de apenas *um* dos casos brasileiros mais recentes, o custo da corrupção em apenas uma das empreiteiras investigadas é de R$ 10 bilhões; e representaria, segundo estimativa de especialistas, a construção de 5.150 postos de saúde ou a edificação de 5.421 creches,[5] em um país em que os índices oficiais em saúde e educação são alarmantes em razão da ausência de recursos e da gestão ineficiente nessas áreas prioritárias.

Ainda sobre o tema e com base em opiniões de especialistas, o Índice de Percepção da Corrupção (IPC), produzido pela Transparência Internacional, mede estes níveis no setor público em todo o mundo. O IPC usa uma escala de zero (altamente corrupto) a 100 (altamente íntegro) para realizar essa análise. Dos 180 países avaliados pelo índice de 2019, a Espanha ocupou a 30ª posição, com 62 pontos — juntamente com Barbados, Portugal e Qatar —, enquanto o Brasil figurou na 106ª posição, com apenas 35 pontos — dividindo o posto com países como a Argélia, o Egito e a Mongólia.[6]

Apesar de serem realidades bastante distintas, ambos os países enfrentam prejuízos em seus cofres públicos em virtude da corrupção — cada um em sua proporção. A problemática da corrupção está, inclusive, no foco de debates nacionais e internacionais, que buscam soluções para frear o seu avanço e punir seus responsáveis.

Este estudo tratará da corrupção em sede de contratações públicas, considerando ser um orçamento bastante elevado, tanto no Brasil — segundo o Tribunal de Contas da União, as contratações públicas envolvem de 10 a 15% do PIB brasileiro[7] — quanto na Espanha

---

http://anahp.com.br/noticias/noticias-do-mercado/por-falta-de-recursos-um-hospital-fecha-por-semana-no-brasil. Publicado em: 18 jul. 2014. Acesso em: 24 set. 2020. Ver, também, ROCHA, Lilian Rose. *Corrupção*: os efeitos deletérios sobre as políticas de saúde. Disponível em: https://www.uniceub.br/media/1045444/Corrup%C3%A7%C3%A3o_os_efeitos_delet%C3%A9rios_sobre_as.pdf. Acesso em: 11 abr. 2025.

[4] GOMBATA, Marsílea. *Modelo brasileiro de segurança favorece a corrupção*. Disponível em: http://www.valor.com.br/politica/5329415/modelo-brasileiro-de-seguranca-favorece-corrupcao. Publicado em: 19 fev. 2018. Acesso em: 12 abr. 2025.

[5] DA REDAÇÃO. *Dinheiro de propina da Odebrecht poderia fazer muito pela população*. Disponível em: http://g1.globo.com/bom-dia-brasil/noticia/2017/04/dinheiro-de-propina-da-odebrecht-poderia-fazer-muito-pela-populacao.html. Publicado em: 17 abr. 2017. Acesso em: 11 abr. 2025.

[6] TRANSPARÊNCIA Internacional. Índice de percepção da corrupção. 2019. Disponível em: https://images.transparencycdn.org/images/2019_CPI_Report_EN_200331_141425.pdf. Acesso em: 11 abr. 2025.

[7] Segundo levantamento realizado pelo Tribunal de Contas da União, o tema de licitações e contratos envolve de 10 a 15% do Produto Interno Bruto (PIB) nacional, com valores de aproximadamente R$ 500 bilhões/ano. *Vide:* BRASIL. Tribunal de Contas da União.

— segundo a Comissão Nacional de Mercados e Concorrência, os valores representam entre 10 e 20% do PIB espanhol.[8]

Diante da expressividade dos recursos, a ineficiência das contratações públicas merece estudo mais aprofundado, em especial no que diz respeito às fraudes em licitações. Comumente, elas acontecem por meio do superfaturamento nos preços de bens e serviços, superestimativa de quantidades ou exigência excessiva de critérios qualitativos dos itens a serem contratados — são estes os principais mecanismos de viabilização da corrupção no setor de compras públicas.

Diante deste quadro, esta obra buscará demonstrar a dimensão do impacto da corrupção no setor público brasileiro. O método utilizado para a investigação do tema e construção deste volume foi o dedutivo, a partir do qual se constroem conclusões a partir de premissas jurídicas preestabelecidas.

O estudo está dividido em cinco capítulos: no primeiro, serão apresentadas noções gerais acerca do Direito Concorrencial em sede de contratações públicas, tanto no Brasil quanto na Espanha. Ademais, expor-se-á a sistemática das licitações públicas nos dois países para, então, realizar um estudo crítico dos sistemas jurídicos quando comparados entre si.

Em um segundo momento, no capítulo dois, o estudo adentrará na temática das práticas anticompetitivas em sede de contratos e licitações públicas. Maior destaque será dado à atividade dos cartéis em licitação, além de um panorama sobre os órgãos administrativos que realizam a fiscalização e regulação do direito à concorrência em cada país, além de seus métodos de atuação. Ao final deste título, são apontadas as recomendações da Organização para a Cooperação e Desenvolvimento Econômico (OCDE) para a melhor atuação no combate aos cartéis em licitações em sede de seus países membros.

Em seguida, no capítulo terceiro, adentrar-se-á na temática das atividades de controle e *compliance*, demonstrando um panorama geral

---

Acórdão nº 2.622/2015. Disponível em: https://contas.tcu.gov.br/sagas/SvlVisualizarRelVotoAcRtf?codFiltro=SAGAS-SESSAO-ENCERRADA&seOcultaPagina=S&item0=537209. Acesso em: 13 abr. 2025.

8 ESPANHA. Comissão Nacional de Mercados e Concorrência. *La CNMC publica un estudio sobre los procedimientos de contratación pública en España*. Disponível em: *https://www.cnmc.es/node/373651*. Acesso em: 13 abr. 2025. "El informe destaca que la contratación pública representa entre el 10% y el 20% del PIB español, por lo que tiene una innegable relevancia en la economía. Por esta razón, la mejora de los procedimientos de contratación contribuye activamente a sostener las cuentas públicas y permite que se ofrezcan más servicios públicos y de mejor calidad".

sobre a integridade do setor público, bem como os modelos brasileiro e espanhol de atuação nessas frentes, que fiscalizam a matéria. Será explanada, ainda que brevemente, a adaptação destes modelos frente à pandemia do coronavírus, situação de caráter emergencial que afetou as contratações públicas de ambos os países no ano de 2020.

No quarto capítulo, será apresentado o histórico de evolução dos modelos de Administração Pública existentes no Brasil e na Espanha, além de se demonstrar a necessidade de sua adequação à era digital. Além disso, este estudo apontará uma sugestão de nova forma de atuação dos mecanismos de controle e dos programas de integridade nas contratações públicas, por meio do uso de ferramentas tecnológicas e, em especial, da inteligência artificial — modelo que se denominará de "*compliance* inteligente". Este segue os seguintes pilares: (i) tem caráter preventivo, (ii) é exercido em larga escala, com o uso de inteligência artificial e ferramentas *de machine learning* na análise meritória de informações, (iii) foca na colaboração plena e em tempo real entre as instituições de controle e (iv) estimula a ampla participação social efetiva, conforme se verá adiante.

Por fim, no último capítulo, serão apresentadas, ainda, algumas experiências ocorridas no Brasil e na Espanha em relação ao uso de tecnologia no controle das práticas anticompetitivas em licitações públicas, finalizando a obra com um diagnóstico e recomendações de aprimoramento para a construção do novo modelo.

DIREITO À CONCORRÊNCIA NAS CONTRATAÇÕES E LICITAÇÕES PÚBLICAS

Para tratar da temática principal deste estudo, qual seja, a defesa efetiva da competência, por meio do desenvolvimento de um programa de *compliance* inteligente nas contratações públicas, faz-se necessário abordar alguns temas preliminares, cujas conclusões levarão à melhor compreensão deste estudo como um todo.

Neste sentido, este primeiro capítulo fará uma abordagem genérica acerca dos sistemas jurídicos de Direito Concorrencial e das licitações públicas, sempre realizando o comparativo entre a situação brasileira e a espanhola. Assim, far-se-á a análise de um, depois de outro e, ao final, dos dois temas em conjunto, ao que se denominará como "direito à concorrência nas licitações e contratações públicas".

Com efeito, é necessário esclarecer, inicialmente, como se dá o funcionamento jurídico dos países em estudo, compreendendo suas diferenças substanciais e estabelecendo os pressupostos deste estudo.

Em um primeiro viés, tem-se o Brasil, cuja forma de Estado é de uma república federativa e tem por fundamentos básicos a soberania, a cidadania, a dignidade da pessoa humana, os valores sociais do trabalho, a livre-iniciativa e o pluralismo político. Há, ainda, a tripartição dos Poderes, que são o Legislativo, o Executivo e o Judiciário, sendo eles independentes e harmônicos entre si.[9]

Com a promulgação da Constituição da República de 1988, houve a implantação de um Estado Democrático de Direito, cujo objetivo principal é conciliar o reconhecimento de uma esfera jurídica

[9] BRASIL. *Constituição Federal de 1988*. Disponível em: http://www.planalto.gov.br/ccivil_03/constituicao/constituicaocompilado.htm. Acesso em: 20 abr. 2025.

individual intangível pelo Poder Público com as metas constitucionais de justiça social.[10]

No Brasil, cabe à Administração Pública efetivar os compromissos que a Constituição Federal impõe ao Estado, exercendo a função administrativa e devendo respeitar rigorosamente os direitos e garantias individuais. Nesta toada, é importante destacar que é o presidencialismo que rege o sistema político do país, com a concentração das competências de chefe de Estado e chefe de governo em uma mesma figura, qual seja a do presidente da república.[11]

Por outro lado, tem-se a Espanha, que passou a pertencer à Comunidade Econômica Europeia — atual União Europeia — pela adesão ao seu tratado constitutivo no ano de 1985.[12] Por meio desta adesão, o país aceitou a aplicação direta de determinados atos e disposições da Comunidade, além da primazia do chamado "direito comunitário" em detrimento das disposições nacionais contrárias a ele.

Desde então, ficou a Espanha obrigada a incorporar as diretivas comunitárias obrigatórias da União Europeia para assegurar a uniformidade do Direito Comunitário entre os países signatários do tratado. Assim, os tratados que criam e fundamentam a União Europeia formam o chamado "Direito Originário". Já as normas elaboradas pelas instituições da União, como as diretivas, quando incorporadas ao ordenamento jurídico dos Estados-membros, passam a compor o "Direito Derivado".[13]

Além disso, a Espanha é uma monarquia parlamentarista, constituída em um Estado Social e Democrático de Direito, e os valores de seu ordenamento jurídico são a liberdade, a justiça, a igualdade e o pluralismo político. Ademais, a soberania nacional é do povo espanhol, do qual emanam os poderes do Estado.[14]

---

[10] FRANÇA, Vladimir da Rocha. Desafios contemporâneos da Administração Pública brasileira. *In:* PONTES FILHO, Valmir; MOTTA, Fabrício; GABARDO, Emerson (coord.). *A regeneração da Administração Pública brasileira*. Curitiba: Íthala, 2017. p. 145.

[11] Idem.

[12] UNIÃO EUROPEIA. *Tratado de adesão do Reino da Espanha e da República Portuguesa às Comunidades Europeias, de 31 de maio de 1985.* Diário Oficial das Comunidades Europeias nº L 302 de 15/11/1985, p. 0003-0004 Disponível em: https://eur-lex.europa.eu/legal-content/ES/TXT/?uri=OJ:L:1985:302:TOC. Acesso em: 20 abr. 2025.

[13] ESPANHA. *O que é a União Europeia*: o direito comunitário. Disponível em: http://www.exteriores.gob.es/RepresentacionesPermanentes/EspanaUE/es/quees2/Paginas/El-Derecho-comunitario.aspx. Acesso em: 20 abr. 2025.

[14] ESPANHA. *Constituição Espanhola. 1978.* Boletim Oficial do Estado nº 311, de 29/12/1978. Disponível em: https://www.boe.es/buscar/act.php?id=BOE-A-1978-31229. Acesso em: 17 out. 2019. Artículo 1. 1. España se constituye en un Estado social y democrático de

O Poder Legislativo é composto pelo parlamento, chamado de "Cortes Generales", formado pelo Congresso dos Deputados e pelo Senado. São as Cortes Gerais que exercem a autoridade legislativa do Estado, controlam as ações do governo e aprovam seus orçamentos.[15]

Além disso, o Poder Executivo é exercido por um presidente do governo, que dirige a atuação governamental e coordena as funções de seus membros, sem prejuízo da competência e da responsabilidade direta de cada ministro na condução de sua respectiva área.[16]

O Poder Judiciário, por sua vez, é exercido em nome do rei por juízes e magistrados, integrantes do Poder Judicial, os quais são independentes, inamovíveis, responsáveis e submetidos unicamente ao império da lei. Ademais, o exercício da jurisdição compete aos tribunais, nos termos da lei, de acordo com as regras de jurisdição e procedimento por ela estabelecidas.[17]

Por conseguinte, diante das premissas aqui estabelecidas, passa-se à exposição do primeiro tema deste capítulo, qual seja o regime de Direito Concorrencial destes países, bem como suas particularidades.

1.1 Direito Concorrencial no Brasil e na Espanha

Este primeiro item irá demonstrar, genericamente, a forma em que o Brasil e a Espanha regulamentaram o direito à competição e/ou da concorrência em suas próprias jurisdições. Desta forma, ficarão demonstrados aspectos como a legislação nacional sobre a

---

Derecho, que propugna como valores superiores de su ordenamiento jurídico la libertad, la justicia, la igualdad y el pluralismo político. 2. La soberanía nacional reside en el pueblo español, del que emanan los poderes del Estado. 3. La forma política del Estado español es la Monarquía parlamentaria.

15 *Idem.* Artículo 66. 1. Las Cortes Generales representan al pueblo español y están formadas por el Congreso de los Diputados y el Senado. 2. Las Cortes Generales ejercen la potestad legislativa del Estado, aprueban sus Presupuestos, controlan la acción del Gobierno y tienen las demás competencias que les atribuya la Constitución. 3. Las Cortes Generales son inviolables.

16 ESPANHA. *Portal de la Transparencia:* Presidencia del Gobierno. Disponível em: https://transparencia.gob.es/transparencia/transparencia_Home/index/PublicidadActiva/OrganizacionYEmpleo/Funciones/Funciones-PG.html. Acesso em: 20 abr. 2025.

17 ESPANHA. *Constituição Espanhola de 1978.* Artículo 177. 1. La justicia emana del pueblo y se administra en nombre del Rey por Jueces y Magistrados integrantes del poder judicial, independientes, inamovibles, responsables y sometidos únicamente al imperio de la ley. (...) 3. El ejercicio de la potestad jurisdiccional en todo tipo de procesos, juzgando y haciendo ejecutar lo juzgado, corresponde exclusivamente a los Juzgados y Tribunales determinados por las leyes, según las normas de competencia y procedimiento que las mismas establezcan.

temática concorrencial, a competência para a fiscalização das questões econômicas e eventuais avanços ou desafios sobre o tema. É o que se verá a seguir.

a) O direito à concorrência no Brasil

A defesa da ordem econômica no Brasil tem seus princípios estampados na Constituição Federal, que, em seu art. 170, estabelece ser fundada na valorização do trabalho humano e na livre-iniciativa, tendo por fim assegurar a todos uma existência digna, conforme os ditames da justiça social e princípios como a função social da propriedade, a livre concorrência e o tratamento favorecido para as empresas de pequeno porte, entre outros.[18] Sobre o tema, o então Ministro Eros Grau, do Supremo Tribunal Federal, destacou:

> É certo que a ordem econômica na Constituição de 1988 define opção por um sistema no qual joga um papel primordial a livre iniciativa. Essa circunstância não legitima, no entanto, a assertiva de que o Estado só intervirá na economia em situações excepcionais. Mais do que simples instrumento de governo, a nossa Constituição enuncia diretrizes, programas e fins a serem realizados pelo Estado e pela sociedade. Postula um plano de ação global normativo para o Estado e para a sociedade, informado pelos preceitos veiculados pelos seus arts. 1º, 3º e 170. A livre iniciativa é expressão de liberdade titulada não apenas pela empresa, mas também pelo trabalho. Por isso a Constituição, ao contemplá-la, cogita também da "iniciativa do Estado"; não a privilegia, portanto, como bem pertinente apenas à empresa. Se de um lado a Constituição assegura a livre iniciativa, de outro determina ao Estado a adoção de todas as providências tendentes a garantir o efetivo exercício do direito à educação, à cultura e ao desporto (arts. 23, V; 205; 208; 215; e 217, §3º, da Constituição). Na composição entre esses princípios e regras há de ser preservado o interesse da coletividade, interesse público primário.[19]

Neste sentido, importa destacar que o sistema econômico-financeiro do Brasil exige que o Estado faça uso dos programas e diretrizes estabelecidos na Constituição Federal para fomentar a

[18] BRASIL. *Constituição Federal. 1988.* Disponível em: http://www.planalto.gov.br/ccivil_03/constituicao/constituicao.htm. Acesso em: 19 abr. 2025.

[19] STF. *Ação Direta de Inconstitucionalidade nº 1.950.* Rel. Min. Eros Grau, j. 03/11/2005, DJ de 02/06/2006. Disponível em: http://www.stf.jus.br/portal/constituicao/artigobd.asp?item=%201663. Acesso em: 20 abr. 2025.

livre-iniciativa; de tal sorte que o interesse público primário seja sempre preservado e contemplado por meio de providências que garantam o exercício do direito à educação, ao lazer e à cultura.

Ademais, a Constituição de 1988 prevê, em seu art. 173, §4º, que "a lei reprimirá o abuso do poder econômico que vise à dominação dos mercados, à eliminação da concorrência e ao aumento arbitrário dos lucros".[20] Tal dispositivo demonstra que a liberdade de iniciativa empresarial — enquanto inserida no contexto econômico — deverá ser exercitada não somente com vistas ao lucro, mas também como instrumento de realização social,[21] conforme os princípios do Estado Democrático de Direito do Brasil.

Neste ínterim, a repressão ao abuso do poder econômico é regulamentada no sistema brasileiro pela chamada Lei Antitruste — Lei nº 12.529/2011,[22] que estruturou o Sistema Brasileiro de Defesa da Concorrência (SBDC) e substituiu a antiga Lei nº 8.884/94, que regia a matéria até então. Athayde rememora:

> Apesar de o Direito da Concorrência encontrar fundamento constitucional no Brasil desde a Constituição de 1946 (cujo marco legislativo foi a Lei 4.137/1962), que permitiu o início do posicionamento institucional do Conselho, sabe-se que o fortalecimento da proteção à ordem econômica e do próprio papel do CADE se deu com a Constituição de 1988 e, posteriormente, com a Lei 8.884/94.[23]

Assim, o papel do CADE tomou destaque com a Constituição de 1988 e se fortaleceu, ainda mais, a partir da edição da nova lei, que passou a vigorar em maio de 2012 e estruturou o SBDC de forma centralizada. Ou seja, é de competência exclusiva do Conselho Administrativo de Defesa Econômica (CADE), em conjunto com a Secretaria de Acompanhamento Econômico do Ministério da Fazenda, o julgamento de casos administrativos sobre a temática concorrencial.

---

[20] BRASIL. *Constituição Federal. 1988.* Disponível em: http://www.planalto.gov.br/ccivil_03/constituicao/constituicao.htm. Acesso em: 19 abr. 2025.

[21] BRUNA, Sérgio Varella. *O poder econômico e a conceituação do abuso em seu exercício. Apud* TAUFICK, Roberto Domingos. *Nova lei antitruste brasileira.* 2. ed. São Paulo: Almedina Brasil, 2017. p. 28.

[22] BRASIL. *Lei nº 12.529, de 30 de novembro de 2011.* Disponível em: http://www.planalto.gov.br/ccivil_03/_ato2011-2014/2011/lei/l12529.htm. Acesso em: 12 abr. 2025.

[23] ATHAYDE, Amanda. *As três ondas do antitruste no Brasil.* Disponível em: https://www.jota.info/opiniao-e-analise/artigos/as-tres-ondas-do-antitruste-no-brasil-01112017. Acesso em: 20 abr. 2025.

Assim, o papel do CADE ganhou destaque com a Constituição de 1988 e se fortaleceu, ainda mais, a partir da edição da Lei nº 12.529/2011, que passou a vigorar em maio de 2012.[24] Essa lei estruturou o Sistema Brasileiro de Defesa da Concorrência (SBDC) de forma centralizada, atribuindo ao Conselho Administrativo de Defesa Econômica (CADE) a competência exclusiva para o julgamento de processos administrativos sobre matéria concorrencial. Ademais, a Secretaria de Acompanhamento Econômico (SEAE) do Ministério da Fazenda contribui atuando como órgão de apoio técnico, porém, sem função decisória.

A finalidade da lei está em regular a concorrência de mercado para que não haja exploração predatória de nenhum tipo de atividade econômica. Neste sentido, Varella Bruna tece comentários:

> A liberdade de iniciativa empresarial, portanto, porque inserida no contexto constitucional, há de ser exercitada não somente com vistas ao lucro, mas também como instrumento de realização da justiça social — da melhor distribuição de renda — com a devida valorização do trabalho humano, como forma de assegurar a todos uma existência digna.[25]

Portanto, infere-se que, por um lado, tem-se a liberdade de empresa e seu viés econômico de obtenção de lucro, mas, por outro lado, existe a necessidade iminente de fortalecimento de valores sociais, tais como o trabalho e a dignidade da pessoa humana. Importante destacar que, no Brasil, a tutela da concorrência não é um fim em si mesmo, havendo a possibilidade de ser afastada quando em dissonância com o escopo maior, conforme esclarece Forgioni:

> O caráter instrumental da proteção da concorrência permanece na atual Constituição, que manda reprimir o abuso do poder econômico que vise à dominação dos mercados e à eliminação da concorrência (art. 173, §4º), em atenção ao princípio da livre concorrência (art. 170, IV). Manda, também, reprimir o aumento arbitrário de lucros (art. 173, §4º), conforme o princípio da defesa do consumidor (art. 170, V). Essa proteção, entretanto, vai inserta no fim geral e maior, qual seja, "assegurar a todos existência digna, conforme os ditames da justiça social", em obediência ao *caput* do art. 170 e ao art. 3º.[26]

---

[24] *Idem*, art. 128.

[25] BRUNA, Sérgio Varella. *O poder econômico e a conceituação do abuso em seu exercício*. São Paulo: Revista dos Tribunais, 1997. p. 129/130. *Apud* TAUFICK, Roberto Domingos. *Nova lei antitruste brasileira*. 2. ed. São Paulo: Almedina Brasil, 2017. p. 29.

[26] FORGIONI, Paula. *Os fundamentos do Antitruste*. 2. ed. São Paulo: Revista dos Tribunais, 2005. p. 191.

Trata-se, portanto, de caráter relevante na análise do sistema de proteção da concorrência brasileiro. Outro fator de grande relevância em uma análise concorrencial é a relevância do poder de mercado para delimitação da punibilidade do agente econômico, pois sem a presença deste fator, a prática perpetrada costuma não gerar efeitos anticompetitivos.

Assim, o poder de mercado é considerado como sendo a capacidade de um agente, unilateral ou coordenadamente, (a) aumentar preços na venda e/ou (b) reduzir os preços na compra, a quantidade produzida, a qualidade, a variedade de produtos ou serviços e/ou o ritmo das inovações.[27] Tais práticas, quando influenciam o comportamento dos consumidores no mercado, são consideradas anticompetitivas e poderão ser objeto de autuação do CADE.

Importa mencionar, também, que a estruturação do CADE foi desenhada de forma similar ao sistema norte-americano — cuja divisão se dá em um tripé, formado por (i) um escritório de economia, (ii) um escritório concorrencial e (iii) um tribunal[28] —, reproduzido na criação, respectivamente, do Departamento de Estudos Econômicos, da Superintendência-geral e do Tribunal Administrativo de Defesa Econômica, conforme lição de Taufick.[29]

Para os fins deste estudo, é importante destacar quais são as condutas que o sistema brasileiro considera como infração à ordem econômica e de que forma elas serão apuradas pela unidade responsável, obtendo, assim, uma visão geral de como se dá a defesa da concorrência no Brasil.

Neste sentido, cabe destacar que a Lei Antitruste é aplicável a toda e qualquer pessoa física ou jurídica, de direito público ou privado, cujas atividades sejam exercidas no Brasil[30] — ainda que temporariamente ou por meio de filial/sucursal.[31]

---

27 TAUFICK, Roberto Domingos. *Nova lei antitruste brasileira*. 2. ed. São Paulo: Almedina Brasil, 2017. p. 30.

28 TAUFICK, Roberto Domingos. A brief overview of the Federal Trade Comission's organization and operation. *Revista de Direito da Concorrência*, Brasília, v. 14, p. 69-106, 2007. Disponível em: http://www.cade.gov.br/acesso-a-informacao/publicacoes-institucionais/Revista_de-Defesa-da-Concorrencia/publicacoes-anteriores-da-revista-de-defesa-da-concorrencias/14a-edicao-abril-a-junho-de-2007. Acesso em: 23 abr. 2025.

29 TAUFICK, Roberto Domingos. *Op. cit.*, p. 56.

30 BRASIL. *Lei nº 12.529/2011*. Art. 31. Esta Lei aplica-se às pessoas físicas ou jurídicas de direito público ou privado, bem como a quaisquer associações de entidades ou pessoas, constituídas de fato ou de direito, ainda que temporariamente, com ou sem personalidade jurídica, mesmo que exerçam atividade sob regime de monopólio legal.

31 *Idem*. Art. 2º Aplica-se esta Lei, sem prejuízo de convenções e tratados de que seja signatário o Brasil, às práticas cometidas no todo ou em parte no território nacional ou

Sobre este tema, existe uma dificuldade no exercício das atividades do CADE em relação às empresas públicas e sociedades de economia mista que estão sob o controle da União. Pois os atos emanados por essas entidades têm sido identificados como formas de regulação econômica pelo Estado e, por esse motivo, fugido da jurisdição do CADE.[32] Veja o comentário de Taufick sobre o tema:

> Essa isenção concorrencial *de facto* representa, em última instância, identidade com os preceitos da doutrina *Parker v. Brown* norte-americana. Ao coibir a manifestação soberana do mandatário do Poder Executivo que venha a instrumentalizar políticas públicas por meio de EPFs [empresas públicas federais] e SEMFs [sociedades de economia mista federais], a atuação do Sistema Brasileiro de Defesa da Concorrência leva, em última instância, a um paradoxo, dado que o chefe do poder Executivo — a quem cabe, originariamente, formular e implementar políticas públicas —, estaria sendo tolhido, no exercício desse poder, por quem detém poder privado.[33]

Assim, nota-se um conflito de interesses entre o exercício da atividade estatal — inerente às atividades das empresas públicas e sociedades de economia mista — e a tutela concorrencial do CADE em razão do poder privado dessas entidades, gerando uma dificuldade de caráter regulatório e concorrencial. Esta questão será mais bem abordada no terceiro subtítulo deste capítulo, quando se tratará dos problemas que envolvem o direito à competição e a Administração Pública.

Destarte, as infrações à ordem econômica previstas na lei antitruste brasileira estão previstas em seu artigo 36 e tratam sobre (i) limitar, falsear ou prejudicar a livre concorrência ou iniciativa, (ii) dominar mercado relevante de bens ou serviços, (iii) aumentar arbitrariamente os lucros, e (iv) exercer de forma abusiva posição dominante. Tais atos constituem infrações, independentemente da análise de culpabilidade, ainda que seus efeitos não tenham sido alcançados.

A lei também prevê um rol de condutas que configuram infração da ordem econômica, envolvendo a combinação ou ajuste de preços,

---

que nele produzam ou possam produzir efeitos. §1º Reputa-se domiciliada no território nacional a empresa estrangeira que opere ou tenha no Brasil filial, agência, sucursal, escritório, estabelecimento, agente ou representante.

32 TAUFICK, *Op. cit.* 2017, p. 186.

33 *Idem, ibidem.*

a promoção de conduta comercial uniforme e, até mesmo, exercer ou explorar abusivamente direitos de propriedade industrial, intelectual, de tecnologia ou marca, ente outras hipóteses.[34]

Diante desse rol de infrações — que é exemplificativo, e não exaustivo[35] —, é relevante destacar qual a conduta adotada pelo SBDC

---

[34] BRASIL. *Lei nº 12.529/2011.* Art. 36. (...) §3º. As seguintes condutas, além de outras, na medida em que configurem hipótese prevista no *caput* deste artigo e seus incisos, caracterizam infração da ordem econômica: I - acordar, combinar, manipular ou ajustar com concorrente, sob qualquer forma: a) os preços de bens ou serviços ofertados individualmente; b) a produção ou a comercialização de uma quantidade restrita ou limitada de bens ou a prestação de um número, volume ou frequência restrita ou limitada de serviços; c) a divisão de partes ou segmentos de um mercado atual ou potencial de bens ou serviços, mediante, dentre outros, a distribuição de clientes, fornecedores, regiões ou períodos; d) preços, condições, vantagens ou abstenção em licitação pública; II - promover, obter ou influenciar a adoção de conduta comercial uniforme ou concertada entre concorrentes; III - limitar ou impedir o acesso de novas empresas ao mercado; IV - criar dificuldades à constituição, ao funcionamento ou ao desenvolvimento de empresa concorrente ou de fornecedor, adquirente ou financiador de bens ou serviços; V - impedir o acesso de concorrente às fontes de insumo, matérias-primas, equipamentos ou tecnologia, bem como aos canais de distribuição; VI - exigir ou conceder exclusividade para divulgação de publicidade nos meios de comunicação de massa; VII - utilizar meios enganosos para provocar a oscilação de preços de terceiros; VIII - regular mercados de bens ou serviços, estabelecendo acordos para limitar ou controlar a pesquisa e o desenvolvimento tecnológico, a produção de bens ou prestação de serviços, ou para dificultar investimentos destinados à produção de bens ou serviços ou à sua distribuição; IX - impor, no comércio de bens ou serviços, a distribuidores, varejistas e representantes preços de revenda, descontos, condições de pagamento, quantidades mínimas ou máximas, margem de lucro ou quaisquer outras condições de comercialização relativos a negócios destes com terceiros; X - discriminar adquirentes ou fornecedores de bens ou serviços por meio da fixação diferenciada de preços, ou de condições operacionais de venda ou prestação de serviços; XI - recusar a venda de bens ou a prestação de serviços, dentro das condições de pagamento normais aos usos e costumes comerciais; XII - dificultar ou romper a continuidade ou desenvolvimento de relações comerciais de prazo indeterminado em razão de recusa da outra parte em submeter-se a cláusulas e condições comerciais injustificáveis ou anticoncorrenciais; XIII - destruir, inutilizar ou açambarcar matérias-primas, produtos intermediários ou acabados, assim como destruir, inutilizar ou dificultar a operação de equipamentos destinados a produzi-los, distribuí-los ou transportá-los; XIV - açambarcar ou impedir a exploração de direitos de propriedade industrial ou intelectual ou de tecnologia; XV - vender mercadoria ou prestar serviços injustificadamente abaixo do preço de custo; XVI - reter bens de produção ou de consumo, exceto para garantir a cobertura dos custos de produção; XVII - cessar parcial ou totalmente as atividades da empresa sem justa causa comprovada; XVIII - subordinar a venda de um bem à aquisição de outro ou à utilização de um serviço, ou subordinar a prestação de um serviço à utilização de outro ou à aquisição de um bem; e XIX - exercer ou explorar abusivamente direitos de propriedade industrial, intelectual, tecnologia ou marca.

[35] CADE. *Perguntas sobre infrações à ordem econômica.* Disponível em: http://www.cade.gov.br/servicos/perguntas-frequentes/perguntas-sobre-infracoes-a-ordem-economica. Acesso em: 23 abr. 2025. p. 01. "Esse dispositivo estabelece uma lista exemplificativa e não exaustiva de condutas que têm a possibilidade de causar danos à concorrência. Se tais condutas realmente terão esse efeito quando adotadas é uma questão a ser analisada caso a caso. Entre as condutas exemplificativas do artigo 36, podemos citar, dentre outras:

para apurar e julgar essas condutas. Neste sentido, a lei estabelece alguns procedimentos administrativos, com o objetivo de prevenir, apurar e reprimir as condutas ilícitas.[36]

Assim, a apuração do CADE se inicia com um procedimento preparatório de inquérito administrativo para apuração de infrações à ordem econômica, que culminará no inquérito administrativo em si;[37] em seguida, poderá ser instaurado processo administrativo — seja para a imposição de sanções administrativas por infrações à ordem econômica,[38] para análise de ato de concentração econômica[39] ou, ainda, para a imposição de sanções processuais incidentais.[40]

Nos últimos anos, o CADE tem intensificado as investigações de práticas anticompetitivas e, em virtude disso, passou a fortalecer a qualidade da instrução dos processos, aumentando o número de condenações emitidas.[41] Sobre o tema Maggi comenta:[42]

> Em razão dessa maior exposição do CADE, a sociedade passou a perceber quais são as interferências geradas pelas decisões desse órgão na sua vida cotidiana. Compreendeu-se que a aprovação ou a reprovação de atos de concentração — resultantes da compra de uma empresa, por exemplo — pode interferir diretamente na vida das pessoas e no seu

---

cartel; cartel internacional; cartel em licitações; influência de conduta uniforme; preços predatórios; fixação de preços de revenda; restrições territoriais e de base de clientes; acordos de exclusividade; venda casada; abuso de posição dominante; recusa de contratar; *Sham Litigation*; e criar dificuldades ao concorrente".

36 BRASIL. *Lei nº 12.529/2011.* Art. 48. Esta Lei regula os seguintes procedimentos administrativos instaurados para prevenção, apuração e repressão de infrações à ordem econômica: I - procedimento preparatório de inquérito administrativo para apuração de infrações à ordem econômica; II - inquérito administrativo para apuração de infrações à ordem econômica; III - processo administrativo para imposição de sanções administrativas por infrações à ordem econômica; IV - processo administrativo para análise de ato de concentração econômica; V - procedimento administrativo para apuração de ato de concentração econômica; e VI - processo administrativo para imposição de sanções processuais incidentais.

37 *Idem*, arts. 66 a 68.

38 *Idem*, arts. 69 a 83.

39 *Idem*, arts. 53 a 65.

40 Cuja competência é da Superintendência-Geral, conforme art. 13, inciso V, da Lei nº 12.529/2011.

41 O número de condenações proferidas pelo CADE para processos administrativos saltou de apenas 2, em 1994, para 39, em 2015, conforme demonstra o Relatório de Gestão do CADE — exercício de 2016. p. 108. Disponível em: http://www.cade.gov.br/acesso-a-informacao/auditorias-1/relatorio-de-gestao-2016-versao-final.pdf/view. Acesso em: 23 abr. 2025. *Apud* MAGGI, Bruno Oliveira. *Cartel*: responsabilidade civil concorrencial. 1. ed. e-book baseado na 1. ed. impressa. São Paulo: Thomson Reuters Brasil, 2018.

42 *Idem*.

poder de compra. As importantes decisões envolvendo as empresas Nestlé e Garoto[43], as cervejarias Antarctica e Brahma[44], a criação da BR Foods[45], a fusão do Itaú com o Unibanco[46], entre outras, são bons exemplos de como a sociedade vem acompanhando as decisões emitidas pelo CADE e seus desdobramentos. Tal situação é percebida por meio da grande cobertura dada pela imprensa a tais casos.

A repercussão do trabalho do CADE, conforme narrado por Maggi, amplia a discussão sobre a missão desempenhada pela autarquia no momento de fixação das condenações, já que a pena imposta deve cumprir com suas funções retributiva e preventiva.

Assim, tendo compreendido quais as condutas tipificadas como infração à ordem econômica no Brasil, quem são os responsáveis pelas apurações e de que forma isso é realizado, tem-se uma visão geral acerca do sistema brasileiro de defesa da concorrência. A seguir, passa-se à explanação de como se dá este sistema na jurisdição espanhola.

b) O direito à concorrência na Espanha

Conforme explicitado na introdução deste capítulo, existe uma diferença primordial entre os sistemas brasileiro e espanhol, considerando que o primeiro é constituído por uma república federativa, enquanto o segundo é uma monarquia parlamentarista. Além disso, a Espanha faz parte da União Europeia, de tal sorte que deve respeitar o Direito Comunitário europeu, de acordo com o tratado de criação da Comunidade Econômica Europeia de 1985.

Neste sentido, para delinear o funcionamento do direito à concorrência na monarquia espanhola, faz-se necessário, incialmente, explicitar o funcionamento desta temática no Direito Comunitário europeu. Veja o comentário de Martín Aresti sobre o tema:[47]

---

[43] BRASIL. CADE. Ato de Concentração 08012.001697/2002-89.

[44] BRASIL. CADE. Ato de Concentração 08012.005846/1999-12.

[45] BRASIL. CADE. Ato de Concentração 08012.004423/2009-18.

[46] BRASIL. CADE. Ato de Concentração 08012.011303/2008-96.

[47] MARTÍN ARESTI, Pilar. Relaciones entre el derecho de la competencia de la unión europea y el derecho nacional español de la libre competencia. *In:* CARBAJO CASCÓN, Fernando (coord.). *Manual práctico de derecho de la competencia.* Valencia: Tirant lo Blanch, 2017. p. 54.

> Nos Estados-Membros da União Europeia, este regulamento [sobre a livre concorrência] tem uma origem dupla: de um lado, o direito nacional da concorrência, cujo objetivo é proteger o bom funcionamento competitivo do mercado interno; de outro, as regras de concorrência emanadas da União Europeia, que exercem a mesma função de tutela do mercado interno, de que fazem parte os territórios de todos os Estados-Membros da União Europeia.
>
> A princípio, o critério que define a aplicação de uma ou outra regulamentação é o do mercado em que se produz os efeitos da conduta em julgamento. Se tal comportamento produzir efeitos apenas no mercado interno, apenas será aplicável a legislação nacional. Por outro lado, se a conduta projetar efeitos no mercado interno que afetem o comércio entre os Estados-Membros, será aplicável o direito da União Europeia. [Tradução livre].[48]

Diante da lição, compreende-se que, como regra geral, o Direito aplicável ao caso concreto — se comunitário ou nacional — dependerá dos efeitos da conduta questionada: se afetam o mercado europeu ou apenas o espanhol.

A depender do Direito aplicável, as principais normas a serem observadas serão os artigos 101 e 102 do Tratado de Funcionamento da União Europeia (TFUE)[49] — aplicáveis em ambos os casos, de afetação nacional ou comunitária — e o Regulamento (CE) nº 1/2003, de 16 de dezembro de 2002[50] — que disciplina a aplicação dos referidos artigos pelas autoridades nacionais da concorrência e pelos tribunais de seus Estados-Membros.

---

[48] Texto original: "En los Estados Miembros de la Unión Europea, esta normativa [sobre libre competencia] tiene un doble origen: por una parte, el Derecho nacional de competencia, cuya finalidad es tutelar el correcto funcionamiento competitivo del mercado interno; por otro, las normas de competencia dictadas por la Unión Europea, que ejercen esa misma función tutora sobre el mercado interior, del que forman parte los territorios de todos los Estados Miembros de la Unión Europea. En principio, el criterio que delimita la aplicación de una u otra normativa es el del mercado en el que surte los efectos la conducta enjuiciada. Si dicha conducta sólo produce efectos en el mercado interno, resultará de aplicación únicamente el Derecho nacional. En cambio, si la conducta proyecta sus efectos en el mercado interior afectando al comercio entre los Estados miembros, será aplicable el Derecho de la Unión Europea".

[49] UNIÃO EUROPEIA. *Tratado de funcionamento da União Europeia*. Disponível em: https://eur-lex.europa.eu/legal-content/PT/TXT/PDF/?uri=CELEX:12012E/TXT&from=FR. Acesso em: 26 abr. 2025.

[50] UNIÃO EUROPEIA. Regulamento (CE) nº 1/2003 do Conselho, de 16 de dezembro de 2002, relativo à execução das regras de concorrência estabelecidas nos artigos 81 e 82 do Tratado. Disponível em: https://eur-lex.europa.eu/legal-content/PT/TXT/PDF/?uri=CELEX:32003R0001&from=ES. Acesso em: 26 abr. 2025.

Sobre este regulamento e a aplicação do Tratado da União Europeia no Direito nacional Sancho Gargallo cita que:[51]

> No que se refere ao direito comunitário, o Regulamento CE 1/2003 atribuiu explicitamente aos tribunais nacionais a competência para aplicar os arts. 81 e 82 do TCE (atuais artigos 101 e 102 do TFUE), e introduziu um novo sistema de aplicação das regras comunitárias em matéria de concorrência: os tribunais de justiça devem apreciar diretamente a aplicação do nº 3 do art. 81 (atual artigo 101.3 do TFUE), determinando, em primeiro lugar, se os acordos ou práticas controvertidas são abrangidos pela proibição do nº 1 e, em caso afirmativo, se reúnem ou não as condições que, nos termos do nº 3, determinam a sua legalidade. [Tradução livre].[52]

Diante do comentário exposto, extrai-se que houve a introdução de um novo sistema para a aplicação das regras de Direito Concorrencial Comunitário, a ser realizada pelos próprios Tribunais de Justiça nacionais, que avaliarão a aplicação do art. 101.3 do TFUE, determinando se os acordos ou práticas controvertidas estão sujeitos às condições de inaplicabilidade dos parágrafos ali previstos ou não.

Ao delimitar os instrumentos reguladores da concorrência no Direito espanhol e europeu, é importante destacar de que maneira se deu seu desenvolvimento legislativo. Neste sentido, Ordóñez Solís faz um apanhado histórico sobre o tema, apontando que a evolução da defesa da concorrência na Espanha ocorreu de forma paralela à aplicação do Direito europeu, veja-se:[53]

---

[51] SANCHO GARGALLO, Ignacio. El efecto vinculante de las decisiones de las autoridades nacionales de la competencia. *In:* RUIZ PERIS, Juan Ignacio (dir.). *Derecho europeo de compensación de los daños causados por los carteles y por los abusos de posición de dominio de acuerdo con la Directiva 2014/104/UE*. Valencia: Tirant lo Blanch, 2018. p. 196.

[52] Texto original: "Respecto del derecho comunitario, el Reglamento CE 1/2003 atribuyó explícitamente a los órganos jurisdiccionales nacionales la competencia para aplicar los arts. 81 y 82 TCE (actuales arts. 101 y 102 TFUE), e introdujo un nuevo sistema de aplicación de las normas comunitarias sobre competencia: los tribunales de justicia han de evaluar directamente la aplicación del apartado 3 del art. 81 (actual art 101.3 TFUE), determinando en primer término si los acuerdos o prácticas controvertidas están incursas en la prohibición del apartado 1 y, en caso positivo, si cumplen o no las condiciones que, conforme al apartado 3, determinan su legalidad".

[53] ORDÓÑEZ SOLÍS, David. La aplicación pública del derecho de la competencia. *In:* CARBAJO CASCÓN, Fernando (coord.). *Manual práctico de derecho de la competencia.* Valencia: Tirant lo Blanch, 2017. p. 286.

> Em um primeiro momento e em 1963, embora os artigos 85º e 86º do Tratado CEE não fossem juridicamente vinculativos, constituíam a verdadeira referência para a legislação espanhola. Após nossa adesão em 1986, a Lei de 1989 leva em consideração a força vinculativa do direito europeu da concorrência a ponto de transformar o direito espanhol da concorrência numa mera transcrição do direito da Comunidade Europeia. A mudança no modelo de aplicação descentralizada do direito da concorrência ocorrida em 2004 obrigou a que, através de uma lei de 2007, fossem reforçados os mecanismos institucionais espanhóis de defesa da concorrência, concentrando-os num órgão independente denominado, a partir de 2013, de Comissão Nacional de Mercados e Concorrência (CNMC). [Tradução livre].[54]

Diante do que foi apresentado, verifica-se uma evolução legislativa sobre o tema concorrencial na Espanha: incialmente, a Lei de Repressão de Práticas Restritivas da Concorrência, de 1963,[55] era ineficaz em virtude de um contexto socioeconômico desfavorável e da falta de incentivo do próprio governo.

Após a adesão da Espanha ao Tratado da Comunidade Econômica Europeia de 1986,[56] houve a publicação da Lei nº 16/1989,[57] fazendo com que o Direito espanhol da concorrência estivesse alinhado aos princípios do Direito Comunitário europeu (vinculante a todos os seus Estados membros).

Posteriormente, com o desenvolvimento do sistema anticoncorrencial espanhol, houve a publicação de nova lei, a Lei nº 15/2007,[58]

---

[54] Texto original: "En un primer momento y en 1963, aun cuando no eran jurídicamente vinculantes los artículos 85 y 86 del Tratado de la CEE fueron el verdadero punto de referencia de la legislación española. Después de nuestra adhesión en 1986, la Ley de 1989 tiene en cuenta la fuerza vinculante del Derecho europeo de la competencia hasta el punto de que convierte el Derecho español de la competencia en un mero trasunto del Derecho comunitario europeo. El cambio de modelo de la aplicación descentralizada del Derecho de la competencia que se produjo en 2004 obligó a que, a través de una ley de 2007, se reforzasen los mecanismos institucionales españoles de defensa de la competencia, concentrándolos en un órgano independiente denominado a partir de 2013 Comisión Nacional de los Mercados y la Competencia (CNMC)".

[55] ESPANHA. *Lei nº 110/1963, de 20 de julho, de repressão a práticas restritivas da concorrência.* Boletim Oficial do Estado nº 175, de 23/07/1963. Disponível em: https://www.boe.es/buscar/doc.php?id=BOE-A-1963-14051. Acesso em: 11 abr. 2025.

[56] EUROCID. *Adesão às Comunidades Europeias de Espanha e de Portugal.* Eurocid - Centro de Informação Europeia. Disponível em: https://eurocid.mne.gov.pt/eventos/adesao-comunidades-europeias-de-espanha-e-de-portugal. Acesso em: 26 abr. 2025.

[57] ESPANHA. *Lei nº 16/1989, de 17 de julho, de Defensa da Concorrência.* Boletim Oficial do Estado nº 170, de 18/07/1989. Disponível em: https://www.boe.es/buscar/doc.php?id=BOE-A-1989-16989. Acesso em: 16 abr. 2025.

[58] ESPANHA. *Lei nº 15/2007, de 3 de julho, de Defensa da Concorrência.* Boletim Oficial do Estado nº 159, de 04/07/2007. Disponível em: https://www.boe.es/buscar/doc.php?id=BOE-A-2007-12946. Acesso em: 15 abr. 2025.

que reforçou os mecanismos institucionais espanhóis de defesa da concorrência, criando uma comissão específica para o tema, com natureza jurídica de administração independente.

No ano de 2008, por sua vez, foi publicado o Real Decreto nº 261, de 22 de fevereiro, que aprovou o regulamento de defesa da concorrência, cujo objetivo foi complementar à lei de 2007, estabelecendo questões fundamentais sobre o tema. O decreto está estruturado em dois títulos, sendo o primeiro acerca da defesa da concorrência, especificamente em relação às condutas de menor relevância, concentrações econômicas, ajuda pública e promoção da concorrência. Enquanto o segundo trata dos procedimentos administrativos específicos para promover essa defesa, desenvolvendo àqueles estabelecidos na Lei nº 15/2007.

Eis que, em 2013, foi criada a Comissão Nacional dos Mercados e da Concorrência (CNMC), por meio da Lei nº 3/2013, de 4 de junho,[59] conferindo-lhe atribuições tanto na aplicação da legislação nacional de defesa da concorrência[60] quanto na cooperação com as instituições europeias na aplicação do Direito da Concorrência da União Europeia,[61] além da regulação de diversos setores econômicos estratégicos.

A criação da CNMC substituiu diversos organismos reguladores setoriais e a então Comisión Nacional de la Competencia, que atuavam de forma fragmentada e, por vezes, proferiam decisões contraditórias sobre uma mesma atividade econômica. Nesse sentido, a reforma promovida pela Lei nº 3/2013, de 4 de junho, teve como principais motivações razões organizacionais, com o objetivo de fortalecer a segurança jurídica, aumentar a transparência na supervisão dos mercados e melhorar a eficiência administrativa, além de aproveitar as sinergias entre as atividades de regulação e defesa da concorrência.[62]

---

59 ESPANHA. *Lei nº 03/2013, de 4 de junho, da criação da Comissão Nacional dos Mercados e da Concorrência.* Boletim Oficial do Estado nº 134, de 05/06/2013. Disponível em: https://www.boe.es/buscar/act.php?id=BOE-A-2013-5940. Acesso em: 3 abr. 2025.

60 ESPANHA. *Lei* nº 3/2013. Artículo 5º. c) Aplicar lo dispuesto en la Ley 15/2007, de 3 de julio, en materia de conductas que supongan impedir, restringir y falsear la competencia, sin perjuicio de las competencias que correspondan a los órganos autonómicos de defensa de la competencia en su ámbito respectivo y de las propias de la jurisdicción competente. d) Aplicar lo dispuesto en la Ley 15/2007, de 3 de julio, en materia de control de concentraciones económicas. e) Aplicar lo dispuesto en la Ley 15/2007, de 3 de julio, en materia de ayudas públicas.

61 ESPANHA. *Lei* nº 3/2013. Artículo 5º. f) Aplicar en España los artículos 101 y 102 del Tratado de Funcionamiento de la Unión Europea y su Derecho derivado, sin perjuicio de las competencias que correspondan en el ámbito de la jurisdicción competente.

62 MARTÍN ARESTI, Pilar. *Ley 3/2013, de 4 de junio, de creación de la Comisión Nacional de los Mercados y la Competencia* [boe nº 134, de 5-VI-2013]. Crónica de Legislación: Enero-junio

Também se faz importante compreender a estrutura de atuação da CNMC, que, conforme lição de Aresti, apresenta o funcionamento próprio de supervisão de mercado, tanto de caráter geral quanto setorial, veja-se:[63]

> Nos artigos 5º a 12 da Lei, são atribuídos à CNMC os poderes substantivos de promoção e salvaguarda da concorrência no mercado em que até então reconhecia a Lei 15/2007 de Defesa da Concorrência ao CNC (entre outros, o controle das concentrações econômicas de dimensão nacional, a repressão de condutas proibidas pelos artigos 1º a 3º da LDC ou a aplicação dos artigos 101 e 102 do TFUE), bem como as funções de supervisão e controle reconhecidas ao diferentes – e também extintos – órgãos reguladores setoriais (e, entre eles, os mais específicos de ditar normas aos operadores setoriais e de resolução vinculante de conflitos suscitados nos diversos setores regulados nos casos agora previstos no art. 12 da Lei 03/2013).
>
> A manutenção das funções acima referidas e a sua atribuição ao órgão da CNMC confirma que a reforma implementada pela Lei nº 03/2013 tem um âmbito (re)organizacional das estruturas orgânicas de aplicação das regras substantivas da concorrência. Por este motivo, não parece feliz o disposto no artigo 1.2 da Lei que atribui à CNMC a finalidade de garantir, preservar e promover o correto funcionamento, a transparência e a existência de concorrência efetiva em todos os mercados e setores produtivos "em benefício da consumidores e usuários". Com efeito, o Direito da Concorrência, cuja aplicação passou a corresponder à CNMC, nunca teve – nem tem a partir de agora – o objetivo direto de buscar o benefício dos consumidores e usuários. Pelo contrário, visa a proteção de um interesse geral e público no bom funcionamento competitivo do mercado, de cuja tutela os interesses de todos os participantes (consumidores, utilizadores e operadores económicos) permanecem, naturalmente, indiretamente protegidos. [Tradução livre].[64]

2013. Ars Iuris Salmanticensis, vol. 1, diciembre 2013, 151-226. Disponível em: https://gredos.usal.es/bitstream/handle/10366/128957/Ley_3_2013%2c_de_4_de_junio%2c_de_creacion_d.pdf?sequence=1&isAllowed=y . Acesso em: 3 abr. 2025.

[63] *Idem*, p. 204.

[64] Texto original: "A lo largo de los artículos 5 a 12 de la Ley se atribuyen a la CNMC las competencias sustantivas de promoción y salvaguarda de la competencia en el mercado que en su día reconociera la Ley 15/2007 de Defensa de la Competencia a la CNC (entre otras, el control de las concentraciones económicas de dimensión nacional, la represión de conductas prohibidas por los artículos 1 a 3 de la LDC o la aplicación de los artículos 101 y 102 del TFUE), así como las funciones de supervisión y control reconocidas a los distintos — y también extintos — órganos reguladores sectoriales (y, entre ellas, las más específicas de dictar normas para los operadores sectoriales y de resolución vinculante de conflictos planteados en los distintos sectores regulados en los supuestos ahora recogidos en el artículo 12 de la Ley 3/2013). El mantenimiento de las funciones anteriores y su

Diante do exposto, infere-se que a CNMC, assim como o CADE brasileiro, tem como função primordial a salvaguarda do interesse público e do pleno funcionamento competitivo dos mercados. Embora não atue diretamente na proteção individual de consumidores e usuários — papel reservado a outras entidades —, a tutela da concorrência gera benefícios indiretos a todos os que participam das relações econômicas, sejam consumidores, usuários ou operadores econômicos.

Importa destacar, ainda, que, apesar das substanciais diferenças entre os ordenamentos jurídicos espanhol e brasileiro, os princípios que norteiam a proteção à livre concorrência em ambos os países são semelhantes. Isto, pois o Direito Concorrencial espanhol, assim como o brasileiro, busca assegurar não apenas a liberdade de atuação dos agentes econômicos, mas também, ainda que de forma indireta, a proteção dos consumidores, preservando um sistema econômico justo, livre e competitivo. Carbajo Cascón tece comentários sobre o tema:[65]

> Se o principal objetivo da regulamentação da concorrência é garantir que a economia de mercado funcione de forma eficiente, isso implica que a nova lei da concorrência não se limita a proteger alguns empresários contra o comportamento ilegal de outros, mas terá como objetivo essencial a promoção da concorrência para assegurar o funcionamento eficaz e correto do mercado no interesse de todos os que dele participam (concorrentes e consumidores) e do próprio interesse geral, constituindo uma peça chave do desenvolvimento econômico. [Tradução livre].[66]

---

atribución al organismo de la CNMC confirma que la reforma operada por la Ley 3/2013 tiene un alcance (re)organizativo de las estructuras orgánicas de aplicación de las normas sustantivas de competencia. Por eso, no parece afortunada la previsión del artículo 1.2 de la Ley que atribuye a la CNMC la finalidad de garantizar, preservar y promover el correcto funcionamiento, la transparencia y la existencia de una competencia efectiva en todos los mercados y sectores productivos «en beneficio de los consumidores y usuarios». En efecto, el Derecho de la Competencia, cuya aplicación corresponde ahora a la CNMC, nunca ha tenido — ni tiene a partir de ahora — como finalidad directa la de buscar el beneficio de los consumidores y usuarios. Más bien persigue la protección de un interés general y público en el correcto funcionamiento competitivo del mercado, a partir de cuya tutela quedan, eso sí, indirectamente protegidos los intereses de todos los que en aquél participan (consumidores, usuarios y operadores económicos)".

65 CARBAJO CASCÓN, Fernando. Introducción al derecho de la competencia (principios, funciones y alcance). *In:* CARBAJO CASCÓN, Fernando (coord.). *Manual práctico de derecho de la competencia.* Valencia: Tirant lo Blanch, 2017. p. 33.

66 Texto original: "Si la regulación de la competencia tiene como objetivo fundamental procurar que funcione de manera eficiente la economía de mercado, ello implica que el nuevo derecho de la competencia no se limite a proteger a unos empresarios frente a los comportamientos ilícitos de otros, sino que tendrá como objetivo esencial la promoción de la competencia para procurar el funcionamiento eficiente y correcto del mercado en interés de todos los que participan en el mismo (competidores y consumidores) y del propio interés general, convirtiéndose en una pieza clave del desarrollo económico".

Infere-se, portanto, que a regulação da concorrência visa garantir o funcionamento eficiente da economia de mercado, promovendo o interesse de todos os seus participantes, bem como do interesse público em sentido amplo. Nesse sentido, a defesa da concorrência configura-se como um instrumento essencial para o desenvolvimento econômico do país.

Observa-se, ainda, que o sistema espanhol de defesa da concorrência adota princípios semelhantes aos do sistema brasileiro, como a proteção à livre-iniciativa e a salvaguarda do interesse público primário — este entendido como o interesse da coletividade. Agora, faz-se necessário compreender, também, a sistemática de funcionamento das licitações e contratações públicas nos dois países, conforme se dará a seguir.

1.2 Licitações públicas no Brasil e na Espanha

A licitação é um tema muito caro à Administração Pública, sendo recorrentes as discussões doutrinárias a seu respeito tanto no Brasil quanto na Espanha. É um procedimento preliminar rigidamente determinado nos termos da legislação aplicável, cuja terminologia se origina da expressão latina *licitacione*, sendo traduzida como "arrematar em leilão".[67]

Alguns autores brasileiros conceituam o termo licitação, tal como José dos Santos Carvalho Filho, que a define como o "procedimento administrativo vinculado por meio do qual os entes da Administração Pública e aqueles por ela controlados selecionam a melhor proposta entre as oferecidas pelos vários interessados".[68]

Maria Sylvia Zanella Di Pietro, por sua vez, define-a como:

> (...) o procedimento administrativo pelo qual um ente público, no exercício da função administrativa, abre a todos os interessados, que se sujeitem às condições fixadas no instrumento convocatório, a possibilidade de formularem propostas dentre as quais selecionará e aceitará a mais conveniente para a celebração de contrato.[69]

---

[67] AMORIM, Victor Aguiar Jardim de. *Licitações e contratos administrativos*: teoria e jurisprudência. Brasília: Senado Federal, 2017, p. 21.

[68] CARVALHO FILHO, José dos Santos. *Manual de direito administrativo*. 30. ed. São Paulo: Atlas, 2016. p. 246.

[69] DI PIETRO, Maria Sylvia Zanella. *Direito Administrativo*. 35. ed. São Paulo: Atlas, 2022, p. 755.

E Celso Antônio Bandeira de Mello entende como:

> (...) um certame que as entidades governamentais devem promover e no qual abrem disputa entre os interessados em como elas travar determinadas relações de conteúdo patrimonial, para escolher a proposta mais vantajosa às conveniências públicas. Estriba-se na ideia de competição, a ser travadas isonomicamente entre os que preencham os atributos e aptidões necessários ao bom cumprimento das obrigações que se propõem assumir.[70]

Diante das conceituações expostas, é possível destacar a ideia de uma sucessão de atos preparatórios, integrados por determinados fatos administrativos, com vistas a um ato final objetivado pela Administração.

Em outros termos, a licitação é o processo utilizado pela Administração Pública e pelas demais pessoas indicadas em lei com vistas a selecionar, com base em critérios objetivos e impessoais, a proposta mais vantajosa para a celebração de contrato, os quais não se fundamentam apenas em critérios monetários, mas também em finalidades *extraeconômicas*, como o desenvolvimento sustentável, a defesa do meio ambiente, o fomento à contratação de microempresas, entre outros.[71]

Mediante um panorama geral é possível adotar três pressupostos para a realização de qualquer procedimento licitatório: (i) pressuposto lógico, no qual o certame é caracterizado pela pluralidade de objetos e pluralidade de ofertantes, visto que a inexistência de competição e de variedade de objetos a serem oferecidos impede a realização da licitação; (ii) pressuposto jurídico, no sentido de que a licitação é um instrumento para a consecução do interesse público, viabilizando a melhor contratação para a Administração Pública e, nas hipóteses em que o certame não se mostre juridicamente viável, o próprio dispositivo legal permite ao administrador a dispensa do mesmo; e (iii) pressuposto fático, que se trata da existência de interessados na disputa para poder

70 MELLO, Celso Antônio Bandeira de. *Curso de direito administrativo*. 30. ed. São Paulo: Malheiros, 2013, p. 532.

71 Trata-se da denominada "função regulatória da licitação", segundo o qual a licitação não se presta somente à contratação de bens e serviços a um menor custo, mas ao atendimento de finalidades públicas consagradas constitucionalmente. Ver: OLIVEIRA, Rafael Carvalho Rezende. *Licitações e contratos administrativos*. 2. ed. São Paulo: Método, 2015. p. 159-162; e FERRAZ, Luciano. Função regulatória da licitação. *A&C — Revista de Direito Administrativo e Constitucional*, v. 37, p. 133-142, 2009.

contratar com a Administração, oferecendo serviços mais vantajosos nos moldes do livre comércio, sem o qual não há como realizar a licitação.[72]

Diante dessa breve análise, o item a seguir abordará a forma como são realizadas as contratações públicas no Brasil e, posteriormente, o modelo adotado na Espanha.

a) O sistema jurídico brasileiro de contratações públicas

Em um passado recente, observava-se que a Constituição de 1967 não possuía uma norma expressa prevendo a competência legislativa para normas gerais sobre licitação, havendo defensores de que a matéria fosse de Direito Financeiro, nos termos do art. 8º, XVII, alínea "c" e §2º.[73] A outra posição doutrinária defendia que a licitação era matéria de Direito Administrativo, sendo de competência legislativa concorrente dos entes federativos.[74]

A Constituição de 1988 pôs fim à controvérsia ao conferir competência privativa à União para legislar sobre normais gerais de licitação e contratação, consoante o art. 22, XXVII. Além desse dispositivo, as principais fontes normativas constitucionais são o art. 37, XXI (regra da licitação para contratação de obras, serviços, compras e alienações pela Administração Pública) e o art. 173, §1º, III (que fixa a necessidade de lei para estabelecer o estatuto jurídico das empresas estatais que explorem atividade econômica).

No âmbito infraconstitucional se destacam, exemplificativamente, as seguintes: Lei nº 14.133/2021[75] (trata das normas gerais de licitações e contratos administrativos), Lei Complementar nº 123/06[76] (confere tratamento diferenciado para microempresas e empresas de pequeno porte), Lei nº 8.987/95[77] (dispõe sobre o regime de concessão

---

[72] AMORIM, Victor Aguiar Jardim de. *Op. cit.*, p. 24.

[73] BRASIL. *Constituição federal. 1967.* Disponível em: http://www.planalto.gov.br/ccivil_03/constituicao/constituicao67.htm. Acesso em: 19 abr. 2025. Art. 8º - Compete à *União*: (...) XVII - legislar sobre: a) a execução da Constituição e dos serviços federais; b) direito civil, comercial, penal, processual, eleitoral, agrário, aéreo, marítimo e do trabalho; c) *Normas gerais de direito financeiro*; de seguro e previdência social; de defesa e proteção da saúde; de regime penitenciário.

[74] DI PIETRO, Maria Sylvia Zanella. *Op. cit.*, p. 757.

[75] BRASIL. *Lei nº 14.133, de 1º de abril de 2021.* Lei de Licitações e Contratos Administrativos. Diário Oficial da União, Brasília, DF, 1 abr. 2021. Disponível em: https://www.planalto.gov.br/ccivil_03/_ato2019-2022/2021/lei/L14133.htm. Acesso em: 14 abr. 2025.

[76] BRASIL. *Lei Complementar nº 123, de 14 de dezembro de 2006.* Disponível em: http://www.planalto.gov.br/ccivil_03/leis/lcp/lcp123.htm. Acesso em: 12 abr. 2025.

[77] BRASIL. *Lei nº 8.987, de 13 de fevereiro de 1995.* Disponível em: http://www.planalto.gov.br/ccivil_03/leis/l8987compilada.htm. Acesso em: 08 abr. 2025.

e permissão de serviços públicos) e Lei nº 13.303/16[78] (dispõe sobre o estatuto jurídico das empresas estatais).

Cumpre destacar que, a partir de 1º de abril de 2023, a Lei nº 14.133/2021 passou a ser a única legislação aplicável às contratações públicas no Brasil, revogando integralmente as Leis nº 8.666/1993, nº 10.520/2002 (Pregão) e nº 12.462/2011 (RDC). Essa nova lei consolidou as modalidades licitatórias, princípios e critérios de julgamento em um único diploma, modernizando e unificando o regime jurídico.

Portanto, no Brasil, é competência da União fixar as normas gerais de licitações e contratos, cabendo aos Estados, Distrito Federal e Municípios a competência autônoma para elaboração de normas específicas, com o intuito de atenderem às respectivas peculiaridades socioeconômicas.

A divergência, neste ponto, que vigorava na antiga lei de licitações envolvia a separação precisa entre normas gerais e normas específicas, resultando em uma tendência legislativa centralizadora por parte da União.[79] Di Pietro, inclusive, sustentava a inconstitucionalidade do art. 1º da Lei nº 8.666/93 "porque nada deixa para que Estados e Municípios legislem em matéria de licitação e contrato administrativo".[80]

Hoje, todavia, essa questão que outrora gerava debates sobre a competência legislativa dos entes federativos foi substancialmente superada com a promulgação da Lei nº 14.133, de 1º de abril de 2021, que passou a vigorar de forma obrigatória em todo o território nacional a partir de 1º de abril de 2023, revogando expressamente as Leis nº 8.666/1993, nº 10.520/2002 e, no que couber, a nº 12.462/2011.[81]

Assim, conforme dispõe o art. 1º da nova Lei de Licitações e Contratos Administrativos, compete à União editar normas gerais sobre contratações públicas, cabendo aos demais entes federativos regulamentar os aspectos específicos de suas peculiaridades. Essa inovação encerrou a antiga polêmica sobre o alcance das normas gerais e conferiu maior segurança jurídica à repartição de competências.[82]

---

78 BRASIL. *Lei nº 13.303, de 30 de junho de 2016*. Disponível em: http://www.planalto.gov.br/ccivil_03/_ato2015-2018/2016/lei/l13303.htm. Acesso em: 13 abr. 2025.

79 DI PIETRO, Maria Sylvia Zanella. *Direito Administrativo*. 35. ed. São Paulo: Atlas, 2022, p. 757.

80 *Ibidem*.

81 BRASIL. *Lei nº 14.133, de 1º de abril de 2021*. Institui a nova Lei de Licitações e Contratos Administrativos. Diário Oficial da União: seção 1, Brasília, DF, ano 158, n. 61, p. 1, 1º abr. 2021. Disponível em: https://www.planalto.gov.br/ccivil_03/_ato2019-2022/2021/lei/L14133.htm. Acesso em: 14 abr. 2025.

82 DI PIETRO, Maria Sylvia Zanella. *Direito Administrativo*. 35. ed. São Paulo: Atlas, 2022. p. 371.

No Brasil, o processo licitatório é obrigatório para a Administração Pública, conforme previsão do art. 37, XXI, da CF/88, estabelecendo que "as obras, serviços, compras e alienações serão contratados mediante processo de licitação pública que assegure igualdade de condições a todos os concorrentes".[83]

A Lei nº 14.133/2021, em seus arts. 1º, 2º e 5º, reafirma esse comando constitucional e amplia seu alcance, exigindo a observância do procedimento licitatório por todos os entes públicos, inclusive consórcios públicos. As empresas estatais, todavia, continuam submetidas ao regime especial da Lei nº 13.303/2016.[84]

Com relação às empresas estatais, foi editada a Lei nº 13.303, em 30 de junho de 2016, dispondo sobre o estatuto jurídico da empresa pública, da sociedade de economia mista e de suas subsidiárias, que explorem atividade econômica de produção ou comercialização de bens ou de prestação de serviços, ainda que em regime de monopólio, abrangendo as esferas federal, estadual e municipal (art. 1º, *caput*).

A doutrina aponta que a Lei nº 13.303/2016 fixou normas homogêneas de licitação para toda e qualquer empresa estatal, sem distinguir entre as que prestam serviço público e as que exercem atividade econômica. Inclusive, sustentam que a Lei das Estatais extrapolou os limites fixados no art. 173 da CF/88, tendo em vista que, além de tratar das empresas que atuam em regime de concorrência, englobaram-se as instituições privadas que prestam serviços públicos.[85]

Isso porque, tradicionalmente, havia um tratamento diferenciado entre as estatais com base nos respectivos objetos sociais, entendendo-se que as empresas que exploram atividades econômicas demandam maior celeridade na tomada de decisão, próprios da livre concorrência,

---

[83] BRASIL. *Constituição (1988)*. Constituição da República Federativa do Brasil de 1988. Brasília, DF: Senado Federal, 2023. Disponível em: https://www.planalto.gov.br/ccivil_03/constituicao/constituicao.htm. Acesso em: 19 abr. 2025. Art. 37. XXI - ressalvados os casos especificados na legislação, as obras, serviços, compras e alienações serão contratados mediante processo de licitação pública que assegure igualdade de condições a todos os concorrentes, com cláusulas que estabeleçam obrigações de pagamento, mantidas as condições efetivas da proposta, nos termos da lei, o qual somente permitirá as exigências de qualificação técnica e econômica indispensáveis à garantia do cumprimento das obrigações.

[84] BRASIL. *Lei nº 13.303, de 30 de junho de 2016*. Dispõe sobre o estatuto jurídico da empresa pública, da sociedade de economia mista e de suas subsidiárias. Diário Oficial da União, Brasília, DF, 1º jul. 2016. Disponível em: https://www.planalto.gov.br/ccivil_03/_ato2015-2018/2016/lei/L13303.htm. Acesso em: 13 abr. 2025.

[85] Por todos, ver: OLIVEIRA, Rafael Carvalho Rezende. *Curso de direito administrativo*. 6. ed. Rio de Janeiro: Forense, 2018, p. 166-168.

enquanto que as estatais que prestam serviços públicos exercem atividades de titularidade estatal e, por isso, submetem-se às regras licitatórias.

Salienta-se que, em que pese a respeitável crítica, é um desafio ímpar a atividade de identificar e enquadrar os objetivos sociais das empresas estatais às classificações "serviços públicos" e "atividade econômica", uma vez que as empresas possuem estruturas complexas com diversos campos de atuação.

Ademais, é incumbida ao Poder Público, seja de forma direta ou sob regime de concessão ou permissão, a prestação de serviços públicos por meio do regime licitatório.[86]

Com o intuito de conferir efetividade ao mandamento constitucional previsto no art. 37, XXI, da Constituição Federal, a União editou a Lei nº 14.133, de 1º de abril de 2021, que passou a vigorar de forma obrigatória em todo o território nacional a partir de 1º de abril de 2023. Essa nova legislação consolidou e substituiu a antiga Lei nº 8.666/1993, trazendo princípios e diretrizes atualizados sobre licitações e contratos administrativos aplicáveis aos entes da Administração Pública direta e indireta.[87]

Os princípios fundamentais da nova Lei de Licitações estão previstos nos arts. 5º e 11 da norma, incluindo: (i) a observância da isonomia, (ii) a seleção da proposta mais vantajosa para a Administração Pública e (iii) a promoção do desenvolvimento nacional sustentável.[88]

Em relação a este último princípio, a Administração Pública Federal deve observar os critérios e práticas sustentáveis previstos no Decreto nº 7.746/2012, recentemente atualizado pelo Decreto nº 11.246/2022, os quais incluem: menor impacto ambiental, uso de recursos locais, maior eficiência energética e hídrica, geração de empregos locais e incentivo à inovação ambiental.[89]

---

86 BRASIL. *Constituição Federal de 1988.* Art. 175. Incumbe ao Poder Público, na forma da lei, diretamente ou sob regime de concessão ou permissão, sempre através de licitação, a prestação de serviços públicos.

87 BRASIL. *Lei nº 14.133, de 1º de abril de 2021.* Institui a nova Lei de Licitações e Contratos Administrativos. Diário Oficial da União, Brasília, DF, 1º abr. 2021. Disponível em: https://www.planalto.gov.br/ccivil_03/_ato2019-2022/2021/lei/L14133.htm. Acesso em: 14 abr. 2025.

88 BRASIL. Lei nº 14.133, de 1º de abril de 2021. Arts. 5º e 11. *Op. cit.*

89 BRASIL. *Decreto nº 7.746, de 5 de junho de 2012*. Estabelece critérios, práticas e diretrizes para a promoção do desenvolvimento nacional sustentável nas contratações realizadas pela Administração Pública federal. Atualizado pelo *Decreto nº 11.246, de 10 de novembro de 2022*. Disponível em: https://www.planalto.gov.br/ccivil_03/_ato2022-2026/2022/decreto/D11246.htm. Acesso em: 7 abr. 2025.

Nesse último ponto, no âmbito da Administração Pública Federal, foram estabelecidas as diretrizes para a promoção do desenvolvimento nacional pelo Decreto nº 7.746/12, sendo considerados critérios e práticas sustentáveis:

> Art. 4º Para os fins do disposto no art. 2º, são considerados critérios e práticas sustentáveis, entre outras: (Redação dada pelo Decreto nº 9.178, de 2017)
>
> I - baixo impacto sobre recursos naturais como flora, fauna, ar, solo e água; (Redação dada pelo Decreto nº 9.178, de 2017)
>
> II - preferência para materiais, tecnologias e matérias-primas de origem local;
>
> III - maior eficiência na utilização de recursos naturais como água e energia;
>
> IV - maior geração de empregos, preferencialmente com mão de obra local;
>
> V - maior vida útil e menor custo de manutenção do bem e da obra;
>
> VI - uso de inovações que reduzam a pressão sobre recursos naturais; (Redação dada pelo Decreto nº 9.178, de 2017)
>
> VII - origem sustentável dos recursos naturais utilizados nos bens, nos serviços e nas obras; e (Redação dada pelo Decreto nº 9.178, de 2017)
>
> VIII - utilização de produtos florestais madeireiros e não madeireiros originários de manejo florestal sustentável ou de reflorestamento. (Incluído pelo Decreto nº 9.178, de 2017).[90]

Com efeito, as práticas de sustentabilidade devem ser veiculadas como parte integrante da especificação técnica do objeto ou como meta da empresa a ser contratada, de modo que a sua aplicação não seja restrita a uma determinada fase, mas compondo todo o certame, tanto na execução de serviços quanto no fornecimento de bens.

Victor Aguiar Jardim de Amorim, em sua obra sobre "Licitações e Contratos Administrativos", aponta que a jurisprudência do TCU é pacífica no sentido de que as exigências de sustentabilidade, desde que expressamente justificadas no procedimento administrativo, devem ser veiculadas na especificação do objeto, sendo requisito da proposta:

---

[90] BRASIL. *Decreto nº 7.746, de 5 de junho de 2012*. Disponível em: http://www.planalto.gov.br/ccivil_03/_Ato2011-2014/2012/Decreto/D7746.htm. Acesso em: 7 abr. 2025.

> É legítimo que as contratações da Administração Pública se adequem a novos parâmetros de sustentabilidade ambiental, ainda que com possíveis reflexos na economicidade da contratação. Deve constar expressamente dos processos de licitação motivação fundamentada que justifique a definição das exigências de caráter ambiental, as quais devem incidir sobre o objeto a ser contratado e não como critério de habilitação da empresa licitante.[91]

O critério de julgamento permanece o mesmo, sendo o menor preço. A escolha das propostas entre os bens e serviços ofertados pelos licitantes, contudo, pode conter elementos sustentáveis que fundamentam a decisão administrativa. Trata-se da usual denominação das "licitações verdes".

Ressalta-se que é necessário verificar a razoabilidade da exigência contida no termo de referência ou no projeto básico, de modo a não configurar indevida restrição à competição entre os licitantes pela Administração.

O referido dispositivo, ademais, fixa os princípios básicos da legalidade, impessoalidade, moralidade, igualdade, publicidade e probidade administrativa, além de dever obediência à vinculação ao instrumento convocatório, ao julgamento objetivo e dos princípios que lhe são correlatos.

Antes de tratar propriamente acerca dos princípios ligados à licitação, Di Pietro esclarece que não é um tema pacífico na doutrina:

> Não há uniformidade entre os doutrinadores na indicação dos princípios informativos da licitação. José Roberto Dromi (1975:134) indica dois: o da *livre concorrência* e o da *igualdade entre os concorrentes*; Sayaguéz Laso (1940:52-53) também aponta dois: o da *igualdade de todos frente à Administração e o estrito cumprimento do edital*; Adilson Abreu Dallari fala em três princípios: os da *igualdade, publicidade e rigorosa observância das condições do edital* (1973:33); a esses três Celso Antônio Bandeira de Mello (1980:2) acrescenta o da *possibilidade do disputante fiscalizar o atendimento dos princípios anteriores*.[92]
>
> Hely Lopes Meirelles (2003:265) relaciona maior número de princípios: *procedimento formal, publicidade, igualdade entre os licitantes, sigilo das propostas, vinculação aos termos do instrumento convocatório, julgamento objetivo e adjudicação compulsória.* [Grifos originais].

---

[91] AMORIM, Victor Aguiar Jardim de. *Licitações e contratos administrativos*: teoria e jurisprudência. Brasília: Senado Federal, 2017, p. 23.

[92] DI PIETRO, Maria Sylvia Zanella. *Direito Administrativo*. 35. ed. São Paulo: Atlas, 2022. p. 374.

Em que pese essa afirmação, a referida autora aponta que a própria licitação constitui um princípio que vincula a Administração, na medida em que decorre do princípio da indisponibilidade do interesse público, sendo uma restrição à liberdade administrativa do gestor.[93]

Desde 2023, com a revogação da Lei nº 8.666/1993, a nova Lei nº 14.133/2021, em seu art. 5º, passou a elencar expressamente os princípios que regem as contratações públicas, incluindo a legalidade, impessoalidade, moralidade, igualdade, publicidade, eficiência, interesse público, planejamento, transparência, eficácia, motivação, julgamento objetivo, vinculação ao instrumento convocatório, sustentabilidade, entre outros.

Dentre esses princípios, destaca-se o da igualdade, considerado um dos alicerces do sistema licitatório, pois busca não somente a escolha da melhor proposta, mas também assegurar isonomia de tratamento entre todos os interessados. Trata-se de valor jurídico com assento constitucional entre os direitos e garantias fundamentais e com destaque especial no campo das contratações públicas.

No campo principiológico, merecem também atenção os princípios da competitividade, julgamento objetivo, vinculação ao instrumento convocatório, publicidade e procedimento formal, que serão abordados a seguir.

O princípio da competitividade se caracteriza pela busca da proposta mais vantajosa para a Administração, razão pela qual é vedado admitir, prever, incluir ou tolerar, nos atos de convocação, cláusulas ou condições que comprometam, restrinjam ou frustrem o seu caráter competitivo.[94]

O princípio da isonomia é reflexo do princípio da impessoalidade constante no *caput* do art. 37 da CF/88, sendo defeso à Administração estabelecer preferências ou distinções em razão da naturalidade, da sede ou domicílio dos licitantes ou de qualquer outra circunstância irrelevante ao objeto contratual.[95]

O princípio da vinculação ao instrumento convocatório dispõe que o edital ou a carta convite é a lei interna da licitação, devendo ser

---

93 *Idem*, p. 375.

94 BRASIL. *Lei nº 14.133, de 1º de abril de 2021*. Art. 5º. Diário Oficial da União, Brasília, DF, 1º abr. 2021. Disponível em: https://www.planalto.gov.br/ccivil_03/_ato2019-2022/2021/lei/L14133.htm. Acesso em: 26 maio 2025.

95 BRASIL. *Lei nº 14.133, de 1º de abril de 2021*. Art. 5º, *caput*. *Op. cit.*

respeitada pelo Poder Público e pelos licitantes, conforme estabelece o art. 5º da Lei nº 14.133/2021.[96]

O princípio do procedimento formal garante que todos os sujeitos que participem de determinado certame licitatório têm direito público subjetivo à fiel observância dos procedimentos estabelecidos em lei, independentemente da esfera da Administração Pública.[97]

Por derradeiro, o princípio do julgamento objetivo estabelece que as propostas apresentadas pelos licitantes devem ser analisadas com base em critérios previamente definidos na legislação e no instrumento convocatório. A nova Lei nº 14.133/2021, em seus arts. 33 e 34, prevê os seguintes critérios de julgamento: (i) menor preço, (ii) maior desconto, (iii) melhor técnica ou conteúdo artístico, (iv) técnica e preço, (v) maior retorno econômico e (vi) maior lance, vedada a adoção de qualquer outro processo não previsto em lei.[98]

A Lei nº 14.133/2021, atualmente vigente, estabelece cinco modalidades licitatórias: concorrência, concurso, leilão, pregão e diálogo competitivo (art. 28). A adoção de cada modalidade dependerá da natureza do objeto e não apenas do valor da contratação. As modalidades "tomada de preços" e "convite" foram revogadas e não integram mais o sistema jurídico brasileiro.[99]

O pregão, especialmente em sua forma eletrônica, segue sendo a modalidade preferencial para a aquisição de bens e serviços comuns, conforme estabelecido nos arts. 17 e 28 da nova lei.[100] A aplicação do pregão eletrônico tornou-se obrigatória, salvo exceções devidamente motivadas.

A contratação direta continua admitida em hipóteses legalmente previstas, desde que devidamente fundamentada, sendo dividida entre:

- dispensa de licitação, por razões como valor, emergência ou licitações fracassadas;
- inexigibilidade, em razão da inviabilidade de competição.

---

96 BRASIL. *Lei nº 14.133, de 1º de abril de 2021*. Art. 5º, *caput*. *Op. cit.*

97 DI PIETRO, Maria Sylvia Zanella. *Direito Administrativo*. 35. ed. São Paulo: Atlas, 2022. p. 376.

98 BRASIL. *Lei nº 14.133, de 1º de abril de 2021*. Arts. 33 e 34. *Op. cit.*

99 BRASIL. *Lei nº 14.133, de 1º de abril de 2021*. Art. 28. Diário Oficial da União, Brasília, DF, 1º abr. 2021. Disponível em: https://www.planalto.gov.br/ccivil_03/_ato2019-2022/2021/lei/L14133.htm. Acesso em: 14 abr. 2025.

100 BRASIL. *Lei nº 14.133, de 1º de abril de 2021*. Art. 17, §2º; art. 28, II. *Op. cit.*

As hipóteses estão previstas nos arts. 74 e 75 da Lei nº 14.133/2021. O rol é mais sistematizado, mas mantém os princípios da motivação, publicidade e vantajosidade como requisitos centrais.

A dispensa de licitação, também chamada de licitação dispensável, está disciplinada no art. 74 da Lei nº 14.133/2021 e contempla hipóteses taxativas em que a Administração Pública pode optar por não realizar o procedimento licitatório. Nesses casos, admite-se a discricionariedade do gestor, mediante análise da conveniência e oportunidade frente à situação concreta.[101]

Já a inexigibilidade de licitação é tratada no art. 75 da mesma lei, sendo cabível quando houver inviabilidade de competição, como nos casos de contratação de fornecedor exclusivo ou de profissional de qualquer setor artístico, notoriamente consagrado pela crítica especializada ou pela opinião pública.[102]

Em ambas as situações, quando presentes os requisitos legais, é possível a contratação direta, devendo o gestor justificar formalmente sua escolha e observar os requisitos de legalidade, economicidade e razoabilidade.

Ressalte-se que a dispensa ou inexigibilidade indevida constitui crime contra a Administração Pública, tipificado atualmente no art. 337-E do Código Penal, com pena de detenção de três a cinco anos e multa, sem prejuízo das sanções civis e administrativas.[103]

Para que haja a caracterização do crime, o Superior Tribunal de Justiça definiu que existe a necessidade de comprovação do dolo específico do agente em dispensar ou inexigir a licitação, bem como do efetivo prejuízo da Administração Pública.[104] Além disso, trata-se de ato de improbidade administrativa, na modalidade de dano ao erário, segundo o art. 10, inciso VIII, da Lei nº 8.429/92.[105]

---

[101] BRASIL. Lei nº 14.133, de 1º de abril de 2021. Art. 74. *Op. cit.*

[102] BRASIL. Lei nº 14.133, de 1º de abril de 2021. Art. 75. *Op. cit.*

[103] BRASIL. *Código Penal*. Decreto-Lei nº 2.848, de 7 de dezembro de 1940. Art. 337-E (incluído pela Lei nº 14.133/2021). Disponível em: https://www.planalto.gov.br/ccivil_03/decreto-lei/del2848compilado.htm. Acesso em: 28 abr. 2025.

[104] BRASIL. *Superior Tribunal de Justiça*. Recurso Especial nº 685.325/PR, 1ª Turma. DJU, 06 mar. 2006; e Recurso Ordinário em Habeas Corpus nº 2014/0145528-4. *Apud* FURTADO, Lucas Rocha. *Op. cit.*, p. 146.

[105] BRASIL. *Lei nº 8.429, de 2 de junho de 1992*. Art. 10, inciso VIII (com redação da Lei nº 14.230/2021). Disponível em: https://www.planalto.gov.br/ccivil_03/leis/l8429cons.htm. Acesso em: 8 abr. 2025.

Concluída a exposição sobre aspectos gerais da regulação das licitações e contratações públicas no Brasil, passa-se à análise do tema no que se refere ao ordenamento jurídico espanhol.

b) O sistema espanhol de contratações públicas

Em primeiro lugar, é importante destacar que a Espanha passou a pertencer à Comunidade Econômica Europeia — atual União Europeia — pela adesão ao seu tratado constitutivo no ano de 1985,[106] no qual o país aceitou a aplicação direta de determinados atos e disposições dessa Comunidade, incluindo a disposição da primazia do chamado direito da União Europeia (antigo direito comunitário) em detrimento das disposições nacionais que lhe sejam contrárias.

A Espanha, desde então, é juridicamente obrigada a incorporar as diretivas essenciais da União Europeia para assegurar a uniformidade do Direito Comunitário entre os países signatários do tratado. Ademais, para fins de esclarecimento, os parâmetros que emanam diretamente da Comunidade são chamadas de "Direito originário", enquanto que a sua incorporação ao sistema jurídico pátrio de seus signatários é reconhecido como "Direito derivado".[107]

Além disso, é importante entender as características das diretivas e dos regulamentos praticados pela União Europeia (UE), com o intuito que se compreenda as respectivas implicações ao país signatário: (i) os regulamentos se aplicam de maneira automática e uniforme em todos os países da UE, sem a necessidade de incorporação ao Direito nacional; e (ii) as diretivas, pelo contrário, precisam ser incorporadas pelos Estados-membros em sua jurisdição nacional, tendo liberdade para que elejam os meios mais adequados para a realidade nacional.[108]

Ressalta-se que a União Europeia é o órgão competente para determinar quais são as diretrizes para a temática das contratações

---

[106] UNIÃO EUROPEIA. *Tratado de adesão do Reino da Espanha e da República Portuguesa às Comunidades Europeias*, de 31 de maio de 1985. Diário Oficial das Comunidades Europeias nº L 302 de 15/11/1985, p. 0003-0004. Disponível em: https://eur-lex.europa.eu/legal-content/ES/TXT/?uri=OJ:L:1985:302:TOC. Acesso em: 29 abr. 2025.

[107] ESPANHA. *O que é a União Europeia: o direito comunitário*. Disponível em: http://www.exteriores.gob.es/RepresentacionesPermanentes/EspanaUE/es/quees2/Paginas/El-Derecho-comunitario.aspx. Acesso em: 29 abr. 2025.

[108] UNIÃO EUROPEIA. *Tipos de Direito da União Europeia: tipos de atos jurídicos*. Disponível em: https://ec.europa.eu/info/law/law-making-process/types-eu-law_es. Acesso em: 29 abr. 2025.

públicas, de tal sorte que o sistema jurídico espanhol está obrigado a incorporá-las e regulamentá-las da forma como for mais adequada ao país.

Diante desse contexto, as contratações públicas na Espanha são regidas por atos normativos diversos, contando com normas gerais, que envolvem leis, decretos e decretos reais, e por normativas específicas para cada tipo de contrato.

Os contratos administrativos, em específico, podem ser de obras, equipamentos de informática, fornecimento de bens, serviços de telecomunicação, utilização de meios eletrônicos, entre outros.

Atualmente, a legislação pertinente ao tema foi compilada em um único documento, denominado de Código de Contratos do Setor Público.[109]

Destaca-se a Lei nº 09/2017,[110] tendo em vista ser a legislação mais recente sobre o tema, no qual houve a incorporação de três diretivas comunitárias da União Europeia, quais sejam: Diretiva 2014/24/UE[111] (sobre contratação pública), Diretiva 2014/25/UE[112] (relativa à contratação por entidades que operam em alguns setores específicos) e Diretiva 2014/23/UE[113] (que trata da adjudicação de contratos de concessão).

Segundo o preâmbulo da referida lei, essas diretivas revisaram e modernizaram as normas anteriormente vigentes sobre contratação pública, tendo como ênfase a valorização da transparência, a simplificação de procedimentos, a eficiência dos gastos públicos, a participação de pequenas e médias empresas, a introdução de cláusulas socioambientais e a prevenção da corrupção.

---

[109] ESPANHA. *Código de Contratos do Setor Público.* Disponível em: https://www.boe.es/biblioteca_juridica/codigos/codigo.php?id=31&modo=1&nota=0&tab=2. Acesso em: 29 abr. 2025.

[110] ESPANHA. *Ley 9/2017, de 8 de noviembre, de Contratos del Sector Público.* Boletín Oficial del Estado, Madrid, 9 nov. 2017. Disponível em: https://www.boe.es/buscar/act.php?id=BOE-A-2017-12902. Acesso em: 9 maio 2025.

[111] UNIÃO EUROPEIA. *Diretiva 2014/24/UE do Parlamento Europeu e do Conselho.* Diário Oficial das Comunidades Europeias L 94 de 28.3.2014, p. 65 a 242. Disponível em: https://eur-lex.europa.eu/legal-content/pt/TXT/?uri=CELEX:32014L0024. Acesso em: 24 abr. 2025.

[112] UNIÃO EUROPEIA. *Diretiva 2014/25/UE do Parlamento Europeu e do Conselho.* Diário Oficial das Comunidades Europeias L 94 de 28.3.2014, p. 243 a 374. Disponível em: https://eur-lex.europa.eu/legal-content/PT/TXT/?uri=celex%3A32014L0025. Acesso em: 25 abr. 2025.

[113] UNIÃO EUROPEIA. *Diretiva 2014/23/UE do Parlamento Europeu e do Conselho.* Diário Oficial das Comunidades Europeias L 94 de 28.3.2014, p. 1 a 64. Disponível em: https://eur-lex.europa.eu/legal-content/pt/TXT/?uri=CELEX:32014L0023. Acesso em: 23 abr. 2025.

Neste sentido, para melhor compreensão do funcionamento do sistema espanhol de contratações públicas, é interessante abordar fundamentos que o regem. Para tanto, a Lei nº 09/2017 apresenta diversos pilares que norteiam o tema, merecendo ser destacadas, conforme se fará nos subitens a seguir.

I Transparência

Como medida de fortalecimento da responsabilidade ética nas contratações públicas, a nova lei trouxe o princípio de que os procedimentos em regra serão públicos, sendo excepcional a classificação de documentos como sigilosos.

Assim, houve a supressão do que anteriormente se chamava de "procedimento negociado sem publicidade em razão do valor", sendo um procedimento recorrente nas contratações, haja vista os resultados céleres proporcionados que, todavia, careciam de lisura, com potencial de ocasionar desigualdades nas licitações.[114]

Em face dessa constatação foi introduzido o instituto denominado de "procedimento aberto simplificado" (que será detalhado a seguir), cujo destaque é que as contratações públicas passam a ter efeitos a partir da publicação na Plataforma de Contratação do Setor Público ou em seus similares, e não mais da publicação na imprensa oficial, como era feito anteriormente, concretizando o objetivo de celeridade dessa modalidade licitatória.[115]

A Plataforma de Contratação tem utilidade propalada no território espanhol por se tratar de um sistema eletrônico veiculado na *Internet*, permitindo, por exemplo, a divulgação dos perfis de contratantes, além de prestar serviços complementares ao tratamento de dados.

Desta forma, o acesso dos interessados à plataforma se dá por meio de um portal único, garantindo a transparência dos procedimentos licitatórios.[116]

---

[114] ESPANHA. *Ley 9/2017*. Preâmbulo, p. 15.

[115] *Idem*, art. 347.5, p. 217.

[116] *Idem*, Preâmbulo, p. 15.

II Tipos de procedimentos adjudicatórios

Conforme citado anteriormente, a nova lei buscou simplificar os trâmites das licitações com o objetivo de reduzir os encargos administrativos dos seus envolvidos, beneficiando tanto os licitantes quanto os órgãos de contratação.[117]

Trata-se de uma medida que fomenta a participação das pequenas e médias empresas, estabelecendo quatro diferentes procedimentos para adjudicação nas licitações:

a) Procedimento aberto: previsto nos artigos 156 a 159, sendo aplicável a contratos de obras, bens e serviços que não excedam os limites determinados pela lei.[118] Não deve haver critérios de adjudicação cuja avaliação seja feita por juízo de valor ou, caso exista, que sua ponderação não exceda determinadas porcentagens.[119] Nestes casos, os procedimentos são simplificados e os respectivos prazos são encurtados, com as seguintes particularidades: a documentação é apresentada em um único envelope (a menos que haja critérios de adjudicação que possam ser avaliados por meio de juízo de valor), nenhuma garantia provisória é necessária e os licitantes, com exceção dos estados membros da União Europeia ou do EEE, devem constar no Registro de Licitantes correspondente.[120]
b) Procedimento restrito: previsto nos artigos 160 a 165, permite que qualquer empresa interessada possa apresentar um pedido de participação em resposta a uma convocatória de licitação. Porém, apenas os empresários que forem selecionados pela entidade adjudicante poderão apresentar propostas. Nesta modalidade, qualquer negociação dos termos do contrato

---

[117] *Idem*, Preâmbulo, p. 7.

[118] ESPANHA. *Ley 9/2017*. Artículo 159. 1. Los órganos de contratación podrán acordar la utilización de un procedimiento abierto simplificado en los contratos de obras, suministro y servicios cuando se cumplan las dos condiciones siguientes: a) Que su valor estimado sea igual o inferior a 2.000.000 de euros en el caso de contratos de obras, y en el caso de contratos de suministro y de servicios, que su valor estimado sea igual o inferior a 100.000 euros.

[119] *Idem*, artículo 159. (...) b) Que entre los criterios de adjudicación previstos en el pliego no haya ninguno evaluable mediante juicio de valor o, de haberlos, su ponderación no supere el veinticinco por ciento del total, salvo en el caso de que el contrato tenga por objeto prestaciones de carácter intelectual, como los servicios de ingeniería y arquitectura, en que su ponderación no podrá superar el cuarenta y cinco por ciento del total.

[120] MENÉNDEZ, Uría. *Principales novedades de la Ley 9/2017, de 8 de noviembre, de Contratos del Sector Público*. Diciembre, 2017. Disponível em: https://www.uria.com/documentos/circulares/941/documento/7153/Novedades-LCSp.pdf. Acesso em: 9 abr. 2025.

com os candidatos está proibida, sendo um procedimento aplicável a casos de serviços intelectuais de complexidade especial, tais como alguns serviços de consultoria, arquitetura ou engenharia.[121]

c) Procedimento de parceria para inovação: previsto nos artigos 177 a 182, sendo uma novidade legislativa aplicável aos casos em que há previamente atividades de pesquisa e desenvolvimento de obras, serviços e produtos inovadores, para posterior aquisição pela Administração. Assim, após o convite à apresentação de propostas e à apresentação de pedidos de participação, a entidade adjudicante seleciona os candidatos que podem fazer ofertas e, em seguida, a entidade adjudicante cria uma parceria com uma ou mais instituições que realizam atividades de pesquisa e desenvolvimento separadamente. Essa, por sua vez, será estruturada em fases sucessivas que podem culminar na aquisição dos suprimentos, serviços ou obras resultantes.[122]

d) Procedimento com negociação: previsto nos artigos 166 a 171, é aplicável nos casos em que (i) seja necessário realizar um trabalho anterior de projeto ou adaptação do benefício ao caso específico pelos licitantes; (ii) a provisão contratada incluir projeto ou soluções inovadoras; (iii) existirem circunstâncias específicas relacionadas à natureza, complexidade ou configuração legal ou financeira do benefício que constitua risco e implique exigir uma negociação prévia; (iv) prescrições técnicas não puderem ser estabelecidas com precisão suficiente; (v) tiverem sido enviadas apenas propostas irregulares ou inaceitáveis em procedimentos anteriores do tipo aberto ou restrito; ou (vi) os serviços sociais sejam personalíssimos.[123]

III *Eficiência dos gastos públicos*

A nova lei também buscou otimizar a eficiência dos gastos públicos, atualizando os critérios de adjudicação dos contratos. A exemplo disso, houve a substituição do critério de "oferta econômica mais vantajosa" (termo utilizado na legislação anterior, qual seja o Real

[121] ESPANHA. *Lei nº 09/2017*. Art. 160, p. 121.
[122] MENÉNDEZ, Uría. *Op. cit.*, p. 12.
[123] Hipóteses previstas no rol do artigo 167.

Decreto Legislativo nº 03/2011[124]) pelo "melhor em relação a qualidade e preço".[125] Veja o comentário de Gallego Córcoles e Gamero Casado sobre o tema:[126]

> Entre as novidades estabelecidas nesta área, as mais notáveis são provavelmente as relacionadas com a nova regulamentação dos critérios de adjudicação. A adjudicação se realizará, normalmente, usando uma pluralidade de critérios baseados no princípio da melhor relação custo-benefício (art. 131 e art. 145 LCSP). A melhor relação custo-benefício será avaliada com base em critérios econômicos e qualitativos. Os critérios econômicos não se limitam ao preço, pois podem referir-se a uma abordagem baseada na rentabilidade, tal como o custo do ciclo de vida calculado de acordo com o disposto no artigo 148 (art. 145.2 LCSP). Da mesma forma, quando for utilizado apenas um critério de adjudicação, este deve estar relacionado com os custos, que podem ser não somente o preço, mas também um critério baseado na rentabilidade (art. 146 LCSP). [Tradução livre].[127]

Conforme visto, um dos grandes destaques da nova lei trata da regulação dos critérios de adjudicação, que não se limitam mais apenas ao preço — uma vez que podem se referir a uma abordagem baseada na lucratividade, mas também ao custo do ciclo de vida do contrato.

Por fim, como forma de assegurar que haja o controle da qualidade na fase de execução de contrato, passa a ser obrigatória a presença de um responsável pelo contrato. Nos casos de concessões de obras públicas e de serviços, por exemplo, a Administração Pública deverá designar uma pessoa que atue na defesa do interesse público,

---

124 ESPANHA. Real Decreto Legislativo nº 3, de 14 de novembro de 2011. Boletim Oficial do Estado nº 276, de 16/11/2011. Disponível em: https://www.boe.es/diario_boe/txt.php?id=BOE-A-2011-17887. Acesso em: 3 maio 2025.

125 *Idem*, art. 145, p. 105.

126 GALLEGO CÓRCOLES, Isabel; GAMERO CASADO, Eduardo. El Derecho de la contratación pública: evolución normativa y configuración actual. *In: Tratado de Contratos del Sector Público.* Disponível em: http://www.tirantonline.com sob o documento TOL6.648.399. Acesso em: 10 maio 2025.

127 Texto original: "Entre las novedades establecidas en este ámbito, probablemente las más destacadas sean las referentes a la nueva regulación de los criterios de adjudicación. La adjudicación se realizará, ordinariamente utilizando una pluralidad de criterios basados en el principio de mejor relación calidad-precio (arts. 131 y art. 145 LCSP). La mejor relación calidad-precio se evaluará con arreglo a criterios económicos y cualitativos. Los criterios económicos no se limitan al precio, ya que pueden referirse a un planteamiento basado en la rentabilidad, como el coste del ciclo de vida calculado de conformidad con lo dispuesto en el artículo 148 (art. 145.2 LCSP). Del mismo modo, cuando solo se utilice un criterio de adjudicación, este deberá estar relacionado con los costes, pudiendo ser no sólo el precio o sino también un criterio basado en la rentabilidad (art. 146 LCSP)".

verificando o cumprimento das obrigações do concessionário, conforme estabelecido no art. 62 da Lei nº 9/2017.[128]

IV Participação de pequenas e médias empresas

Outro grande destaque oriundo da Lei nº 09/2017 trata do fomento à participação das pequenas e médias empresas (chamadas de "PYMES", em sigla espanhola), que, dentre as medidas adotadas, merecem atenção três pontos:

- A regra geral de divisão dos objetos da licitação em lotes, cuja ausência de aplicação deve ser justificada (art. 99.3[129]);
- Os requisitos exigidos do empresário em uma licitação relativos à solvência devem estar vinculados ao objeto do contrato, devendo ser proporcionais ao mesmo;
- A possibilidade de subcontratação fica vinculada à obrigação de a entidade adjudicante verificar o cumprimento rigoroso dos pagamentos efetuados pelo contratante principal ao contratado, obrigando-se a depositar cada fatura em um registro eletrônico;

V Objetivos socioambientais

O artigo 145 da nova lei prevê a análise de aspectos socioambientais das propostas apresentadas, sendo uma inovação valiosa aos dias atuais,

---

[128] ESPANHA. *Lei* nº 09/2017. Artículo 62. *Responsable del contrato.* 1. Con independencia de la unidad encargada del seguimiento y ejecución ordinaria del contrato que figure en los pliegos, los órganos de contratación deberán designar un responsable del contrato al que corresponderá supervisar su ejecución y adoptar las decisiones y dictar las instrucciones necesarias con el fin de asegurar la correcta realización de la prestación pactada, dentro del ámbito de facultades que aquellos le atribuyan. El responsable del contrato podrá ser una persona física o jurídica, vinculada a la entidad contratante o ajena a él. 2. En los contratos de obras, las facultades del responsable del contrato serán ejercidas por el Director Facultativo conforme con lo dispuesto en los artículos 237 a 246. 3. En los casos de concesiones de obra pública y de concesiones de servicios, la Administración designará una persona que actúe en defensa del interés general, para obtener y para verificar el cumplimiento de las obligaciones del concesionario, especialmente en lo que se refiere a la calidad en la prestación del servicio o de la obra.

[129] *Idem.* Artículo 99. *Objeto del contrato.* 3. Siempre que la naturaleza o el objeto del contrato lo permitan, deberá preverse la realización independiente de cada una de sus partes mediante su división en lotes, pudiéndose reservar lotes de conformidad con lo dispuesto en la disposición adicional cuarta. No obstante lo anterior, el órgano de contratación podrá no dividir en lotes el objeto del contrato cuando existan motivos válidos, que deberán justificarse debidamente en el expediente, salvo en los casos de contratos de concesión de obras.

visto que demonstra o compromisso da Administração Pública em não apenas em oferecer serviço público de qualidade, mas também com a preocupação com os impactos socioambientais das atividades desenvolvidas. O legislador esclarece que tais características podem se referir, entre outras, à redução do nível de emissão de gases de efeito estufa, ao uso de medidas de economia, de eficiência energética e da utilização de energias provenientes de fontes renováveis durante a execução do contrato.[130]

Nesta nova abordagem, as contratações públicas passam a ser consideradas em uma perspectiva socioeconômica e ambiental, contribuindo com a preservação dos recursos naturais e exigindo a conscientização dos licitantes, de quem serão cobrados requisitos rigorosos como parte dos critérios de adjudicação de propostas.

VI Controle e prevenção da corrupção

Para enfrentar o desafio de fortalecer as medidas de controle e prevenção da corrupção, a Lei nº 9/2017 trouxe mecanismos a partir da perspectiva de transparência e regeneração democrática. A primeira delas trata da integridade, objetivo reconhecido na Convenção das Nações Unidas contra a Corrupção,[131] cujo significado consta na Recomendação feita pelo Conselho da OCDE sobre contratos públicos e remete ao uso de recursos, fundos, ativos e autorizações de acordo com os objetivos oficiais inicialmente estabelecidos, de acordo com o interesse público e harmonizado com os princípios gerais da boa governança.[132] É princípio tido como primordial na Lei de Contratos

---

130 *Idem*, art. 145, §1º, p. 105. Artículo 145. 1º. La calidad, incluido el valor técnico, las características estéticas y funcionales, la accesibilidad, el diseño universal o diseño para todas las personas usuarias, las características sociales, medioambientales e innovadoras, y la comercialización y sus condiciones;
Las características medioambientales podrán referirse, entre otras, a la reducción del nivel de emisión de gases de efecto invernadero; al empleo de medidas de ahorro y eficiencia energética y a la utilización de energía procedentes de fuentes renovables durante la ejecución del contrato; y al mantenimiento o mejora de los recursos naturales que puedan verse afectados por la ejecución del contrato.

131 ONU. Convenção das Nações Unidas contra a corrupção. Disponível em: https://www.unodc.org/documents/lpo-brazil//Topics_corruption/Publicacoes/2007_UNCAC_Port.pdf. Acesso em: 11 maio 2025. Art. 1º. A finalidade da presente Convenção é: (...) c) Promover a integridade, a obrigação de render contas e a devida gestão dos assuntos e dos bens públicos.

132 Corrupción y contratación pública: las soluciones de la LCSp... p. 8.

Públicos espanhola, tendo em vista que é enfatizado logo em seu artigo primeiro.[133]

Menciona-se, ademais, a manutenção da chamada "junta consultiva de contratação administrativa do Estado",[134] responsável por auxiliar e supervisionar questões jurídico-administrativas das contratações públicas.

É criado dentro das juntas consultivas o "comitê de cooperação", com o objetivo de coordenar as áreas de ação comum dos diversos setores ou órgãos da Administração Pública,[135] sendo uma ferramenta de fortalecimento do trabalho em rede entre os órgãos públicos.

Institui-se uma "Oficina Independente para Regulação e Supervisão das Contratações", cujo objetivo é velar pela correta aplicação da legislação com garantia de plena independência orgânica e funcional, nos termos do art. 332 da Lei nº 09/2017.[136]

Além disso, criam-se os "Órgãos Consultivos em matéria de Contratações Públicas" (art. 330), para auxílio das Comunidades Autônomas, a "Oficina Nacional de Avaliação" (art. 333), órgão colegiado e integrado à "Oficina Independente de Regulação e Supervisão", e, por fim, a "Estratégia Nacional de Contratação Pública" (art. 334), com o objetivo de aprimorar o combate à corrupção na Espanha.

---

133 ESPANHA. *Lei nº 09, de 08 de novembro de 2017*. Artículo 1. *Objeto y finalidad*. 1. La presente Ley tiene por objeto regular la contratación del sector público, a fin de garantizar que la misma se ajusta a los principios de libertad de acceso a las licitaciones, publicidad y transparencia de los procedimientos, y no discriminación e igualdad de trato entre los licitadores; y de asegurar, en conexión con el objetivo de estabilidad presupuestaria y control del gasto, *y el principio de integridad*, una eficiente utilización de los fondos destinados a la realización de obras, la adquisición de bienes y la contratación de servicios mediante la exigencia de la definición previa de las necesidades a satisfacer, la salvaguarda de la libre competencia y la selección de la oferta económicamente más ventajosa.

134 Competências previstas no art. 328 da Lei nº 09/2017.

135 ESPANHA. *Lei* nº 09/2017. Artículo 329. *Comité de cooperación en materia de contratación pública*. 1. Se crea, en el seno de la Junta Consultiva de Contratación Pública del Estado, el Comité de cooperación en materia de contratación pública para asumir, en ejercicio de sus competencias, compromisos específicos en áreas de acción común de las distintas Administraciones Públicas, conforme a los principios del artículo 140 de la Ley 40/2015, de 1 de octubre, de Régimen Jurídico del Sector Público. En particular, entre otros, la cooperación tendrá por objeto:

136 Competências previstas no art. 332 da Lei nº 09/2017.

1.3 Direito à concorrência nas licitações e contratações públicas: estudo comparado entre os sistemas do Brasil e da Espanha

Tendo estabelecido as premissas a respeito dos sistemas de proteção da concorrência, além da sistemática de licitações e contratações públicas, tanto do Brasil quanto da Espanha, passa-se agora a uma análise sobre a intersecção destes dois temas, qual seja a aplicação do Direito Concorrencial aos procedimentos licitatórios e contratuais públicos.

Tal análise se faz necessária para que, mais adiante, se possa compreender com clareza o funcionamento das práticas anticompetitivas nas licitações, além do modelo de controle e *compliance* que se exporá no terceiro capítulo desta obra.

Desta forma, é importante elucidar quais os parâmetros legais e jurídicos que visam proteger a concorrência nas licitações, já que sua ausência pode culminar na prática de infrações à ordem econômica e dar espaço à corrupção nas contratações públicas. Esta exposição se iniciará pela análise do que ocorre no Brasil, para, a partir dele, traçar um paralelo sobre o que ocorre na Espanha.

A temática se inicia com a inauguração dos princípios gerais da atividade econômica na Constituição Federal brasileira de 1988 — dentre eles, o princípio da livre concorrência, em seu art. 170, inciso III —, quando houve um movimento legislativo de introduzir estes princípios, no que coubessem, também à atividade da Administração Pública.

De tal sorte que, em 1990, foi publicada a Lei dos Crimes Econômicos, que criminalizou condutas como o abuso do poder econômico, por meio do domínio de mercado ou eliminação, total ou parcial, da concorrência; e a formação de acordo entre ofertantes, seja por meio da fixação artificial de preços ou quantidades vendidas/produzidas, ou visando ao controle, em detrimento da concorrência, de rede de distribuição ou de fornecedores.[137]

---

[137] BRASIL. *Lei nº 8.137, de 27 de dezembro de 1990.* Disponível em: http://www.planalto.gov.br/ccivil_03/LEIS/L8137.htm. Acesso em: 8 maio 2025. Art. 4º. Constitui crime contra a ordem econômica: I - abusar do poder econômico, dominando o mercado ou eliminando, total ou parcialmente, a concorrência mediante qualquer forma de ajuste ou acordo de empresas; II - formar acordo, convênio, ajuste ou aliança entre ofertantes, visando: a) à fixação artificial de preços ou quantidades vendidas ou produzidas; b) ao controle regionalizado do mercado por empresa ou grupo de empresas; c) ao controle, em detrimento da concorrência, de rede de distribuição ou de fornecedores.

Alguns anos mais tarde — como já exposto anteriormente neste capítulo —, em 1993, foi publicada a Lei de Licitações e Contratos da Administração Pública, que tipificou como *crime* a frustração ou fraude, mediante ajuste, combinação ou qualquer outro expediente, o caráter competitivo do procedimento licitatório, com o intuito de obter, para si ou para outrem, vantagem decorrente da adjudicação do objeto da licitação. Tal dispositivo coroou o princípio da concorrência nas licitações e contratos administrativos, aplicando a pena de detenção, de dois a quatro anos, e multa ao infrator.

Com a entrada em vigor da Lei nº 14.133/2021, esse crime passou a ser previsto no art. 337-F do Código Penal, agora com pena mais gravosa, de quatro a oito anos de reclusão e multa, além de outras sanções cabíveis.[138]

Inclusive, publicada a nova Lei Antitruste brasileira, em 2011, ficou claro que tanto as pessoas jurídicas de direito privado quanto as de direito público estão sujeitas às regras de defesa da concorrência (art. 31 da Lei nº 12.529/2011).[139] Assim, infere-se que não há imunidade do Estado às regras antitruste, ou seja, existe aplicabilidade delas em todos os atos da Administração Pública, inclusive (e especialmente) na prática das licitações.

Por outro lado, como um contrapeso, também não há que se falar na aplicação geral e irrestrita das regras de defesa da concorrência aos atos estatais — é necessário compreender a premissa de que não se pode equiparar o processo de licitação ao processo de concorrência no mercado. Veja a lição de Klein e Andrade:

> Pode-se dizer que as licitações são "formas organizadas de concorrência". Seguem um procedimento previamente definido, bem como os objetivos e os critérios de participação são estabelecidos no início. Os participantes têm conhecimento de tais condições desde o início, o que resulta em uma substancial redução de incertezas. Isso não se verifica nos processos de mercado.[140]

---

[138] BRASIL. *Código Penal*. Decreto-Lei nº 2.848, de 7 de dezembro de 1940. Art. 337-F, incluído pela Lei nº 14.133, de 1º de abril de 2021. Disponível em: https://www.planalto.gov.br/ccivil_03/decreto-lei/del2848compilado.htm. Acesso em: 28 maio 2025.

[139] BRASIL. *Lei nº 12.529/2011*. Art. 31. Esta Lei aplica-se às pessoas físicas ou jurídicas de direito público ou privado, bem como a quaisquer associações de entidades ou pessoas, constituídas de fato ou de direito, ainda que temporariamente, com ou sem personalidade jurídica, mesmo que exerçam atividade sob regime de monopólio legal.

[140] *Idem*, p. 5.

Diante do exposto, distingue-se o processo de concorrência no mercado comum e em uma licitação pública em razão dos critérios de participação de cada uma delas, já que, em uma licitação, esses critérios estão previamente estabelecidos no início do procedimento público, de tal sorte que os fornecedores podem se programar para participar do certame, reduzindo as incertezas sobre seu resultado, diferente do que ocorre em um processo comum.

Neste sentido, a redução de incertezas do processo licitatório é observada desde o momento da estipulação dos requisitos de habilitação das propostas, conforme exigência legal.[141] Por outro lado, estes mesmos requisitos, se não observados os princípios constitucionais da ordem econômica e da Administração Pública, podem culminar em efeitos anticoncorrenciais.

Assim, editais licitatórios que exijam critérios qualitativos excessivos, na habilitação das propostas ou no procedimento de qualificação técnica dos interessados, podem favorecer a adoção de condutas ilícitas e anticoncorrenciais. Segundo Schuartz e Possas:

> (...) a criação de exigências relativas à habilitação em licitações públicas, cujos efeitos sejam a restrição injustificada (de acordo com critérios específicos ao *Direito Concorrencial*) do número de concorrentes na licitação, representa um abuso de poder da parte da autoridade licitante e, em consequência, uma *infração da ordem econômica*.[142]

Portanto, essa é uma vertente do processo licitatório que pode gerar infração à ordem econômica: a exigência de critérios de habilitação excessivos — seja na realização das propostas ou na qualificação técnica dos interessados, merecendo atenção do sistema de defesa da concorrência.

---

[141] BRASIL. *Lei nº 14.133, de 1º de abril de 2021*. Arts. 67 a 69. Diário Oficial da União, Brasília, DF, 1º abr. 2021. Disponível em: https://www.planalto.gov.br/ccivil_03/_ato2019-2022/2021/lei/L14133.htm. Acesso em: 14 maio 2025.

[142] SCHUARTZ, Luís Fernando; POSSAS, Mario Luiz. Habilitação em licitações públicas e defesa da concorrência. *Revista do IBRAC – Direito da Concorrência, Consumo e Comércio Internacional*, São Paulo, vol. 5, n. 3, jan. 1998. Disponível em: http://www.ibrac.org.br/UPLOADS/PDF/RevistadoIBRAC/Revista5n3.pdf. Acesso em: 22 maio 2025.

Há que se destacar a existência do Projeto de Lei nº 1.292/95,[143] que incorporou o Projeto de Lei nº 6.814/2017,[144] e resultou na promulgação da Lei nº 14.133, de 1º de abril de 2021, a nova Lei de Licitações e Contratos Administrativos, que passou a vigorar em todo o território nacional a partir de 1º de abril de 2023.

Essa nova legislação unificou o regime geral de licitações da Administração Pública direta, autárquica e fundacional, absorvendo também elementos das modalidades especiais previstas na lei do pregão e no regime diferenciado de contratações públicas.

Dentre as inovações, destaca-se a criação da modalidade "diálogo competitivo", prevista no art. 28, inciso V, e regulamentada nos arts. 32 e 39, extinguindo as modalidades de tomada de preços e convite, previstas no art. 22 da antiga Lei nº 8.666/1993.[145]

O diálogo competitivo é estruturado como uma modalidade de licitação de menor formalidade, permitindo que, após a fase de publicação do edital e pré-qualificação dos licitantes, a Administração realize reuniões individuais e exclusivas com os licitantes, com vistas a identificar as soluções mais adequadas para atender às necessidades da Administração Pública.[146]

Após a conclusão da fase de diálogo, prevê-se um prazo não inferior a 20 dias para que os licitantes apresentem suas propostas finais, incorporando os elementos discutidos previamente.[147]

Com o objetivo de minimizar as vulnerabilidades das licitações públicas, a nova lei determina que o procedimento de diálogo seja conduzido por, no mínimo, três servidores públicos, podendo haver ainda a contratação de profissionais para assessoramento técnico e monitoramento por órgãos de controle externo e interno.[148]

Importa destacar que o antigo Projeto de Lei nº 1.292/95, que buscava instituir um novo regime licitatório para a Administração Pública direta, autárquica e fundacional, foi incorporado à Lei nº 14.133/2021.

---

143 BRASIL. Câmara dos Deputados. *Projeto de Lei nº 1.292/1995*. Disponível em: https://www.camara.leg.br/proposicoesWeb/fichadetramitacao?idProposicao=16526. Acesso em: 12 maio 2025.

144 BRASIL. Câmara dos Deputados. *Projeto de lei nº 6.814/2017*. Disponível em: https://www.camara.leg.br/proposicoesWeb/fichadetramitacao?idProposicao=2122766. Acesso em: 6 maio 2025.

145 BRASIL. Lei nº 14.133, de 1º de abril de 2021. Art. 28, V. *Op. cit.*

146 BRASIL. Lei nº 14.133, de 1º de abril de 2021. Arts. 32 e 39. *Op. cit.*

147 BRASIL. Lei nº 14.133, de 1º de abril de 2021. Art. 32, §3º. *Op. cit.*

148 BRASIL. Lei nº 14.133, de 1º de abril de 2021. Art. 32, §1º. *Op. cit.*

Nesse contexto, observa-se uma convergência entre o sistema brasileiro e o europeu, uma vez que o diálogo competitivo, introduzido pela nova lei brasileira (art. 28, inciso V), encontra respaldo no Direito europeu, consolidado atualmente na Diretiva 2014/24/UE, aprovada pelo Parlamento Europeu em 26 de fevereiro de 2014 e em vigor desde abril de 2016.[149]

O art. 29 da referida Diretiva estabelece:

> Para contratos particularmente complexos de obras, fornecimentos ou serviços, quando a entidade adjudicante considera que não está em condições de definir os meios técnicos capazes de satisfazer suas necessidades ou de especificar o objeto do contrato de forma suficientemente precisa, pode recorrer ao diálogo competitivo. Neste procedimento, qualquer operador econômico pode solicitar participação e a entidade adjudicante conduz diálogos com os candidatos admitidos com o objetivo de desenvolver uma ou mais soluções capazes de satisfazer suas necessidades, servindo de base para as ofertas finais.[150] [Tradução livre]

Esse procedimento é reconhecido como um instrumento para facilitar o desenho do conteúdo de contratos de alta complexidade, permitindo a participação dos potenciais licitantes antes mesmo da definição do escopo contratual. Trata-se de uma ferramenta ideal para setores como tecnologia da informação, consultoria, engenharia e infraestrutura de transporte integrada.

Assim, infere-se que o diálogo competitivo, previsto no art. 28, inciso V, da Lei nº 14.133/2021, facilita o desenho do contrato, tornando o processo licitatório mais transparente e eficiente, especialmente em casos de contratações públicas complexas.

No Brasil, além dessa nova modalidade licitatória, existe um instrumento jurídico semelhante, baseado na ideia de chamamento público para consulta aos licitantes, visando à construção colaborativa do conteúdo da contratação pública. Trata-se das chamadas "encomendas tecnológicas", instituídas pelo Decreto nº 9.283/2018, regulamentando o art. 20 da Lei de Inovação (Lei nº 10.973/2004).[151]

---

[149] UNIÃO EUROPEIA. *Diretiva 2014/24/UE do Parlamento Europeu e do Conselho*, de 26 de fevereiro de 2014, sobre contratos públicos. Jornal Oficial da União Europeia, L 94, 28 mar. 2014, p. 65-242. Disponível em: https://eur-lex.europa.eu/legal-content/PT/TXT/?uri=CELEX%3A32014L0024. Acesso em: 24 maio 2025.

[150] UNIÃO EUROPEIA. *Diretiva 2014/24/UE*, art. 29. *Op. cit.*

[151] BRASIL. *Decreto nº 9.283, de 7 de fevereiro de 2018*. Regulamenta o art. 20 da Lei nº 10.973/2004, para dispor sobre as encomendas tecnológicas e o estímulo à inovação no

Esse procedimento aplica-se a situações em que o Estado demanda um resultado inovador, sem apresentar os meios tecnológicos pelos quais os licitantes poderão alcançá-lo. Sobre o tema Rauen e Barbosa comentam:

> A discussão sobre Encomendas Tecnológicas (ETEC) surge de um esforço de repensar o sistema de inovação brasileiro, que se encontra excessivamente concentrado em instrumentos que atuam pelo lado da oferta. Isto é, instrumentos que apenas conferem recursos a universidades, centros de pesquisa e empresas para que estes decidam sua destinação em termos de resultados concretos.
>
> A ETEC é justamente o oposto disso. É o instrumento no qual o Estado, que é o demandante, define exatamente qual resultado deve ser buscado, se uma vacina, se um sistema de irrigação, se uma solução de mobilidade urbana ou se um determinado desenvolvimento tecnológico, por exemplo. Trata-se de um instrumento no qual a tecnologia é meio, e não fim.[152]

Diante dessa peculiaridade, em que se realiza a contratação de um resultado ainda a ser desenvolvido, o procedimento administrativo para a contratação dessa encomenda tecnológica requer a abertura de chamamento público, para que os possíveis licitantes possam colaborar na construção de um projeto que atenda ao resultado pretendido pela Administração.

Logo, é um instrumento que faz uso de uma técnica muito semelhante à do diálogo competitivo europeu — atualmente, tal técnica só é permitida no campo da pesquisa científica e inovação tecnológica (em virtude do decreto publicado em 2018), já que a regulamentação dessa estratégia na seara das licitações ainda está pendente de análise pelo Legislativo brasileiro. A temática das encomendas tecnológicas será melhor trabalhada mais adiante, quando houver a abordagem sobre a experiência brasileira no uso de práticas anticompetitivas em licitações públicas, no capítulo 5 deste estudo.

Paralelo a isso, tem-se a legislação espanhola, que, em sua lei de contratos do setor público (Lei nº 9/2017), possui previsão acerca do procedimento do diálogo competitivo em seus artigos 172 a 176, os

---

setor produtivo. Diário Oficial da União, Brasília, DF, 8 fev. 2018. Disponível em: https://www.planalto.gov.br/ccivil_03/_ato2015-2018/2018/decreto/D9283.htm. Acesso em: 26 maio 2025.

152 RAUEN, Andre; BARBOSA, Henrique. *Instrumentos de estímulo à inovação tecnológica:* reflexões sobre as encomendas tecnológicas. Brasília: Ipea, 2019. p. 47

quais serão sintetizados a seguir. Neste ínterim, já se adianta a análise comparativa deste tema na jurisdição espanhola, conforme segue.

O art. 172.1 dispõe que a "mesa especial de diálogo competitivo" estabelece a comunicação com os candidatos selecionados com o intuito de desenvolver soluções capazes de satisfazer as necessidades públicas, as quais servirão de base para o envio das ofertas pelos licitantes.[153]

O procedimento do diálogo competitivo deve ser precedido de publicação de um "anuncio de licitación", podendo participar qualquer empresa desde que envie uma solicitação ao órgão de contratação contendo informações e documentações contidas no referido anúncio (art. 172.2).

Inclusive, com vistas a possibilitar uma ampla participação de licitantes — sendo um importante mecanismo em prol do direito à concorrência, a entidade adjudicante pode estabelecer prêmios ou compensações aos participantes, que, caso não sejam atribuídos a todos, deverão ser reconhecidos às primeiras posições na ordem de classificação das propostas (art. 173).

Os órgãos de contratação divulgarão os requisitos e as exigências no edital em documento descritivo e, no caso de restrição do número de empresas convidadas a dialogar, o órgão deverá garantir o número mínimo de três licitantes (art. 174).

Durante esse procedimento, a "mesa de diálogo" deverá tratar todos os concorrentes igualmente, vedando-se a divulgação de informações que possam oferecer alguma vantagem a determinado licitante em detrimento aos demais. Inclusive, o art. 175.2 prevê expressamente que a "mesa" não poderá revelar aos outros participantes as soluções propostas por determinada empresa sem o consentimento prévio, sendo categorizado como informação confidencial.

O número de soluções examinadas deve ser em quantidade suficiente para garantir a concorrência efetiva entre os candidatos, sempre que haja um número satisfatório de soluções ou de licitantes adequados (art. 175.3 e 175.4).

Posteriormente, a "mesa" continuará o diálogo até que esteja em posição de determinar as soluções apresentadas por cada participante que correspondam às necessidades do órgão licitante (art. 175.5):[154]

---

153 ESPANHA. *Lei nº 9/2017, de 8 de novembro, de Contratos do Setor Público,* por meio da qual se transpõem ao ordenamento jurídico espanhol as Diretivas do Parlamento Europeu e do Conselho 2014/23/EU e 2014/24/EU, de 26 de fevereiro de 2014. Disponível em: https://www.boe.es/buscar/act.php?id=BOE-A-2017-12902. Acesso em: 9 maio 2025.

154 ESPANHA. *Lei nº 9/2017*. Art. 175.5.

> Uma vez determinada a solução ou soluções a serem adotadas para a última fase do processo licitatório pelo contratante, a mesa proporá que seja declarado o fim do diálogo, bem como as soluções a serem adotadas, sendo convidada para a fase final os participantes que apresentaram as melhores soluções.
>
> Depois de declarado o encerramento do diálogo pela entidade contratante e informar a todos os participantes, a mesa convidará os participantes cujas soluções já foram adotadas a apresentarem a sua oferta final, com base na solução ou soluções viáveis especificadas durante o diálogo, indicando o prazo, o endereço para o qual deve ser enviado e o idioma ou idiomas em que possam ser redigidos. [Tradução livre].[155]

Assim, tendo sido determinadas as soluções a serem adotadas para a última fase do processo de licitação pelo órgão contratante, a "mesa" proporá o fim do diálogo, ocasião em que serão chamados os participantes selecionados, podendo apresentar sua oferta definitiva. Trata-se de modelo muito eficaz, já que busca soluções precisas diante de um caso concreto, além de atender às regras da livre concorrência.

Portanto, tendo sido apresentados os sistemas brasileiro e espanhol de concorrência nas licitações e já introduzindo a temática do próximo capítulo desta obra, destaca-se a possibilidade de que se configure uma conduta violadora da concorrência por parte dos interessados na licitação, caso optem por ajustar ou negociar condições ou preços a serem apresentados nas propostas, configurando o que se chama de *cartel em licitação*. Veja as observações contidas na Cartilha brasileira do CADE sobre o tema:

> Cartel é qualquer acordo ou prática concertada entre concorrentes para fixar preços, dividir mercados, estabelecer quotas ou restringir produção, adotar posturas pré-combinadas em licitação pública, ou que tenha por objeto qualquer variável concorrencialmente sensível. Os cartéis, por implicarem aumentos de preços e restrição de oferta e nenhum benefício econômico compensatório, causam graves prejuízos

---

[155] Texto original: "Una vez determinada la solución o soluciones que hayan de ser adoptadas para la última fase del proceso de licitación por el órgano de contratación, la mesa propondrá que se declare el fin del diálogo, así como las soluciones a adoptar, siendo invitados a la fase final los participantes que hayan presentado las mejores soluciones. Tras declarar cerrado el diálogo por el órgano de contratación e informar de ello a todos los participantes, la mesa invitará a los participantes cuyas soluciones hayan sido ya adoptadas a que presenten su oferta definitiva, basada en su solución o soluciones viables especificadas durante la fase de diálogo, indicando la fecha límite, la dirección a la que deba enviarse y la lengua o lenguas en que puedan estar redactadas".

> aos consumidores tornando bens e serviços completamente inacessíveis a alguns e desnecessariamente caros para outros.
>
> É importante ressaltar que a mera constatação de preços idênticos não é, isoladamente, indício suficiente que aponte a existência de um cartel. São necessários, além de dados econômicos, indícios factuais de que há ou houve algum tipo de acordo ou coordenação entre os empresários do setor para aumentar ou combinar o preço dos produtos ou serviços ofertados.[156]

A Cartilha do CADE destaca que o cartel é considerado a mais grave infração à ordem econômica, gerando um sobrepreço estimado entre 10% e 20% em relação ao preço de mercado competitivo.[157]

Diante da relevância do tema, o próximo capítulo desta publicação abordará detalhadamente as práticas anticompetitivas em licitações e contratações públicas, analisando seus efeitos e mecanismos de prevenção e repressão.

---

[156] BRASIL. Conselho Administrativo de Defesa Econômica. *Cartilha do CADE.* Atualização: maio 2016. Disponível em: http://www.cade.gov.br/acesso-a-informacao/publicacoes-institucionais/cartilha-do-cade.pdf. Acesso em: 22 maio 2025.

[157] BRASIL. *Código Penal.* Decreto-Lei nº 2.848, de 7 de dezembro de 1940. Art. 337-F (incluído pela Lei nº 14.133, de 1º de abril de 2021). Disponível em: https://www.planalto.gov.br/ccivil_03/decreto-lei/del2848compilado.htm. Acesso em: 26 maio 2025.

CAPÍTULO 2

AS PRÁTICAS ANTICOMPETITIVAS EM LICITAÇÕES

Já tendo compreendido, em um primeiro momento, quais são os princípios do Direito Concorrencial brasileiro e espanhol, este capítulo abordará alguns tipos de práticas que são consideradas anticompetitivas, ou seja, cerceadoras da concorrência. Tal aspecto também será analisado em relação aos processos de licitações, bem como os mecanismos de controle e fiscalização dessas práticas.

Para tanto, inicialmente, é importante compreender em que consiste uma conduta anticompetitiva. A Organização para a Cooperação e Desenvolvimento Econômico (OCDE), organismo internacional que mais amplamente trata da temática do direito internacional da concorrência, define:[1]

> As práticas anticompetitivas se referem a uma ampla gama de práticas comerciais nas quais uma empresa ou grupo de empresas pode se engajar entre si para restringir a concorrência entre firmas para manter ou aumentar sua posição e lucros relativos de mercado, sem necessariamente fornecer bens e serviços a um custo menor ou maior qualidade. [Tradução livre].[2]

---

[1] OCDE. Glossary of statistical therms. Disponível em: https://stats.oecd.org/glossary/detail.asp?ID=3145. Acesso em: 30 maio 2025.

[2] Texto original: "Anticompetitive practices refer to a wide range of business practices in which a firm or group of firms may engage in order to restrict inter-firm competition to maintain or increase their relative market position and profits without necessarily providing goods and services at a lower cost or of higher quality".

Segundo essa definição, práticas anticoncorrenciais envolvem tentativas de empresas em se obter vantagem sobre os rivais. Assim, quando ocorre a limitação artificial da concorrência, por meio da exploração da posição de mercado, há prejuízo aos concorrentes, clientes e fornecedores, culminando em preços mais altos e redução da produção.

Para a legislação brasileira, as condutas anticompetitivas — tipificadas na Lei Antitruste — não dependem da configuração de culpa do agente infrator. Ou seja, ficam constituídos como infração da ordem econômica os atos que tenham por objeto ou possam produzir os seguintes efeitos (ainda que não sejam alcançados):[3]

> I - limitar, falsear ou de qualquer forma prejudicar a livre concorrência ou a livre-iniciativa;
>
> II - dominar mercado relevante de bens ou serviços;
>
> III - aumentar arbitrariamente os lucros; e
>
> IV - exercer de forma abusiva posição dominante.

Algumas ressalvas merecem destaque: a conquista de mercado resultante de processo natural, fundado na eficiência de agente econômico, não caracteriza domínio ilegal de mercado, não se enquadrando no inciso II; a posição dominante, citada no inciso IV, pode ser exercida por empresas que sejam capazes de alterar unilateral ou coordenadamente as condições do mercado, incorrendo em infração caso esse exercício seja praticado de forma abusiva.

Ainda sobre as práticas anticompetitivas no Brasil, o CADE esclarece consistir em "qualquer prática adotada por um agente econômico que possa, ainda que potencialmente, causar danos à livre concorrência, mesmo que o infrator não tenha tido intenção de prejudicar o mercado".[4] Tal definição reforça a opção da legislação brasileira em não considerar a culpa (ou intenção) do agente na conduta, constituindo infração mesmo que os danos tenham sido apenas potenciais.

---

[3] BRASIL. *Lei nº 12.529, de 30 de novembro de 2011*. Estrutura o Sistema Brasileiro de Defesa da Concorrência — SBDC, dispõe sobre a prevenção e repressão às infrações contra a ordem econômica. Diário Oficial da União: seção 1, Brasília, DF, 1º dez. 2011. Disponível em: https://www.planalto.gov.br/ccivil_03/_ato2011-2014/2011/lei/l12529.htm. Acesso em: 26 jun. 2025.

[4] BRASIL. CADE. Perguntas sobre infrações à ordem econômica. Disponível em: http://www.cade.gov.br/servicos/perguntas-frequentes/perguntas-sobre-infracoes-a-ordem-economica. Acesso em 26 jun. 2025.

Sobre os tipos de condutas a serem consideradas anticoncorrenciais, a Lei Antitruste traz, em seu art. 36, um rol exemplificativo de 19 condutas as quais merecem destaque: promoção de conduta comercial uniforme ou concertada entre concorrentes, limitação do acesso de novas empresas ao mercado; utilização de meios enganosos para provocar a oscilação de preços de terceiros, entre outras.

Por outro lado, na Espanha, o rol de infrações cerceadoras da concorrência está previsto nos artigos 101 e 102 do Tratado sobre o Funcionamento da União Europeia (TFUE), além de outras práticas previstas no Capítulo I da Lei de Defesa da Concorrência (LDC).[5] Tais artigos elencam uma série de práticas consideradas proibidas e incompatíveis com o mercado interno europeu e, consequentemente, com o espanhol.

Dentre as condutas citadas pela LDC espanhola, merecem destaque: aplicação de condições desiguais para benefícios equivalentes (colocando alguns concorrentes em desvantagem); limitação ou controle da produção, distribuição ou investimento; além dos casos de abuso de posição dominante, cuja disposição se dá de forma muito semelhante à legislação brasileira.

Neste sentido, tendo compreendido o que são as práticas violadoras da concorrência, importa notar a existência comum da previsão de algumas dessas infrações, tais como cartel, influência de conduta uniforme, preços predatórios, abuso de posição dominante, cartéis em licitações, entre outras.

No entanto, este estudo não pretende esgotar o tema de Direito Concorrencial, desta forma, não serão destacados os conceitos de cada uma destas práticas, nem suas classificações doutrinárias. Para a finalidade a que esta obra se propõe, faz-se necessário compreender qual, dentre as práticas anticompetitivas, é a mais nociva delas.

Segundo apontamento da OCDE, são os cartéis que ocupam o *status* de prática violadora mais nociva e flagrante ao Direito da Concorrência. Isto, pois eles são capazes de privar os operadores econômicos dos benefícios resultantes da livre concorrência nos mercados (como preços mais baixos, diversidade de produtos ou inovação

---

5 ESPANHA. *Ley* nº 15/2007, de *3 de julio, de Defensa de la Competencia*. Boletín Oficial del Estado, Madrid, n. 159, 04 jul. 2007. Disponível em: https://www.boe.es/buscar/act.php?id=BOE-A-2007-12946. Acesso em: 26 jun. 2025.

contínua e melhoria na qualidade de produtos e serviços).[6] É sobre este instituto que este capítulo irá se ater mais detalhadamente.

Para melhor compreensão do tema, a OCDE estabelece um conceito bastante completo do que significa um cartel:[7]

> Um cartel é um acordo formal entre empresas de uma indústria oligopolista. Os membros do cartel podem chegar a um acordo sobre questões como preços, produção total da indústria, participações de mercado, alocação de clientes, alocação de territórios, licitações fraudulentas, estabelecimento de agências de vendas comuns e divisão de lucros ou combinação delas. [Tradução livre].[8]

Segundo este conceito, a cartelização pressupõe o conluio de empresas que visam realizar a combinação de questões mercantis; obtendo, assim, a redução da concorrência e homogeneização do mercado.

Interessante conhecer também as definições trazidas pelo CADE e pelo CNMC, entidades nacionais responsáveis pelo combate às atividades de cartelização no Brasil e na Espanha, respectivamente. Veja os conceitos:

> Conselho Administrativo de Defesa Econômica (CADE):[9]
>
> Cartel é qualquer acordo ou prática concertada entre concorrentes para fixar preços, dividir mercados, estabelecer quotas ou restringir produção, adotar posturas pré-combinadas em licitação pública, ou que tenha por objeto qualquer variável concorrencialmente sensível. Os cartéis, por implicarem aumentos de preços e restrição de oferta e nenhum benefício econômico compensatório, causam graves prejuízos aos consumidores, tornando bens e serviços completamente inacessíveis a alguns e desnecessariamente caros para outros.

---

6 PÉREZ, José M. Beneyeto; GONZÁLEZ-ORÚS, Jerónimo Maillo (dir.). *La lucha contra los cárteles en España*. 1. ed. Camino de Galar: Thomson Reuters Aranzadi, 2015. Versão digital. Cap. 01, p. 04.

7 OCDE. Glossário de termos estatísticos. Paris: OECD Publishing, 2008. Disponível em: https://doi.org/10.1787/9789264055087-en. Acesso em: 27 jun. 2025.

8 Texto original: "A cartel is a formal agreement among firms in an oligopolistic industry. Cartel members may agree on such matters as prices, total industry output, market shares, allocation of customers, allocation of territories, *bid-rigging*, establishment of common sales agencies, and the division of profits or combination of these" (grifou-se).

9 BRASIL. CADE. Perguntas frequentes sobre infrações à ordem econômica. Disponível em: http://www.cade.gov.br/servicos/perguntas-frequentes/perguntas-sobre-infracoes-a-ordem-economica. Acesso em: 27 jun. 2025.

> Comisión Nacional de los Mercados y la Competencia (CNMC):[10]
> A atividade que consiste em coordenar o comportamento de uma empresa no mercado ou influenciar os parâmetros de concorrência através de condutas como fixação, direta ou indireta, de preços, de outras condições comerciais ou de serviço, de quotas de produção ou vendas, trocas de informações sobre preços a aplicar ou quantidades projetadas; compartilhamento de mercado, incluindo as licitações fraudulentas, restrição de importação ou exportação ou boicote coletivo, todas elas se enquadram no conceito de cartel. [Tradução livre].[11]

Da leitura dos três conceitos, nota-se que, para além das definições bastante semelhantes, um de seus problemas fundamentais é que sua delimitação depende, em grande parte, da prática das autoridades administrativas, bem como da jurisprudência dos tribunais. Dessa forma, a maioria dos conceitos pode ser considerada elucidativa — não propriamente vinculante, diante da dificuldade de se restringir seu conceito em um texto legislativo.[12]

Diante desta questão, é importante se ater às decisões administrativas e judiciais que tratam do tema, já que a configuração de um cartel é tema complexo, que deve ser apurado caso a caso pelas autoridades locais.

Por outro lado, ainda sobre as definições trazidas anteriormente, é possível notar que os três conceitos fazem menção à modalidade de cartel relacionada às licitações: em português, "licitações fraudulentas"; em inglês, "*bid rigging*"; e, em espanhol, "pujas fraudulentas". González Jiménez esclarece melhor o conceito no contexto espanhol, conforme segue:[13]

---

10 ESPANHA. CNMC. ¿Que es un cártel? Disponível em: https://blog.cnmc.es/2016/02/19/que-es-un-cartel/. Acesso em: 27 jun. 2025.

11 Texto original: "La actividad que consista en coordinar el comportamiento de una empresa en el mercado o influir en los parámetros de competencia a través de conductas tales como la fijación, directa o indirecta, de precios, de otras condiciones comerciales o de servicio, de cuotas de producción o de ventas, los intercambios de información sobre precios a aplicar o cantidades proyectadas; el reparto de mercados, incluidas las *pujas fraudulentas*, la restricción de las importaciones o las exportaciones o los boicots colectivos, todas ellas comprendidas en el concepto de cártel" (grifou-se).

12 PÉREZ; GONZÁLEZ-ORÚS. *Op. cit.*, cap. 02, p. 05.

13 GONZÁLEZ JIMÉNEZ, Pedro Mario. Las conductas de bid rigging y la aplicación de la per se rule en el derecho antitrust español. *Revista de Derecho de la Competencia y la Distribución*, n. 25, Sección Estudios, 2º semestre de 2019. Disponível em: *https://dialnet.unirioja.es/servlet/articulo?codigo=7274106*. Acesso em: 20 jun. 2025.

> Levando em consideração as definições acima, o *bid rigging* pode ser explicado como um contrato de conluio e, portanto, uma conduta que pode ser subsumida, a princípio, no art. 101 TFUE e art. 1 LDC. Sua principal diferença em relação a outros comportamentos de conluio está no contexto em que ocorre: um processo de apresentação de ofertas para premiar a execução de um serviço ou o fornecimento de um determinado produto. Caracteriza-se também por assumir uma manipulação que resulta em uma situação pior para o licitante do que aquela que ocorreria se os licitantes não tivessem se coordenado clandestinamente. Trata-se, portanto, de uma restrição da concorrência que, a priori, demonstra uma intenção de falsear a concorrência, uma vez que a melhor oferta não ganha no concurso público, visto que o resultado foi decidido *ex ante* pelos licitantes. [Tradução livre].[14]

Neste sentido, é importante notar, ainda, que o *bid rigging* pode ser considerado uma prática de corrupção privada, ou seja, entre particulares, que lesiona o interesse público — por isso a necessidade de combatê-lo tanto no aspecto das contratações públicas quanto no âmbito do Direito Concorrencial.

Neste sentido, existem alguns acordos internacionais que preveem essa relação público-privada, como a Convenção das Nações Unidas contra a Corrupção,[15] a Ação Comum do Conselho Europeu sobre Corrupção no Setor Privado[16] e o Convênio Civil do Conselho Europeu sobre a Corrupção.[17] São documentos que reconhecem a

---

[14] Texto original: "Teniendo en consideración las definiciones anteriores, se puede explicar el Bid Rigging como un acuerdo colusorio, y por tanto, una conducta subsumible, en principio, en el art. 101 TFUE y el art. 1 LDC. Su principal diferencia con otras conductas colusorias estriba en el contexto en el que tiene lugar: un proceso de presentación de ofertas para adjudicar la realización de un servicio o el aprovisionamiento de un determinado producto. Se caracteriza además por suponer una manipulación que resulta en una peor situación para el licitante respecto de aquella que se daría si los licitadores no se hubiesen coordinado subrepticiamente. Es, por tanto, una restricción de la competencia que a priori, demuestra una intencionalidad de falsear la competencia, toda vez que en la licitación pública no gana la mejor oferta, al haber sido decidido el resultado ex ante por los licitadores".

[15] ORGANIZAÇÃO DAS NAÇÕES UNIDAS. Convenção das Nações Unidas contra a corrupção. Disponível em: https://www.unodc.org/documents/lpo-brazil//Topics_corruption/Publicacoes/2007_UNCAC_Port.pdf. Acesso em: 19 jun. 2025.

[16] CONSELHO EUROPEU. Ação Comum do Conselho Europeu sobre corrupção no setor privado. Disponível em: https://op.europa.eu/en/publication-detail/-/publication/e924646a-a992-40d3-ba8b-03bddcdc7149/language-es. Acesso em: 19 jun. 2025.

[17] ESPANHA. Ratificação ao Convênio civil do Conselho Europeu sobre a corrupção. Disponível em: https://www.boe.es/diario_boe/txt.php?id=BOE-A-2010-5259. Acesso em: 19 jun. 2025.

importância do combate à corrupção, cujas implicações afetam tanto o interesse público quanto o setor privado.

Assim, a atividade de cartel, quando aplicada às licitações, consiste na manipulação de ofertas por meio da fixação de preços e do aparelhamento de lances, situações em que as empresas adotam posturas previamente combinadas para eliminar a concorrência.

A OCDE estabelece que existem duas formas comuns de manipulação de lances: na primeira, as empresas concordam em apresentar lances comuns, eliminando a concorrência nos preços; na segunda, as empresas acordam entre si qual delas oferecerá menor oferta, alternando entre si, de forma que cada empresa ganhe um número ou valor acordado de contratos.[18]

Nos dois casos, a nocividade pode ser constatada, considerando que em ambos haverá privação dos operadores econômicos em se beneficiar das características de um mercado livre, que envolveriam redução dos preços, diversificação de produtos e inovação e ausência de incentivo para melhoria na qualidade de produtos e serviços.

Assim, diante dos conceitos aqui apresentados, passa-se a tratar do combate aos cartéis em licitações nos dois países, Brasil e Espanha, visando demonstrar a forma em que cada Estado lida com a questão e quais os instrumentos internos disponíveis em cada jurisdição.

2.1 Combate aos cartéis em licitações no Brasil

Conforme já exposto anteriormente, é o Conselho Administrativo de Defesa Econômica (CADE) a entidade responsável pela prevenção e repressão às infrações contra a ordem econômica — conforme os termos da Lei nº 12.529/2011 — e pela parametrização de valores constitucionais como a liberdade de iniciativa, a livre concorrência e a repressão ao abuso do poder econômico no Brasil.[19]

---

18 OCDE. Glossary of Industrial Organization Economics and Competition Law. Definition of Bid Rigging. Disponível em: http://www.oecd.org/regreform/sectors/2376087.pdf. Acesso em: 27 jun. 2025.

19 "Art. 1º. O Conselho Administrativo de Defesa Econômica — CADE, entidade judicante com jurisdição no território nacional, vinculado ao Ministério da Justiça e Segurança Pública, com sede e foro no Distrito Federal, tem como finalidade a prevenção e a repressão às infrações contra a ordem econômica, orientada pelo disposto na Lei nº 12.529, de 30 de novembro de 2011, e pelos parâmetros constitucionais de liberdade de iniciativa, livre concorrência, função social da propriedade, defesa dos consumidores e repressão ao abuso do poder econômico" (BRASIL. Conselho Administrativo de Defesa Econômica. *Regimento Interno*. Disponível em: https://cdn.cade.gov.br/Portal/centrais-de-conteudo/regimento-interno/Regimento-interno-Cade-versao-05-2021.pdf. Acesso em: 25 jun. 2025).

Diante desta competência constitucional, este título fará uma análise sobre a atuação do CADE, apontando seu procedimento administrativo, além dos temas já apresentados na introdução do capítulo, como a detecção de cartéis, sanções e procedimentos especiais, prevenção e avaliação de resultados. Inicialmente, cumpre esclarecer quais os procedimentos administrativos adotados pelo Conselho para a execução de sua atividade.

O regimento interno do CADE determina qual o caminho das demandas dentro da entidade: a partir da entrada e registro dos procedimentos na Unidade de Protocolo do CADE (art. 32 do RI/CADE), eles serão classificados (art. 33) e distribuídos por sorteio entre os conselheiros, segundo as regras de cada procedimento (art. 34).

Nesta etapa, todos os documentos pertencentes ao processo administrativo serão conferidos e receberão uma classificação de acesso, podendo ser públicos (quando puderem ser acessados por qualquer pessoa), com acesso restrito (quando seu acesso for exclusivo à parte que os apresentou, aos representados, conforme o caso, e às pessoas autorizadas pelo CADE), sigilosos (quando seu acesso for exclusivo às pessoas autorizadas pelo CADE e às autoridades públicas responsáveis por proferir parecer ou decisão) ou em segredo de justiça (com acesso limitado aos termos de uma decisão judicial), conforme disposição do art. 48 do regimento interno da entidade.

Após o recebimento da triagem de acesso, a Presidência, o Conselheiro-Relator e a Superintendência-geral poderão abrir vista dos autos à Procuradoria Federal Especializada junto ao CADE e ao Departamento de Estudos Econômicos, fixando prazo para a emissão de parecer (art. 67).

Inicia-se, então, a fase instrutória do processo administrativo, em que serão requisitadas as informações necessárias pela autoridade competente, tais como documentos, objetos e esclarecimentos de qualquer tipo, seja de pessoas físicas ou jurídicas, órgãos, autoridades e entidades, públicas ou privadas (arts. 68 e 69).

Destaca-se, ainda, que o rito dos processos administrativos respeitará as disposições estabelecidas no regimento interno, que os classificou em procedimentos ordinários e especiais.

Os procedimentos ordinários são aqueles (i) para análise de ato de concentração econômica, cujas disposições estão previstas entre os artigos 106 e 133 do RI/CADE; ou (ii) para imposição de sanções administrativas por infrações à ordem econômica (arts. 145 a 161), sendo precedidos de um procedimento preparatório (arts. 138 e 139) e de um inquérito administrativo *per si* (arts. 140 a 144).

Além destes, também existem os ritos de procedimentos especiais, que são de cinco tipos: (i) processo administrativo para imposição de sanções processuais incidentais (arts. 162 a 172); (ii) procedimento para restauração de autos (arts. 173 a 177); (iii) compromisso de cessação de conduta (arts. 178 a 195); (iv) programas de leniência (arts. 196 a 210); e (v) medidas preventivas (art. 211).

Concluída a instrução dos processos administrativos, eles estarão aptos para julgamento, que se dará em Plenário, em sessão ordinária pública (art. 75). Nas sessões, os votos serão proclamados de forma oral ou escrita — com exceção do Conselheiro-Relator, que sempre proferirá voto escrito (art. 101).

Os votos dos conselheiros que entenderem pela existência de infração à ordem econômica deverão conter, além dos termos previstos no art. 79 da Lei nº 12.529/2011,[20] as sanções a serem impostas, o prazo para cumprimento das obrigações e o valor da multa por descumprimento das providências determinadas (art. 87).

Após a publicação da ata de julgamento — que se dará em até cinco dias úteis após a realização da sessão (art. 102), começa a correr o prazo para eventuais impugnações e recursos (art. 103), que poderão ser do tipo voluntário (art. 212), embargos de declaração (art. 218) ou recurso de reapreciação (art. 222), os quais serão analisados novamente pelo Plenário.

Diante deste processo administrativo, faz-se necessário compreender de que forma acontece a detecção dos cartéis no Brasil, especialmente em relação às licitações, bem como o modo de atuação do CADE neste aspecto, os quais serão detalhados a seguir.

---

[20] "Art. 79. A decisão do Tribunal, que em qualquer hipótese será fundamentada, quando for pela existência de infração da ordem econômica, conterá: I - especificação dos fatos que constituam a infração apurada e a indicação das providências a serem tomadas pelos responsáveis para fazê-la cessar; II - prazo dentro do qual devam ser iniciadas e concluídas as providências referidas no inciso I do *caput* deste artigo; III - multa estipulada; IV - multa diária em caso de continuidade da infração; e V - multa em caso de descumprimento das providências estipuladas" (BRASIL. *Lei nº 12.529, de 30 de novembro de 2011.* Estrutura o Sistema Brasileiro de Defesa da Concorrência — SBDC, dispõe sobre a prevenção e repressão às infrações contra a ordem econômica. Diário Oficial da União: seção 1, Brasília, DF, 1º dez. 2011. Disponível em: https://www.planalto.gov.br/ccivil_03/_ato2011-2014/2011/lei/l12529.htm. Acesso em: 26 jun. 2025).

2.1.1 Detecção dos cartéis e modelo de atuação

A legislação brasileira tipifica a atividade de cartel enquanto crime contra a ordem econômica. Tal previsão está disposta no art. 4º, incisos I e II da Lei nº 8.137/1990, cujo dispositivo foi posteriormente atualizado com a publicação da nova Lei de Defesa da Concorrência (LDC), no ano de 2011.

Segundo esta lei, o cartel ocorre mediante abuso de poder econômico, dominando o mercado ou eliminando, total ou parcialmente, a concorrência mediante qualquer forma de ajuste ou acordo de empresas; ou, ainda, a formação de acordo, convênio, ajuste ou aliança entre ofertantes, visando à fixação artificial de preços ou quantidades vendidas e/ou produzidas, ao controle regionalizado do mercado por uma única ou um grupo de empresas, e ao controle de rede de distribuição ou de fornecedores, em detrimento da concorrência.

Além disso, a atividade de cartel foi considerada infração à ordem econômica pela LDC, de tal sorte que seu conceito foi ampliado na lei de 2011, em um rol bastante extenso e com diversas hipóteses (são 19 as condutas tipificadas no §3º do art. 36).

A atuação do CADE na detecção da prática de cartéis envolve não somente a investigação de ofício, mas também o recebimento de denúncias e a colaboração de empresas envolvidas em programas de leniência. Este modelo se fortalece desde a edição da lei que reestruturou o sistema brasileiro de defesa da concorrência.

Para melhor compreensão do modelo de atuação do CADE ao combater os cartéis em licitação no Brasil, far-se-á uma análise de três casos que envolvem o tema: (i) o conluio entre empresas do mercado de alimentos especiais; (ii) empresas envolvidas na construção da Usina Hidrelétrica de Belo Monte; e (iii) a cartelização nas obras da Copa do Mundo de 2014.

a) Alimentos especiais (PKU)

Trata-se de processo administrativo instaurado em razão de denúncias sobre cartel em licitação e condutas de preço predatório, envolvendo cinco empresas representadas e uma representante, todas elas atuantes no setor de alimentos para fins especiais, destinado a pessoas com incapacidade de metabolizar alguns aminoácidos, como a fenilalanina, a qual provoca um distúrbio metabólico denominado fenilcetonúria. Doravante, os produtos ofertados pelas representadas, que não contêm fenilalanina, serão chamados de "alimentos PKU", que é uma abreviatura desse distúrbio.

Concluída a instrução processual sobre as condutas analisadas, houve a emissão de parecer da Superintendência-geral do CADE (SG), que se manifestou pela exclusão de um dos representados, bem como a condenação de todos os demais, apontando os indícios que subsidiaram seu posicionamento.

Após, houve parecer jurídico da Procuradoria Federal Especializada junto ao CADE (ProCADE), que opinou pela rejeição das questões preliminares e acompanhou a manifestação da SG quanto à recomendação pela condenação de todas as representadas. Também houve manifestação do Ministério Público Federal no mesmo sentido.

No voto do relator,[21] o Conselheiro faz um resumo sobre as condutas investigadas pela SG, apontando as diretrizes da teoria econômica sobre elas (análise do custo marginal, variável médio, evitável médio, custos incrementais médios de longo prazo, média dos custos totais, possibilidade de existência de consumidores-alvo específicos, além de provas sobre efeitos e provas da intenção dos agentes).[22]

Então, faz a análise comparativa das propostas apresentadas no Pregão Presencial realizado em Santa Catarina, demonstrando a porcentagem de variação entre as propostas de menor e maior valor. Neste estudo, verificou-se que os preços variavam entre 1,96 e 3,03%, diferença ínfima se considerado que os envelopes com as propostas teriam sido entregues fechados e que seus valores haveriam de ser, supostamente, confidenciais.[23]

Em um segundo momento, notou-se que, na segunda fase da concorrência, o número de lances era mais baixo (até três lances) quando se concorriam apenas duas representadas. Mas, quando havia um terceiro concorrente, o número de lances passava a ser expressivamente maior (entre nove e 130 lances), apontando indícios de combinação de preços nos itens de menor número de lances.[24]

---

21 BRASIL. CADE. Processo Administrativo nº 08012.009645/2008-46, rel. Cons. Alexandre Cordeiro Macedo. Voto em versão pública do dia 9 de novembro de 2016. Disponível em: https://sei.cade.gov.br/sei/modulos/pesquisa/md_pesq_documento_consulta_externa.php?DZ2uWeaYicbuRZEFhBt-n3BfPLlu9u7akQAh8mpB9yOuKb6Fc3uXzE-ppKDdfmWG4I5WKbXtjb7qFYJwi73Z59R7nrVIhLUaEFACH7S-GfzSW0X7m6VJktCsDHylEjaF. Acesso em: 26 jun. 2025.

22 *Idem*, parágrafo 28.

23 *Idem*, parágrafo 56.

24 *Idem*, parágrafo 63.

Foram apontados, também, indícios de que as mesmas representadas realizaram conluio no Estado do Ceará, quando na ocasião de uma licitação neste mesmo mercado, de alimentos especiais.[25]

Ao final, concluiu-se que a conduta das representadas consistiu na atuação conjunta das distribuidoras em cada um dos Estados (Santa Catarina e Ceará), com vistas a aumentar de forma artificial suas margens de lucro nas respectivas licitações.

O relator, então, manifestou-se quanto aos seguintes temas: gravidade da infração, existência ou não de boa-fé do infrator, vantagem auferida ou pretendida pelo infrator, consumação ou não da infração, grau de lesão à livre concorrência e à economia nacional, efeitos econômicos negativos produzidos no mercado, situação econômica do infrator e ocorrência de reincidência.

Desta forma, o relator concluiu pelo arquivamento do processo em relação a um dos representados, bem como pela condenação dos demais, com a aplicação de multa de 13% sobre o faturamento bruto no ramo de atividade no ano em que se concretizou a conduta (2009), atualizados para até o mês em que foi proferido o voto (novembro/2016).

Após proferir seu voto, o Plenário, por unanimidade, acatou o arquivamento do processo em relação a um dos representados, assim como a condenação dos demais, aplicando, por maioria, a dosimetria das penalidades propostas pelo relator.[26]

b) Usina Hidrelétrica de Belo Monte

Trata-se de caso que ainda se encontra na fase instrutória, de inquérito administrativo, mas que merece estudo por estar relacionado a uma obra de infraestrutura de valor expressivo, impactando sobremaneira os cofres públicos.[27]

---

[25] *Idem*, parágrafo 73 e seguintes.

[26] BRASIL. CADE. *Ata da 94ª Sessão Ordinária de Julgamento*. DOU nº 219, de 16 de novembro de 2016. Disponível em: https://sei.cade.gov.br/sei/modulos/pesquisa/md_pesq_documento_consulta_externa.php?DZ2uWeaYicbuRZEFhBt-n3BfPLlu9u7akQAh8mpB9yMoVH4-y5ouL9TCuunwKpA_HP8_PxLCIVXReqhPCyb2wKrWYVj8svfiiOVFi8YrKQ0-xQJZwDSciQyb_CXliMdd. Acesso em: 26 jun. 2025.

[27] BRASIL. CADE. Processo Administrativo nº 08700.006377/2016-62. Disponível em: https://sei.cade.gov.br/sei/modulos/pesquisa/md_pesq_processo_exibir.php?0c62g277GvPsZDAxAO1tMiVcL9FcFMR5UuJ6rLqPEJuTUu08mg6wxLt0JzWxCor9mNcMYP8UAjTVP9dxRfPBcXCjQtLVUg-Sjxb3OAbZ5AXFCNumoHgEN8V5ylvsmE5t. Acesso em: 21 jun. 2025.

O inquérito administrativo da Usina Hidrelétrica de Belo Monte (doravante UHE Belo Monte) foi instaurado no dia 16 de novembro de 2016,[28] com o objetivo de investigar um suposto cartel na licitação que visava conceder a construção e exploração da usina. O procedimento administrativo teve início a partir da celebração, em setembro daquele ano, de um acordo de leniência com uma das empresas envolvidas.

Após assinatura do acordo — cuja negociação perdurou por dez meses —, o termo foi mantido em sigilo pelo interesse das investigações, até que fosse instaurado, oficialmente, o inquérito. A empresa representante apontou a participação de duas outras empresas na suposta conduta anticompetitiva, além de envolver ao menos seis executivos de alto escalão delas.[29]

Conforme o trâmite interno do CADE, um acordo de leniência gera, como consequência, um documento chamado de "Histórico da Conduta", que narra os fatos sob suspeita de caráter anticompetitivo. Neste documento, a Superintendência-geral do CADE apontou indícios de violação à ordem econômica, tais como:[30]

(i) Acordo de divisão do mercado de construção da UHE Belo Monte; viabilizado mediante
(ii) Troca de informações concorrencialmente sensíveis; e
(iii) Alinhamento de práticas comerciais na estruturação de consórcios para participação na concessão da UHE Belo Monte (Leilão nº 06/2009 da Agência Nacional de Energia Elétrica) e na estruturação de consórcios para participação na concorrência privada realizada pelo grupo vencedor da concessão.

Tais condutas, relatadas pela representante, foram viabilizadas por meio de reuniões e contatos, sobretudo presenciais, entre

[28] BRASIL. CADE. Despacho SG instauração de inquérito administrativo nº 34/2016. Disponível em: https://sei.cade.gov.br/sei/modulos/pesquisa/md_pesq_documento_consulta_externa.php?DZ2uWeaYicbuRZEFhBt-n3BfPLlu9u7akQAh8mpB9yPt0yvEx-7AC1G2dME2wS0vpThQcQlxe9H3d2CTp6KIcSdc1ZvGrWWoT2jyq5FQjjpWidaB9L8Si4jCAARGRFe3. Acesso em: 26 jun. 2025.

[29] BRASIL. CADE. Cade celebra acordo de leniência em investigação de cartel na licitação da usina de Belo Monte. Disponível em: http://www.cade.gov.br/noticias/cade-celebra-acordo-de-leniencia-em-investigacao-de-cartel-na-licitacao-da-usina-de-belo-monte. Acesso em: 26 jun. 2025.

[30] BRASIL. CADE. Histórico da conduta no Processo Administrativo nº 08700.006377/2016-62. p. 1. Disponível em: https://sei.cade.gov.br/sei/modulos/pesquisa/md_pesq_documento_consulta_externa.php?DZ2uWeaYicbuRZEFhBt-n3BfPLlu9u7akQAh8mpB9yP4NNQLUFTz_24wqpkF6D_33KCuzNZMx5Tn6lL0Jugo9VwWoP6pUG1Ut6h3Jw6LAmK53RIi8yQvwEdePtHyljoI. Acesso em: 22 jun. 2025.

os concorrentes; cujo contato se iniciou em julho de 2009 (após determinação do Governo Federal para realização de estudos sobre o potencial hidrelétrico de Belo Monte) e perdurou até, pelo menos, julho de 2011, quando foram assinados os contratos referentes às obras da Usina.

Assim, para este estudo, importa observar quais foram os fatores analisados pela Superintendência-geral do CADE para investigar a conduta relatada. O histórico da conduta foi estruturado nos seguintes itens: descrição sumária da conduta; identificação dos signatários; identificação dos participantes da conduta; concorrentes e clientes no mercado afetado, duração da conduta relatada; descrição detalhada da conduta, considerações sobre o mercado afetado e apêndice de provas documentais que subsidiam a narrativa da conduta.[31]

Após elaboração deste documento inicial, tem início a abertura da fase instrutória do processo, que coletará a defesa dos interessados, bem como receberá a manifestação da Superintendência-geral do CADE, da Procuradoria Federal Especializada, do Ministério Público Federal, além do voto do Conselheiro Relator sobre o caso. Depois de todos estes trâmites, o processo vai para o Plenário, onde os demais conselheiros poderão se manifestar em seus votos.

Julgado o processo, a ata da sessão de julgamento é publicada no Diário Oficial da União e passa a contar o prazo para recursos e/ou execução da decisão administrativa. Este, então, é o rito administrativo adotado pelo CADE para combater os crimes e as violações à ordem econômica no Brasil. Passa-se, agora, à análise da conduta da entidade em outro caso, para verificar e validar sua atuação.

c) Obras da Copa do Mundo de 2014

A Copa do Mundo de 2014 motivou a execução de diversas obras de infraestrutura por todo o Brasil, envolvendo não apenas os estádios de futebol, mas também outros tipos de obras, como a adequação de aeroportos, da rede hoteleira e de mobilidade urbana das cidades que receberiam o evento.

No ano de 2009, foram selecionadas capitais de 12 estados brasileiros para receber os jogos do Mundial, sendo elas: Belo Horizonte, Brasília, Cuiabá, Curitiba, Fortaleza, Manaus, Natal, Porto Alegre,

[31] *Idem*, p. 2.

Recife, Rio de Janeiro, Salvador e São Paulo.[32] Com o anúncio, começaram os trabalhos de adequação dessas cidades, que iriam recepcionar as equipes de futebol, além de diversos turistas nacionais e internacionais.

Segundo o 6º balanço da Copa, de dezembro de 2014, emitido pela Secretaria Especial do Esporte, pertencente ao Ministério da Cidadania do Governo Federal, a ocorrência do mundial deu causa à construção e/ou reforma de 12 estádios de futebol, 32 centros de treinamento em todo o país e 28 campos oficiais de treinamento. Ademais, o evento contou com a participação de mais de 1 milhão de turistas de 202 países diversos, além da participação de 3 milhões de turistas brasileiros.[33]

Todos estes dados demonstram a dimensão do evento para o Brasil, que movimentou as licitações de obras, compras e execução de serviços para cada uma destas capitais. Por outro lado, importa destacar que a concretização destas obras foi bastante impactada pelo atraso e aumento dos custos em relação à programação inicial: segundo a revista "Em discussão", do Senado Federal brasileiro, a Copa de 2014 envolveu o planejamento de 26 bilhões de reais em obras de estádios, aeroportos e mobilidade urbana.[34]

Em junho de 2014, na iminência de ocorrer o evento mundial, o Tribunal de Contas da União (TCU), responsável pela fiscalização dos gastos públicos de toda a Administração Pública da esfera federal, emitiu relatório acerca da execução das obras em relação ao que foi planejado na Matriz de Responsabilidades da Copa.[35]

O balanço realizado pelo TCU, na ocasião, não foi positivo, conforme comentário do relator do processo, Min. Walton Alencar Rodrigues: "a maior parte dos projetos de investimentos apresentam

---

[32] BRASIL. Ministério do Turismo. Anunciadas as cidades-sede da Copa de 2014, começa o trabalho. Disponível em: http://www.turismo.gov.br/%C3%BAltimas-not%C3%ADcias/4159-anunciadas-as-cidades-sede-da-copa-de-2014-comeca-o-trabalho.html. Acesso em 28 jun. 2025.

[33] BRASIL. Ministério do esporte. Balanço final para as ações da Copa do Mundo FIFA Brasil 2014 (6º balanço). Dezembro/2014. Disponível em: http://www.esporte.gov.br/arquivos/assessoriaEspecialFutebol/copa2014/6_Balanco_Copa_dez_2014.pdf. Acesso em: 28 jun. 2025.

[34] BRASIL. Senado Federal. *Revista "Em discussão"*, ano 5, n. 20, abr. 2014. Disponível em: https://www.senado.gov.br/noticias/jornal/emdiscussao/copa-do-mundo-no-brasil-2014.pdf. Acesso em: 28 jun. 2025.

[35] BRASIL. Tribunal de Contas da União. TCU divulga relatório consolidado sobre obras da Copa. Relatório de acompanhamento no processo nº 009.205/2013-6. Disponível em: https://portal.tcu.gov.br/copa2014/portal/page/portal/TCU/copa2014/noticias/detalhes_noticia8032.html?noticia=5077998. Acesso em: 28 jun. 2025.

estágio de implementação das metas para a Copa aquém do previsto para os meses de janeiro e fevereiro de 2014".[36]

Assim, dois anos após o término dos jogos, ainda com obras inacabadas, o CADE deu início, *ex officio*, a um inquérito administrativo sigiloso para apuração de infrações à ordem econômica relacionadas ao evento de 2014.[37]

A investigação deu origem a um relatório de Histórico da Conduta, cuja versão pública foi divulgada em dezembro de 2016 e apontou indícios de condutas anticompetitivas em, pelo menos, cinco procedimentos licitatórios relacionados a obras de construção civil, modernização e/ou reforma de estádios de futebol.[38]

No documento, são detalhadas discussões preliminares, formação e consolidação dos acordos anticompetitivos, além de descrições sobre a conduta relatada, seus signatários, os participantes e sua duração, bem como os clientes e concorrentes do mercado afetado. Ao final, são juntadas provas documentais sobre o relatado, além de uma conclusão sobre a dimensão geográfica afetada, que atingiu oito cidades-sede.[39]

Atualmente, já apuradas as condutas iniciais, o processo administrativo encontra-se em fase instrutória, aguardando a apresentação de defesa dos interessados. Ao final da instrução, a Superintendência-geral emitirá parecer opinativo pela condenação ou arquivamento do caso, ocasião em que as conclusões serão encaminhadas ao Tribunal do CADE, que se manifestará definitivamente.[40]

Os três casos aqui expostos são suficientes para compreender a forma em que se dá a atuação do CADE — seja mediante iniciativa

---

[36] *Idem*.

[37] BRASIL. CADE. Despacho SG instauração de inquérito administrativo nº 32/2016. Disponível em: https://sei.cade.gov.br/sei/modulos/pesquisa/md_pesq_documento_consulta_externa.php?DZ2uWeaYicbuRZEFhBt-n3BfPLlu9u7akQAh8mpB9yOU1UfT49Ba5adJCGmc9Kx8lA66TZAnvJ6TiIbsoWmis3OiUbC3c_ALbLiQUYBjKoYqdL-haKj1eQPx2702tbX4. Acesso em: 29 jun. 2025.

[38] BRASIL. CADE. Histórico da conduta (versão pública). Disponível em: https://sei.cade.gov.br/sei/modulos/pesquisa/md_pesq_documento_consulta_externa.php?DZ2uWeaYicbuRZEFhBt-n3BfPLlu9u7akQAh8mpB9yNfyMroJOuB6E1Tamri4LWsD70_x6V7zUbpJTFtLvP5T3TN8jFBepIuBgR8kbwIQt91toAq5JhEBIiIsXaIUJAw. Acesso em: 29 jun. 2025.

[39] *Idem*, p. 147.

[40] BRASIL. CADE. CADE instaura processos para apurar cartéis em licitações de estádios da Copa e de edificações especiais da Petrobras. Disponível em: http://www.cade.gov.br/noticias/cade-instaura-processos-para-apurar-carteis-em-licitacoes-de-estadios-da-copa-e-de-edificacoes-especiais-da-petrobras. Acesso em: 30 jun. 2025.

das partes, por denúncia ou *ex officio*. Verifica-se, também, que o rito administrativo é bastante claro, apesar de envolver A complexidade de provas. Tendo compreendido o modelo de detecção de cartéis adotado pelo CADE, passa-se à análise da aplicação de sanções e dos procedimentos especiais.

2.1.2 Sanções e procedimentos especiais

Segundo a lei de defesa da concorrência brasileira, após a detecção de um cartel, os responsáveis estarão sujeitos a algumas penas, como multa de 0,1 a 20% do valor de seu faturamento bruto em caso de empresas; multa de 50 mil a 2 bilhões de reais no caso de pessoas físicas ou jurídicas que não exerçam atividade empresarial; ou, ainda, multa de 1 a 20% daquela aplicada à empresa, em caso de administrador responsável, direta ou indiretamente, pela infração cometida.[41]

Além disso, estão previstas outras penalidades quando houver gravidade nos fatos ou interesse público geral, tais como: proibição de contratar com instituições financeiras oficiais e participar de licitações por prazo não inferior a cinco anos, proibição de exercer comércio em nome próprio ou como representante de pessoa jurídica por até cinco anos, cisão da sociedade, transferência de controle societário, venda de ativos ou cessação parcial de atividade, entre outras hipóteses previstas no artigo 38 da LDC.

É importante destacar que a legislação prevê a consideração de alguns fatores na aplicação das penas, como a gravidade da infração, a boa-fé do infrator, a vantagem por ele auferida, a consumação ou não da infração, o grau de lesão à livre concorrência, entre outros.

A imputação de tais penas deverá se dar em sede de processo administrativo com essa finalidade, cujo rito está previsto nos artigos 69 a 83 da Lei de Defesa da Concorrência e garante ao acusado a ampla defesa a respeito das conclusões do inquérito administrativo.

Além disso, há previsão de dois procedimentos especiais a serem adotados pelo CADE no curso da investigação administrativa: o compromisso de cessação de conduta e o programa de leniência. Ambos têm como objetivo primordial a interrupção da prática anticompetitiva e a identificação da lesão praticada.

---

[41] BRASIL. *Lei nº 12.529/2011*. Art. 37.

A diferença entre eles é que o primeiro (cessação de conduta) é realizado pela empresa e trata apenas de sua própria conduta, comprometendo-se a cessá-la mediante sanções cabíveis; enquanto o programa de leniência envolve uma empresa delatora, que contribui com a identificação dos demais envolvidos na infração e anexam documentos que comprovem a conduta que está sob investigação.

Assim, em primeiro lugar, tratar-se-á do programa de leniência, procedimento cuja previsão expressa se encontra nos artigos 86 e 87 da Lei Antitruste e trata da possibilidade de que o CADE celebre acordos para redução ou extinção da penalidade aplicável ao caso concreto, diante de pessoas físicas e/ou jurídicas que colaborem efetivamente com as investigações e o processo administrativo.

Além disso, a lei exige que, para o sucesso do acordo de leniência, a colaboração dos interessados deve resultar na identificação dos demais envolvidos na infração e, ainda, na obtenção de informações e documentos que comprovem a ocorrência da infração noticiada ou sob investigação.

Outros requisitos também são exigidos pelo §1º do art. 86, de modo que fica clara a preocupação do legislador em garantir a efetividade do acordo

de leniência antes da extinção da punibilidade. Isto fica demonstrado quando, no art. 87, se estabelece que a celebração deste tipo de acordo, com relação aos crimes diretamente relacionados à prática de cartéis — tais como os que ocorrem em licitações —, terá seu prazo prescricional suspenso, extinguindo-se a punibilidade apenas quando no cumprimento dos termos do acordo por parte do agente.

Ao regulamentar a prática dos programas de leniência em seu âmbito interno, o CADE estabeleceu que tal ferramenta trata-se de um conjunto de iniciativas cujo objetivo é detectar, investigar e punir as infrações à ordem econômica, além de possuir um viés educativo, com vistas a informar e orientar as empresas e os cidadãos em geral a respeito dos direitos e garantias previstos na Lei Antitruste.[42]

Quanto ao rito administrativo previsto no Regimento Interno do CADE, merece destaque a exigência de que a empresa interessada na celebração do acordo de leniência seja a primeira a se qualificar em relação à infração noticiada ou sob investigação. Ademais, exige-se que, no momento da propositura do acordo, a Superintendência-Geral ainda

---

[42] BRASIL. CADE. *Regimento Interno.* Art. 196 e ss.

não disponha de provas suficientes para assegurar a condenação do proponente, além da cooperação plena e permanente com a investigação e o processo administrativo.[43]

É requisito primordial, ainda, que da cooperação resulte a identificação dos demais envolvidos na infração, além da obtenção de informações e documentos que comprovem a infração noticiada ou sob investigação. A confissão da participação no ilícito bem como sua cessação são, naturalmente, requisitos essenciais.[44]

Desta forma, verifica-se que os acordos de leniência são uma ferramenta bastante útil para que o CADE negocie com as pessoas físicas ou jurídicas que estejam interessadas em colaborar com a Administração, buscando, por outro lado, recompensá-las caso a colaboração culmine em resultado efetivo.

Assim, desde o ano de 2003 — quando houve a assinatura do primeiro acordo de leniência do CADE no Brasil — até 30 de setembro de 2019, foram celebrados 97 acordos de leniência, sendo que, destes, 29 foram oriundos da Lava Jato.[45]

Outra ferramenta utilizada pelo CADE no combate às práticas anticompetitivas é o compromisso de cessação de conduta, previsto na Lei Antitruste e regulamentado pelo Regimento Interno da entidade. Tal procedimento somente é aplicável àquelas empresas que não puderam se qualificar para o programa de leniência, que está disponível apenas para o primeiro proponente.

A celebração destes acordos, envolvendo a prática de cartelização, teve sua aplicação ampliada no Brasil a partir de 2007, por meio da alteração do art. 53 da então lei reguladora do Sistema Brasileiro de Defesa da Concorrência.[46] A nova legislação, de 2011, delegou à entidade poderes para estabelecer regras complementares sobre acordos por meio de resoluções.[47]

---

43 *Idem*, art. 197.

44 *Idem*.

45 BRASIL. CADE. Estatísticas sobre o Programa de Leniência do CADE. Disponível em: https://www.gov.br/cade/pt-br/assuntos/programa-de-leniencia. Acesso em: 18 jun. 2025.

46 BRASIL. *Lei nº 11.482/2007*. Disponível em: http://www.planalto.gov.br/ccivil_03/_Ato2007-2010/2007/Lei/L11482.htm. Acesso em: 19 nov. 2019. Art. 16. O art. 53 da Lei nº 8.884, de 11 de junho de 1994, passa a vigorar com a seguinte redação: "Art. 53. Em qualquer das espécies de processo administrativo, o Cade poderá tomar do representado compromisso de cessação da prática sob investigação ou dos seus efeitos lesivos, sempre que, em juízo de conveniência e oportunidade, entender que atende aos interesses protegidos por lei. (...)".

47 BRASIL. *Lei nº 12.529/2011*. Art. 85, §14.

O artigo 85 da nova Lei Antitruste estabeleceu que o CADE "poderá tomar do representado compromisso de cessação da prática sob investigação ou dos seus efeitos lesivos, sempre que (...) entender que atende aos interesses protegidos por lei". Diante do texto, infere-se que a celebração do TCC é ato discricionário por parte da entidade, a depender dos juízos de conveniência e oportunidade do julgador.

As propostas de TCCs podem ser feitas em qualquer momento da investigação, devendo os proponentes reconhecer a participação no cartel, cessar a prática da conduta investigada, recolher uma contribuição pecuniária e fornecer colaboração significativa para a Superintendência da entidade.[48]

Sobre a elaboração dos termos de compromisso em casos de cartel, o CADE publicou um guia especializado,[49] com o objetivo de promover maior transparência e previsibilidade ao delinear a prática, bem como detalhar o método utilizado para avaliar o grau da colaboração dos interessados.

Assim, após as negociações com o interessado e firmado o termo de compromisso junto ao CADE, bem como transcorrido o prazo para seu cumprimento, a Procuradoria Federal Especializada junto à entidade encaminhará nota técnica ao Superintendente-geral, que se manifestará sobre o cumprimento do acordo. Após, a manifestação será analisada pelo Plenário do Tribunal, que atestará, ou não, a regularidade do cumprimento integral das obrigações.[50]

É importante destacar que o termo de compromisso de cessação de conduta é ferramenta que se difere do acordo de leniência. Neste sentido, o voto-vogal de Luiz Carlos Prado esclarece o tema:

> Diferentemente do acordo de leniência, a celebração de TCC, nos termos do *caput* do art. 53 da Lei nº 8.884/94, pertence ao rol de atribuições exclusivas do CADE. Segundo este mesmo dispositivo legal, no TCC não resta caracterizada a ilicitude da conduta, que encontra-se, ainda, sob investigação. O TCC não pressupõe, contrariamente à leniência, o fornecimento de provas acerca da prática que o próprio leniente delata

---

[48] BRASIL. CADE. Resolução nº 5, de 6 de março de 2013. Disponível em: http://www.cade.gov.br/assuntos/normas-e-legislacao/resolucao/resolucao-5_2013.pdf/view. Acesso em: 19 jun. 2025.

[49] BRASIL. CADE. Guia sobre Termo de Compromisso de Cessação para casos de cartel. 2017. Disponível em: http://www.cade.gov.br/acesso-a-informacao/publicacoes-institucionais/guias_do_Cade/guia-tcc-atualizado-11-09-17. Acesso em: 19 jun. 2025.

[50] BRASIL. CADE. *Regimento Interno*. Art. 192.

como ilícita. Antes, tem natureza manifestamente diversa, visando, justamente, ao arquivamento da investigação de prática cuja ilicitude o compromissário não reconhece, *a priori*.[51]

Desta forma, a primeira distinção trata do fornecimento de provas -- que é obrigatório nos acordos de leniência, mas não nos TCCs. Outra diferença substancial trata da extinção da ação punitiva da Administração — que também existe nos acordos de leniência, mas não ocorre nos casos de termos de cessação de conduta (por ausência de previsão legal).

Insta salientar que a celebração dos acordos de cessação de conduta tem sido recorrente junto ao CADE. Segundo o relatório da OCDE sobre a legislação e política de concorrência do Brasil,[52] os números relativos aos termos de compromisso de cessação envolvendo cartéis são os que seguem:

Tabela — Termos de Compromisso de Cessação (TCCs) em casos de cartel

	Número total de TCCs aprovados	Número de TCCs aprovados em casos envolvendo cartel	Contribuições pecuniárias de TCCs em casos envolvendo cartel
2012	5	2	R$ 50.000,00 (US$ 32.071,00)
2013	53**	9	R$ 38.893.044,00 (US$ 23.581.646,00)
2014	36	23	R$ 153.432.075,00 (US$ 87.812.208,00)
2015	58	40	R$ 409.650.186,00 (US$ 220.314.171,00)
2016	54	50	R$ 748.986.289,00 (US$ 377.228.813,00)
2017	70	61	R$ 844.285.544,00 (US$ 417.065.829,00)
2018*	32	28	R$ 212.017.177,00 (US$ 104.733.666,00)

Nota: *Janeiro a outubro; ** 42 desses foram celebrados com a Unimed (cooperativa de serviços médicos) na mesma sessão de julgamento do Tribunal, para concluir casos relacionados à exigência de exclusividade na prestação de serviços médicos.

[51] BRASIL. CADE. Voto-vogal no Requerimento nº 08700.005281/2007-96, rel. Luiz Carlos Prado. *Apud* TAUFICK, Roberto Domingos. *Op. cit.*, p. 485.

[52] BRASIL. CADE. Revisões por Pares da OCDE sobre Legislação e Política de Concorrência: Brasil, 2019. Disponível em: https://www.oecd.org/daf/competition/revisoes-por-pares-da-ocde-sobre-legislacao-e-politica-de-concorrencia-brasil-2019-web.pdf. Acesso em: 19 jul. 2025.

Infere-se que, entre os anos de 2012 a 2018, o CADE firmou 213 termos de compromisso de cessação de conduta envolvendo cartéis, somando mais de 1,2 bilhão de dólares em contribuições pecuniárias. Tais números refletem a importância da ferramenta para a efetivação da defesa da concorrência no país.

A OCDE destaca que o Brasil tem utilizado a celebração de TCCs como um instrumento para tornar a persecução concorrencial mais eficiente e rápida na resolução de problemas no mercado, além de utilizá-lo para detectar outros potenciais casos envolvendo cartel.[53]

Diante de todo o exposto, o próximo tema a ser analisado trata da política preventiva adotada pelo país a partir da lei que instituiu o Sistema Brasileiro de Defesa da Concorrência. Ao final, serão analisados os resultados do CADE no combate aos cartéis nos últimos anos, verificando sua efetividade. É o que se verá a seguir.

2.1.3 Prevenção e avaliação de resultados

A própria lei de defesa da concorrência traz alguns dispositivos acerca das atividades de prevenção às condutas anticompetitivas. O artigo 13, por exemplo, atribui à Superintendência-geral a responsabilidade de desenvolver estudos e pesquisas para orientar a política de prevenção de infrações à ordem econômica, além do dever de instruir o público sobre as diversas formas de infrações existentes e os respectivos meios de prevenção e repressão.[54]

Nestas duas linhas de atuação, o CADE tem se empenhado em desenvolver um material educativo, que contribua, de fato, com a instrução do público sobre o tema. Neste sentido, no ano de 2019, houve o lançamento de cursos on-line gratuitos a respeito da prevenção e detecção de cartéis em licitações, e outro abordando aspectos do programa de leniência.[55]

O curso tem como público-alvo pessoas que atuam como pregoeiros ou participam de comissões de licitações na Administração

---

[53] *Idem*, p. 77.

[54] BRASIL. *Lei nº 12.529/2011*. Artigo 13. XIV - desenvolver estudos e pesquisas objetivando orientar a política de prevenção de infrações da ordem econômica; XV - instruir o público sobre as diversas formas de infração da ordem econômica e os modos de sua prevenção e repressão;

[55] BRASIL. CADE lança cursos online sobre leniência antitruste e detecção de cartéis em licitações. Disponível em: http://www.cade.gov.br/noticias/cade-lanca-cursos-on-line-sobre-leniencia-antitruste-e-deteccao-de-carteis-em-licitacoes. Acesso em: 13 jul. 2025.

Pública, além de outros servidores públicos de qualquer esfera e poder, advogados, estudantes, empresários e quaisquer cidadãos interessados na temática.

Os cursos foram desenvolvidos pela Superintendência-geral do CADE, em obediência à lei de defesa da concorrência, com o objetivo de aumentar a conscientização sobre a importância de se combater os cartéis em licitações e apresentar os benefícios que o programa de leniência pode proporcionar às investigações.

Destarte, em dezembro de 2019 foi publicada cartilha atualizada sobre o combate aos cartéis em licitações. Neste guia, houve a recomendação de algumas medidas que podem ser adotadas para a prevenção e redução do risco de formação de conluios nas contratações públicas, que, por sua relevância, merecem ser colacionadas:[56]

(I) Recomendações gerais:

- adoção da Declaração de Elaboração Independente de Proposta, nos termos da Instrução Normativa do Ministério do Planejamento, Orçamento e Gestão nº 02, de 16 de setembro de 2009, de forma a exigir que cada licitante garanta, por intermédio de documento assinado por seu representante legal, que sua proposta comercial e lances tenham sido elaborados sem qualquer tipo de compartilhamento de informação comercial sensível com empresa concorrente.
- vedação da divulgação do valor de reserva/valor de referência, nos moldes do Regime Diferenciado de Contratação (RDC), conforme Lei nº 12.462, de 4 de agosto de 2011.
- avaliar a pertinência da adoção de leilões simultâneos — quando houver mais de uma concessão relativa a objeto semelhante — de forma a dificultar a divisão de mercado (estratégia facilitada pela eventual adoção de leilões sequenciais).
- planejamento de leilões simultâneos que busquem licitar projetos complementares — seja complementaridade intra-leilão, seja com projetos já licitados anteriormente — de maneira a possibilitar que seja(m) criada(s) situação(ões) de valoração super-aditiva nos leilões, atraindo tanto empresas já atuantes no mercado, quanto possíveis entrantes.
- avaliar possibilidade de utilizar desenhos híbridos de leilão, nos moldes do "modo combinado de disputa" do Regime Diferenciado

[56] BRASIL. CADE. Guia de combate a cartéis em licitações. Disponível em: http://www.cade.gov.br/acesso-a-informacao/publicacoes-institucionais/guias_do_Cade/guia-de-combate-a-carteis-em-licitacao-versao-final-1.pdf. Acesso em: 14 jun. 2025.

de Contratação (RDC), conforme artigos 23 e 24 do Decreto nº 7.581, de 11 de outubro de 2011.

- garantir que os esclarecimentos relacionados ao Edital — prestados aos interessados na fase que antecede a apresentação das propostas — sejam realizados em ambiente virtual, de forma a não permitir a identificação das empresas.
- evitar, tanto na fase interna quanto na fase externa, que existam oportunidades para que representantes das eventuais empresas interessadas se encontrem presencialmente.

(II) Recomendações para desenho de editais:

- consórcios: avaliar a adoção de critérios que estimulem a competitividade, de forma a incentivar a participação de "entrantes" no mercado e evitar que tal instituto seja utilizado para "redução estratégica da demanda" (fato prejudicial para a valoração do ativo, na perspectiva do concedente).
- subcontratação: estabelecer critério para controle e cadastro de empresas subcontratadas, com registro obrigatório, a fim de evitar a utilização do instituto como forma de pagamento lateral e cartelização.
- criação de incentivos para empresas "entrantes" no que tange aos critérios de pontuação para avaliação técnica das propostas.
- exigências diferenciadas quanto ao seguro-garantia (Agência Brasileira Gestora de Fundos Garantidores e Garantias S.A. e Fundo Garantidor de Infraestrutura), de forma a incentivar a competitividade nos leilões.

(III) Recomendações para durante o certame:

- utilizar sistema informatizado específico para realização do leilão, que contemple as especificidades das regras, de forma a garantir: (i) ambiente de teste para simular o leilão; (ii) sigilo em relação aos participantes e aos lances apresentados.
- evitar que existam momentos presenciais, de forma a impedir que representantes das empresas participantes se encontrem durante o leilão.

(IV) Recomendações sobre a especificidade de cada mercado e certame:

- cada mercado possui especificidades, regulamentações e necessidades que podem impactar, de forma distinta, o desenho licitatório. A título de exemplo, necessidades regulatórias, técnicas, de qualidade, de segurança e até mesmo de concorrência no mercado durante o período de concessão devem ser sopesados em face da necessidade de estímulo à concorrência no processo licitatório em si, a fim de se atingir um equilíbrio ideal para o desenho da concessão e do edital.

- ter uma base de dados que consolide informações relevantes sobre licitações é essencial para uma persecução a cartéis em licitações efetiva, seja por parte dos órgãos licitantes, seja por parte de outras autoridades. Isso porque, o efetivo monitoramento dos procedimentos licitatórios pode ter um efeito dissuasório, além de facilitar a detecção de cartéis.

Tais recomendações merecem ser apreciadas por todos aqueles que participam da elaboração e execução de processos licitatórios, bem como pelas autoridades encarregadas pela investigação e punição dessa infração, além do público em geral. Assim, ter-se-á uma rede qualificada para aprimoramento da detecção, prevenção e punição dessa prática anticompetitiva.

Além disso, o CADE já disponibilizou diversas publicações institucionais de caráter educativo, fomentando, também, os estudos e pesquisas a respeito da defesa da concorrência no Brasil, por meio de sua revista quadrimestral e de seus estudos econômicos.[57]

Nos últimos anos, o CADE tem fortalecido sua atuação e obtido bons resultados em relação ao combate às atividades de cartel. Seu desempenho pode ser acompanhado por meio da plataforma online "CADE em números", que reúne informações acerca de sua performance administrativa.[58]

Em 2019, por exemplo, consta na plataforma a informação de que foram julgados 15 processos administrativos relativos à conduta de cartel, cumulando um total de multas aplicadas no montante de 784 milhões de reais. Além disso, houve julgamento de 16 requerimentos de Termos de Cessação de Conduta, somando a contribuição pecuniária de 145 milhões de reais.[59]

No ano de 2018, por sua vez, foram 21 processos administrativos julgados por conduta de cartel, com aplicação de multa de mais de 620 milhões de reais. Ademais, foram concluídos 49 julgamentos relativos aos requerimentos de Termos de Cessação de Conduta (TCC), equivalente à contribuição pecuniária de 1 bilhão e 258 milhões de reais.[60]

---

57 BRASIL. CADE. Publicações institucionais. Disponível em: http://www.cade.gov.br/acesso-a-informacao/publicacoes-institucionais. Acesso em: 13 jul. 2025.

58 BRASIL. CADE em números. Processos administrativos julgados por mês (2018) — conduta de cartel. Disponível em: http://cadenumeros.cade.gov.br/QvAJAXZfc/opendoc.htm?document=Painel%2FCADE%20em%20N%C3%BAmeros.qvw&host=QVS%40srv004q6774&anonymous=true. Acesso em: 14 jul. 2025.

59 *Idem.*

60 *Idem.*

Em 2017, foram 62 requerimentos de TCC julgados, cuja contribuição pecuniária acumulou 839 milhões de reais; enquanto 10 processos administrativos relativos à conduta de cartel somaram 95 milhões de reais em multas aplicadas.[61]

Já em 2016, o julgamento de 53 requerimentos de termos de cessação de condutas reuniu 796 milhões de reais em contribuições pecuniárias, enquanto os 20 processos administrativos julgados em relação aos cartéis reuniram 136 milhões de reais em multas aplicadas.[62]

Tais dados demonstram o desempenho proativo do CADE, que tem ampliado sua atuação nos últimos anos. Outra informação relevante trata dos acordos de leniência, cujo relatório mais atualizado (do ano de 2017) aponta os seguintes dados:[63]

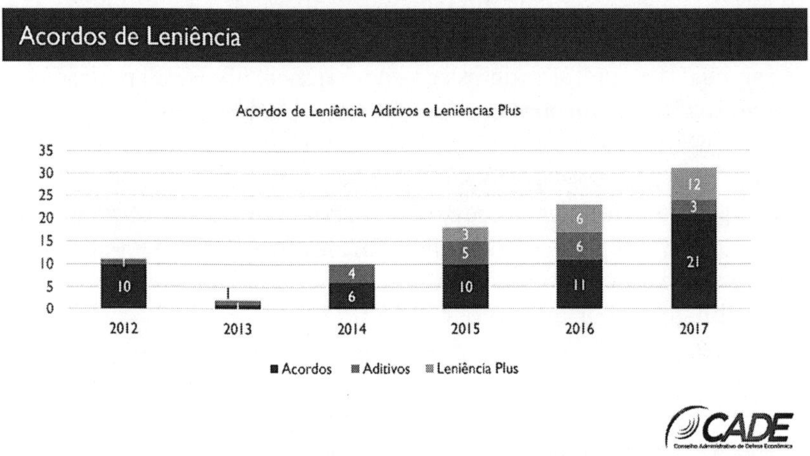

Diante de tais números, é possível notar o fortalecimento do programa de leniência no Brasil, que saltou de 2 para 36 acordos entre 2013 e 2017 — somando os números de acordos, aditivos e leniência *plus*.[64]

---

61 *Idem.*

62 *Idem.*

63 BRASIL. CADE. *Balanço anual (2017)* — apresentado em abril de 2018, na 122ª Sessão Ordinária de Julgamento. Disponível em: http://www.cade.gov.br/servicos/imprensa/balancos-e-apresentacoes/apresentacao-balanco-2017.pdf/view. Acesso em: 14 jul. 2025.

64 A leniência *plus* consiste em um benefício de redução em um terço da penalidade aplicável à empresa e/ou à pessoa física que fornecer informações acerca de um novo cartel sobre o qual a Superintendência-Geral do Cade ("SG/Cade") não tinha conhecimento prévio (Novo Acordo de Leniência) (art. 86, §7º e §8º, da Lei nº 12.529/2011 c/c art. 250 do RICade), quando esta mesma empresa e/ou pessoa física não se qualificar para um acordo

Por fim, o CADE publicou Relatório de Gestão informando que, apenas no ano de 2018, 8 processos administrativos foram originados do julgamento de acordos de leniência, 5 acordos foram assinados, enquanto houve 3 requerimentos de leniência *plus* e 4 aditivos de acordos.[65]

A conclusão que se permite chegar é de que, após 15 anos da promulgação da lei de estruturação do CADE em autarquia, em 1994[66] — que também dispôs acerca da prevenção e repressão às infrações contra a ordem econômica —, o CADE tem, cada vez mais, aprimorado suas atividades e contribuído com o fortalecimento de defesa econômica no Brasil.

Sua atuação foi, ainda, consolidada pela nova lei antitruste, em 2011, que modernizou o Sistema Brasileiro de Defesa da Concorrência[67] e fortaleceu a instituição. Portanto, tendo compreendido o funcionamento do combate aos cartéis em licitações no Brasil, passa-se à análise do sistema espanhol de defesa da concorrência.

2.2 Combate aos cartéis em licitações na Espanha

Conforme já explicitado no capítulo anterior, a lei de defesa da concorrência espanhola em vigor é a Lei nº 15/2007, que foi regulamentada pelo Real Decreto nº 261/2008.[68] Outro marco importante foi a criação da Comissão Nacional de Mercados e da Concorrência (CNMC, que substituiu a antiga Comissão Nacional da Concorrência), a partir da edição da Lei nº 03/2013.[69]

---

de leniência com relação a um outro cartel do qual tenha participado (acordo de leniência original). Disponível em: http://www.cade.gov.br/acesso-a-informacao/publicacoes-institucionais/guias_do_Cade/guia_programa-de-leniencia-do-cade-final.pdf. Acesso em: 14 jul. 2025.

65 BRASIL. CADE. Relatório de gestão 2018. Disponível em: http://www.cade.gov.br/acesso-a-informacao/auditorias-1/auditorias-anexos/2018/relatorio-de-gestao/relatorio-de-gestao_2018.pdf. Acesso em: 14 jul. 2025.

66 BRASIL. Lei nº 8.884, de 11 de junho de 1994. Disponível em: http://www.planalto.gov.br/ccivil_03/LEIS/L8884.htm. Acesso em: 14 jul. 2025.

67 BRASIL. *Lei nº 12.529, de 30 de novembro de 2011.* Disponível em: http://www.planalto.gov.br/ccivil_03/_Ato2011-2014/2011/Lei/L12529.htm#art127. Acesso em: 14 jul. 2025.

68 ESPANHA. Real Decreto 261/2008, de 22 de fevereiro, pelo qual se aprova o Regulamento de Defesa da Concorrência. Boletim Oficial do Estado n. 50, de 27 de fevereiro de 2009. Disponível em: https://www.boe.es/buscar/doc.php?id=BOE-A-2008-3646. Acesso em: 14 jul. 2025.

69 ESPANHA. Lei nº 03/2013, de 04 de junho, de criação da Comissão Nacional dos Mercados e da Concorrência. Boletim Oficial do Estado n. 134, de 05 de junho de 2013. Disponível

A partir da edição dessa lei, a detecção, prevenção e sanção das atividades anticompetitivas passaram a ser de responsabilidade da CNMC. Diante dessa estrutura, este subtítulo se dividirá em três partes, visando à melhor compreensão do tema: (i) definição e detecção de cartéis; (ii) sanções aplicáveis e programa de leniência; (iii) prevenção e avaliação de resultados.

2.2.1 Definição e detecção dos cartéis

Inicialmente, a Comissão Nacional de Mercados e da Concorrência (CNMC) — que é o organismo responsável pelo combate aos cartéis na Espanha — seguia apenas a definição legal de "cartel", conforme havia sido estabelecido na Lei nº 15/2007 — Lei de Defesa da Concorrência (LDC) espanhola. O conceito, à época, definia a atividade de cartel como:[70]

> Entende-se por cartel qualquer acordo secreto entre dois ou mais concorrentes que tem por objetivo fixar preços, cotas de produção ou vendas, distribuição de mercados, inclusive licitações fraudulentas, ou restrição de importação ou exportação. [Tradução livre].[71]

Diante da definição, depreende-se que a atividade de cartelização envolve a prática combinada entre dois ou mais concorrentes, com o objetivo de coordenar um comportamento competitivo de mercado ou influenciar os parâmetros de concorrência mediante condutas anticompetitivas — como a fixação de preços de compra e venda, a repartição de mercados e clientes e o conluio em licitações.

A partir deste dispositivo, a CNMC, que foi instituída no ano de 2013, iniciou seus trabalhos de defesa da concorrência. Entretanto, assim que começou seu exercício, encontrou dificuldades na aplicação

---

em: https://www.boe.es/buscar/pdf/2013/BOE-A-2013-5940-consolidado.pdf. Acesso em: 14 jul. 2025.

[70] ESPANHA. Lei nº 15/2007, de 3 de julho, de Defesa da Concorrência. Disponível em: https://www.boe.es/buscar/pdf/2007/BOE-A-2007-12946-consolidado.pdf. Acesso em: 14 jul. 2025. Disposição adicional quarta. Definições. Item 2.

[71] Texto original: "se entiende por cártel todo acuerdo secreto entre dos o más competidores cuyo objeto sea la fijación de precios, de cuotas de producción o de venta, el reparto de mercados, incluidas las pujas fraudulentas, o la restricción de las importaciones o las exportaciones".

da política de proteção da concorrência que estava em vigor desde a lei de 2007 — muito em razão da definição adotada na legislação.[72]

Isto, pois o conceito trazido pela LDC para a configuração de um cartel exigiu a presença de duas características: (i) a existência de caráter secreto; (ii) a condição de que o acordo tenha como objeto a fixação de preços, cotas de produção ou vendas, a distribuição de mercados, incluindo lances fraudulentos em licitações ou a restrição de importações e exportações.

Desta forma, a CNMC identificou um caráter restritivo na conceituação, de modo que, a princípio, a lei estaria determinando com absoluta precisão o que seria ou não um cartel para efeitos da aplicação de suas sanções legais e dos instrumentos previstos na legislação.

Ocorre que, em muitos casos, estas características não eram observadas. Loygorri[73] destaca que houve casos em que não foi possível vislumbrar a natureza secreta do acordo (como no caso da Resolução "Bombas de fluidos",[74] por exemplo, em que a prática do cartel foi tornada pública), tampouco tipificar o objeto do conluio em uma das hipóteses previstas em lei (a exemplo da Resolução "Peluquería profesional",[75] em que a conduta analisada consistiu apenas em intercâmbio de informação — hipótese que não se enquadraria naquelas contempladas pela LDC).

Diante desta dificuldade, a CNMC foi forçada a flexibilizar o conceito trazido pela legislação espanhola, de tal sorte que, em meados de 2013, foi publicada a Comunicação de 19 de junho de 2013, sobre o programa de leniência. Tal documento continha disposições esclarecendo alguns pontos sobre o programa, tais como seu alcance, princípios norteadores, regras administrativas para apresentação de solicitações, passando a considerar a ocorrência de cartel quando:[76]

---

[72] GARCÍA LOYGORRI, Alfonso Rincón. ¿Qué es un cártel para la CNMC? *In:* BENEYETO PÉREZ, José M.; MAILLO GONZÁLEZ-ORÚS, Jerónimo (dir.). *La lucha contra los cárteles en España.* 1. ed. Camino de Galar: Thomson Reuters Aranzadi, 2015. Versão digital. Cap. 02.

[73] *Idem.*

[74] ESPANHA. CNMC. Resolución (Expte. S/0185/09. Bombas de fluidos). Disponível em: https://www.cnmc.es/sites/default/files/50352_7.pdf. Acesso em: 03 jul. 2025.

[75] ESPANHA. CNMC. Resolución (Expte. S/0086/08. Peluquería profesional). Disponível em: https://www.cnmc.es/sites/default/files/33561_11.pdf. Acesso em: 03 ago. 2025.

[76] ESPANHA. *Boletín Oficial del Estado n. 196.* 16 de agosto de 2013. Sec. III. Pág. 60718. Ministerio de Economía y Competitividad. Comunicación de 19 de junio de 2013, de la Comisión Nacional de la Competencia, sobre el Programa de Clemencia. Disponível em: *https://www.boe.es/boe/dias/2013/08/16/pdfs/BOE-A-2013-9022.pdf.* Acesso em: 06 ago. 2025. p. 02.

> a infração consiste em coordenar seu comportamento no mercado ou influenciar os parâmetros de concorrência por meio de condutas como fixação, direta ou indireta, de preços, outras condições comerciais ou de serviço, cotas de produção ou venda, troca de informações sobre preços a serem aplicados ou quantidades projetadas; o compartilhamento de mercado, incluindo as licitações fraudulentas, a restrição de importação ou exportação, ou boicotes coletivos, todos eles se enquadram no conceito de cartel [Tradução livre].[77]

Este novo conceito ampliou o que era considerado anteriormente, pela lei de 2007, já que passou a incluir como cartel também as condutas de fixação indireta de preços, cotas de produção ou venda, de troca de informações de mercado, além do reconhecimento das *pujas fraudulentas* (lances fraudados em licitações) e dos boicotes coletivos.

Neste ínterim, a detecção da ocorrência de um cartel por meio do conceito da CNMC tem se confirmado, majoritariamente, pela jurisprudência dos tribunais espanhóis. Ou seja, em conformidade com a interpretação extensiva trazida pela CNMC e admitindo uma interpretação flexível do conceito estabelecido na Lei de Defesa da Concorrência de 2007.

Em relação ao caso das "Bombas de fluidos" anteriormente citado, por exemplo, a Audiência Nacional espanhola[78] aceitou a tese da CNMC segundo a qual o conceito da lei de 2007 deve ser interpretado sempre em referência aos termos contidos no art. 1º da mesma lei, cuja abordagem é mais ampliativa:[79]

---

77 Texto original: "la infracción consista en coordinar su comportamiento en el mercado o influir en los parámetros de competencia a través de conductas tales como la fijación, directa o indirecta, de precios, de otras condiciones comerciales o de servicio, de cuotas de producción o de venta, los intercambios de información sobre precios a aplicar o cantidades proyectadas; el reparto de mercados, incluidas las pujas fraudulentas, la restricción de las importaciones o las exportaciones o los boicots colectivos, todas ellas comprendidas en el concepto de cártel".

78 A Audiência Nacional tem sede em Madri e é um tribunal único na Espanha, com jurisdição em todo o território nacional, constituindo um tribunal centralizado e especializado para o conhecimento de determinados assuntos atribuídos por lei, criado sob o Real Decreto-Lei. nº 1/1977 (BOE de 5 de janeiro de 1977). Informação disponível em: http://www.poderjudicial.es/cgpj/es/Poder-Judicial/Audiencia-Nacional/. Acesso em: 6 jan. 2020.

79 ESPANHA. *Sentencia de la Audiencia Nacional de 4 de febrero de 2013, rec. 389/2011, asunto Bombas de fluidos, FJ. 6º apud* GARCÍA LOYGORRI, Alfonso Rincón. ¿Qué es un cártel para la CNMC? *In:* BENEYETO PÉREZ, José M.; MAILLO GONZÁLEZ-ORÚS, Jerónimo (dir.). *La lucha contra los cárteles en España.* 1. ed. Camino de Galar: Thomson Reuters Aranzadi, 2015. Versão digital.

A atividade tipificada no tipo sancionatório do artigo 1º é qualquer acordo ou conduta concertada ou conscientemente paralela que tenda a distorcer a livre concorrência, que requeira a concordância de vontades de dois ou mais sujeitos para tal fim. O tipo infrator não exige que se alcance o objetivo da violação da livre concorrência, basta que a conduta seja dirigida a esse fim, sendo ela bem-sucedida ou não. A conduta deve ser adequada para atingir o objetivo de distorcer a livre concorrência.

Pois bem, para além do fato de não ser compreensível um comportamento de pactuar e recomendar condições comerciais e de troca de informação, se não o for do ponto de vista de tentar uniformizar as condições comerciais e eliminar a incerteza e, portanto, com o objetivo de restringir, falsear ou eliminar a concorrência, certo é que esse comportamento pode distorcer a livre concorrência, e qualquer uma das entidades envolvidas, com a devida diligência, pode facilmente concluir que tal comportamento pode ter um efeito restritivo da concorrência. Portanto, a conduta está subsumida no artigo 1º da Lei 15/2007.

Denomina-se cartel um acordo formal entre empresas de um mesmo setor, cujo objetivo é reduzir ou eliminar a concorrência em um determinado mercado. Os cartéis costumam ter como objetivo desenvolver o controle da produção e da distribuição de forma que, em conluio com as empresas que os constituem, formem uma estrutura de mercado monopolista, obtendo poder sobre o mercado no qual obtêm os maiores benefícios possíveis em detrimento dos consumidores. Portanto, as consequências para estes são as mesmas que com um monopolista.

Esses elementos constam dos fatos que processamos, pois [sic], independentemente de a conduta poder ser qualificada de cartel, é evidente que houve acordo de vontades contrárias à livre concorrência nos termos expressos. [Tradução livre].[80]

[80] Texto original: "La actividad tipificada en el tipo sancionador del artículo 1 lo es cualquier acuerdo o conducta concertada o conscientemente paralela tendente a falsear la libre competencia, lo que exige la concurrencia de voluntades de dos o más sujetos a tal fin. El tipo infractor no requiere que se alcance la finalidad de vulneración de la libre competencia, basta que se tienda a ese fin en la realización de la conducta, tenga éxito o no la misma. La conducta ha de ser apta para lograr el fin de falseamiento de la libre competencia. Pues bien, al margen de que no es comprensible una conducta de acordar y recomendar las condiciones comerciales e intercambiar información, si no lo es bajo el prisma de tratar de uniformar las condiciones comerciales y eliminar la incertidumbre, y por ello, con el objeto de restringir, falsear o eliminar la competencia, lo cierto es que tales conductas tenían aptitud para distorsionar la libre competencia, y cualquiera de las entidades implicadas, desplegando la diligencia exigible, podía fácilmente concluir, que tal comportamiento podía tener un efecto restrictivo de la competencia. Por ello la conducta es subsumible en el artículo 1 de la Ley 15/2007. Se denomina cartel o cártel a un acuerdo formal entre empresas del mismo sector, cuyo fin es reducir o eliminar la competencia en un determinado mercado. Los cárteles suelen estar encaminados a desarrollar un control sobre la producción y la distribución de tal manera que mediante la colusión de las empresas que lo forman, estas forman una estructura de mercado monopolística, obteniendo un poder sobre el mercado en el cual obtienen los mayores

Diante do exposto, infere-se que o Judiciário espanhol chancelou — neste caso, representado pela Audiência Nacional (TN) — a interpretação ampliativa adotada pela Comissão Nacional de Mercados e Competência, com o intuito de não permitir a existência de lacunas no sistema jurídico do país.[81]

Neste sentido, diante da legislação e do posicionamento administrativo da CNMC, por meio da Comunicação nº 19/2013, e da Audiência Nacional, através de sua jurisprudência, é possível concluir que algumas práticas serão consideradas como um cartel na visão da Comissão Nacional espanhola.

Segundo doutrina de Loygorri,[82] os acordos (i) que tenham por objeto a fixação de preços, (ii) que tenham continuidade no tempo ou um caráter estável, ou, ainda (iii) cujos integrantes tenham, conjuntamente, uma elevada cota do mercado, provavelmente constituirão atividade de cartel.

Porém, isso não implica que estas sejam, necessariamente, as características presentes em todos os casos. Por outro lado, também não implica que as práticas que não atendam a estes requisitos não possam ser consideradas como um cartel — especialmente diante da interpretação ampliativa da CNMC. Trata-se apenas de conclusão trazida pelo autor após a análise profunda dos casos já trabalhados pela Comissão Nacional, merecendo ser considerada ao se tratar da temática de detecção de cartéis.

O trabalho da CNMC, no entanto, não é isento de críticas. Isto, pois, em alguns casos, o órgão não demonstrou solidez na aplicação de sua interpretação ampliativa. Loygorri cita como exemplo:[83] o caso da Gestão dos Resíduos Sólidos,[84] ocasião em que a CNMC desconsiderou o feito sob a justificativa de uma divergência temporal entre os fatos e a

---

beneficios posibles en perjuicio de los consumidores. Por ello, las consecuencias para estos son las mismas que con un monopolista. Estos elementos aparecen en los hechos que enjuiciamos, por [sic], con independencia de que el comportamiento pueda calificarse del cártel, es evidente que se ha producido un acuerdo de voluntades contrario a la libre competencia en los términos expresados".

81 Ver, também: ESPANHA. Sentencia de la Audiencia Nacional de 12 de marzo de 2014, rec. 172/2011; Sentencia de la Audiencia Nacional de 2 de abril de 2014, rec. 194/2011; Sentencia de la Audiencia Nacional de 7 de abril de 2014, rec. 573/2010.

82 GARCÍA LOYGORRI, *Op. cit.*, Capítulo 4. Elementos de un acuerdo que conducen normalmente a la CNMC a concluir que existe un cártel.

83 GARCÍA LOYGORRI, *Op. cit.*, Capítulo 5. ¿Qué prácticas no son constitutivas de un cártel? algunas contradicciones en la línea decisoria de la CNMC.

84 ESPANHA. CNMC. Resolución de 18 de enero de 2012 Gestión de Residuos Sanitarios (expediente S/0014/07). *Apud* LOYGORRI, *Op. cit.*, Capítulo 5.

publicação da Lei de 2007; o caso Suzuki-Honda,[85] em que foi constatado o exercício de práticas combinadas entre as empresas, mas não houve classificação de cartel; e o caso Montesa Honda,[86] situação em que se reconheceu o acordo de preços, mas a Comissão Nacional, ainda assim, não classificou como prática de cartel.

Diante de tais incoerências, o autor criticou o conceito trazido pela Lei de Defesa da Concorrência de 2007, mencionando que a definição legal estaria gerando um efeito de *distorção* no programa de leniência:[87]

> Os problemas de definição de cartel conduziram também a um tratamento diferenciado por parte da CNMC de práticas que, em princípio, apresentavam semelhanças. Verifica-se, por exemplo, que as práticas desenvolvidas no âmbito de uma associação são vistas como recomendação coletiva, ao passo que outras práticas semelhantes, por terem sido investigadas a partir de um pedido de leniência, são classificadas como um cartel.
>
> Da mesma forma, práticas que, de acordo com a linha decisória da CNMC, parecem em princípio cumprir todos os requisitos estabelecidos pela definição da DA 4ª, ao final não são consideradas cartel. Isso demonstra claramente o efeito de distorção que a definição da LDC introduziu para efeito de aplicação do programa de leniência. Quando não há pedido de clemência, não há debate terminológico sobre se a conduta é cartel ou não.
>
> Por um lado, a conduta pode ser sancionada pela CNMC sem a necessidade de qualificá-la como cartel. E para as empresas investigadas, o fato de a prática ser classificada como cartel ou não, em princípio não tem qualquer significado. Nos casos em que foi instaurado expediente com a aplicação do programa de leniência, a CNMC é obrigada a defender que a prática é um cartel no sentido da DA 4ª porque as empresas — com base na interpretação restritiva do conceito de cartel — questionam a legitimidade da investigação. Os problemas acima mencionados parecem afetar particularmente o regime antitruste espanhol, que seria um dos poucos que incluiria uma definição de cartel em sua legislação antitruste. [Tradução livre].[88]

---

85 ESPANHA. CNMC. Resolución Suzuki-Honda de 19 de enero de 2012 (expediente S/0280/10). *Apud* GARCÍA LOYGORRI, *Op. cit.*, Capítulo 5.

86 ESPANHA. CNMC. Resolución Montesa Honda (Resolución de 28 de diciembre de 2011, expediente S/0154/09). *Apud* LOYGORRI, *Op. cit.*, Capítulo 5.

87 GARCÍA LOYGORRI, *Op. cit.*, Capítulo 6. Conclusiones

88 Texto original: "Los problemas de la definición de cártel han provocado también un tratamiento diferenciado por la CNMC de prácticas que en principio tienen similitudes. Puede comprobarse, por ejemplo, que prácticas desarrolladas en el marco de una

Diante desse prejuízo à atuação da CNMC no programa, o parlamento espanhol retificou o conceito de cartel por meio do Real Decreto-Lei nº 09/2017, passando a adotar um conceito mais amplo e moderno, segundo o qual a atividade de cartel seria:[89]

> todo acordo ou prática concertada entre dois ou mais concorrentes, cujo objetivo seja coordenar seu comportamento competitivo no mercado ou influenciar os parâmetros de concorrência por meio de práticas como, entre outras, a fixação ou coordenação de preços de compra ou venda ou outras condições comerciais, inclusive em relação a direitos de propriedade intelectual e industrial; a atribuição de quotas de produção ou vendas; a distribuição de mercados e clientes, incluindo conluio em licitações, restrições de importação ou exportação ou medidas contra outros concorrentes que sejam contrárias à concorrência. [Tradução livre].[90]

Segundo Fernández e López,[91] o novo conceito trouxe diversos benefícios, como (i) a expansão do escopo objetivo do conceito de cartel,

---

asociación son vistas como una recomendación colectiva, mientras que otras prácticas similares, por haber sido investigadas a raíz de una solicitud de clemencia, son calificadas como un cártel. Asimismo, prácticas que, de acuerdo con la línea decisoria de la CNMC, parecen en principio cumplir todos los requisitos establecidos por la definición de la DA 4ª, al final no son consideradas como un cártel. Esto demuestra claramente el efecto distorsionador que la definición de la LDC ha introducido a efectos de la aplicación del programa de clemencia. Cuando no existe solicitud de clemencia no existe debate alguno de carácter terminológico sobre si la conducta es cártel o no. Por un lado, la conducta puede ser sancionada por la CNMC sin necesidad de calificarla como cártel. Y para las empresas investigadas el hecho de que la práctica sea calificada como cártel o no, no tiene en principio trascendencia alguna. En los casos en los que se ha iniciado un expediente con la aplicación del programa de clemencia, la CNMC se ve obligada a defender que la práctica es un cártel en el sentido de la DA 4ª porque las empresas —apoyándose en una interpretación estricta del concepto de cártel– ponen en duda la legitimidad de la investigación. Los problemas referidos parecen afectar especialmente al régimen de defensa de la competencia español, que sería de los pocos que incluye una definición de cártel en su ley de defensa de la competencia".

89 ESPANHA. Real Decreto-ley nº 9/2017, de 26 de mayo. Art. 81. Disponível em: https://www.boe.es/buscar/doc.php?id=BOE-A-2017-5855. Acesso em: 12 ago. 2025.

90 Texto original: "todo acuerdo o práctica concertada entre dos o más competidores cuyo objetivo consista en coordinar su comportamiento competitivo en el mercado o influir en los parámetros de la competencia mediante prácticas tales como, entre otras, la fijación o la coordinación de precios de compra o de venta u otras condiciones comerciales, incluso en relación con los derechos de la propiedad intelectual e industrial; la asignación de cuotas de producción o de venta; el reparto de mercados y clientes, incluidas las colusiones en licitaciones, las restricciones de las importaciones o exportaciones o las medidas contra otros competidores contrarias a la competencia".

91 GUERRA FERNÁNDEZ, Antonio; ARECES LÓPEZ, Cristina. Balance de la aplicación del programa de clemencia. *In:* RECUERDA GIRELA, Miguel Ángel (dir.). *Anuario de Derecho de la Competencia.* 1. ed. 2019. Camino de Galar: Editorial Civitas (Thomson Reuters), 2019 (Versão digital).

incluindo novas práticas e passando a ser um rol exemplificativo, (ii) a incorporação de práticas concertadas no conceito jurídico de cartel, em conformidade com a Comunicação da CNMC, e (iii) a eliminação do caráter secreto como característica inerente à classificação da conduta como cartel. Tal modificação implicou um impacto direto no programa de leniência, permitindo sua aplicação a uma gama mais ampla de condutas.

Mais recentemente, no entanto, a CNMC aparenta ter uniformizado sua interpretação ampliativa, conforme se pode observar na resolução sobre o transporte escolar de passageiros, que esclarece, inclusive, a compreensão do caráter secreto dos cartéis (termo utilizado expressamente pela LDC), conforme se vê:[92]

> A decisão da Suprema Corte de 19 de março de 2013 aborda as impli cações que podem surgir da exigência de sigilo dos acordos. Conforme indicado ao Tribunal Superior, o conceito de "secreto" deve ser avaliado em relação ao contexto, de modo que não é relevante que seja "secreto" entre os participantes da conduta ilícita, mas "secreto" em relação àqueles que não devem saber se eles tenham concordado em não competir. Em outras palavras, o conceito afeta os agentes de mercado externos aos acordos, a Administração licitante e as autoridades da concorrência. [Tradução livre].[93]

Assim, fica claro que o caráter secreto exigido pela LDC permanece em vigor, além de outros elementos que firmam a interpretação ampliativa do órgão, compreendendo os acordos cujos objetos incidam ou possam incidir em fixação de preços, em cotas de produção ou de venda, em repartição de mercados, inclusive licitações fraudulentas ou na restrição de importações ou exportações.[94]

---

[92] ESPANHA. CNMC. Resolución Expte. SANAV/02/19 — Transporte escolar de viajeros de Navarra. Disponível em: https://www.cnmc.es/sites/default/files/3136435.pdf. Acesso em: 30 jul. 2025. p. 41.

[93] Texto original: "La sentencia del Tribunal Supremo de 19 de marzo de 2013 aborda las implicaciones que puede plantear la exigencia de que los acuerdos sean secretos. Según indica al Alto Tribunal, el concepto de "secreto" hay que valorarlo en relación con el contexto de modo que es obvio que no es relevante el "secreto" entre los participantes en la conducta ilícita, sino el "secreto" en relación con quienes no deben saber que los mismos se han puesto de acuerdo para no competir. Es decir, el concepto afecta a los actores del mercado ajenos a los acuerdos, la Administración licitadora y las autoridades de competencia".

[94] ESPANHA. CNMC. Resolución Expte. SANAV/02/19 — Transporte escolar de viajeros de Navarra. p. 41.

Além de compreender o conceito de cartel em si, é necessário destacar quais são as condutas consideradas proibidas à luz do sistema espanhol de defesa da concorrência. Sobre o tema, os elementos que caracterizam uma conduta proibida estão previstos no artigo 101 do Tratado de Funcionamento da União Europeia,[95] além do art. 1º da Lei de Defesa da Concorrência espanhola,[96] já citado anteriormente.

Por um lado, o art. 101 do TFUE estabelece elementos para configuração da conduta proibitiva, envolvendo atividades que (i) configurem um acordo entre empresas (sendo representadas por pessoas físicas ou jurídicas), (ii) tenham por objeto ou efeito impedir, restringir ou falsear a concorrência, (iii) podendo afetar o comércio entre os Estados membros da União Europeia ou o mercado comum.

O rol de situações trazidas pelo art. 101.1 do TFUE envolve a fixação direta ou indireta de preços, a limitação ou controle da produção, do mercado, a repartição de mercados ou fontes de abastecimento, o tratamento discriminatório e a vinculação de prestações. Segundo Curto

---

[95] Artigo 101. 1. São incompatíveis com o mercado interno e proibidos todos os acordos entre empresas, todas as decisões de associações de empresas e todas as práticas concertadas que sejam suscetíveis de afetar o comércio entre os Estados-Membros e que tenham por objetivo ou efeito impedir, restringir ou falsear a concorrência no mercado interno, designadamente as que consistam em: a) Fixar, de forma direta ou indireta, os preços de compra ou de venda, ou quaisquer outras condições de transação; b) Limitar ou controlar a produção, a distribuição, o desenvolvimento técnico ou os investimentos; c) Repartir os mercados ou as fontes de abastecimento; d) Aplicar, relativamente a parceiros comerciais, condições desiguais no caso de prestações equivalentes colocando-os, por esse facto, em desvantagem na concorrência; e) Subordinar a celebração de contratos à aceitação, por parte dos outros contraentes, de prestações suplementares que, pela sua natureza ou de acordo com os usos comerciais, não têm ligação com o objeto desses contratos. UNIÃO EUROPEIA. Tratado de funcionamento da União Europeia. Disponível em: *https://eur-lex.europa.eu/resource.html?uri=cellar:9e8d52e1-2c70-11e6-b497-01aa75ed71a1.0019.01/DOC_3&format=PDF*. Acesso em: 18 ago. 2025.

[96] Artículo 1. Conductas colusorias. 1. Se prohíbe todo acuerdo, decisión o recomendación colectiva, o práctica concertada o conscientemente paralela, que tenga por objeto, produzca o pueda producir el efecto de impedir, restringir o falsear la competencia en todo o parte del mercado nacional y, en particular, los que consistan en: a) La fijación, de forma directa o indirecta, de precios o de otras condiciones comerciales o de servicio. b) La limitación o el control de la producción, la distribución, el desarrollo técnico o las inversiones. c) El reparto del mercado o de las fuentes de aprovisionamiento. d) La aplicación, en las relaciones comerciales o de servicio, de condiciones desiguales para prestaciones equivalentes que coloquen a unos competidores en situación desventajosa frente a otros. e) La subordinación de la celebración de contratos a la aceptación de prestaciones suplementarias que, por su naturaleza o con arreglo a los usos de comercio, no guarden relación con el objeto de tales contratos. ESPANHA. Lei nº 15/2007, de defesa da concorrência. Disponível em: https://www.boe.es/buscar/pdf/2007/BOE-A-2007-12946-consolidado.pdf. Acesso em: 18 ago. 2025.

Polo, no entanto, este rol não é exaustivo, já que o princípio proibitivo deve ser interpretado em um sentido amplo.[97]

As consequências de se infringir as proibições trazidas pelo art. 101.1 estão previstas no Regulamento 01/2003 — são sanções administrativas, como a adoção de medidas cautelares, multas e ordens de cessação da infração — e no art. 101.2 do TFUE — sanção civil, implicando a nulidade de pleno direito do acordo ou decisão *ab initio* (*ex tunc*), essa declaração é feita pelos tribunais nacionais.[98]

Por outro lado, paralelamente, existe a previsão na legislação espanhola acerca das práticas anticompetitivas, com a finalidade de proteger o princípio da livre concorrência também em âmbito nacional, não apenas comunitário. Segundo Curto Polo, a regulação interna segue, em grande parte, as disposições comunitárias e, neste sentido, o art. 1º da Lei de Defesa da Concorrência espanhola é um reflexo do disposto no âmbito comunitário. A autora esclarece:[99]

> Tal como a norma comunitária, [a LDC] institui um sistema preventivo, segundo o qual é irrelevante que os acordos se destinem direta ou explicitamente a restringir a concorrência ou que essa restrição seja apenas uma consequência induzida ou refletida. Basta que o estatuto competitivo do mercado se modifique para baixo, em qualquer dimensão geográfica (nacional, regional, provincial ou mesmo local). [Tradução livre].[100]

Doravante, a LDC também prevê a possibilidade de que certas condutas proibidas sejam declaradas isentas, por motivos de compensação. As condutas qualificáveis para esse tipo de isenção derivam de (i) previsão legal — art. 4º da LDC,[101] ou (ii) cumprimento dos requisitos

---

[97] CURTO POLO, María Mercedes. Prohibición de las conductas colusorias (I): prácticas prohibidas y régimen de exenciones. *In*: CARBAJO CASCÓN, Fernando (coord.). *Manual práctico de derecho de la competencia*. Valencia: Tirant lo Blanch, 2017. p. 119.

[98] *Idem*, p. 120.

[99] *Idem*, p. 126.

[100] Texto original: "Al igual que la norma comunitaria, establece un sistema preventivo, conforme al que resulta irrelevante que los acuerdos se destinen directa o explícitamente a restringir la competencia o simplemente tal restricción sea una mera consecuencia inducida o refleja. Basta que se modifique a la baja el status competitivo del mercado, en cualquier dimensión geográfica (nacional, regional, provincial o incluso local)".

[101] Artículo 4. LDC. Conductas exentas por ley. 1. Sin perjuicio de la eventual aplicación de las disposiciones comunitarias en materia de defensa de la competencia, las prohibiciones del presente capítulo no se aplicarán a las conductas que resulten de la aplicación de una ley. 2. Las prohibiciones del presente capítulo se aplicarán a las situaciones de restricción de competencia que se deriven del ejercicio de otras potestades administrativas o sean

do art. 1.3. da LDC[102]/101.3 do TFUE.[103] Nesta última modalidade, as isenções podem ser individuais (quando, por exceção legal, se operam automaticamente) ou autorizadas por categorias (possibilidade de que o governo declare, mediante decreto, a aplicação dessa isenção a determinadas categorias).

Assim, tendo compreendido a evolução da interpretação do conceito de cartel, suas condutas proibidas, além de visualizar o posicionamento administrativo da CNMC e da jurisprudência da Audiência Nacional espanhola, é importante ir adiante: tendo sido detectada a ocorrência de uma atividade de cartel, quais as sanções aplicáveis aos infratores? É o que se verá a seguir.

2.2.2 Sanções aplicáveis e programa de leniência

Ao se constatar a ocorrência de práticas anticompetitivas, a Lei de Defesa da Concorrência (LDC) espanhola prevê um regime de sanção aos sujeitos infratores, sejam eles pessoas físicas ou jurídicas. As sanções aplicáveis dependerão da classificação da conduta — se leve, grave ou gravíssima.

São consideradas infrações leves, entre outros previstos no artigo 62 da LDC, a ausência de notificação à CNMC (antiga Comissão Nacional da Concorrência — CNC) acerca da ocorrência de concentração econômica, o não fornecimento ou fornecimento incompleto e/ou

---

causadas por la actuación de los poderes públicos o las empresas públicas sin dicho amparo legal.

102 Artículo 1.3. LDC. La prohibición del apartado 1 no se aplicará a los acuerdos, decisiones, recomendaciones y prácticas que contribuyan a mejorar la producción o la comercialización y distribución de bienes y servicios o a promover el progreso técnico o económico, sin que sea necesaria decisión previa alguna a tal efecto, siempre que: a) Permitan a los consumidores o usuarios participar de forma equitativa de sus ventajas. b) No impongan a las empresas interesadas restricciones que no sean indispensables para la consecución de aquellos objetivos, y c) No consientan a las empresas partícipes la posibilidad de eliminar la competencia respecto de una parte sustancial de los productos o servicios contemplados.

103 Artículo 101.3. TFUE. As disposições no nº 1 podem, todavia, ser declaradas inaplicáveis: — a qualquer acordo, ou categoria de acordos, entre empresas; — a qualquer decisão, ou categoria de decisões, de associações de empresas; e — a qualquer prática concertada, ou categoria de práticas concertadas, que contribuam para melhorar a produção ou a distribuição dos produtos ou para promover o progresso técnico ou económico, contanto que aos utilizadores se reserve uma parte equitativa do lucro daí resultante, e que: a) Não imponham às empresas em causa quaisquer restrições que não sejam indispensáveis à consecução desses objetivos; b) Nem deem a essas empresas a possibilidade de eliminar a concorrência relativamente a uma parte substancial dos produtos em causa.

enganoso de informações exigidas pela Comissão e a obstrução de seus trabalhos de inspeção.

Por sua vez, são graves as condutas de abuso de posição de domínio de gravidade moderada, falsificação da livre concorrência, acordos coletivos entre empresas que não estejam competindo entre si ou a execução de uma atividade de concentração sujeita a controle, antes da notificação da comissão.

Destarte, são classificadas como infrações gravíssimas a prática de comportamentos de conluio — tais como os cartéis ou outros acordos, decisões ou recomendações coletivas — entre empresas concorrentes (reais ou potenciais), o abuso de posição dominante quando praticado por empresa que possua participação de mercado próxima ao monopólio, ou, ainda, o não cumprimento ou a violação do estabelecido em uma resolução, acordo ou compromisso adotado na aplicação da LDC, tanto em termos de comportamentos restritivos quanto de controle de concentração.

Diante da classificação da conduta é que se pode impor a medida sancionadora adequada. A lei estabelece, como regra geral, que as infrações leves serão punidas com multa de até 1% do volume de faturamento total da empresa no ano imediatamente anterior à imposição da multa, enquanto as infrações graves poderão ser imputadas em multa de até 5% e as gravíssimas em até 10% (artigo 63.1 da Lei nº 15/2007).

Caso não seja possível delimitar o volume de negócios ou faturamento total da empresa, os delitos serão sancionados com multa de 100 a 500 mil euros para pequenas infrações, de 500.001 a 10 milhões de euros para condutas graves e em mais de 10 milhões de euros para os delitos gravíssimos (artigo 63.3 da Lei nº 15/2007).

Há previsão, ainda, de que se aplique multa de até 60 mil euros a cada um dos seus representantes legais quando o infrator for uma pessoa jurídica, ou àqueles que compuserem o corpo diretivo da empresa e que tenham participado do acordo ou decisão. Caso fique comprovado o não comparecimento do indivíduo às reuniões, ou sua ausência ou manifestação contrária ao acordo, a sanção será excluída (artigo 63.2 da Lei nº 15/2007).

É importante destacar que o montante das sanções é fixado de acordo com critérios legais, tais como a dimensão e características do mercado afetado, a representatividade de participação da empresa responsável no mercado, o escopo e duração da infração, além de outras circunstâncias previstas no artigo 64 da LDC. Tal dispositivo prevê, ainda, circunstâncias agravantes e atenuantes, que influenciarão na dosimetria da aplicação da sanção.

A lei espanhola de defesa da concorrência estabelece, ainda, em seu artigo 65, hipóteses de isenção ao pagamento dessas multas. A Comissão Nacional poderá isentar uma pessoa física ou jurídica do pagamento de multa diante das seguintes hipóteses: quando seja a primeira a fornecer evidências que, ao juízo da CNMC, (i) permitam desenvolvimento de uma inspeção, nos termos do art. 40 da LDC, em relação a um cartel; ou (ii) permitam a prova de violação ao art. 1º da LDC, relativo ao desenvolvimento de uma atividade de cartel.

Destaca-se que tais isenções somente poderão ser concedidas nestas hipóteses e, ainda, caso as evidências sejam apresentadas em um momento que a CNMC não poderia fazê-lo de ofício. Além destes requisitos, existe, ainda, a exigência do cumprimento de alguns requisitos, que envolvem a cooperação plena com a Comissão Nacional, o fim da participação na infração presumida e não haver indícios de destruição de provas, entre outros estabelecidos no artigo 65.2.

Neste mesmo sentido, a Lei nº 15/2007 permite a redução do montante das multas àquelas empresas que não conseguirem cumprir os requisitos do artigo 65.1, mas que forneçam evidências da suposta violação que ofereçam valor agregado significativo em relação àquelas já conhecidas pela CNMC ou que cooperem nos termos do artigo 65.2.

Como se pode notar, os artigos 65 e 66 da Lei de Defesa da Concorrência estabelecem a diretriz do programa de leniência espanhol (chamado *programa de clemencia*), que, posteriormente, foi regulamentado pela Comunicação de 19 de junho de 2013, da Comissão Nacional de Mercados e Concorrência, já citada anteriormente neste capítulo.

O modelo adotado pela Espanha para seu programa de leniência foi inspirado no comunitário europeu, contido na Comunicação da Comissão Europeia sobre a dispensa de multas e a redução de seu valor em casos de cartel,[104] bem como no modelo do programa da Rede de Autoridades da Concorrência.[105]

---

[104] UNIÃO EUROPEIA. Comunicação da Comissão sobre a dispensa do pagamento de multa e a redução de seu valor em casos de cartel (2006/C 298/11). Disponível em: https://eur-lex.europa.eu/LexUriServ/LexUriServ.do?uri=OJ:C:2006:298:0017:0022:ES:PDF. Acesso em: 8 ago. 2025.

[105] UNIÃO EUROPEIA. Comunicação da Comissão sobre a cooperação na Rede de Autoridades da Concorrência (2004/C 101/03). Disponível em: https://eur-lex.europa.eu/legal-content/ES/TXT/PDF/?uri=CELEX:52004XC0427(02)&from=EN. Acesso em: 8 ago. 2025.

O programa de leniência espanhol tem sido a principal ferramenta à disposição da CNMC para a detecção e sanção de cartéis: desde o ano de 2014 até o final do mês de março de 2019, 13 dos 35 cartéis sancionados foram descobertos por meio dele.[106]

Este programa permite às empresas que fazem parte de um cartel informar à autoridade da concorrência a respeito da existência da atividade anticompetitiva. Assim, a empresa contribui para que a autoridade responsável realize a investigação, podendo culminar na isenção ou redução no pagamento de multas (caso haja o fornecimento de provas).

Segundo a definição da LDC, o programa de leniência trata da aplicação do artigo 101 do Tratado de Funcionamento da União Europeia ou da disposição análoga na legislação nacional, segundo a qual um participante de um cartel secreto, independentemente das outras empresas envolvidas, colabore na investigação da autoridade da concorrência, fornecendo voluntariamente declarações do que ele próprio conhece do cartel e de seu papel nele.[107]

A partir desse conceito, é necessário rememorar que a definição de cartel foi estabelecida pela legislação espanhola no Real Decreto Lei 09/2017, que incorporou na atividade de cartel diversas práticas, como as de coordenação de comportamento competitivo no mercado, influência de parâmetros de concorrência mediante fixação de preços, alocação de cotas de produção ou vendas, divisão de mercados e/ou clientes, entre outras.[108]

Assim, em havendo a prática de uma das condutas tipificadas neste conceito, quaisquer das empresas ou pessoas envolvidas são qualificáveis para apresentar uma solicitação de leniência. Tal pedido, seja escrito ou verbal, deve reconhecer a participação do solicitante no

---

[106] ESPANHA. CNMC. Cárteles y programa de clemencia, los "básicos" de competencia en cifras. Disponível em: https://blog.cnmc.es/2019/04/29/carteles-y-programa-de-clemencia-los-basicos-de-competencia-en-cifras/. Acesso em: 12 ago. 2025.

[107] ESPANHA. *Lei nº 15/2007, lei de defesa da concorrência.* Disposição adicional quarta — definições. 3.2. "Programa de clemencia": todo programa relativo a la aplicación del artículo 101 del Tratado de Funcionamiento de la Unión Europea o una disposición análoga de la legislación nacional según el cual un participante en un cártel secreto, independientemente de las otras empresas implicadas, coopera con la investigación de la autoridad de la competencia, facilitando voluntariamente declaraciones de lo que él mismo conozca del cártel y de su papel en el mismo, a cambio de lo cual recibe, mediante una decisión o un sobreseimiento del procedimiento, la exención del pago de cualquier multa por su participación en el cártel o una reducción de la misma.

[108] ESAPANHA. Real Decreto-Lei nº 09/2017. Artigo 81.

cartel e descrever detalhadamente aspectos como objetivos, atividades e funcionamento do cartel, produtos, serviços e territórios afetados, além de outras informações contidas no item 2.2. (21) da Comunicação 19/2013.

Assim como no programa brasileiro, apenas a primeira empresa a informar a autoridade competente sobre a existência do cartel é que estará sujeita aos benefícios de isenção ou redução das multas. As que se apresentarem sucessivamente desfrutam de reduções de multa cada vez menores.[109]

Importante notar, ainda, que os programas de *compliance* (*programa de cumplimiento*, em espanhol), quando corretamente adotados pelas empresas, auxiliam na prevenção, detecção e reação precoce a condutas ilícitas, contribuindo com a responsabilização penal e administrativa dos infratores. Por este motivo, são programas avaliados pela CNMC na dosimetria das sanções a serem impostas em cada caso, sendo o *compliance* interpretado como uma ferramenta de colaboração das empresas com a CNMC no âmbito do programa de leniência previsto nos artigos 65 e 66 da LDC.[110]

Destaca-se, porém, que não basta a mera existência formal do programa para ser considerado como atenuante. Neste sentido, cabe à CNMC avaliar sua real aplicação e efetividade para contribuir com as ações de combate à corrupção realizadas pelo órgão. Giménez esclarece:[111]

> Um programa de *compliance* não é apenas um documento, nem mesmo um procedimento e ferramentas para análise e detecção de problemas, mas o ponto de partida antes de qualquer programa de *compliance*, especialmente se incluir aspectos antitruste, é o compromisso da empresa com seu conjunto (de cima para baixo). Sem um verdadeiro compromisso e uma análise prévia da realidade particular de cada empresa, não é possível desenvolver um programa de *compliance* credível e muito menos eficaz. [Tradução livre].[112]

---

[109] *Idem.*

[110] ESPANHA. CNMC. Guia de compliance. Disponível em: https://www.cnmc.es/sites/default/files/editor_contenidos/Competencia/Normativas_guias/202006_Guia_Compliance_FINAL.pdf. Acesso em: 18 jul. 2025. p. 5.

[111] RODRÍGUEZ MÍGUEZ, José Antonio. Prevención de cárteles, promoción de la competencia y programas de cumplimiento. *In:* BENEYETO PÉREZ, José M.; MAILLO GONZÁLEZ-ORÚS, Jerónimo (dir.). *La lucha contra los cárteles en España.* 1. ed. Camino de Galar: Thomson Reuters Aranzadi, 2015. Versão digital. Cap. 21.

[112] Texto original: "un programa de cumplimiento no es sólo un documento, ni siquiera un procedimiento y unos instrumentos de análisis y detección de problemas, sino que el

Assim, o programa deve ser avaliado como credível e eficaz, antes de serem concedidos quaisquer benefícios — avalia-se, inclusive, se a implantação do programa se deu anterior (*ex ante*) ou posteriormente (*ex post*) à instituição da prática anticompetitiva, tendo diferentes consequências em cada um dos casos.

Cite-se, a exemplo disso, o caso "Montaje y mantenimiento industrial",[113] em que as empresas realizaram intercâmbio de informações comercialmente sensíveis para participarem de licitações, além de repartir os projetos de montagem e manutenção industrial entre si, combinando as cotas de mercado de cada uma.

Neste caso em específico, duas empresas solicitaram o benefício de redução das multas em virtude da existência e implantação de programas de *compliance* em seu âmbito interno. Porém, a CNMC concluiu que "o mero fato de introduzir esses programas internos de adequação às normas de concorrência não pode ser simplesmente tomado como uma circunstância atenuante":[114]

> Do mesmo modo, esta Câmara teve oportunidade de salientar que, quando não há indícios da existência de um programa de *compliance* anterior à infração, que tenha articulado e aplicado efetivamente controles internos que impeçam condutas anticoncorrenciais, não se pode deduzir o compromisso genuíno da empresa com o objetivo de avaliá-la como mitigadora. [Tradução livre].[115]

Ou seja, não há que se considerar como fator atenuante o programa de *compliance* instituído posteriormente à infração, de acordo com o posicionamento mais recente da CNMC e do Tribunal de Justiça

---

punto de partida previo a cualquier programa de cumplimiento, especialmente si incluye aspectos antitrust, es el compromiso de la empresa en su conjunto (*from the top down*). Sin un verdadero compromiso y un previo análisis de la realidad particular de cada empresa no es posible elaborar un programa de cumplimiento creíble y mucho menos eficaz".

113 ESPANHA. CNMC. Resolución Expte. S/DC/0612/17 Montaje y mantenimiento industrial. 1 oct. 2019. Disponível em: https://www.cnmc.es/sites/default/files/2674747_0.pdf. Acesso em: 20 jul. 2025.

114 *Idem*, p. 172. Texto original: "el mero hecho de introducir estos programas internos de adecuación a las normas sobre competencia no puede tomarse sin más como una circunstancia atenuante".

115 Texto original: "Asimismo, esta Sala ha tenido la oportunidad de señalar que cuando no hay constancia de la existencia de un programa de cumplimiento previamente a la infracción, que efectivamente hubiera articulado y aplicado controles internos que previeran conductas anticompetitivas, no cabe deducir el genuino compromiso de la empresa a los efectos de valorarlo como atenuante".

da União Europeia.[116] Outros casos já foram analisados pela CNMC no mesmo sentido: o caso das "Mudanzas Internacionales"[117] e o caso das "Licitaciones de aplicaciones informáticas".[118]

Por outro lado, deve haver a possibilidade do reconhecimento da eficácia de tais programas, culminando na redução da sanção imposta ou, até mesmo, não haver qualquer sanção.[119] Foi o que ocorreu no caso da "Assistencia Técnica Vaillant"[120] e no caso dos "Estibadores Vigo".[121]

Tendo compreendido o funcionamento do programa de leniência espanhol e as considerações gerais acerca da existência de um programa de *compliance* nas empresas, importa destacar outra sanção possível em caso de infração à concorrência: a proibição de contratar com o setor público. Tal impedimento está previsto na Lei de Contratos do Setor Público quando, em seu artigo 71.1.b, prevê esta sanção aos que tiverem sido condenados por infração grave em matéria de distorção da concorrência.[122] Veja:

> Artigo 71. Proibições de contratar.
>
> 1. Não podem celebrar contratos com as entidades previstas no artigo 3º desta Lei, com os efeitos previstos no artigo 73, pessoas com as quais concorram quaisquer das seguintes circunstâncias:
>
> (...)
>
> b) Ter sido sancionado em caráter grave por infracção grave em matéria profissional que ponha em causa a sua integridade, disciplina de mercado, *distorção da concorrência*, integração laboral e igualdade de

---

116 UNIÃO Europeia. Sentença do Tribunal de Justiça da União Europeia — assunto C-501/11-P (Schindler Holding y otros/Comisión) de 18 de julio de 2013. Disponível em: http://curia.europa.eu/juris/liste.jsf?num=C-501/11&language=ES. Acesso em: 20 jul. 2025.

117 ESPANHA. CNMC. Resolución Expte. S/DC/0544/14 Mudanzas internacionales. 6 sept. 2016. Disponível em: https://www.cnmc.es/sites/default/files/963712_1.pdf. Acesso em: 20 out. 2020.

118 ESPANHA. CNMC. Resolución Expte. S/DC/0565/15 Licitaciones de aplicaciones infor máticas. 26 jul. 2018. Disponível em: https://www.cnmc.es/sites/default/files/2122881_113.pdf. Acesso em: 20 jul. 2025.

119 ESPANHA. CNMC. Guia de compliance. Disponível em: https://www.cnmc.es/sites/default/files/editor_contenidos/Competencia/Normativas_guias/202006_Guia_Compliance_FINAL.pdf. Acesso em: 20 jul. 2025.

120 ESPANHA. CNMC. Resolución Expte. S/DC/0629/18 Assistencia técnica Vaillant. 29 oct. 2019. Disponível em: https://www.cnmc.es/sites/default/files/2747768_16.pdf. Acesso em: 20 out. 2020.

121 ESPANHA. CNMC. Resolución Expte. S/DC/0596/16 Estibadores Vigo. 26 jul. 2018. Disponível em: https://www.cnmc.es/sites/default/files/2121960_27.pdf. Acesso em: 20 jul. 2025.

122 ESPANHA. Lei nº 09/2017, lei de Contratos do Setor Público. Disponível em: https://www.boe.es/buscar/act.php?id=BOE-A-2017-12902. Acesso em: 12 jan. 2020.

oportunidades e não discriminação de pessoas com deficiência, ou de estrangeiros, de acordo com o disposto na regulamentação em vigor; ou por infração muito grave em matéria ambiental, de acordo com as disposições da regulamentação em vigor, ou por infração muito grave em matéria trabalhista ou social, de acordo com o disposto no texto revisado da Lei de Infrações e Sanções na Ordem Social, aprovado pelo Real Decreto Legislativo 5/2000, de 4 de agosto, bem como pela infração grave prevista no artigo 22.2 do referido texto. [Tradução livre].[123]

Neste sentido, a respeito da duração e alcance dessa proibição, Fernández e López tecem comentários de que ela deverá ser determinada pela autoridade da concorrência responsável, a partir da avaliação de cada caso, situação em que a apreciação da circunstância de inabilitação será apreciada diretamente pelo órgão de contratação, excluindo da licitação a empresa sobre a qual recaia tal proibição.[124]

Por fim, para concluir a temática das sanções em matéria de cartéis, é importante citar a existência de um título, na Lei de Defesa da Concorrência, que trata da compensação de danos causados pelas práticas de restrição da concorrência. Este título conta com os artigos 71 a 81 e foi adicionado pelo Real Decreto Lei 9/2017.

Sobre este último tópico, destaca-se a previsão legal da responsabilização dos infratores pelos danos e prejuízos causados por suas ações, de tal sorte que o desempenho de uma empresa seja atribuível às empresas e/ou pessoas que a controlam, exceto quando seu comportamento econômico não seja vinculado a nenhuma delas (art. 71).

A responsabilização pode ser, inclusive, considerada solidária, nos casos em que empresas, associações, sindicatos ou agrupamentos

---

[123] Texto original: "Artículo 71. Prohibiciones de contratar. 1. No podrán contratar con las entidades previstas en el artículo 3 de la presente Ley con los efectos establecidos en el artículo 73, las personas en quienes concurra alguna de las siguientes circunstancias: (...) b) Haber sido sancionadas con carácter firme por infracción grave en materia profesional que ponga en entredicho su integridad, de disciplina de mercado, de falseamiento de la competencia, de integración laboral y de igualdad de oportunidades y no discriminación de las personas con discapacidad, o de extranjería, de conformidad con lo establecido en la normativa vigente; o por infracción muy grave en materia medioambiental de conformidad con lo establecido en la normativa vigente, o por infracción muy grave en materia laboral o social, de acuerdo con lo dispuesto en el texto refundido de la Ley sobre Infracciones y Sanciones en el Orden Social, aprobado por el Real Decreto Legislativo 5/2000, de 4 de agosto, así como por la infracción grave prevista en el artículo 22.2 del citado texto".

[124] GUERRA FERNÁNDEZ; ARACES LÓPEZ. *Op. cit.*, Item IV. Clemencia y prohibición de contratar con el sector público.

de empresas violem conjuntamente as normas da concorrência, sendo solidariamente responsáveis pela compensação total dos danos causados pela infração (art. 73.1).

A exceção é dos beneficiários da isenção do pagamento de multas em um programa de leniência, que são solidariamente responsáveis apenas perante (i) seus compradores ou fornecedores diretos e indiretos, ou (ii) outras partes afetadas, somente quando a compensação total não puder ser obtida das outras empresas envolvidas na mesma violação (art. 73.4).

Há previsão do direito de qualquer pessoa, física ou jurídica, a reclamar sobre o infrator e obter uma indenização perante a justiça civil. Esta compensação contempla, também, os danos emergentes e os lucros cessantes, além do pagamento de juros (art. 72).

Finalmente, a LDC esclarece que o direito à indenização se refere apenas ao sobrepreço efetivamente suportado pela parte lesada, que não tenha sido transmitido e tenha lhe gerado um dano. Em nenhuma hipótese a compensação do dano emergente sofrido poderá superar o prejuízo de seu sobrepreço (art. 78).

Assim, tendo compreendido o funcionamento do procedimento sancionador e do programa de leniência em caso de detecção da atividade de cartel, é necessário compreender quais ações o Estado espanhol tem adotado para a prevenção dessas infrações e quais os resultados obtidos.

2.2.3 Atividade preventiva e avaliação de resultados

Semelhante à lei brasileira, a Lei espanhola de Defesa da Concorrência reforçou a função de fomento e fortalecimento da concorrência, cujo principal objetivo é promover um ambiente competitivo nos diversos setores da economia. Com a criação da CNMC, em 2013, houve a consolidação dessa função.

Neste sentido, a promoção da concorrência é realizada por meio de ações de divulgação, treinamento e análise, além de recomendações para melhorar o desempenho da competitividade na Administração Pública. Entre os instrumentos utilizados para essa finalidade estão relatórios de ações do setor público, estudos de setores econômicos, guias, recomendações e legitimidade para contestar ações anticoncorrenciais.

Sobre a atuação do setor público, por exemplo, são publicados informes de projetos normativos (funcionando como um importante instrumento na configuração de uma estrutura regulatória, que favoreça a concorrência), informes anuais de auxílio público (que fornecem uma visão geral do contexto estatístico dos auxílios públicos fornecidos e suas principais consequências, analisando a tomada de decisão a nível europeu), entre outros tipos de informes.[125]

Além disso, no ano de 2018, a CNMC aprovou três estudos de mercado diversos, tratando sobre (i) a regulamentação das habitações turísticas na Espanha,[126] (ii) o impacto de novas tecnologias na concorrência do setor financeiro (*fintechs*)[127] e (iii) os serviços de tráfego aéreo na Espanha.[128]

Os três estudos mencionados somam um total de 14 recomendações à Administração Pública, às comunidades autônomas, às administrações locais e aos operadores econômicos presentes no mercado analisado.[129] Tais medidas são muito relevantes para a prevenção das condutas anticompetitivas.

Além disso, os números do combate às atividades de cartel são os que seguem: foram 35 sanções a cartéis entre os anos de 2014 e março de 2019, dos quais 13 deles envolveram programas de leniência. Veja o gráfico a seguir:[130]

[125] ESPANHA. CNMC. *Memoria 2018*. Disponível em: *https://www.cnmc.es/file/185509/download*. Acesso em: 14 jan. 2020. p. 53 e seguintes.

[126] ESPANHA. CNMC. Estudio sobre la regulación de las viviendas de uso turístico en España. E/CNMC/003/18. Disponível em: https://www.cnmc.es/sites/default/files/2133063_2.pdf. Acesso em: 14 jun. 2025.

[127] ESPANHA. CNMC. Estudio sobre el impacto en la competencia de las nuevas tecnologías en el sector financiero (*fintech*). E/CNMC/001/18. Disponível em: https://www.cnmc.es/sites/default/files/2173343_13.pdf. Acesso em: 14 jun. 2025.

[128] ESPANHA. CNMC. Estudio de los servicios de tránsito aéreo en España. E/CNMC/002/2018. Disponível em: https://www.cnmc.es/sites/default/files/2196411_8.pdf. Acesso em: 14 jul. 2025.

[129] ESPANHA. CNMC. *Memoria 2018*. p. 58.

[130] ESPANHA. CNMC. Cárteles y programa de clemencia, los "básicos" de competencia en cifras. Disponível em: https://blog.cnmc.es/2019/04/29/carteles-y-programa-de-clemencia-los-basicos-de-competencia-en-cifras/. Acesso em: 14 jun. 2025.

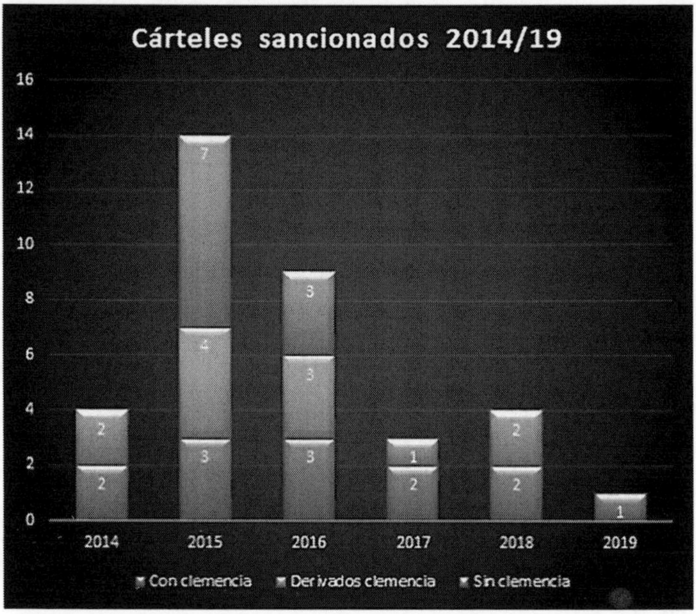

Diante dos dados, nota-se a grande relevância do programa de leniência no combate aos cartéis na Espanha, já que os cartéis sancionados com leniência ou dela derivados somam sempre um número igual ou superior à metade dos casos.

Sobre a eficiência do programa, Fernández e López avaliam que ele continua a ser uma das prioridades da CNMC e que, provavelmente, será reforçado em virtude da Diretiva 2019/1 do Parlamento Europeu, destinada a fornecer às autoridades de concorrência dos Estados-Membros os meios necessários para aplicar, de forma mais eficaz, as regras da concorrência e garantir o bom funcionamento de cada mercado interno.[131]

Em termos gerais, desde janeiro de 2010, as sanções impostas foram reduzidas em mais de 140 milhões de euros, graças às isenções e aos benefícios proporcionados no âmbito do programa de leniência.[132]

---

[131] GUERRA FERNÁNDEZ; ARACES LÓPEZ. *Op. cit.*, Item VI. Conclusiones.

[132] ESPANHA. CNMC. Memoria 2018: Competencia (I) Cárteles, clemencia y prácticas prohibidas, en cifras. Disponível em: https://blog.cnmc.es/2019/07/25/memoria-2018-competencia-i-carteles-clemencia-y-practicas-prohibidas-en-cifras/. Acesso em: 14 jul. 2025.

Além disso, em 2018, a CNMC acumulou o montante de 115 milhões de euros em sanções impostas por atividades de cartel.[133]

O balanço de resultados, no entanto, não é isento de críticas. Quemada aponta as dificuldades de um órgão de defesa da concorrência único, diante de uma regulação multissetorial:[134]

> A principal preocupação quanto à criação de um regulador único referia-se tanto à conveniência ou não de se passar para um modelo de regulação multissetorial, como à natureza diferenciada do trabalho antitruste e da supervisão regulatória do setor. Muitos foram os que consideraram este último aspecto como um fator que dificultava a integração das várias funções num único organismo. Este é um debate legítimo, uma vez que as experiências no nosso meio são muito diversas e não existe uma fórmula única no âmbito europeu. Em qualquer caso, a própria CNMC, tanto a sua gestão como os seus profissionais, deve apostar em extrair o melhor do modelo criado e colocar a instituição a serviço da sociedade, e isso, a meu ver, tem sido alcançado. [Tradução livre].[135]

Por outro lado, o autor afirma ser um modelo muito benéfico para a sociedade, especialmente no atual contexto de convergência entre os setores, quando mais importante deixa de ser apenas a produção de um bem ou serviço e passa a ser a oferta de uma grande variedade de soluções aos clientes.[136]

Assim, diante de todo o exposto, pode-se concluir que, nos últimos anos, o combate aos cartéis na Espanha tem evoluído de maneira bastante positiva, especialmente após a criação da Comissão

---

133 ESPANHA. CNMC. *Memoria 2018.* Disponível em: https://www.cnmc.es/file/185509/download. Acesso em: 14 jul. 2025. p. 17.

134 MARÍN QUEMADA, José María. La CNMC: cinco años favoreciendo el correcto funcionamiento de los mercados y la competitividad de la economía española. *In: Regulación de mercados y competencia. Revista de Economía ICE* (Información Comercial Española), Madrid, n. 905, nov./dez. 2018. Disponível em: http://www.mineco.gob.es/stfls/mineco/ministerio/ficheros/libreria/ICE905.pdf. Acesso em: 14 jun. 2025. p.

135 Texto original: "La principal inquietud en torno a la creación de un regulador único se refería tanto a la conveniencia o no de pasar a un modelo de regulación multisectorial, como a la distinta naturaleza de la labor de defensa de la competencia y de la supervisión regulatoria sectorial. No eran pocos quienes consideraban este último aspecto como un factor que dificultaría la integración de las diversas funciones en un único organismo. Se trata de un debate legítimo, puesto que las experiencias de nuestro entorno son muy diversas y no existe una fórmula única en el ámbito europeo. En cualquier caso, la propia CNMC, tanto su dirección como sus profesionales, debe centrarse en extraer lo mejor del modelo creado y poner a la institución al servicio de la sociedad, y esto, a mi juicio, se ha conseguido".

136 *Idem.*

Nacional de Mercados e Concorrência, em 2013. Foi possível verificar a efetivação de sanções, além de níveis mais elaborados de detecção e prevenção de comportamentos de conluio.

Portanto, tendo compreendido o sistema de combate às práticas anticompetitivas na Espanha, é pertinente recapitular algumas das recomendações publicadas pela OCDE a respeito da detecção e prevenção de cartéis em licitações.

2.3 As recomendações da OCDE para o combate aos cartéis em licitações

Para concluir este capítulo, importa destacar o trabalho de orientação que a OCDE tem realizado para combater o conluio, especialmente nas contratações públicas. Tal atuação culminou em uma cartilha,[137] contendo diretrizes sobre o tema, as quais serão apresentadas neste título.

Em um primeiro momento, a OCDE aponta que as formas mais comuns de cartel em licitações incluem a definição de quem irá apresentar a proposta a ser adjudicada em um processo licitatório, mecanismos de partilha e distribuição entre os conspiradores dos lucros acionais obtidos em virtude de contratação por sobrepreço.

A longo prazo, porém, podem ser desenvolvidos métodos mais elaborados de conluio, com o objetivo de obter a adjudicação de contratos, de monitoramento e divisão de lucros durante meses ou anos. Pode, ainda, ocorrer a apresentação de propostas fictícias, em que indivíduos ou empresas combinam a submissão de propostas que envolvam, ao menos, um dos seguintes comportamentos:

> (1) Um dos concorrentes aceita apresentar uma proposta mais elevada do que a proposta do candidato escolhido;
>
> (2) Um concorrente apresenta uma proposta que já sabe de antemão que é demasiado elevada para ser aceita; ou
>
> (3) Um concorrente apresenta uma proposta que contém condições específicas que sabe de antemão que serão inaceitáveis para o comprador.[138]

---

137 OCDE. Diretrizes para combater o conluio entre concorrentes nas contratações públicas. Disponível em: https://www.oecd.org/daf/competition/cartels/44162082.pdf. Acesso em: 9 ago. 2025.

138 *Idem*, p. 3.

Tais comportamentos culminam em uma proposta ficta, criada com o objetivo de dar a aparência de uma concorrência genuína entre os licitantes. Também é comum a prática de supressão de propostas, envolvendo acordos para a abstenção da concorrência de certas empresas, direcionando a licitação a um vencedor previamente acordado.

As propostas rotativas também são comuns, ocasião em que as empresas conspiradoras continuam concorrendo, mas combinam entre si de apresentar, alternadamente, uma proposta vencedora, a depender do critério de escolha estabelecido no edital de licitação.

A quarta conduta mais comum em uma atividade de conluio é a divisão do mercado entre os concorrentes, que acordam em não concorrer para determinados clientes ou em áreas geográficas específicas. Dessa forma, as empresas conseguem direcionar as licitações para aquela combinação previamente definida, alternando entre os vencedores dos certames.

Tais condutas, muitas vezes, são potencializadas em mercados que possuam certas características, como um pequeno número de empresas, um nível reduzido de entradas no mercado ou, ainda, naqueles em que há licitações muito frequentes. Diante da presença de alguma dentre essas características, a probabilidade de ocorrer o conluio é maior. A recomendação da OCDE, neste caso, é que as autoridades responsáveis pelas aquisições públicas nestes mercados estejam especialmente vigilantes.

Como forma de orientação aos profissionais que trabalham com contratações públicas, a OCDE formulou uma lista de questões a serem consideradas na elaboração do processo de contratação, visando à redução dos riscos de conluio entre os concorrentes.

O primeiro quesito é relacionado à obtenção de informação de mercado antes de se estruturar o edital de licitação. Isto, pois a melhor forma de se prevenir é conhecendo as características do local, bem como as atividades e tendências recentes do setor que possam afetar a competitividade na contratação. Também é recomendado o levantamento de informações sobre alterações recentes de preços, além dos dados sobre os preços nas zonas geográficas vizinhas, para fins comparativos.

Em um segundo momento, é importante estruturar o edital de contratação de forma a maximizar a potencial participação de candidatos concorrentes de um mesmo setor. Isso pode ser feito ao se evitar restrições supérfluas, estabelecendo requisitos mínimos proporcionais à dimensão e ao conteúdo do contrato, não criando obstáculos à participação de pequenas e médias empresas.

Reduzir as limitações à participação de empresas estrangeiras nos concursos também é uma medida que contribui com o fomento à concorrência no certame. Ademais, a diminuição dos custos de preparação da proposta — por meio da simplificação dos procedimentos de contratação, disponibilização de plataforma para contratação eletrônica e concessão de prazos adequados para que as empresas apresentem suas propostas, por exemplo — são medidas necessárias.

A definição clara de requisitos de contratação é bastante relevante, evitando dar margem a que fornecedores definam os termos-chave depois da adjudicação. Ou seja, a transparência deve ser priorizada, definindo as especificações mínimas dos produtos ou serviços e permitindo a apresentação de propostas inovadoras.

Destarte, a OCDE recomenda que a elaboração do processo de contratação seja realizada de forma a reduzir a comunicação entre os concorrentes. Isso pode ser feito, por exemplo, ao permitir a submissão de propostas por meios eletrônicos, além de requerer que seu preenchimento seja realizado de forma anônima — identificando concorrentes por meio de números ou símbolos.

A seleção cuidadosa de critérios de avaliação e adjudicação das propostas também é meio bastante efetivo no combate às condutas anticompetitivas. É necessário que a autoridade responsável reflita sobre o impacto da escolha desses critérios, evitando qualquer tipo de tratamento especial a determinadas classes, tipos de fornecedores ou empresas já estabelecidas. Reservar-se ao direito de não adjudicar o contrato caso haja suspeita de um resultado não competitivo é outra medida eficaz.

Por fim, a última recomendação para a prevenção dos cartéis trata do trabalho de conscientização dos servidores públicos que trabalham no setor de licitações. É importante que sejam implementados programas de formação continuada para quem trabalha nas entidades adjudicantes, reforçando as políticas de proteção da concorrência.

A revisão periódica do histórico das propostas apresentadas e selecionadas para determinados produtos e serviços pode ser bastante efetiva na identificação de padrões suspeitos. Estabelecer um mecanismo de reclamação para que as empresas transmitam suas preocupações relativas ao tema da concorrência, assegurando sua confidencialidade, também se mostra ferramenta efetiva.

Finalmente, é necessário estabelecer relações de cooperação entre as autoridades que trabalham com a concorrência, criando um diálogo constante entre os órgãos responsáveis e facilitando a troca de experiências entre elas. O trabalho em rede tem contribuído sobremaneira na evolução da prestação do serviço público, podendo ser adotado também como estratégia no combate às atividades anticompetitivas.

Diante destas recomendações preventivas, a OCDE apresenta um rol de questões a serem consideradas na detecção de conluio entre os participantes de um processo de contratação públicas. Tais quesitos buscam facilitar a atividade fiscalizatória, contribuindo com a busca de indícios da ocorrência de cartéis nas licitações.

A primeira recomendação é procurar por indícios e padrões incomuns na fase de apresentação das propostas, já que algumas delas, muitas vezes, estão em desacordo com as regras de um mercado competitivo e são um indício de que há combinação de seus termos.

Alguns pontos a serem acompanhados são ocasiões em que a proposta mais baixa seja do mesmo fornecedor frequentemente; determinadas empresas que apresentam propostas conjuntas — apesar de uma delas ter capacidade de apresentar uma proposta independente; concorrentes que se encontram socialmente e têm reuniões pouco antes da apresentação de propostas; além de alguns fornecedores que retiram-se inesperadamente do concurso ou licitação.

Além disso, deve haver a busca por indícios de conluio em todos os documentos apresentados pelos participantes: semelhanças entre formulários, tipografia ou estilos de escrita podem indicar que as propostas tenham sido preparadas pela mesma pessoa ou em conjunto.

Outra recomendação é a procura por indícios de combinação de preços, cuja prática bastante comum consiste na apresentação de uma proposta com 10% de diferença (para mais ou para menos) por parte de um dos concorrentes, indicando que pode ter havido acordo entre as empresas ofertantes.

Também se faz necessário estar alerta às declarações suspeitas, tais como as que indiquem que uma área ou cliente "pertence" a outro fornecedor, ou que certas empresas não fornecem seus produtos em uma zona em particular ou a determinados clientes. São indícios que podem, em uma investigação pormenorizada, conduzir a descoberta de um acordo ilegal.

Assim, diante da suspeita da ocorrência de um cartel, as autoridades licitantes devem seguir algumas etapas para apurar os fatos.

Tais etapas envolvem guardar toda a documentação do certame, manter registros detalhados dos comportamentos suspeitos (incluindo datas, situações, participantes e fatos), entrar em contato com as autoridades de defesa da concorrência e, por fim, ponderar se o processo de licitação deve continuar realizando consulta ao departamento jurídico.

Certamente, tais diretrizes conduzirão as autoridades responsáveis ao fortalecimento do combate às atividades de cartel, fortalecendo o sistema de defesa da concorrência de seu país. Assim, tendo compreendido o funcionamento das práticas anticompetitivas mais comuns nas licitações e a forma de evitá-las, passa-se à exposição das atividades de controle e *compliance* frente a essas práticas.

CAPÍTULO 3

CONTROLE E *COMPLIANCE* DE PRÁTICAS ANTICOMPETITIVAS EM LICITAÇÕES PÚBLICAS

A corrupção é uma adversidade presente no mundo todo — desde os países mais pobres até aqueles com maiores rendas, seja em maior ou menor escala. É um infortúnio que está enraizado na sociedade e afeta não apenas o setor público, mas também as instituições privadas.

Em muitos casos, a corrupção gera um verdadeiro círculo vicioso, em que os particulares se submetem, incentivam ou praticam atos ilegítimos — em seu viés ético ou jurídico — como se fosse algo inerente às suas atividades diárias.[1] A gravidade dos problemas e as ameaças decorrentes da corrupção enfraquecem a estabilidade e a segurança da sociedade, comprometendo os valores da democracia, da ética e da justiça e, com efeito, a essência do Estado de Direito.

Ademais, devido aos vínculos entre a corrupção e outros métodos delitivos, notadamente o crime organizado, os efeitos penetram nas diversas camadas sociais, comprometendo uma proporção relevante de recursos públicos, seja na prevenção, seja na repreensão, seja com o desvio de valores do erário.

São problemas que assolam a sociedade humana desde os tempos antigos, remontando ao período da Antiguidade Clássica Grega: Zenkner cita os diálogos platônicos constantes no diálogo "A República", datado de 380 a.c., em que há reflexões acerca da decadência moral da democracia ateniense.[2]

---

1 BARBUGIANI, Luiz Henrique Sormani. *Corrupção como fenômeno supralegal*. Curitiba: Juruá, 2017. p. 21.

2 ZENKNER, Marcelo. *Integridade governamental e empresarial*: um espectro da repressão e da prevenção à corrupção no Brasil e em Portugal. Belo Horizonte: Fórum, 2019, p. 29.

O autor leciona que a história do "Mito do Rei Giges" — contido na mesma obra de Platão — é "(...) suficiente para demonstrar que a percepção da degeneração das condutas não é recente, pois induz à conclusão de que a única força que impede as pessoas de cometerem ilícitos é o medo de serem vistas pelos outros"[3]. Zenkner ainda cita um trecho das conclusões contidas n'A República:[4]

> [...] ninguém é justo por sua própria escolha ou por pensar que a justiça lhe convenha pessoalmente, mas sim por necessidade, pois sempre que uma pessoa julga poder cometer uma injustiça impunemente, a comete. E isso porque todos, no fundo, acreditam ser a injustiça muito mais proveitosa para o indivíduo que a justiça.[5]

Neste sentido, a conclusão que se infere é a de que a corrupção está estreitamente relacionada com a impunidade e o senso de justiça ou injustiça. Apesar de ser um fenômeno obscuro, em razão de sua ilegalidade, uma conduta degenerada pode ser percebida em toda a sociedade.

Pensando nisso, a Transparência Internacional, organização não governamental internacional, tem estudado e publicado relatórios sobre o tema. O "Índice de Percepção da Corrupção" (IPC), um estudo global produzido pelo Secretariado da instituição desde 1995, é calculado utilizando 13 fontes de dados diferentes, de 12 instituições distintas, que capturam percepções acerca da corrupção nos últimos anos.[6]

Em 2019, foram avaliados 180 países e territórios com base em níveis percebidos de corrupção no setor público por especialistas e empresários. O IPC utiliza uma escala de zero (altamente corrupto) a 100 (altamente íntegro). Dos 180 países avaliados pelo índice de 2019, dois terços receberam uma nota abaixo de 50.

O Brasil manteve-se no pior patamar da série histórica, com apenas 35 pontos, repetindo o resultado de 2018. Foi o quinto recuo

---

[3] *Idem*.

[4] PLATÃO. *A República*. Trad. Leonel Vallandro. Rio de Janeiro: Nova Fronteira, 2016. p. 54. *Apud* ZENKNER, Marcelo. *Integridade governamental e empresarial*: um espectro da repressão e da prevenção à corrupção no Brasil e em Portugal. Belo Horizonte: Fórum, 2019, p. 29.

[5] PLATÃO. *A República*. Trad. Leonel Vallandro. Rio de Janeiro: Nova Fronteira, 2016. p. 54. *Apud* ZENKNER, Marcelo. *Integridade governamental e empresarial*: um espectro da repressão e da prevenção à corrupção no Brasil e em Portugal. Belo Horizonte: Fórum, 2019, p. 29.

[6] TRANSPARÊNCIA Internacional. Índice de percepção da corrupção. Disponível em: https://ipc.transparenciainternacional.org.br/. Acesso em: 28 jun. 2025.

seguido na comparação anual, fazendo com que o país atingisse sua pior colocação desde 2012 (primeiro ano em que o IPC foi avaliado na localidade), em 106ª posição.[7]

Com este resultado, infere-se que a corrupção ainda é um dos maiores obstáculos ao desenvolvimento econômico e social do Brasil. Os avanços na agenda anticorrupção do país estão estagnados, além disso, a crescente impunidade ameaça enfraquecer a democracia e desestabilizar o país, segundo o próprio Relatório do IPC.[8]

Por outro lado, a Espanha ocupou a 30ª posição no *ranking* mundial, cumulando 62 pontos e sendo classificada como integridade média, tendendo a elevada. Com essa pontuação, o país se classificou acima da média global, que foi de apenas 43 pontos.[9]

Assim, embora tenha havido algum progresso em escala mundial, a maioria dos países ainda falha no enfrentamento eficiente da corrupção, já que dois terços dos países tiveram classificação abaixo dos 50 pontos. As possíveis causas seriam as fraudes ocorridas nos altos postos do governo e pequenos subornos que impedem o acesso a serviços públicos básicos, tal como saúde e educação. Consequentemente, é notório o sentimento da crescente falta de confiança no governo, nas lideranças políticas e, em último caso, na própria democracia.[10] A pesquisa ainda sugere o seguinte:

> O atual estado da corrupção em vários países aponta a necessidade de *maior integridade política.* Para que haja alguma chance de se cercear a corrupção, os governos precisam fortalecer os freios e contrapesos, limitar a influência do dinheiro na política e garantir ampla participação nos processos de tomada de decisão. Políticas e recursos públicos não devem ser determinados pelo poder econômico ou pela influência política, mas sim por consultas íntegras e alocações orçamentárias imparciais.[11] (grifou-se)

Denota-se, portanto, a necessidade de que a integridade seja a diretriz do combate à corrupção. Nesta toada, é fundamental a construção de um conceito mínimo em torno do termo "integridade",

---

7 TRANSPARÊNCIA Internacional. Relatório do índice de percepção da corrupção de 2019. Disponível em: https://comunidade.transparenciainternacional.org.br/asset/67:indice-de-percepcao-da-corrupcao-2019?stream=1. Acesso em: 26 jun. 2025. p. 13.

8 *Idem.*

9 *Idem*, p. 02.

10 *Idem*, p. 01.

11 *Idem.*

diferenciando-o da "ética" e da "moralidade" antes de prosseguir com este estudo.

Sobre o tema, Zenkner leciona que o estudo da ética sempre se encontra vinculado a uma reflexão em torno de valores elevados, visto que a ética está diretamente relacionada a um conjunto de valores e princípios que devem ser utilizados para orientar condutas humanas, avaliando-se essa conduta em relação aos seus fins.[12]

É uma reflexão acerca da ação humana cujo objetivo é o discernimento de valores, dirigindo a conduta dos indivíduos para classificar o modo de agir como bom ou mau, adequado ou inadequado, dispensável ou indispensável, entre outros.

Assim, o vício de caráter ético ocorre quando o sujeito realiza uma conduta considerada reprovável, a exemplo de uma dispensa de licitação ocorrida fora das hipóteses previstas em lei.

A *moralidade*, por sua vez, é relativa aos costumes vigentes em determinado período e em determinada sociedade, sendo padrões de comportamento genericamente reconhecidos, ainda que implicitamente. É uma análise externa sobre padrões de comportamento aceitos pela sociedade, os quais permitem o convívio entre os sujeitos no meio em que se encontram.

A distinção entre a ética e a moralidade consiste na razão de que o primeiro é um juízo valorativo sobre ações que o indivíduo realiza, enquanto a moral é o juízo externo de como os indivíduos devem se tratar reciprocamente em determinada sociedade e período temporal.[13]

A *integridade*, ao seu turno, envolve uma relação com os valores consolidados a partir da ética e da moralidade, contudo diferencia-se na proporção que se refere a situações-problema que ocorrem no dia a dia. Preocupa-se com o comportamento diário dos sujeitos e a consistência interna e externa de virtudes que impede a prática de atos conflitantes com determinada postura assumida, funcionando em sentido oposto à hipocrisia.[14]

Uma pessoa pode ser descrita como íntegra na medida em que todas as suas crenças, métodos e princípios derivem de um núcleo valorativo entendido como lei universal,[15] imposto por ela própria.

---

[12] ZENKNER, *Op. cit.*, p. 31.

[13] *Idem, p.* 41-42.

[14] *Idem*, p. 46.

[15] Nesse sentido, impende destacar que o termo deriva da filosofia de Immanuel Kant (1724-1804) e suas contribuições com o imperativo hipotético e imperativo categórico na obra "Fundamentação Metafísica dos Costumes", para o qual remete o leitor.

Deste modo, a autenticidade e a coerência entre o discurso e a conduta são características inseparáveis da integridade, independentemente da situação em que o sujeito se encontra.[16]

Uma organização íntegra é aquela que consegue manter, em cada uma de suas decisões, ações e atividades coerentes com a sua identidade, nunca perdendo de vista os valores que a inspiram e os objetivos que ela deve perseguir, transformando-se em ações concretas.[17]

Qualquer sistema político, por essa linha, deve se sujeitar às mesmas regras que são aplicadas aos indivíduos, razão pela qual um governo jamais será legitimo se estiver impregnado de práticas corruptas, mesmo que motivado por finalidades virtuosas. Maquiavel, em "O Príncipe", notara que qualquer governante que ascendesse ao poder mediante vias ilícitas enfrentaria sérias dificuldades em mantê-lo, não possuindo sustentação política e nem integridade.[18]

Assim, a integridade governamental é um tributo essencial à Administração Pública, pois garante a transparência e a coerência de condutas, funcionando como um instrumento de combate à corrupção. É, pois, um conjunto mutável de microfatores, que combina consistência entre valores e princípios da organização, foco no monitoramento e nos limites para prevenir desvios, redução de monopólios, democratização do poder decisório do gestor público, transparência em relação a essas decisões e aprimoramento do dever de prestação de contas.[19]

Em virtude disso, é relevante que as organizações visem não somente à promoção da cultura ética, mas também da integridade de seus servidores, o que ocasionará a integridade organizacional como um todo.

Aliada à integridade governamental, destaca-se outra expressão de origem estrangeira: *compliance*. Trata-se de um termo derivado do verbo inglês "*to comply*", que significa cumprir ou adequar-se ao que lhe foi imposto.

Em outros termos, *compliance* traduz o dever de cumprir e estar em conformidade com diretrizes estabelecidas na legislação, como normas de condutas e procedimentos, interna ou externamente,

---

16 ZENKNER, *Op. cit.*, p. 48-49.

17 LAMBOY, Christian K. de; RISEGATO, Giulia Pappalardo; COIMBRA, Marcelo de Aguiar. Introdução ao Corporate *compliance*, ética e integridade. *In*: LAMBOY, Christian K. de. *Manual de Compliance*. São Paulo: Instituto ARC, 2017, p. 03-50. p. 14.

18 MAQUIAVEL, Nicolau. *O Príncipe*. Trad. Antonio Cauccio-Caporale, Porto Alegre: L&PM Pocket, 2011. p. 57-58.

19 ZENKNER, *Op. cit.*, p. 235-236.

de modo a mitigar os riscos relacionados a reputação e aspectos regulatórios.[20]

O *compliance* tem a missão de assegurar que os controles internos da instituição, pública ou privada, funcionem de forma sistemática, buscando a redução dos riscos com base no modelo de negócios estruturados a cumprir regras e procedimentos constantes em regulamentos internos e externos. É uma estratégia que contribui para a sobrevivência da organização, garantindo o comportamento ético da entidade.

Um sistema de boas práticas (ética, moral, integridade e *compliance*), tanto em instituições públicas quanto em instituições privadas, tem reflexos nas relações dos cidadãos, agentes econômicos e políticos que dela participam. Por essa razão, o sistema de prevenção à corrupção fundado na integridade viabiliza a concretização dos direitos fundamentais (em especial a boa-fé objetiva), da vedação ao abuso de direito, da função social do contrato, dos princípios que regem a Administração Pública, além dos princípios da governança.[21]

Diante de todo o exposto, o que se pode afirmar é que, nos últimos anos, a corrupção e o *compliance* são temáticas que têm sido debatidas em diversas partes do mundo, tanto por instituições nacionais quanto internacionais. A sociedade começou a organizar-se de tal forma que surgiram ONGs de abrangência global (tal qual a Transparência Internacional, por exemplo), assinaturas de acordos internacionais (como a Convenção das Nações Unidas contra a Corrupção[22]) e elaboração de leis específicas nacionais, tudo isso com a finalidade de coibir práticas ilícitas.

Neste mesmo movimento, também os programas de *compliance* assumiram um caráter fundamental para as empresas que desejam a sustentabilidade e perenidade no mercado.[23] No Brasil, por exemplo,

---

[20] LAMBOY, Christian K. de; RISEGATO, Giulia Pappalardo; COIMBRA, Marcelo de Aguiar. Introdução ao Corporate compliance, ética e integridade. *In*: LAMBOY, Christian K. de. *Manual de Compliance*. São Paulo: Instituto ARC, 2017, p. 03-50. p. 6.

[21] *Idem*, p. 62.

[22] ORGANIZAÇÃO DAS NAÇÕES UNIDAS. Escritório contra drogas e crime. Convenção das Nações Unidas contra a Corrupção. Disponível em: https://www.unodc.org/documents/lpo-brazil//Topics_corruption/Publicacoes/2007_UNCAC_Port.pdf. Acesso em: 28 jun. 2025.

[23] GIOVANINI, Wagner. Programas de compliance e anticorrupção: importância e elementos essenciais. *In:* DE CASTRO, Rodrigo Pironti Aguirre; DE PAULA, Aurélio Borges (coord.). *Compliance, gestão de riscos e combate à corrupção* — integridade para o desenvolvimento. 1. ed. São Paulo: Fórum, 2018. p. 54.

essa tendência foi enfatizada por meio da Lei nº 12.846/13 — Lei Anticorrupção[24] —, enquanto na Espanha há um sistema de integridade previsto na Lei nº 9/2017, a Lei de Contratos do Setor Público.[25]

No entanto, é necessário destacar que, segundo a lição de Zymler, a luta contra a corrupção só alcançará bons resultados se não estiver limitada à instância técnica administrativa e se for além do estabelecimento de regras de *compliance*.[26] O autor alerta, ainda, que:

> É preciso dotar o Brasil de um sistema político que, ao contrário do atualmente existente, não induza à colonização dos espaços públicos movido por interesses privados espúrios. Além disso, devem ocorrer mudanças culturais com objetivo de minimizar os problemas de cunho moral hoje existentes no país.[27]

Tal recomendação é válida também para os demais países, a fim de que todos possam buscar a regressão da corrupção em todo o mundo. Assim, tendo compreendido a visão geral sobre o tema, este capítulo discorrerá sobre os modelos brasileiro e espanhol de controle e *compliance*, visando demonstrar a sistemática de gestão de riscos nestes países, bem como as medidas tomadas por cada um deles em relação ao incentivo à integridade.

3.1 O modelo brasileiro de controle e *compliance*

Considerando o cenário apresentado, foram constantes os compromissos internacionais firmados pela República brasileira visando ao combate à corrupção, citando, nesse sentido, a Convenção das Nações Unidas contra a Corrupção (Decreto nº 5.687, de 31 de janeiro de 2006),[28] a Convenção Interamericana de Combate à Corrupção (Decreto nº 4.410,

---

24 BRASIL. *Lei nº 12.846, de 1º de agosto de 2013*. Disponível em: http://www.planalto.gov.br/ccivil_03/_ato2011-2014/2013/lei/l12846.htm. Acesso em: 28 jan. 2020.

25 ESPANHA. *Lei nº 9/2017, de 8 de novembro, de Contratos do Setor Público*. Boletim Oficial do Estado nº 272, de 9 de novembro de 2017. Disponível em: https://www.boe.es/buscar/pdf/2017/BOE-A-2017-12902-consolidado.pdf. Acesso em: 28 jun. 2025.

26 ZYMLER, Benjamin. Prefácio. *In:* DE CASTRO, Rodrigo Pironti Aguirre; DE PAULA, Aurélio Borges (coord.). *Compliance, gestão de riscos e combate à corrupção* — integridade para o desenvolvimento. 1. ed. *São Paulo: Fórum, 2018*. p. 18.

27 *Idem*.

28 Conforme publicação no Diário Oficial da União - Seção 1 - 1/2/2006, Página 1. Disponível em: https://www2.camara.leg.br/legin/fed/decret/2006/decreto-5687-31-janeiro-2006-540712-publicacaooriginal-41542-pe.html. Acesso em: 21 jun. 2025.

de 7 de outubro de 2002)[29] e a Convenção sobre o Combate da Corrupção de Funcionários Públicos Estrangeiros em Transações Comerciais Internacionais (Decreto nº 3.678, de 30 de novembro de 2000).[30]

Impende notar que os referidos diplomas internacionais não definem a natureza jurídica da responsabilização aplicável às pessoas jurídicas (administrativa, cível ou penal). No âmbito da Organização dos Estados Americanos (OEA), por exemplo, as previsões apenas incentivam e promovem o "(...) desenvolvimento de mecanismos necessários para prevenir, detectar, punir e erradicar a corrupção" (Convenção Interamericana contra a Corrupção, art. II.1), para assegurar a eficácia das medidas e ações adotadas.

Veríssimo ressalta, por sua vez, que a Convenção das Nações Unidas apenas faculta ao Estado-parte optar entre as sanções de natureza penal, civil ou administrativa.[31] Neste sentido, em razão da faculdade oferecida pela Convenção, cada país deve internalizar os termos ratificados em sua legislação nacional.

No caso do Brasil, destaca-se a questão específica quanto à responsabilização das pessoas jurídicas em virtude de atos de corrupção: a Lei nº 12.846/13 dispôs apenas sobre a responsabilização *administrativa* e *civil* de empresas pela prática de atos contra a Administração Pública, nacional ou estrangeira. Consoante a exposição de motivos:

> (...) o presente projeto optou pela responsabilização administrativa e civil da pessoa jurídica, porque o Direito Penal não oferece mecanismos efetivos ou céleres para punir as sociedades empresárias (...) A responsabilidade civil se coaduna com os objetivos sancionatórios aplicáveis às pessoas jurídicas, como por exemplo o ressarcimento dos prejuízos econômicos causados ao erários; e o processo administrativo, porque tem-se revelado mais célere e efetivo na repressão de desvios em contratos administrativos e procedimentos licitatórios, demonstrando melhor capacidade de proporcionar respostas rápidas à sociedade.[32]

---

[29] Promulgado com reserva para o art. XI, parágrafo 1º, inciso "c", conforme publicação no Diário Oficial da União - Seção 1 - 8/10/2000, Página 1. Disponível em: *https://* www2.camara.leg.br/legin/fed/decret/2002/decreto-4410-7-outubro-2002-473825-norma-pe.html. Acesso em: 21 jun. 2025.

[30] Conforme publicação no Diário Oficial da União - Seção 1 - Eletrônico - 1/12/2000, Página 3. Disponível em: https://www2.camara.leg.br/legin/fed/decret/2000/decreto-3678-30-novembro-2000-361096-norma-pe.html. Acesso em: 21 jun. 2025.

[31] VERÍSSIMO, Carla. *Compliance*: incentivo à adoção de medidas anticorrupção. São Paulo: Saraiva, 2017, p. 174.

[32] BRASIL. Câmara dos Deputados. Exposição de Motivos da Lei nº 12.846/13. Disponível em: https://www.camara.leg.br/proposicoesWeb/prop_mostrarintegra;jsessionid=E9486F

Trata-se de uma opção política branda e menos dissuasiva, visto que o aspecto intimidatório de uma condenação imposta na esfera penal é mais efetivo do que uma condenação administrativa proferida por órgão da Administração Pública.[33]

É importante destacar, ainda, que a responsabilização das pessoas jurídicas se dá de forma objetiva, ou seja, sem apuração de culpabilidade, pelos atos lesivos tipificados na lei, sejam eles praticados em benefício da empresa ou não. A responsabilização da pessoa jurídica não exclui, também, as das pessoas naturais (dirigentes, administradores ou quaisquer outros partícipes do ato ilícito), cuja autoria será apurada individualmente.

A ausência de tipificação da responsabilidade penal da pessoa jurídica, no entanto, é criticada por alguns autores. Cite-se, por todos, o posicionamento de Figueiredo:

> Não é compreensível a ausência de penalidade da pessoa jurídica que se beneficiou do ato e que ofereceu recursos para a corrupção. A empresa corruptora que se isenta de qualquer penalidade cria uma situação de grande desvantagem competitiva à empresa que atua sem práticas de corrupção. A previsão de penalização da empresa corruptora além de possibilitar uma prevenção à corrupção, proporcionará uma abertura de mercado, maior competição interna e na economia global.[34]

De fato, a justificativa adotada na exposição de motivos da Lei Anticorrupção — de que o Direito Penal ainda não oferece mecanismos efetivos ou céleres para punir as sociedades empresárias — se mostra bastante debilitada, frente ao problema generalizado que se tornou a corrupção no Brasil.

Por outro lado, é importante destacar a existência de um Projeto de Lei do Senado Federal, nº 236/2012,[35] a respeito da instituição de um novo Código Penal brasileiro, considerando que o Código em vigor

---

EE3919782851CA604D8D7AB7E4.proposicoesWebExterno1?codteor=735505&filename=Tramitacao-PL+6826/2010. Acesso em: 22 jun. 2025.

33 VERÍSSIMO, Carla. *Op. cit.*, p. 183.

34 FIGUEIREDO, Apoliana Rodrigues. Pessoa jurídica corruptora — lei 12.846/2013. *Revista de Direito Internacional e Globalização Econômica*, vol. 1, n. 2, p. 41, jul./dez. 2017. Disponível em: https://revistas.pucsp.br/DIGE/article/download/35169/24030. Acesso em: 28 jun. 2025.

35 BRASIL. *Projeto de Lei do Senado nº 236, de 2012*. Disponível em: https://www25.senado.leg.br/web/atividade/materias/-/materia/106404. Acesso em: 28 jun. 2025.

foi publicado, originalmente, em 1940.[36] No texto do projeto de lei, há previsão da responsabilização penal da pessoa jurídica por crimes praticados contra a Administração Pública, a ordem econômica, o sistema financeiro e o meio ambiente.

Ainda assim, mesmo enfrentando críticas, a Lei Anticorrupção inovou o Direito brasileiro, ao estabelecer a responsabilização das pessoas jurídicas por atos de corrupção contra a Administração Pública nacional ou estrangeira, mesmo que apenas administrativa e civilmente, pois, até então, apenas seus diretores, administradores e funcionários (pessoas físicas) podiam ser penalizados. Neste sentido, seu art. 5º, inciso IV, tipifica as condutas relativas à fraude em licitações e contratos, citando sete práticas específicas.[37]

Contudo, vale destacar que a Lei nº 8.666/1993 foi integralmente revogada pela Lei nº 14.133/2021, que agora rege o novo regime jurídico das licitações e contratos administrativos. A nova legislação reforçou a responsabilização da pessoa jurídica, prevendo, em seus arts. 155 e 156, a possibilidade de aplicação de sanções administrativas e civis a empresas envolvidas em fraudes, atos lesivos à Administração e corrupção, incluindo multa, impedimento de licitar e contratar com o poder público, e declaração de inidoneidade.[38]

Além disso, o teor da Lei Anticorrupção é claro ao enunciar que a aplicação das sanções nela previstas não afeta os pressupostos

---

[36] BRASIL. *Decreto-lei nº 2.848, de 7 de dezembro de 1940*. Disponível em: http://www.planalto.gov.br/ccivil_03/decreto-lei/del2848compilado.htm. Acesso em: 28 jun. 2025.

[37] BRASIL. *Lei nº 12.846/2013*. Art. 5º Constituem atos lesivos à administração pública, nacional ou estrangeira, para os fins desta Lei, todos aqueles praticados pelas pessoas jurídicas mencionadas no parágrafo único do art. 1º, que atentem contra o patrimônio público nacional ou estrangeiro, contra princípios da administração pública ou contra os compromissos internacionais assumidos pelo Brasil, assim definidos: IV - no tocante a licitações e contratos: a) frustrar ou fraudar, mediante ajuste, combinação ou qualquer outro expediente, o caráter competitivo de procedimento licitatório público; b) impedir, perturbar ou fraudar a realização de qualquer ato de procedimento licitatório público; c) afastar ou procurar afastar licitante, por meio de fraude ou oferecimento de vantagem de qualquer tipo; d) fraudar licitação pública ou contrato dela decorrente; e) criar, de modo fraudulento ou irregular, pessoa jurídica para participar de licitação pública ou celebrar contrato administrativo; f) obter vantagem ou benefício indevido, de modo fraudulento, de modificações ou prorrogações de contratos celebrados com a administração pública, sem autorização em lei, no ato convocatório da licitação pública ou nos respectivos instrumentos contratuais; ou g) manipular ou fraudar o equilíbrio econômico-financeiro dos contratos celebrados com a administração pública.

[38] BRASIL. *Lei nº 14.133, de 1º de abril de 2021*. Institui a nova Lei de Licitações e Contratos Administrativos. Diário Oficial da União: seção 1, Brasília, DF, p. 1, 01 abr. 2021. Arts. 155 e 156. Disponível em: https://www.planalto.gov.br/ccivil_03/_ato2019-2022/2021/lei/L14133.htm. Acesso em: 3 jul. 2025.

de responsabilização e aplicação de penalidades decorrentes de atos ilícitos alcançados pela Lei de Licitações ou por outras normas relativas ao tema. Com o advento da Lei nº 14.133, de 1º de abril de 2021, que substituiu integralmente os regimes anteriores, inclusive os dispositivos do antigo Regime Diferenciado de Contratações Públicas (RDC), esse entendimento permanece válido.[39] Sobre o tema, Figueiredo comenta:

> Não importa o tipo de sociedade, o tamanho e o regime de tributação adotado. Se a empresa tem qualquer relação contratual ou pré-contratual com órgão público, ou se recebe recurso público, estará sujeita à Lei Anticorrupção. E não somente as sociedades, mas também fundações, associações e sociedades estrangeiras, que tenham sede, filial ou representação no território brasileiro. A Lei prevê expressamente a responsabilização administrativa e civil de pessoas jurídicas que praticarem atos ilícitos em desfavor da Administração Pública nacional e também estrangeira.[40]

Ou seja, a Lei nº 12.846/13, que está em vigor desde 29 de janeiro de 2014, tem como finalidade suprir a lacuna constante no ordenamento jurídico pátrio ao tratar diretamente da responsabilização de condutas de pessoas jurídicas por atos lesivos ao patrimônio público, com a previsão de instrumentos que possibilitam o ressarcimento aos cofres públicos.

Para este objetivo, são previstas sanções como a multa, a publicação extraordinária de decisão administrativa sancionadora e, nos casos de infrações administrativas que envolvam a legislação sobre licitações e contratos — atualmente disciplinadas pela Lei nº 14.133/2021 —, a pessoa jurídica pode ser sujeita a restrições ao direito de participar em certames ou celebrar contratos com a Administração Pública.

Quanto ao sujeito ativo das condutas, a Lei Anticorrupção é aplicada às sociedades empresárias e às simples, independentemente da forma de organização ou modelo societário adotado, bem como fundações, associações e sociedades estrangerias, ainda que estejam temporariamente atuando em solo brasileiro (art. 1º).

É uma modalidade de responsabilização objetiva da pessoa jurídica, não excluindo a responsabilidade individual de seus dirigentes,

---

[39] BRASIL. *Lei nº 12.846/2013*. Art. 30, inciso II.

[40] FIGUEIREDO, *Op. cit.*, p. 42.

administradores ou de qualquer pessoa natural que possa participar do ato, na medida de sua culpabilidade (arts. 2º e 3º). Inclusive, as sociedades consorciadas são solidariamente responsáveis pela prática dos atos previstos na referida lei (art. 4º, §2º).

Para o fim de tipificar os atos lesivos à Administração Pública nacional ou estrangeira, a Lei nº 12.846/13 prevê um rol extenso de hipóteses de incidência, dentre os quais destacam-se: a) vantagem indevida a agente público, direta ou indiretamente; b) o utilizar-se de interposta pessoa física ou jurídica para ocultar ou dissimular reais interesses ou identidade de beneficiários; c) frustrar o caráter competitivo de procedimento licitatório, tal como afastar licitante, fraudar contrato dela decorrente ou obter benefício indevido; e d) dificultar as atividade de investigação ou fiscalização de órgãos ou entidades estatais (art. 5º).

No campo da responsabilização administrativa, serão aplicadas multas, no valor de um décimo a vinte por cento do faturamento bruto do último exercício anterior da empresa e a publicação extraordinária da decisão condenatória, sem prejuízo da obrigação de reparação integral do dano causado. Ademais, caso não seja possível utilizar o critério do valor do faturamento bruto da pessoa jurídica, a multa será de seis mil reais a sessenta milhões de reais, sendo levados em consideração a gravidade da infração, a vantagem auferida, os efeitos negativos, a situação econômica do infrator e a existência de mecanismos e procedimentos internos de integridade e auditoria (arts. 6º e 7º).

A instauração e o julgamento do processo administrativo de apuração competem à autoridade máxima de cada órgão ou entidade dos Poderes Executivo, Legislativo e Judiciário, observando-se o contraditório e a ampla defesa, sendo conduzidos por dois ou mais servidores estáveis. É possível a solicitação de medidas judiciais necessárias para a investigação e o processamento das infrações, inclusive de busca e apreensão, devendo o processo ser concluído no prazo de 180 dias, prorrogáveis mediante ato fundamentado da autoridade instauradora (arts. 8º a 10).

Ao final do procedimento administrativo, a comissão remeterá relatório conclusivo à autoridade instauradora para julgamento e, caso condenada e não haja pagamento, o crédito apurado será inscrito em dívida ativa da Fazenda Pública, sem prejuízo de encaminhar as informações para conhecimento do Ministério Público (art. 11 a 15).

O acordo de leniência é facultado nos casos em que as empresas colaborem efetivamente com as investigações e o processo administrativo, resultando na identificação de demais envolvidos na infração e na obtenção célere de informações e documentos que comprovem o ilícito sob apuração (art. 16, I e II).

A lei também é incisiva ao prever que o acordo de leniência apenas poderá ser celebrado se, cumulativamente: a) a pessoa jurídica for a primeira a manifestar o interesse em cooperar; b) cesse completamente seu envolvimento na infração investigada; e c) admita sua participação no ilícito e coopere plenamente até o encerramento do processo administrativo (art. 16).

A responsabilização judicial é permitida independentemente da condenação na esfera administrativa, competindo aos órgãos de representação judicial ou ao Ministério Público ajuizar ação com vistas à aplicação das sanções, isoladas ou cumulativamente, de (i) perdimento de bens, direitos ou valores obtidos direta ou indiretamente da infração; (ii) suspensão ou interdição parcial de suas atividades; (iii) dissolução compulsória da pessoa jurídica; e (iv) proibição de receber incentivos, subsídios ou empréstimos de instituições financeiras públicas ou controladas pelo poder público, no prazo de um a cinco anos. A ação seguirá o rito da Lei da Ação Civil Pública (art. 18 a 21).

Importa destacar que a Lei nº 12.846/13 é aplicável ainda que os atos lesivos praticados por pessoa jurídica brasileira em face da Administração Pública estrangeira ocorram no exterior (art. 28) e que, caso a autoridade competente, tendo conhecimento das infrações previstas, não adote providências para a apuração dos fatos, será responsabilizada penal, civil e administrativamente nos termos da legislação específica aplicável (art. 27).

Trata-se de mecanismos que auxiliam o combate à corrupção, pois, além do ponto de vista jurídico, ético e de integridade, a corrupção deve ser analisada sob o viés econômico, no qual se destaca a linha de pensamento da "Teoria da Areia nas Engrenagens" (*Sand the Wheels Hypothesis*), que, "(...) mesmo em um ambiente de má qualidade da gestão pública, a corrupção impõe custos adicionais a qualquer cidadão e a qualquer empresário, gera muito mais prejuízos do que benefícios e, por isso, emperra a máquina pública".[41]

A corrupção de cartéis em licitações beneficia poucos à custa de muitos, atrasa o desenvolvimento econômico e desvia recursos dos serviços básicos, tanto a partir do montante que deixa de ser aplicado quanto pelo volume de impostos que deixa de ser arrecadado.

---

[41] ZENKNER, *Op. cit.*, p. 279.

Sob esse prisma, conjuntamente à inovação legislativa, é essencial o desenvolvimento da estratégia de *integridade governamental*,[42] haja vista que influencia os resultados da Administração e privilegia a implementação de políticas públicas, conduzindo a máquina administrativa a um modelo de gestão que visa à utilização adequada de fundos e poderes estatais.[43]

Outro termo essencial é a noção de *accountability*, uma vez que, na legislação brasileira, alcança a governança de empresas atuantes e reguladas do mercado financeiro no tocante à administração e registros empresariais e contábeis. É, portanto, a responsabilidade das pessoas naturais quanto às suas funções, relações legais e normativas da pessoa jurídica em manter as informações e processos de controles internos, assegurando o cumprimento de normas de governança e registros contábeis.[44]

Em outras palavras, o conceito de *accountability* refere-se à estrutura jurídica e de comunicação, à estrutura organizacional e estratégica, aos procedimentos e às ações para garantir que as Entidades Superiores de Fiscalização (EFS) cumpram as obrigações legais de auditoria e avaliação de regularidade e eficiência no uso de recursos públicos.[45]

Trata-se de um instrumento utilizado pela Administração Pública, visto que os princípios de controle e transparência do *accountability* permeiam a atividade das auditorias públicas por meio do Tribunal de Contas.

Relaciona-se, por esse motivo, à ideia de controle interno, desempenhando um papel fundamental no combate à corrupção por meio de um sistema para vigiar, monitorar ou controlar as receitas e as despesas orçamentárias públicas. Segundo o *Committee of Sponsoring Organizations of the Treadway Commission* (*COSO*), o controle interno é definido como:

---

42 *Idem*, 285.

43 SPINELLI, Mário Vinicius Claussen; CRUZ, Hamilton Cota. Controle interno e prevenção da corrupção. *In:* BLIACHERIENE, Ana Carla; BRAGA, Marcus Vinicius de Azevedo; RIBEIRO, Renato Jorge Brown (coord.). *Controladoria no Setor Público*. Belo Horizonte: Fórum, 2016. cap. 12, p. 219-235. p. 220.

44 ANDRADE, Renata Fonseca de. Leis anticorrupção Brasil e EUA. *In*: LAMBOY, Christian K. de. *Manual de Compliance*. São Paulo: Instituto ARC, 2017, p. 179-204. p. 191.

45 BRASIL, Tribunal de Contas da União. Normas Internacionais das Entidades Fiscalizadoras Superiores (EFS) — *ISSAI 20 — Princípios de transparência e accountability*. Brasília, 2015. Disponível em: https://portal.tcu.gov.br/fiscalizacao-e-controle/auditoria/normas-internacionais-das-entidades-fiscalizadores-superiores-issai/. Acesso em: 25 jan. 2020.

> (...) um processo conduzido pela estrutura de governança, administração e outros profissionais da entidade, e desenvolvido para proporcionar segurança razoável com respeito à realização dos objetivos relacionados a operações, divulgação e conformidade.[46]

Neste sentido, a estrutura do controle interno das organizações deve se concentrar em três objetivos: operacional, divulgação e conformidade. O operacional se refere à eficácia e a eficiência das operações da entidade, inclusive metas de desempenho financeiro e salvaguarda de movimentações financeiras. A divulgação é atinente à transparência das atividades financeiras e não financeiras, internas e externas, abrangendo os requisitos de confiabilidade e oportunidade. Ao final, a conformidade é relativa ao cumprimento de leis e regulamentações às quais a entidade está sujeita.[47]

O controle interno se centraliza em torno da ideia da prevenção, não apenas no sentido de evitar o prejuízo ao erário, mas de criar um ambiente apto ao desenvolvimento da integridade governamental. Consoante Spinelli e Cruz, deve-se priorizar as seguintes atividades: (i) promoção da transparência e do acesso à informação; (ii) fomento ao controle social; (iii) promoção da educação para a ética e cidadania; (iv) estímulo de práticas de integridade no setor privado; (v) fortalecimento da gestão pública; (vi) aprimoramento do marco legal; (vii) ações de inteligência e de produção de informações estratégicas.[48]

O modelo COSO, apesar de ter sido concebido para o setor privado,[49] foi reconhecido e adotado por entidades públicas, inclusive pela Organização Internacional das Entidades Fiscalizadoras Superiores

---

[46] COSO — Committee of Sponsoring of the Treadway Commission. Controle Interno — Estrutura integrada. p. 6. Trad. PWC. Disponível em: http://www.auditoria.mpu.mp.br/bases/legislacao/COSO-I-ICIF_2013_Sumario_Executivo.pdf. Acesso em: 23 jun. 2025.

[47] *Idem.*

[48] SPINELLI, Mário Vinicius Claussen; CRUZ, Hamilton Cota. Controle interno e prevenção da corrupção. BLIACHERIENE, Ana Carla; BRAGA, Marcus Vinicius de Azevedo; RIBEIRO, Renato Jorge Brown (coord.). *Controladoria no Setor Público.* Belo Horizonte: Fórum, 2016. cap. 12, p. 219-235. p. 225-234.

[49] "No desenvolvimento da função estatal de combate à corrupção, portanto, cumpre ao Estado perseguir padrões de eficiência administrativa semelhantes aos buscados pela iniciativa privada. Tal como uma empresa, deve pautar-se em modelos de atuação que legitimem sua própria existência e o exercício do poder por quem dele dispõe a corrupção, quando praticada em grande escala, fere a democracia e deslegitima o governo". BERTOCCELLI, Rodrigo de Pinho; MIGUEL, Luiz Felipe Hadlich. O papel das empresas e do Estado no combate à corrupção. *In*: LAMBOY, Christian K. de. *Manual de Compliance.* São Paulo: Instituto ARC, 2017, p. 91-108. p. 104.

(*International Organization of Supreme Audit Institutions — INTOSAI*).[50] Esse modelo estabelece que a base estrutural do sistema de controle interno é a atribuição da responsabilidade ao titular de cada entidade do setor público, visando à manutenção do ambiente de auditoria interna.

O controle interno consiste na união de cinco componentes integrados: ambiente de controle, avaliação de riscos, atividades de controle, informação e comunicação e atividades de monitoramento.[51]

O ambiente de controle é o conjunto de normas, processos e estruturas que fornecem a base para a condução do controle interno por toda a organização. Abrange a integridade e os valores éticos da organização, sendo os parâmetros que permitem a supervisão da estrutura pela governança, bem como o rigor em torno de medidas, incentivos e recompensas por performance.[52]

A avaliação de risco[53] envolve um processo dinâmico e iterativo para identificar e avaliar os riscos à realização dos objetivos. Ao mesmo tempo, esses riscos de não atingir os objetivos em toda a entidade são considerados em relação às tolerâncias aos riscos estabelecidos, examinando-se se um determinado evento possa ocorrer e afetar adversamente a realização dos objetivos da instituição.[54]

As atividades de controle são ações estabelecidas por meio de políticas e procedimentos que ajudam a garantir o cumprimento de diretrizes previamente estabelecidas para mitigar os riscos à realização dos objetivos. Trata-se de uma atividade a ser exercida em todos os níveis da entidade, sendo facultada a segregação de funções, tal como autorizações, verificações e revisões de desempenho.[55]

A informação e a comunicação são necessárias para que a entidade cumpra responsabilidades de controle interno, a fim de apoiar a realização de seus objetivos. É um processo contínuo e iterativo de proporcionar, compartilhar e obter as informações necessárias,

---

50 ZENKNER, *Op. cit.*, p. 286.

51 COSO — Committee of Sponsoring of the Treadway Commission. Controle Interno — Estrutura integrada. p. 7. Trad. PWC. Disponível em: http://www.auditoria.mpu.mp.br/bases/legislacao/COSO-I-ICIF_2013_Sumario_Executivo.pdf. Acesso em: 23 jun. 2025.

52 *Idem*, p. 7.

53 Não se pode deixar de mencionar a percepção que a sociedade industrial incorporou o risco na forma do convívio social, marcada pelos frutos da ciência e da tecnologia, não se preocupando apenas com a produção e distribuição de riqueza, mas também dos riscos decorrentes. BECK, Ulrich. *Risk society*: towards a new modernity, London: Sage Publications, 1992. p. 25-27.

54 COSO — Committee of Sponsoring of the Treadway Commission, *Op. cit.*, p. 7.

55 *Idem*, p. 7.

transmitindo-as para todas as direções da entidade. Permite que funcionários recebam uma mensagem clara da alta administração, atribuindo seriedade às comunicações oficiais, tanto interna quanto externamente à entidade.[56]

As atividades de monitoramento, ao final, envolvem avaliações contínuas e independentes, inseridas nos processos corporativos nos diferentes níveis da entidade, proporcionando informações oportunas e *feedback* das atividades desenvolvidas. Os resultados obtidos serão comparados pelos critérios estabelecidos pelas autoridades normativas.[57]

Em específico quanto aos princípios, a estrutura integrada do controle interno proposta pelo *COSO* relaciona determinados princípios aos componentes expostos, os quais serão expostos a seguir.

O componente do "ambiente de controle" é constituído por cinco princípios: 1) a organização deve demonstrar ter comprometimento com a integridade e os valores éticos; 2) a estrutura de governança deve demonstrar independência em relação aos seus executivos e supervisionar o desenvolvimento do controle interno; 3) estabelecer um sistema de níveis de subordinação, autoridades e responsabilidades adequadas aos objetivos da integridade; 4) demonstrar comprometimento em atrair e desenvolver talentos na sua linha de objetivo; e 5) fazer com que as pessoas assumam a responsabilidade por suas funções de controle interno na busca pela integridade da instituição.[58]

O componente "avaliação de riscos" é integrado por quatro princípios: 6) a organização deve especificar os objetivos com clareza suficiente, a fim de permitir a identificação de riscos; 7) identificar os possíveis eventos que possam afetar a realização dos objetivos institucionais, analisando os riscos como uma base para determinar a forma como deve ser gerenciada 8) considerar o potencial para fraude no exame dos riscos; e 9) identificar e avaliar as mudanças que poderiam afetar o sistema de controle interno de forma significativa.[59]

O componente "atividades de controle" é formado por três princípios: 10) a organização deve selecionar e desenvolver atividades de controle que contribuem para a redução dos riscos à realização dos objetivos a níveis aceitáveis; 11) selecionar e desenvolver atividades

---

[56] *Idem*, p. 8.

[57] *Idem*, p. 8.

[58] *Idem*, p. 9.

[59] *Idem*, p. 9.

gerais de controle sobre a tecnologia e os benefícios relacionados a esse instrumento; e 12) estabelecer atividades de controle por meio de políticas que estabelecem as medidas previstas e os procedimentos práticos relativos a essa previsão.[60]

O componente "informação e comunicação" é integrado por três princípios: 13) a organização gera e utiliza informações significativas e de qualidade para apoiar o funcionamento do controle interno; 14) transmitir internamente as informações necessárias para apoiar o funcionamento do controle interno; e 15) comunicar-se com o público externo sobre os assuntos que afetam o funcionamento do controle interno.[61]

O componente "atividades de monitoramento" é concebido por dois princípios: 16) a organização seleciona, desenvolve e realiza avaliações contínuas e independentes, com o intuito de certificar a presença e o funcionamento dos componentes do controle interno; e 17) avaliar e comunicar as deficiências no controle interno em tempo hábil aos responsáveis por tomar ações corretivas, inclusive a estrutura de governança e alta administração, conforme aplicável.[62]

Trata-se de um modelo-referência por uniformizar as definições de controle interno, bem como definir seus componentes e princípios. A isso, soma-se a ideia de que a Constituição prevê no art. 74 que os Poderes da República manterão um controle interno com funcionamento de forma sistêmica e integrada, avaliando o cumprimento de metas previstas no plano plurianual, a execução de programas de governo, a legalidade e os resultados da gestão orçamentária, financeira e patrimonial, controlando as operações de crédito e auxiliando o controle externo.[63]

Em específico quanto ao Poder Executivo Federal, a Controladoria-Geral da União foi criada pela Lei nº 10.683, de 28 de maio de 2003, porém foi apenas com a edição da Lei nº 11.204, de 5 de dezembro de 2005, que a instituição recebeu a função de realizar a prevenção e o combate à corrupção e de incrementar a transparência da gestão da Administração Federal, sendo conhecida como uma "agência de anticorrupção".[64]

---

[60] *Idem*, p. 9.

[61] *Idem*, p. 9.

[62] *Idem*, p. 9.

[63] BRASIL. Constituição Federal. 1988. Disponível em: http://www.planalto.gov.br/ccivil_03/constituicao/constituicao.htm. Acesso em: 22 jun. 2025.

[64] ZENKNER, *Op. cit.*, p. 289.

Estimulam-se, destarte, regras e procedimentos de controle, coordenando atividades de auditoria entre os órgãos estatais, conferindo transparência à gestão pública e sua relação com a sociedade.

Zenkner utiliza a expressão *auditoria governamental* para exprimir a ideia de exames efetuados entre entidades da administração direta e indireta, sobre sistemas de aplicação de recursos públicos, as respectivas responsabilidades e aspectos contábeis, orçamentários, financeiros, econômicos, patrimoniais e operacionais, conferindo confiabilidade ao sistema de controle interno. É a atividade realizada por meio de levantamento de informações, avaliações independentes e consubstanciadas em evidências, observando a probidade administrativa e a responsabilidade social dos gestores da máquina pública.[65]

Assim, a criação da Controladoria-Geral da União, aliada à edição da Lei nº 12.846/13, expandiu sistematicamente os instrumentos de combate à corrupção entre entidades públicas e privadas, tendo em vista a possibilidade expressa de responsabilização civil e administrativa das pessoas jurídicas.

Seguindo-se o modelo de paridade, os estados e municípios possuem seus respectivos órgãos de controle interno, chamados de Controladoria-Geral do Estado e Controladoria-Geral do Município, respectivamente. Todavia, considerando que o orçamento disponível para esses entes federativos é menor quando comparado ao da União, ocasionando pouca capacidade de investimento em treinamento, programa e políticas de anticorrupção, foi criado no ano de 2007 o Conselho Nacional de Controle Interno (CONACI), cuja atuação se dá pelo intercâmbio de conhecimentos e informações entre as Controladorias federal, estaduais e municipais, possibilitando um trabalho conjunto de formulação, implementação e avaliação de políticas nacionais de controle e gestão.[66]

Unem-se os principais órgãos de controle interno da Administração Pública nacional com o intuito de diminuir as possibilidades de inovar as formas de corrupção e formação de cartéis. Alinhado ao conceito de controle interno, é necessário que se aborde a temática do *compliance* no Brasil, como forma de estimular a observação de princípios éticos e legais em uma instituição.

Neste sentido, o termo *compliance* é definido pelo Conselho Administrativo de Defesa Econômica (CADE) da seguinte forma:

---

[65] *Idem*, p. 289-290.

[66] ZENKNER, *Op. cit.*, p. 291.

"*compliance* é um conjunto de medidas internas que permite prevenir ou minimizar os riscos de violação às leis decorrentes de atividade praticada por um agente econômico e de qualquer um de seus sócios ou colaboradores".[67]

Assim, Simonsen leciona que a atuação do *compliance* deve se basear nos princípios de prevenção, detecção e resposta aos atos e eventos que não estejam em conformidade com as leis, normas e políticas da empresa. Portanto, não atuar em conformidade com essas normas traz um potencial de impacto, pois aumenta o risco — desde o financeiro ao social — para a empresa, seus executivos, funcionários e colaboradores.[68]

Ademais, para a concretização dessas estratégias nas instituições, são desenvolvidos verdadeiros *programas* de *compliance,* ou seja, um conjunto de medidas e ações institucionais voltadas para a prevenção, detecção, punição e remediação de fraudes e atos de corrupção, segundo definição da Controladoria-Geral da União (CGU).[69]

Diante deste conceito, é possível notar que as diretrizes do *compliance* enquanto programa de integridade também são aplicáveis ao setor público. Desta forma, tanto as instituições públicas quanto as privadas podem desfrutar dos benefícios de um programa bem estruturado, tais como a prevenção de riscos, a identificação antecipada de problemas e a redução de custos e contingências, entre outras vantagens.[70]

Assim, para realizar a estruturação adequada de um programa de integridade — em especial do setor público, que é o foco deste estudo —, existe a recomendação de que estejam presentes quatro eixos principais, segundo a cartilha da CGU:

> (i) Comprometimento e apoio da alta direção: para que haja o fomento de uma cultura ética, de respeito às leis e de implementação das políticas de integridade;

---

[67] BRASIL. Conselho Administrativo de Defesa Econômica (CADE). Guia — Programas de Compliance. Disponível em: http://www.cade.gov.br/acesso-a-informacao/publicacoes-institucionais/guias_do_Cade/guia-compliance-versao-oficial.pdf. Acesso em: 29 jun. 2025.

[68] SIMONSEN, Ricardo. Os requisites de um bom programa de compliance. *In:* CUEVA, Ricardo Villas Boas; FRAZÃO, Ana. *Compliance* — perspectivas e desafios dos programas de conformidade. 1. ed. Belo Horizonte: Fórum, 2018. p. 105.

[69] BRASIL. Controladoria Geral da União. *Manual para implementação de programas de integridade* — orientações para o setor público. Brasília: Ministério da Transparência e Controladoria-Geral da União, 2017. p. 06.

[70] BRASIL. CADE. Guia — Programas de *compliance,* p. 11.

> (ii) Estabelecimento de uma instância responsável pelo plano de integridade: ou seja, que haja uma unidade, grupo, pessoa ou comitê responsável pelo acompanhamento, monitoramento e gestão das ações e medidas a serem implementadas — é importante, ainda, que, independentemente de quem seja, o responsável seja dotado de autonomia funcional, independência, imparcialidade, recursos materiais, financeiros e humanos necessários ao desempenho de suas atribuições;
>
> (iii) Execução contínua da análise dos riscos: o programa deve ser guiado pela identificação contínua dos riscos aos quais os órgãos e entidades públicas estejam vulneráveis — somente conhecendo afundo suas áreas e processos mais sensíveis é que se torna possível a criação de mecanismos de controle ou a adaptação efetiva daqueles já existentes;
>
> (iv) Estabelecimento de uma política de monitoramento contínuo: tal medida é necessária a fim de dar dinamismo e promover constante atualização de suas iniciativas, ajustando-as conforme novas necessidades, riscos e processos da instituição no decorrer do tempo, implicando em identificar as novas áreas em que possam ocorrer quebras de integridade.[71]

Diante destes quatro pilares fundamentais, os programas de *compliance* devem ser norteados por um *plano de integridade*, que é um documento único e sistêmico que organiza todas as medidas que devem ser implementadas, em um certo período de tempo preestabelecido, com a finalidade de prevenir, detectar e remediar as ocorrências de quebra de integridade nas instituições.[72]

É importante, inclusive, citar a existência de programas de *compliance concorrencial*, cujo funcionamento é um pouco diferenciado de um plano de integridade comum. As instituições devem preocupar-se com a adoção e renovação deste tipo de programa quando identificar que suas atividades possam estar sujeitas à Lei de Defesa da Concorrência.[73] Veja a definição trazida pelo CADE para a distinção do programa concorrencial em detrimento do comum:

> A diferença principal se dá em termos de escopo: um programa de *compliance* concorrencial busca, em primeiro lugar, prevenir e reduzir o risco de ocorrência de violações *específicas à Lei de Defesa da Concorrência*

---

[71] BRASIL. CGU. Manual para implementação de programas de integridade, p. 09-14.

[72] *Idem*, p. 15.

[73] BRASIL. *Lei nº 12.529, de 30 de novembro de 2011*. Disponível em: http://www.planalto.gov.br/ccivil_03/_Ato2011-2014/2011/Lei/L12529.htm. Acesso em: 29 jun. 2025.

> e, em segundo lugar, oferecer mecanismos para que a organização possa rapidamente detectar e lidar com eventuais práticas anticoncorrenciais que não tenham sido evitadas em um primeiro momento.[74]

Neste sentido, é importante compreender que a existência e a adoção de um programa de *compliance* concorrencial não garantem a ausência de violações à LDC. Porém, caso elas ocorram, o programa permite sua rápida identificação e a tomada de providências por parte dos responsáveis.

Assim, para o sucesso do programa, é necessário que haja o comprometimento genuíno da entidade, visando à correta condução das atividades de maneira ética e efetiva. Para este efetivo compromisso, os pilares fundamentais do programa de integridade concorrencial são os mesmos citados anteriormente, desde que voltados à questão do atendimento da Lei de Defesa da Concorrência.

Portanto, os programas de *compliance* são verdadeiros instrumentos para efetivação do controle interno — seja em instituições públicas ou privadas —, de tal sorte que contribuem para a efetivação da gestão de riscos e tomada de decisões por parte de seus responsáveis.

Por outro lado, tendo compreendido a sistemática de funcionamento do controle interno, é importante citar que a Constituição Federal brasileira também prevê a existência do controle externo, em seu art. 71,[75] a ser realizado pelo Tribunal de Contas da União em nível federal e, por simetria, pelos Tribunais de Contas dos Estados, em nível estadual. É um controle exercido por órgão vinculado a poder diverso daquele que está sendo controlado, que, a partir do princípio da repartição dos poderes e do sistema de freios e contrapesos, deve garantir o equilíbrio da Administração Pública de modo geral. Coutinho e Santos comentam:

> O controle externo, em sentido amplo, é toda atuação desempenhada pela sociedade civil ou por órgãos estatais estranhos ao órgão controlado orientada a apurar a regularidade e compatibilidade dos atos fiscalizados com relação ao ordenamento jurídico.[76]

---

[74] BRASIL. CADE. Guia — Programas de compliance, p. 14.

[75] BRASIL. *Constituição Federal de 1988*. Art. 71. O controle externo, a cargo do Congresso Nacional, será exercido com o auxílio do Tribunal de Contas da União, ao qual compete: (...).

[76] COUTINHO, Doris de Miranda; SANTOS, Aline Sueli de Salles. O papel do Tribunal de Contas frente à accountability. *Revista de Direito Administrativo e Constitucional*, ano 18, n. 72, p. 212, abr./jun. 2018.

Lima explica que o objeto do controle externo "são os atos administrativos em todos os poderes constituídos nas três esferas de governo e atos de gestão de bens e valores públicos".[77] Objetiva-se assegurar e promover o cumprimento do *accountability* no setor público, estimulando práticas de boa gestão, em que o Tribunal de Contas deverá exercer suas atividades de auditoria governamental de forma autônoma dos entes auditados, bem como livre de interferências política, financeira ou administrativa.[78]

Destaca-se que a Constituição brasileira de 1988 considerou os Tribunais de Contas como órgãos auxiliares do Poder Legislativo, quando no exercício do controle externo, consoante *caput* do art. 71.[79] Tavares esclarece:

> Sua natureza jurídica é a de órgão administrativo, técnico, de controle e auxiliar, nessa matéria, do Poder Legislativo. Isso, contudo, em nada deslegitima ou desautoriza sua atuação, tendo em vista que o essencial, em tema de fiscalização, é preservar a separação do fiscalizador em relação aos órgãos de execução material a serem fiscalizados, particularmente em relação à Administração Pública.[80]

Assim, as competências administrativas dos Tribunais de Contas são descritas no art. 71 da Constituição Federal, dentre as quais se destacam a função precípua de apoiar o Poder Legislativo na emissão de parecer prévio das contas de governo, julgar as contas dos administradores de valores públicos, apreciar a legalidade de atos de admissão, aposentadorias e pensões, além de aplicar sanções por danos causados ao erário.[81]

---

[77] LIMA, Luiz Henrique. *Controle externo*: teoria e jurisprudência para os tribunais de contas. 7. ed. Rio de Janeiro: Forense; São Paulo: Método, 2018. p. 47.

[78] ZENKNER, *Op. cit.*, p. 306.

[79] BRASIL. *Constituição Federal de 1988*. Art. 71. O controle externo, a cargo do Congresso Nacional, será exercido com o auxílio do Tribunal de Contas da União, ao qual compete (...).

[80] TAVARES, André Ramos. *Curso de direito constitucional*. 18. ed. São Paulo: Saraiva Educação, 2020. p. 1022.

[81] BRASIL. *Constituição Federal de 1988*. Art. 71. (...) I - apreciar as contas prestadas anualmente pelo Presidente da República, mediante parecer prévio que deverá ser elaborado em sessenta dias a contar de seu recebimento; II - julgar as contas dos administradores e demais responsáveis por dinheiros, bens e valores públicos da administração direta e indireta, incluídas as fundações e sociedades instituídas e mantidas pelo Poder Público federal, e as contas daqueles que derem causa a perda, extravio ou outra irregularidade de que resulte prejuízo ao erário público; III - apreciar, para fins de registro, a legalidade dos atos de admissão de pessoal, a qualquer título, na administração direta e indireta,

Além disso, sobre o sistema de controle externo, entende-se como o "conjunto de ações de controle desenvolvidas por uma estrutura organizacional, com procedimentos, atividades e recursos próprios, não integrados na estrutura controlada, visando fiscalização, verificação e correção dos atos".[82]

Neste sistema, é parte fundamental do trabalho dos Tribunais de Contas a busca pela excelência na realização das auditorias, pois servirão de suporte técnico para o julgamento de contas públicas. Em específico, é ideal que se observem as Normas Internacionais das Entidades Fiscalizadoras Superiores (ISSAI) para promover a realização de auditorias independentes e eficazes.

As diretrizes expostas a seguir devem servir de fonte de boas práticas para compartilhar meios de aumentar e melhorar a independência das entidades fiscalizadoras.

---

incluídas as fundações instituídas e mantidas pelo Poder Público, excetuadas as nomeações para cargo de provimento em comissão, bem como a das concessões de aposentadorias, reformas e pensões, ressalvadas as melhorias posteriores que não alterem o fundamento legal do ato concessório; IV - realizar, por iniciativa própria, da Câmara dos Deputados, do Senado Federal, de Comissão técnica ou de inquérito, inspeções e auditorias de natureza contábil, financeira, orçamentária, operacional e patrimonial, nas unidades administrativas dos Poderes Legislativo, Executivo e Judiciário, e demais entidades referidas no inciso II; V - fiscalizar as contas nacionais das empresas supranacionais de cujo capital social a União participe, de forma direta ou indireta, nos termos do tratado constitutivo; VI - fiscalizar a aplicação de quaisquer recursos repassados pela União mediante convênio, acordo, ajuste ou outros instrumentos congêneres, a Estado, ao Distrito Federal ou a Município; VII - prestar as informações solicitadas pelo Congresso Nacional, por qualquer de suas Casas, ou por qualquer das respectivas Comissões, sobre a fiscalização contábil, financeira, orçamentária, operacional e patrimonial e sobre resultados de auditorias e inspeções realizadas; VIII - aplicar aos responsáveis, em caso de ilegalidade de despesa ou irregularidade de contas, as sanções previstas em lei, que estabelecerá, entre outras cominações, multa proporcional ao dano causado ao erário; IX - assinar prazo para que o órgão ou entidade adote as providências necessárias ao exato cumprimento da lei, se verificada ilegalidade; X - sustar, se não atendido, a execução do ato impugnado, comunicando a decisão à Câmara dos Deputados e ao Senado Federal; XI - representar ao Poder competente sobre irregularidades ou abusos apurados. §1º No caso de contrato, o ato de sustação será adotado diretamente pelo Congresso Nacional, que solicitará, de imediato, ao Poder Executivo as medidas cabíveis. §2º Se o Congresso Nacional ou o Poder Executivo, no prazo de noventa dias, não efetivar as medidas previstas no parágrafo anterior, o Tribunal decidirá a respeito. §3º As decisões do Tribunal de que resulte imputação de débito ou multa terão eficácia de título executivo. §4º O Tribunal encaminhará ao Congresso Nacional, trimestral e anualmente, relatório de suas atividades.

[82] FERNANDES, Jacoby Ulisses. *Tribunais de Contas do Brasil*: jurisdição e competência. 2. ed. rev. atual. e ampl. Belo Horizonte: Fórum, 2005. p. 30. *Apud* COUTINHO, Doris de Miranda; SANTOS, Aline Sueli de Salles. O papel do Tribunal de Contas frente à accountability. *Revista de Direito Administrativo e Constitucional*, ano 18, n. 72, p. 212, abr./jun. 2018.

O primeiro princípio é a existência de uma estrutura constitucional adequada e efetiva, além de dispositivos que permitam a aplicação concreta dessa estrutura, sendo necessária uma legislação que enuncie, em detalhes, o grau de independência das entidades fiscalizadoras.[83]

O segundo princípio se refere à necessidade de estabilidade no cargo e imunidade legal no exercício de suas atribuições, de modo que os servidores nomeados possam exercer seus mandatos sem receio de represálias.[84]

O terceiro princípio é atinente aos poderes de auditar na medida em que o mandato deve ser suficientemente amplo e discricionário no exercício de suas funções, tal como a análise do uso de dinheiro, recursos e bens públicos por um destinatário, independentemente da sua natureza jurídica, ou a legalidade e regularidade das contas do governo ou das entidades públicas e a qualidade da gestão financeira. Ademais, as entidades fiscalizadoras não devem se envolver na gestão das organizações que auditam, não obstante a eventual cooperação com os governos ou entidades públicas no esforço de melhorar o uso e a gestão de recursos públicos.[85]

O quarto princípio é relativo ao acesso irrestrito de informações e poderes para obter acesso tempestivo, direto e livre a todos os documentos e informações necessários para o bom o desempenho de suas responsabilidades legais.[86]

O quinto princípio trata do direito e da obrigação de produzir relatórios sobre o trabalho desenvolvido, não sendo impedidas de relatar os resultados de auditorias, cuja obrigação de informar os resultados deve ser, no mínimo, anual.[87]

O sexto princípio é o direito à liberdade de decidir o conteúdo e a tempestividade dos relatórios de auditoria, tendo autonomia de realizar observações e recomendações em seus trabalhos, bem como a liberdade de publicar e divulgar seus relatórios.[88]

---

[83] BRASIL, Tribunal de Contas da União. Normas Internacionais das Entidades Fiscalizadoras Superiores (EFS) — ISSAI 11 — Diretrizes e Boas Práticas da INTOSAI Relacionadas com a independência das EFS. Brasília, 2015. p. 1. Disponível em: https://portal.tcu.gov.br/fiscalizacao-e-controle/auditoria/normas-internacionais-das-entidades-fiscalizadores-superiores-issai/. Acesso em: 25 jun. 2025.

[84] *Idem*, p. 3.

[85] *Idem*, p. 3-4.

[86] *Idem*, p. 5.

[87] *Idem*, p. 5.

[88] *Idem*, p. 5-6.

O sétimo princípio é a existência de mecanismos efetivos de monitoramento de recomendações, as quais envolvem assegurar as ações corretivas, realizadas por um sistema interno para garantir que as entidades auditadas adotem adequadamente suas observações e recomendações.[89]

O oitavo princípio é necessidade de autonomia financeira, administrativa com disponibilidade de recursos humanos, materiais e monetários adequados ao exercício de suas atribuições, livre de pressões e influência política.[90]

Ademais, o art. 130 da Constituição Federal prevê a existência de um Ministério Público (MP) atuando junto aos Tribunais de Contas, cuja estrutura é própria, atuando de modo independente e exclusivo junto às Cortes de Contas. Exerce papel essencial na concretização do controle externo dos atos do Poder Público, tutelando a moralidade e a eficiência da gestão pública por meio da fiscalização contábil, financeira, orçamentária, operacional e patrimonial da Administração Pública. Sobre a atividade do MP especializado, Mazzilli comenta:

> Os membros desse Ministério Público especial que atuam junto aos Tribunais de Contas devem dar pareceres e oficiar como custos legis nos procedimentos e processos cometidos ao controle externo daquela corte; mas, caso no exame das contas se apure a existência de ilícito penal, devem as peças necessárias ser remetidas aos membros do Ministério Público que tenham atribuições perante os juízes e tribunais judiciários, para a promoção da ação penal; da mesma forma, em havendo base para a propositura de eventual ação civil pública, as peças pertinentes deverão ser remetidas aos membros do Ministério Público comum, que detenham atribuições para ajuizá-la.[91]

Neste sentido, o Ministério Público de Contas possui a função essencial de subsidiar os julgamentos dos Tribunais de Contas enquanto fiscal da lei, podendo, inclusive, remeter os casos de ilícitos penais aos membros do Ministério Público responsáveis pela promoção da ação penal.

---

89 *Idem*, p. 6-8.

90 *Idem*, p. 8-9.

91 MAZZILLI, Hugo Nigro. O Ministério Público de Contas. *Revista do Ministério Público de Contas do Paraná*, Curitiba, n. 7, ano III, p. 39, nov. 2017/maio 2018. Disponível em: https://drive.google.com/file/d/1wcBMXJ0iE2BJmPvmWkoo-ugahFK-nxne/view. Acesso em: 29 jun. 2025.

Assim, tendo compreendido o funcionamento do sistema brasileiro de controle — interno e externo — e de *compliance*, passa-se à análise do modelo espanhol sobre o tema.

3.2 O modelo espanhol de controle e *compliance*

Como forma de introduzir a temática deste capítulo, é interessante fazer uma digressão histórica e compreender como se deu o desenvolvimento da corrupção na Espanha enquanto fenômeno social, para, então, entendermos seus mecanismos mais recentes de combate e prevenção.

Sendo assim, para iniciar essa análise, Fernández Ajenjo explica, em uma análise geral, que os escândalos de corrupção que ocorreram nos anos 60 e 70 do século passado ocasionaram o início de debates doutrinários e institucionais, os quais culminaram na adoção de medidas de caráter fundamentalmente penal em torno dos países desenvolvidos (*e.g.*, a proibição ao suborno transnacional, tráfico de influências e enriquecimento ilícito) e de natureza econômica nos países em desenvolvimento (*e.g.*, o reforço das garantias de financiamento para o desenvolvimento). Inclusive, nos anos 80 e 90, foram produzidas propostas de solução de caráter administrativo, mediante o reforço de normas sobre a incompatibilidade e a adoção de códigos de ética na conduta de servidores públicos.[92]

Em que pese existir desde o início dos tempos, a corrupção seria um problema tipicamente das sociedades democráticas, pois apenas nela há um controle da atividade política pelo Legislativo, Judiciário ou meios populares, como meios de comunicação. Nas ditaduras, em contraposição, não haveria propriamente a corrupção, pois ela mesma seria a corrupção institucionalizada.[93]

O Estado espanhol, nesse sentido, é um paradigma por ser um regime constitucional relativamente recente, uma vez que instaurou o Estado de Direito com base democrática apenas em 1978.

Devido à aceitação da corrupção enquanto categoria jurídica, com identidade própria e características peculiares, foi possível a criação de órgãos especializados e exclusivos para o seu controle. Destarte,

---

[92] FERNÁNDEZ AJENJO, José Antonio. *El control de las administraciones públicas y la lucha contra la corrupción*. Madrid: Civitas, 2011. p. 21.

[93] LAMO DE ESPINOSA, E. Corrupción política y ética económica. *In:* LAPORTA, F. J.; y ÁLVARES, S. (ed.). *La corrupción política*. Madrid: Alianza Editorial. 1997. p. 274.

as instituições de controle são órgãos da estrutura estatal que vigiam o funcionamento probo da Administração Pública, impedindo que os servidores públicos desviem a satisfação dos interesses gerais em nome de seus próprios interesses.

Na doutrina espanhola, dentre as acepções possíveis, a corrente majoritária entende que a corrupção é um abuso de poder em benefício particular, no qual se encontram elementos-chave para as respectivas práticas: a participação de um funcionário público (elemento subjetivo necessário), a existência do descumprimento de um dever institucional (elemento prescritivo) e a busca de um benefício próprio irregularmente (elemento causal).[94]

O elemento subjetivo necessário ocorre quando há a participação de um servidor público no exercício das funções públicas inerentes ao cargo. Nesse ponto, a doutrina anterior, fundamentada no Direito anglo-saxão dos anos 70, identificava a corrupção como um evento restrito ao âmbito público,[95] porém, na atualidade, é majoritário o entendimento de que a concepção da corrupção como uma violação a deveres instituídos ocorre tanto nas relações unicamente públicas quanto nas relações com entidades privadas.[96]

A definição de funcionário público é todo aquele que exerce funções públicas no âmbito do Poder Executivo, consoante a estrutura administrativa estabelecida pela legislação positiva de um país. Na Espanha, em específico, o termo funcionário público pode ser agrupado em três categorias: (i) autoridades político-governamentais, que são aquelas assumidas pelos membros do governo, secretários de estado e o restante dos altos cargos da Administração Pública; (ii) empregados públicos, integram-se pelas pessoas que desempenham funções de serviços de interesses gerais em regime de Direito Administrativo, sendo remunerados pelo erário público; e (iii) particulares, a quem se atribuem funções públicas (figura semelhante aos delegatários no Brasil), que detêm a condição de funcionário público pelo desempenho de determinadas funções essenciais, delegadas mediante ato administrativo ou lei formal.[97]

---

[94] FERNÁNDEZ AJENJO, *Op. cit.*, p. 58 e 59.

[95] PECES BARBA, G. La corrupción en las instituciones y en la sociedad civil. *In:* VV AA. *Corrupción y ética.* Bilbao: Universidad de Deusto. 1996. p.19.

[96] SABAN GODOY, A. *El marco jurídico de la corrupción.* Madrid: Civitas. 1991. p. 15

[97] FERNÁNDEZ AJENJO, *Op. cit.*, p. 60-61.

O elemento prescritivo é especificado como a violação aos deveres impostos pela norma ao exercício de determinado cargo público. É, portanto, um elemento vinculado ao anterior na medida em que deve existir um prévio vínculo administrativo com o consequente desrespeito à norma:[98]

> A corrupção está ligada a um sistema normativo entendido como um "conjunto de regras que regula uma prática social" e que impõe deveres posicionais ou institucionais a quem deve tomar decisões. [Tradução livre].[99]

Esses deveres em razão da função surgem em um determinado sistema normativo que serve de referência, podendo ser de natureza política, econômica, ética ou jurídica, sendo os atos corruptos caracterizados como "parasitas de seu sistema normativo".[100]

O elemento causal corresponde ao benefício irregular obtido pelo funcionário público. As contraprestações que os agentes públicos podem obter estão delimitadas pela lei, sendo a recompensa pelo trabalho realizado. Os valores obtidos de modo irregular pela corrupção são benefícios extraordinários (*extraposicionales*), aproveitando-se de situações de privilégio e colocando em risco a satisfação do interesse geral:[101]

> A Administração Pública goza de um estatuto jurídico especial em relação aos demais cidadãos e entidades jurídicas, o que lhe confere um conjunto de privilégios ou prerrogativas exorbitantes. Em contrapartida, a ação administrativa está sujeita a um conjunto de princípios constitucionais e administrativos, desenvolvidos em regulamento amplo e exaustivo que limita as suas competências, e entre os quais se destaca a sua especial sujeição ao princípio da legalidade (...) A situação de privilégio da Administração Pública estende-se às autoridades e ao pessoal ao seu serviço que, no exercício das funções públicas, faça uso

---

[98] GARZON VALDÉS, E. Acerca del concepto de corrupción. *In:* LAPORTA, F. J.; ÁLVARES, S. (ed.). *La corrupción política*. Madrid: Alianza Editorial. 1997. p. 42.

[99] Texto original: "La corrupción se vincula a un sistema normativo entendido como un 'conjunto de reglas que regula una práctica social' y que impone a quien debe tomar las decisiones unos deberes posicionales o institucionales".

[100] FERNÁNDEZ AJENJO, *Op. cit.*, p. 61.

[101] NEVADO-BATALLA MORENO, P. T. Responsabilidad de los servidores públicos: rendimiento como garantía a la legalidad de la actuación pública. *In:* FABIÁN CAPARRÓS, E.A. (coord.). *La corrupción*: aspectos jurídicos y económicos. Salamanca: Ratio Legis, 2000. p. 46.

> das prerrogativas da organização pública. Como contrapeso a este estatuto privilegiado, e em garantia do princípio da legalidade, surge a instituição da responsabilidade pessoal das autoridades e funcionários, que acarretará prejuízos para os agentes públicos que infringirem os mandatos legais. [Tradução livre].[102]

Portanto, em razão da Administração Pública deter prerrogativas que lhe asseguram situações de vantagem perante os particulares, há exigências mais rigorosas que o usual, tal como a observância do princípio da legalidade, delimitando as respectivas competências funcionais.

Além desses apontamentos, a doutrina espanhola cita os seguintes elementos acidentais: (i) elemento subjetivo contingente, que é a participação de pessoa alheia ao serviço público violado; (ii) elemento material, qual seja a possibilidade de a Administração Pública sofrer danos a seu patrimônio ou à qualidade de seus serviços; (iii) elemento formal, que é a ausência de publicidade, pois as atividades corruptas se desenvolvem de modo clandestino.[103]

Considerando que a fase constitucional da Espanha é relativamente recente (desde 1978), é possível visualizar momentos históricos nos quais há uma maior preocupação da opinião pública em determinada atividade política ou administrativa, normalmente por consequência de escândalos ligados a determinados setores públicos, como a educação, saúde, urbanismo ou tributação, entre outros.

O primeiro momento envolve o sistema político-administrativo (1978-1981), tendo sido um marco na luta contra a corrupção no início da fase democrática da Espanha, quando houve a transição política do regime ditatorial, dissolvendo-se as instituições autocráticas e substituindo-as por um modelo de monarquia parlamentarista. Teve

---

[102] Texto original: "La Administración Pública goza de un estatus jurídico especial en relación con el resto de ciudadanos y personas jurídicas, que le dota de una serie de privilegios o prerrogativas exorbitantes. Como contrapeso, la actuación administrativa se encuentra sometida a una serie de principios constitucionales y administrativos, desarrollados en una amplia y exhaustiva normativa que limita sus potestades, y entre los que destaca su especial sujeción al principio de legalidad (..) La situación de privilegio de la Administración Pública alcanza a las autoridades y al personal a su servicio, que en ejercicio de las funciones públicas hacen uso de las prerrogativas propias de la organización pública. En contrapeso a este estatus privilegiado, y en garantía del principio de legalidad, surge la institución de la responsabilidad personal de las autoridades y funcionarios que va a conllevar perjuicios para los agentes públicos que contravengan los mandatos legales".

[103] MALEM SEÑA, J. F. *La corrupción*: aspectos éticos, económicos, políticos y jurídicos. Barcelona: Editorial GEDISA S.A. 2002. p. 34.

como normas fundamentais a Lei da Reforma Política, de 4 de fevereiro de 1977, e a Constituição de 1978.[104]

Nesse momento, o tema corrupção não era prioridade na agenda política, uma vez que a preocupação com eventuais abusos de poder era mais profunda e ligada ao regime antecedente, o qual havia monopolizado as instituições públicas mediante a criação da Administração Paralela.[105]

O segundo momento abrange o funcionalismo público (1982-1984), sendo um dos primeiros setores que recebeu atenção dos poderes públicos, embora a opinião pública não fosse unânime sobre o problema. Isso porque a legislação anterior previa a existência de funcionários de carreira para compor a Administração Pública, selecionados mediante procedimentos objetivos, que, todavia, eram mal remunerados e desprestigiados socialmente, enquanto o funcionalismo de alto escalão gozava de prestígio social e influência política. Nieto Garcia resume a imagem dos funcionários públicos nesta época:[106]

> Em todo caso, a imagem dos funcionários é ambivalente. Por um lado, eles são vistos como preguiçosos, arrogantes, corruptos e irresponsáveis. Mas, ao mesmo tempo e paradoxalmente, a sociedade considera que eles são bem formados e que sua ética é superior à norma. [Tradução livre].[107]

Essa imagem dualizada era proveniente do modelo administrativo burocrata que regia a Espanha anteriormente, no sentido de que havia uma imagem de que a Administração tinha o direito de interpretar o interesse geral por causa de seu superior nível de conhecimento técnico e jurídico.[108]

Ao mesmo tempo, a profissionalização do funcionalismo público era um requisito para fortalecer a objetividade e a imparcialidade

---

[104] FERNÁNDEZ AJENJO, *Op. cit.*, p. 68.

[105] SÁNCHEZ MÓRON, M. 1997. La corrupción y los problemas del control de las administraciones públicas. *In:* LAPORTA, F. J.; ÁLVARES, S. (ed.). *La corrupción política.* Madrid: Alianza Editorial, 1997. p. 193.

[106] NIETO GARCIA, A. De la Republica a la Democracia: La administración española del Franquismo (III). Pérdida de identificación y crisis de identidad de unos cuerpos burocráticos. *REDA*, n. 18, p. 360-361, 1978.

[107] Texto original: "En cualquier caso, la imagen de los funcionarios es ambivalente. Por un lado, se les considera vagos, arrogantes, corruptos e irresponsables. Pero, al mismo tempo y paradójicamente, la sociedad considera que están bien capacitados y que su ética es superior a la norma".

[108] *Idem*. p. 106-107.

do Estado. A Constituição espanhola de 1978, por essa razão, previu "(...) o acesso ao serviço público de acordo com os princípios do mérito e da competência (...) o regime de incompatibilidades e garantias de imparcialidade no exercício das suas funções"[109] [tradução livre].[110]

A evolução legislativa posterior à Lei nº 30/1984, todavia, priorizou a nomeação de cargos de confiança em detrimento dos funcionários de carreira, de modo que culminou na tendência ao clientelismo político. Essa alteração possibilitou uma apropriação política do sistema administrativo por meio de três mecanismos: (i) a distorção do sistema de nomeação por mérito para o acesso a função pública; (ii) a extensão das áreas de direção política às funções executivas, substituindo-se os técnicos por órgãos políticos; e (iii) o aumento da discricionariedade na livre designação dos funcionários de alto escalão. Em síntese, foram medidas que contribuíram para o "favoritismo y el nepotismo".[111]

Ressalta-se, contudo, que a Lei nº 7/2007, de 12 de abril, que aprovou o Estatuto Básico del Empleado Público (EBEP), constitui atualmente o marco legal fundamental sobre a função pública na Espanha, reafirmando os princípios constitucionais do mérito e capacidade, além de buscar limitar excessos relacionados à politização da administração.[112]

O terceiro momento abarca os partidos políticos (1985-1992), e o respectivo financiamento de campanha foi um dos primeiros problemas midiáticos no regime constitucional espanhol, visto que o financiamento irregular era uma prática generalizada anteriormente. O chamado *Caso FILESA* é um dos marcos à época, pois houve a acusação do partido *PSOE* por receber dinheiro de uma rede de empresas, o que motivou a condenação dos responsáveis por associação ilícita, falsidade documental e fraude contra a Fazenda Pública.[113]

---

[109] ESPANHA. Constitución Española. 1978. Artigo 103. Disponível em: https://www.boe.es/legislacion/documentos/ConstitucionCASTELLANO.pdf. Acesso em: 29 jun. 2025.

[110] Texto original: "el acceso a la función pública de acuerdo con los principios de mérito y capacidad (…) el sistema de incompatibilidades y las garantías para la imparcialidad en el ejercicio de sus funciones".

[111] MALEM SEÑA, J. F. *La corrupción:* aspectos éticos, económicos, políticos y jurídicos. Barcelona: Editorial GEDISA S.A. 2002. p. 78.

[112] ESPAÑA. *Ley 7/2007, de 12 de abril*. Estatuto Básico del Empleado Público. Boletín Oficial del Estado, n. 89, 13 abr. 2007. Disponível em: https://www.boe.es/buscar/act.php?id=BOE-A-2007-7788. Acesso em: 3 jul. 2025.

[113] FERNÁNDEZ AJENJO, *Op. cit.*, p. 72.

A reação ao financiamento irregular dos partidos políticos culminou na regulamentação mais restrita da Lei Orgânica nº 3, de julho de 1987[114] (cuja vigência durou até 06/07/2007, quando foi substituída pela Lei nº 08/2007), tratando de recursos econômicos provenientes do erário público (art. 2.1) e do capital privado (art. 2.2). A preocupação sucede-se em razão de os financiamentos dos partidos políticos e das campanhas eleitorais estarem na origem da corrupção, que, inevitavelmente, atinge o interesse público.

A preocupação social com o financiamento dos partidos políticos perdurou para além das reformas dos anos 80, produzindo-se de modo contínuo novas modificações tendentes a conferir mais transparência na gestão econômica dos partidos e incrementar a quantia dos fundos recebidos por vias distintas, tais como o financiamento direto e a prestação de serviços subvencionados.[115]

O quarto momento liga-se aos gastos sigilosos (*gastos reservados*) (1993-1994), cuja definição é dos gastos realizados em prol do Estado, que não era necessário ter nenhuma comprovação ou contraprestação, sendo o oposto aos conceitos de legalidade e transparência. Sua regulamentação na Espanha era inexistente até a década 90, possuindo apenas uma norma de caráter interno, a *Circular IGAE nº 3*, de 8 de fevereiro de 1966, a qual se limitava a indicar que o titular do Departamento era responsável pelos montantes correspondentes. *Atualmente, tais gastos estão sujeitos ao controle do Tribunal de Contas, conforme a Lei nº 11/1995, e requerem motivação e prestação de contas restrita nos termos legais.*[116]

O quinto momento envolve as licitações públicas (1995-1998), as quais são fontes clássicas de problemas relacionadas à corrupção. Devido a sua importância, o tema será melhor detalhado adiante, todavia, adianta-se, visando manter a cronologia histórica, a preocupação política, midiática e popular sobre a série de subornos e desvios de adjudicações de contratos públicos que ocorreu em 1995, após um longo acúmulo de reclamações e irregularidades que afetavam todas as esferas políticas, o chamado *caso Roldán*, que motivou até as instâncias

[114] ESPANHA. Ley Orgánica nº 3/1987, sobre sobre financiación de los Partidos Políticos. Disponível em: https://www.boe.es/eli/es/lo/1987/07/02/3. Acesso em: 29 jun. 2025.

[115] FERNÁNDEZ AJENJO, *Op. cit.*, p. 73.

[116] ESPAÑA. *Ley 11/1995, de 11 de mayo*. Control de la ejecución del gasto público en materia reservada. Boletín Oficial del Estado, n. 113, 12 may. 1995. Disponível em: https://www.boe.es/buscar/act.php?id=BOE-A-1995-11339. Acesso em: 3 jul. 2025.

legislativas a intervirem, resultando na Lei nº 13, de 18 de maio de 1995. Essa lei trata dos contratos da Administração Pública, que, sob o princípio da desconfiança no gestor público, estabelece maiores garantias nos procedimentos de contratação, ao mesmo tempo em que são adotadas numerosas medidas estruturais de natureza financeira e contábil.[117]

A raiz desse problema partiria do fato de que o poder de adjudicação da Administração Pública se encontra dotado de alta margem de discricionariedade e subjetividade. As reformas administrativas que ocorreram a partir de 1995 visaram reduzir essa margem, partindo do princípio da desconfiança do gestor público — sem conter resultados satisfatórios.[118]

O sexto momento compreende as subvenções (1999-2003), quando são regulares as notícias envolvendo a cobertura midiática de escândalos de concessões fraudulentas, sendo a mais notória o *caso del Lino*, que consistia na obtenção irregular de subsídios agrícolas para a transformação da matéria-prima em produto têxtil, mediante a prática de falsificar as certificações emitidas pelas empresas transformadoras. Entre as pessoas acusadas estavam o ex-Subsecretário de Agricultura e o ex-Presidente do Fundo Espanhol de Garantia Agrária (*Fondo Español de Garantía Agraria*).[119]

O sétimo momento é a fiscalização (2004-2005), que é uma fonte de fraude para o erário público, todavia, salvo casos específicos, não produz expressiva preocupação social. É uma prática na qual funcionários do alto escalão, encarregados precisamente do controle de atividades, são responsáveis pelas práticas ilegais. As atividades de fiscalização e sanção possuem ampla discricionariedade, o que permite a introdução de interesses alheios ao interesse público.[120]

O oitavo momento é o urbanismo (2006-2007), tendo sido constituído como a grande preocupação social no debate político sobre a

[117] MALEM SEÑA, J. F. *La corrupción:* aspectos éticos, económicos, políticos y jurídicos. Barcelona: Editorial GEDISA S.A. 2002. p. 78-80.

[118] RIVERO ORTEGA, R. Es necesaria una revisión del régimen de contratos administrativos en España? *REDA*, n. 120, p. 567-589, 2003.

[119] VÁSQUEZ HONRUBIA, J. M. Fraude a las subvenciones comunitárias en la práxis. *In:* FERRÉ OLIVÉ, J. C. *Fraude de subvenciones comunitarias y corrupción:* delitos financieros, fraude y corrupción en Europa, vol. I, Ediciones Universidad de Salamanca. 2002. p. 235-238.

[120] FERNÁNDEZ AJENJO, José Antonio. *El control de las administraciones públicas y la lucha contra la corrupción*. Madrid: Civitas. 2011. p. 79.

corrupção na Espanha no início do século XXI, como consequência da descoberta de numerosos casos de tráfico de influência na tramitação do plano diretor (*planificación urbanística*), quando empresários privados obtiveram importantes benefícios ilícitos provenientes da reclassificação de seus terrenos. Dentre os casos emblemáticos, cita-se o *caso Malaya*, que envolveu uma rede de especulação urbanística em torno da prefeitura de Marbella. A reação política reformou a legislação urbanística mediante a Lei nº 8, de 28 de maio de 2007.[121]

O nono momento é o conflito de interesses (2008-2009), sendo o último aspecto da luta contra os abusos de poder que esteve instalado no debate da opinião pública. Como caso paradigmático tem-se o *caso Gürtel*, uma complexa investigação, dividida em dez processos, sobre uma rede de corrupção política ligada ao Partido Popular, atuando principalmente em Madrid e Valência, desde meados da década de 90. As atividades fraudulentas envolviam um grupo empresarial que obtinha contratações milionárias com a Administração Pública, a exemplo de concursos públicos com orçamentos inflacionados. Em maio de 2018 foram anunciadas as sentenças do processo principal, resultando no montante de 31 pessoas condenadas a penas que variam desde o ressarcimento ao erário público a prisão.[122]

Assim, tendo compreendido o histórico do desenvolvimento da corrupção na Espanha, passa-se ao estudo dos mecanismos que foram desenvolvidos para seu combate e prevenção. Dentre eles, esta obra irá se aprofundar no exercício das atividades de controle e no funcionamento dos programas de *compliance*, utilizados para essa finalidade.

Inicia-se, então, tratando dos programas de integridade — também chamados de programas de *compliance* —, como ferramenta de prevenção à corrupção e mecanismo de fortalecimento da integridade na Administração Pública. Sobre o tema, a Lei de Contratos do Setor Público espanhola (LCSP — Lei nº 9/2017) estabeleceu diretrizes para a sistematização dos programas de *compliance* no setor público. Segundo lição de Campos Acuña:[123]

---

[121] LOZANO CUTANDA, B. Urbanismo y corrupción: algunas reflexiones desde el derecho administrativo. *RAP*, n. 172, p. 344, 2007.

[122] BBC News Brasil. Disponível em: https://www.bbc.com/portuguese/internacional-44330279. Acesso em 29 jun. 2025.

[123] CAMPOS ACUÑA, María Concepción. *Aplicación práctica del compliance en la contratación pública*. 1. ed. Camino de Galar: Aranzadi, 2019. Cap. 3. La integridad y el nuevo modelo de contratación estratégica en la LCSp. [Livro digital].

> O novo modelo de contratação que deriva da Europa e se integra na LCSP insere-se na configuração da contratação pública como instrumento estratégico para a melhoria dos serviços públicos, e, para isso, é imprescindível conhecer e implementar corretamente este modelo. Assim afirmou a própria Comissão Europeia (2015), apontando que os erros na aplicação das normas de contratação pública são a principal fonte de irregularidades por ela detectadas. [Tradução livre].[124]

Infere-se do excerto que uma das maiores dificuldades de se aplicar o novo modelo de contratação como ferramenta estratégia para melhoria dos serviços públicos é o equívoco na aplicação das suas normas. Para tanto, é fundamental que se compreenda seu funcionamento, a fim de minimizar possíveis irregularidades em sua execução.

Neste sentido, é importante mencionar que a própria exposição de motivos da LCSP destaca que a contratação pública desempenha um papel fundamental, tendo em vista que é configurada como um dos instrumentos baseados no mercado interno, que deve ser utilizado para alcançar um desenvolvimento inteligente, sustentável e inclusivo, garantindo, ao mesmo tempo, um uso de maior racionalidade econômica do dinheiro público.[125]

Na Lei nº 9/2017, a integridade passa a ser um dos principais eixos do novo modelo de contratação espanhol. Diferentemente do modelo anterior, a LCSP incorpora um regulamento específico relacionado ao combate à corrupção, previsto no Livro I da lei, em que se impõe aos órgãos de contratação a obrigação de se adotar medidas adequadas contra fraudes e corrupção, bem como outras medidas que visem à prevenção, detecção e solução efetiva dos conflitos que possam surgir nos procedimentos licitatórios.

Logo em seu primeiro artigo, a LCSP já estabelece os princípios que regerão a lei, quais sejam, os da liberdade de acesso às licitações, publicidade e transparência dos procedimentos, não discriminação

---

124 Texto original: "El nuevo modelo de contratación que se deriva de Europa y se incorpora en la LCSP se enmarca en la configuración de la contratación pública como una herramienta estratégica para la mejora de los servicios públicos, y para ello es fundamental conocer e implantar correctamente dicho modelo. Así lo afirmaba la propia Comisión Europea (2015), señalando cómo los errores en la aplicación de las normas de contratación pública constituyen la principal fuente de irregularidades detectadas por la misma".

125 ESPANHA. *Lei nº 9/2017, de 8 de novembro, de Contratos do Setor Público*, por meio da qual se transpõem ao ordenamento jurídico espanhol as Diretivas do Parlamento Europeu e do Conselho 2014/23/UE e 2014/24/UE. Disponível em: https://www.boe.es/buscar/act.php?id=BOE-A-2017-12902. Acesso em: 29 jun. 2025. Preâmbulo, I.

e igualdade de tratamento entre os licitantes, além de assegurar o princípio da integridade.[126] Tais princípios formam a base fundamental de aplicação da lei de contratos públicos espanhola, cujos objetivos finais são proporcionar a transparência das contratações públicas e alcançar uma melhor relação de qualidade e preço destes contratos.

Regido por esses princípios gerais, o art. 64 da LCSP trata, especificamente, da luta contra a corrupção e prevenção dos conflitos de interesses em licitações. Por meio deste artigo, ficam os órgãos contratantes obrigados a adotar medidas adequadas para combater a fraude e a corrupção, além de prevenir, detectar e resolver efetivamente conflitos de interesses que possam surgir em processos licitatórios.

O objetivo destas medidas deve ser evitar quaisquer possíveis distorções da concorrência e garantir transparência em todo o procedimento, além de igualdade de tratamento a todos os candidatos e licitantes. Campos Acunã comenta essa obrigatoriedade:[127]

> O novo regulamento de contratação destaca a abordagem diferenciada do modelo anterior, que era repressivo e exclusivamente punitivo, uma vez que o modelo atual prevê ações que passam a ser orientadas para a prevenção. Surgem as políticas de *compliance* diretamente ligadas à contratação pública mediante interação com as proibições de contratar e utilização de medidas de autolimpeza (*self-cleaning*) ou autocorreção, na sua visão *ad extra*, mas também numa visão *ad intra*, já que o princípio da integridade implica que o *compliance* também adquira um papel importante no funcionamento interno das administrações públicas, abrindo novos e inexplorados cenários para a melhoria da integridade pública através de programas de integridade ou cumprimento normativo [Tradução livre].[128]

---

126 ESPANHA. *Lei nº 9/2017*. Artículo 1. Objeto y finalidad. 1. La presente Ley tiene por objeto regular la contratación del sector público, a fin de garantizar que la misma se ajusta a los principios de libertad de acceso a las licitaciones, publicidad y transparencia de los procedimientos, y no discriminación e igualdad de trato entre los licitadores; y de asegurar, en conexión con el objetivo de estabilidad presupuestaria y control del gasto, y el principio de integridad, una eficiente utilización de los fondos destinados a la realización de obras, la adquisición de bienes y la contratación de servicios mediante la exigencia de la definición previa de las necesidades a satisfacer, la salvaguarda de la libre competencia y la selección de la oferta económicamente más ventajosa.

127 CAMPOS ACUÑA, *Op. cit.*, cap. 3.

128 Texto original: "En la nueva norma sobre contratación destaca el diferente enfoque frente al modelo anterior, represivo y exclusivamente punitivo, pues el actual prevé actuaciones que se encaminan ahora hacia la prevención. Aparecen las políticas de *Compliance* vinculadas de un modo directo a la contratación pública mediante su interacción con las prohibiciones de contratar y la utilización de medidas de *self-cleaning* o autocorrección, en su visión *ad extra*, pero también en una visión *ad intra*, por cuanto el principio de integridad

Neste sentido, merece destaque a observação de que surgem as políticas de conformidade, vinculadas diretamente às contratações públicas, por meio da interação com as proibições de contratação e o uso de medidas de autocorreção (*self-cleaning*). É importante analisar cada um desses instrumentos individualmente.

Por um lado, é necessário tratar das proibições de se contratar com a Administração Pública. Segundo a Diretiva 2014/24/UE, integrada ao Direito espanhol pela Lei de Contratos do Setor Público, as autoridades adjudicantes devem excluir um operador econômico da participação de um procedimento de contratação caso tenham sido condenados pelos seguintes motivos:[129]

(i) Participação em organizações criminosas;
(ii) Corrupção;
(iii) Fraude;
(iv) Infrações terroristas ou relacionadas a atividades terroristas;
(v) Lavagem de dinheiro ou financiamento do terrorismo;
(vi) Trabalho infantil e outras formas de tráfico de seres humanos.

Em havendo a condenação de um agente econômico em razão de algum destes fatores, a autoridade licitante estará obrigada a excluir o participante do processo licitatório. Essa norma comunitária foi integrada pela LCSP em seu artigo 71.1,[130] que estabelece as proibições de contratação com a Administração Pública.

Importa destacar que as proibições de contratar podem alcançar também as pessoas jurídicas que forem declaradas como criminalmente responsáveis, bem como seus administradores ou representantes responsáveis que se encontrem nesta mesma situação.

---

hace que el *Compliance* también adquiera un importante papel en el funcionamiento interno de las administraciones públicas, abriendo inéditos e inexplorados escenarios para la mejora de la integridad pública a través de programas de integridad o de cumplimiento normativo".

[129] UNIÃO EUROPEIA. Diretiva 2014/24/UE. Disponível em: https://eur-lex.europa.eu/legal-content/PT/TXT/PDF/?uri=CELEX:32014L0024&from=PT. Acesso em: 29 jun. 2025. Artigo 57.

[130] ESPANHA. *Lei nº 9/2017*. Artigo 71. Prohibiciones de contratar. 1. No podrán contratar con las entidades previstas en el artículo 3 de la presente Ley con los efectos establecidos en el artículo 73, las personas en quienes concurra alguna de las siguientes circunstancias: (...).

Por outro lado, têm-se as medidas de *self-cleaning*, que também surgiram a partir da Diretiva 2014/24/UE, responsável pela regulamentação de seu conceito: nos casos das empresas que estão impedidas de contratar com a Administração Pública, existe a possibilidade de que essa proibição seja afastada desde que cumpridos determinados requisitos e adotadas certas medidas concretas. Em outras palavras, Pereira esclarece:

> Uma empresa que em tese poderia ser impedida de participar de licitações em virtude de se ter envolvido com práticas criminosas ou em ilícitos administrativos poderá ser admitida nos procedimentos licitatórios caso tenha tomado todas as medidas necessárias para assegurar que não incorrerá mais nas condutas reprováveis que praticou no passado.[131]

Ou seja, sendo observado que a empresa inicialmente proibida de contratar, em virtude do artigo 71.1, adotou todas as medidas necessárias para sua autocorreção (medidas de *self-cleaning*), existe a possibilidade de que a proibição seja afastada e a empresa possa voltar a contratar com a Administração Pública. Porém, é necessário conhecer quais são estas medias. Para este fim, a Diretiva 2014/24/UE estabeleceu o que segue:

> Qualquer operador econômico que se encontre numa das situações referidas nos nºs 1 e 4 pode fornecer provas de que as medidas por si tomadas são suficientes para demonstrar a sua confiabilidade não obstante a existência de uma importante causa de exclusão. Se essas provas forem consideradas suficientes, o operador económico em causa não é excluído do procedimento de contratação.
>
> Para o efeito, o operador econômico deve provar que ressarciu ou que tomou medidas para ressarcir eventuais danos causados pela infração penal ou pela falta grave, esclareceu integralmente os factos e as circunstâncias através de uma colaboração ativa com as autoridades responsáveis pelo inquérito e tomou as medidas concretas técnicas, organizativas e de pessoal adequadas para evitar outras infrações penais ou faltas graves.
>
> As medidas tomadas pelos operadores econômicos são avaliadas tendo em conta a gravidade e as circunstâncias específicas da infração penal

---

131 PEREIRA, Cesar. Autossaneamento (*self-cleaning*) e reabilitação no direito brasileiro anticorrupção. *Revista de Direito Administrativo contemporâneo*, São Paulo vol. 3, n. 20, p. 13-34, set./out. 2015, p. 15.

> ou falta cometida. Caso as medidas sejam consideradas insuficientes, o operador económico recebe uma exposição dos motivos dessa decisão. Um operador econômico que tenha sido excluído, por decisão transitada em julgado, de participar em procedimentos de contratação pública ou concessão não pode recorrer à possibilidade prevista no presente número durante o período de exclusão resultante dessa decisão nos Estados-Membros onde esta produz efeitos.[132]

Como se nota, a própria Diretiva não é clara ao estabelecer *quais* são essas medidas no caso concreto, limitando-se a fornecer diretrizes básicas gerais sobre o tema. Nem mesmo a LCSP foi específica sobre a apuração destas medidas, tendo em vista a necessidade de se observar quais as diligências imprescindíveis de cada caso concreto.

Por outro lado, é possível notar que a própria adoção dos programas de integridade e *compliance* nas empresas é uma medida efetiva para demonstrar a boa intenção do operador econômico em reabilitar-se. Sobre esta perspectiva, Campos Acuña disserta:[133]

> A imposição da proibição de contratação de licitante limita completamente as possibilidades de atuação no campo da gestão pública devido ao seu impedimento de acesso aos procedimentos licitatórios, daí a necessidade de destacar a novidade da LCSP na articulação de uma técnica que permita superar esse obstáculo, suspendendo a proibição de contratar, por meio do *compliance* e aumentando a competitividade no mercado. [Tradução livre].[134]

Extrai-se do excerto a possibilidade de que a Lei de Contratos do Setor Público espanhola realize a suspensão da proibição de contratar, quando observada a adoção de programas de *compliance*, gerando ampliação da competitividade no mercado.

Avançando em relação ao tema, é necessário compreender o funcionamento da gestão de riscos em uma estratégia de *compliance*. Para isso, Campos Acuña introduz a questão:[135]

---

[132] UNIÃO EUROPEIA. *Diretiva 2014/24/UE*. Artigo 57.6.

[133] CAMPOS ACUÑA, *Op. cit.*, cap. 3.

[134] Texto original: "La imposición de una prohibición de contratar a un licitador limita completamente las posibilidades de actuación en el ámbito de la gestión pública por su carácter impeditivo para acceder a los procedimientos de licitación, de ahí la necesidad de destacar la novedad de la LCSP en la articulación de una técnica que permita salvar dicho obstáculo, levantando la prohibición de contratar, a través del Compliance y ampliando la competitividad en el mercado".

[135] *Ibidem*.

> Preservar e garantir a integridade nas contratações públicas requer o desenvolvimento de uma atividade orientada para a prevenção, entendendo como risco, qualquer probabilidade de irregularidade, fraude e corrupção, bem como qualquer conduta indevida com a qual, sem violar diretamente qualquer norma, se coloque em risco os princípios orientadores da contratação. E para isso, a identificação dos riscos presentes em um processo de contratação pública por meio da elaboração do correspondente mapa de riscos é o primeiro passo para enfrentar a gestão integral de riscos e tem como finalidade pesquisar, descrever, categorizar, assim como priorizar o conjunto de riscos que a instituição terá que gerenciar. [Tradução livre].[136]

Neste sentido, nota-se a necessidade de se desenvolver uma atividade orientada para a prevenção, observando a existência de eventuais riscos existentes, tais como a probabilidade de irregularidades, fraudes ou corrupção, bem como quaisquer outros tipos de conduta que sejam considerados impróprios e que coloquem em risco os princípios norteadores das contratações públicas.

Portanto, a etapa de identificação dos riscos — seja dentro de uma instituição ou, neste caso, em um processo de contratação pública — é o primeiro passo no gerenciamento efetivo de riscos, visando pesquisar, descrever, categorizar e priorizar o conjunto de riscos a ser gerenciado pela instituição.

Depois de identificados e mapeados os riscos existentes, passa-se à segunda macroetapa, de tratamento do risco: é possível (e recomendado) que se adotem diferentes medidas para a eliminação, redução, retenção do risco pelo responsável ou transferência para outros agentes. Sobre esta etapa, Hernández e Montes comentam:[137]

---

[136] Texto original: "Preservar y garantizar la integridad en la contratación pública exige desarrollar una actividad orientada hacia la prevención, entendiendo como riesgo, cualquier probabilidad de irregularidad, fraude y corrupción, así como cualquier conducta impropia con la que, sin vulnerar directamente ninguna norma, se pongan en riesgo los principios rectores de la contratación. Y para ello, la identificación de los riesgos presentes en un proceso de contratación pública a través de la elaboración del correspondiente mapa de riesgos constituye el primer paso para afrontar una gestión integral de riesgos y tiene como finalidad buscar, describir, categorizar, así como priorizar el conjunto de riesgos que la institución tendrá que gestionar".

[137] LÓPEZ HERNÁNDEZ, Antonio M.; MARTÍNEZ MONTES, Germán. *La gestión sistemática del riesgo en la contratación pública* — una oportunidad para mejora. Disponível em: http://asocex.es/la-gestion-sistematica-del-riesgo-en-la-contratacion-publica-una-oportunidad-para-la-mejora#_ftnref5. Acesso em: 29 jun. 2025.

> Uma das principais dificuldades do processo de gestão de riscos nas contratações públicas é a dificuldade de acesso aos indicadores de evolução de desempenho de cada um dos arquivos. Em praticamente todos os procedimentos, eles não são implementados, não só na fase administrativa, mas ao longo de seu ciclo de vida. É absolutamente imprescindível aferir nas fases de execução e estabelecer relatórios de desempenho que sejam colocados à disposição dos órgãos de supervisão e regulação com total transparência para que estes possam dar-lhes um tratamento adequado, tanto a nível individual como no sistema de contratação como um todo. O desenho deste modelo de controle determinará o sucesso de futuras políticas e medidas de gestão de risco [Tradução livre].[138]

Depreende-se do texto que, de fato, cada uma das etapas de implementação do programa de gerenciamento de riscos é medida extremamente importante para sua eficácia. As métricas das fases de execução e os relatórios de desempenho de cada uma delas são essenciais não só para o balanço da própria instituição, mas também para os órgãos reguladores que farão a supervisão do programa, garantindo total transparência e acesso aos dados.

Inclusive, sobre as atividades de supervisão exercidas por outras instituições, é necessário compreender a importância dos Tribunais de Contas e dos órgãos de controle externo das Comunidades Autônomas na fiscalização das despesas públicas e também no gerenciamento da atividade econômico-financeira do setor público.

Importa citar que, na Espanha, o Tribunal de Contas é conceituado como um órgão colegiado de relevância constitucional, dotado de independência, que atua como órgão supremo do controle externo econômico-financeiro e como órgão jurisdicional exclusivo e especializado na acusação da responsabilidade contábil.[139]

---

[138] Texto original: "Una de las principales dificultades en el proceso de gestión del riesgo en la contratación pública es la dificultad de acceso a indicadores de desarrollo de desempeño de cada uno de los expedientes. En la práctica totalidad de los procedimientos no llegan a implementarse, ya no solo en la etapa administrativa sino en todo su ciclo de vida. Se hace completamente imprescindible medir en las fases de ejecución y establecer informes de desempeño que queden a disposición de los entes fiscalizadores y reguladores con total transparencia de manera que puedan hacer un tratamiento adecuado de los mismos, tanto a nivel individual como en el conjunto del sistema de contratación. El diseño de este modelo de control determinará el éxito de futuras políticas y medidas de gestión del riesgo".

[139] LUCAS VERDU, p. Apuntes sobre los aspectos jurídico-políticos del Tribunal de Cuentas. *In: Dirección General de lo Contencioso del Estado.* El Tribunal de Cuentas en España. Madrid: Instituto de Estudios Fiscales. vol. II. 1982. p. 844.

Trata-se de um órgão controlador de natureza híbrida, pois exerce as funções de fiscalização e acusação. Essa heterogeneidade de funções cria uma instituição complexa com características bem delineadas: a função fiscalizadora tem um caráter supremo, técnico e de apoio ao Parlamento, enquanto que a função jurisdicional possui prerrogativas judiciais de plenitude e inamovibilidade.[140]

Tem como arcabouço normativo a Lei Orgânica nº 2, de 12 de maio de 1982, e a Lei nº 7, de 5 de abril de 1988, tendo atuação voltada subjetivamente a todo setor público estatal e aos particulares que recebem subsídios públicos e, objetivamente, fiscalizam a totalidade das atividades econômico-financeiras públicas, a exemplo da tomada de contas dos gestores públicos.[141]

O Tribunal de Contas na atualidade se caracteriza pelo esforço em acomodar seu funcionamento às exigências constitucionais, atualizando suas técnicas de trabalho aos modernos métodos de auditoria, delimitando a atividade jurisdicional às exigências do Estado de Direito, incrementando a coordenação e colaboração com outras instituições de controle supranacionais (*e.g.*, comissões da ONU) e alcançando a plena integração com organismos internacionais, como o EUROSAI.

O papel institucional do Tribunal de Contas espanhol na luta contra a corrupção é focado em uma tripla finalidade: política, de gestão e patrimonial. A primeira pressupõe o apoio à atividade de controle político do Parlamento sobre a prestação de contas do Estado (art. 136 da Constituição espanhola).[142] A segunda finalidade se dirige a aferir a regularidade da gestão do Executivo em matéria de legalidade, eficácia e eficiência, conforme os mandados constitucionais, o que deve acompanhar o desenvolvimento da gestão pública. A terceira trata da garantia à integridade do patrimônio público mediante a exigência de ressarcimento dos danos econômicos produzidos pelos gestores públicos pela atuação dolosa ou culpa grave (art. 136 da Constituição Espanhola).[143]

Deste modo, o Tribunal de Contas é um instrumento essencial para o controle da atividade ética na Administração Pública,

---

140 FERNÁNDEZ AJENJO, José Antonio. *El control de las administraciones públicas y la lucha contra la corrupción*. Madrid: Civitas. 2011. p. 318.

141 *Idem*, p. 319.

142 ESPANHA. Constitución Española. 1978. Artigo 103. Disponível em: https://www.boe.es/legislacion/documentos/ConstitucionCASTELLANO.pdf. Acesso em: 29 jun. 2025.

143 FERNÁNDEZ AJENJO, *Op. cit.*, p. 343.

notadamente na atuação do funcionalismo. Ressalta-se a necessidade de constante atualização e modernização dos trabalhos com o consequente incremento na celeridade de publicação de informes, apresentando as consequências políticas aos infratores.

Mendizábal Allende, conselheiro do Tribunal de Contas e magistrado do Tribunal Supremo espanhol, entende que há três finalidades complementares a serem destacadas: (i) guardião dos interesses da coletividade, (ii) salvaguarda do administrador honesto para que esse não seja vítima do jogo político e (iii) instrumento insubstituível para purificar a estrutura e funcionamento da Administração Pública de atuações ilegais e ineficazes.[144]

Ao final, com fundamento na necessidade de combater a fraude e a corrupção, tendo como objetivo prioritário a ação de fiscalização externa, é possível a proposta de quatro medidas de atuação: (i) a ampliação da atividade fiscalizadora, com especial incidência na análise de riscos e transparência para os cidadãos; (ii) o reforço nas recomendações para verificar a correção das deficiências detectadas; (iii) a coordenação entre o controle interno e o externo, envolvendo o intercâmbio de informações; e (iv) a colaboração dos órgãos judiciais com as unidades administrativas na luta contra a corrupção.[145]

Por fim, tendo compreendido o funcionamento dos programas de *compliance* no sistema jurídico espanhol, além de estar esclarecido o papel fundamental dos órgãos de controle externo no fomento aos princípios da boa administração e contratação públicas, o próximo capítulo tratará de uma proposta de utilização dos instrumentos de *compliance*, aliados a uma metodologia diferenciada, com o objetivo de fortalecer o sistema de defesa da concorrência.

3.3 A adaptação dos modelos frente à pandemia do coronavírus

Este título realizará a análise das modificações legislativas que ocorreram tanto no Brasil quanto na Espanha no ano de 2020, em virtude da crise biológica do Sars-COV2. A pandemia foi declarada

---

[144] MENDIZÁBAL ALLENDE, R. Función y esencia del Tribunal de Cuentas. *RECE*, n. 3, p. 173-178, 2001.

[145] LÓPEZ COMBARROS, J. L. Entrevista a José Luis López Combarros, Presidente del ICAC. *Apu*, n. 28, p. 4, 2003.

pela Organização Mundial da Saúde no dia 11 de março de 2020, em virtude da rápida disseminação geográfica da doença.[146]

Em razão da alta transmissibilidade do vírus, especialistas recomendaram que o isolamento social fosse a medida mais eficaz para o combate à disseminação de covid-19, oportunizando que os sistemas de saúde pudessem ser aparelhados a tempo para prestar assistência à população local.

Tais medidas culminaram em uma demanda urgente de medicamentos e insumos para os hospitais públicos, que passaram a aguardar uma avalanche de atendimentos em virtude da doença. Essa necessidade surgiu em diversos países ao redor do mundo, provocando a diligência de diversos estabelecimentos de saúde para a aquisição imediata desses materiais.

Além disso, o fator de alta disseminação da doença implicou a urgência do aparelhamento dos sistemas de saúde, que, em especial no setor público, não puderam esperar os trâmites burocráticos das compras públicas e licitações. Diante deste cenário, foi necessária a flexibilização de algumas regras para a aquisição de produtos e serviços destinados ao combate da pandemia. É o que se exporá a seguir.

No Brasil, foi editada a Lei nº 13.979/2020,[147] alterada posteriormente pela Lei nº 14.035/2020,[148] que afastou a observância de algumas formalidades contidas na Lei de Licitações (Lei nº 8.666/93). A lei estabeleceu um procedimento mais célere, conferindo mais agilidade aos gestores enquanto perdurasse a situação de emergência de saúde pública.

Ademais, houve alteração dos limites de dispensa de licitação por meio da Medida Provisória nº 961/2020,[149] que também ampliou o uso do Regime Diferenciado de Contratações Públicas (RDC) durante o estado de calamidade pública reconhecido pelo Decreto Legislativo nº 6/2020,[150] publicado em virtude da pandemia do coronavírus.

---

[146] Disponível em: https://agenciabrasil.ebc.com.br/geral/noticia/2020-03/organizacao-mundial-da-saude-declara-pandemia-de-coronavirus. Acesso em: 4 ago. 2025.

[147] BRASIL. *Lei nº 13.979, de 6 de fevereiro de 2020*. Disponível em: http://www.planalto.gov.br/ccivil_03/_ato2019-2022/2020/lei/l13979.htm. Acesso em: 4 ago. 2025.

[148] BRASIL. *Lei nº 14.035, de 11 de agosto de 2020*. Disponível em: http://www.planalto.gov.br/ccivil_03/_ato2019-2022/2020/Lei/L14035.htm. Acesso em: 22 jul. 2025.

[149] BRASIL. *Medida Provisória nº 961, de 6 de maio de 2020*. Disponível em: http://www.planalto.gov.br/ccivil_03/_ato2019-2022/2020/Mpv/mpv961.htm#:~:text=MPV%20961&text=Autoriza%20pagamentos%20antecipados%20nas%20licita%C3%A7%C3%B5es,20%20de%20mar%C3%A7o%20de%202020. Acesso em: 22 jul. 2025.

[150] BRASIL. *Decreto Legislativo nº 6, de 20 de março de 2020*. Disponível em: http://www.planalto.gov.br/ccivil_03/portaria/DLG6-2020.htm#:~:text=DECRETO%20LEGISLATIVO%20

É importante destacar, no entanto, que as especificidades das contratações derivadas desta lei não afastam, de modo algum, a aplicação subsidiária das disposições da Lei de Licitações que não contrariem a finalidade do novo regramento, diante das particularidades do caso concreto.

Assim, foram criadas hipóteses específicas de dispensa de licitação para a aquisição de bens, serviços — inclusive os de engenharia — e insumos quando destinados ao enfrentamento do coronavírus. É necessário, nos casos de dispensa, que se observe a ocorrência de quatro fatores: (a) situação de emergência; (b) necessidade de pronto atendimento da situação de emergência; (c) existência de risco à segurança de pessoas, obras, prestação de serviços, equipamentos e outros bens, públicos ou particulares; e (d) limitação da contratação a parcela necessária ao atendimento da situação de emergência.[151]

Ademais, a dispensa embasada na Lei nº 13.979/2020 só poderia vigorar enquanto perdurasse a emergência de saúde pública de importância internacional decorrente do coronavírus.[152] Quanto aos prazos dos contratos oriundos desse novo regime, teriam a duração de até seis meses, podendo ser prorrogados, se necessário, por períodos sucessivos, enquanto perdurasse a necessidade de enfrentamento dos efeitos da situação de emergência de saúde pública.[153]

O novo regramento dispensou a exigência de estudos preliminares em relação aos bens e serviços comuns, sendo exigível o Gerenciamento de Riscos da contratação somente durante a gestão do contrato.[154]

Doravante, passou a ser admitida a apresentação de um termo de referência simplificado — ou projeto básico simplificado —, contendo a declaração do objeto, a fundamentação simplificada da contratação, a descrição resumida da solução apresentada, os requisitos da contratação, os critérios de medição e pagamento, as estimativas dos preços e projeção de adequação orçamentária.[155]

N%C2%BA%206%2C%20DE,18%20de%20mar%C3%A7o%20de%202020. Acesso em: 22 jul. 2025.

151 Art. 4º-B da Lei nº 13.979/2020.

152 Art. 4º, §1º, da Lei nº 13.979/2020.

153 Art. 4º-H.

154 Arts. 4º-C e 4º-D.

155 Art. 4º-E, §1º, VI.

Para fins de transparência das informações, a lei determinou que todas as contratações ou aquisições realizadas no regime especial deveriam ser imediatamente disponibilizadas em sítio oficial específico na internet, contendo informações básicas como o nome do contratado, o número de sua inscrição na Receita Federal do Brasil, o prazo contratual, o valor e o respectivo processo de contratação ou aquisição.[156]

Impende destacar que, não obstante o novo regramento tenha flexibilizado a contratação de bens, serviços e insumos destinados ao enfrentamento da situação emergencial causada pela pandemia, tal fato não concedeu liberdade irrestrita ao gestor público, ou seja, não deveria o gestor contratar de forma desmedida, utilizando-se da justificativa genérica de combate à crise. Sobre o tema, Justen Filho destaca que:[157]

> A contratação direta fundada no art. 4º da Lei 13.979 deve ser antecedida e acompanhada das providências destinadas a evidenciar a sua compatibilidade com os princípios norteadores da atividade administrativa. As características do aso concreto influenciam as soluções específicas a serem implementadas. Como regra geral, a Administração deverá adotar todas as cautelas para obter a contratação mais vantajosa possível, inclusive promovendo cotações de preços e produtos entre diversos fornecedores, mediante o uso dos recursos eletrônicos. Não se exige a aquisição do produto com o menor preço, se existirem justificativas para selecionar fornecedor diverso. Mas é indispensável a formalização da contratação, com a indicação dos motivos que fundamentara a escolha realizada.

Portanto, mesmo que se tratasse de situação excepcional, ainda assim deveriam ser observados os princípios fundamentais da Administração Pública, quando compatíveis com a situação de emergência de saúde pública.

Sobre esse tema, o Tribunal de Contas da União, em conjunto com a ONG Transparência Internacional — Brasil, formulou um documento de recomendações para prezar pela transparência das contratações emergenciais em resposta à covid-19.[158] As recomendações

---

[156] Art. 4º, §2º.

[157] JUSTEN FILHO, Marçal. Efeitos jurídicos da crise sobre as contratações administrativas. Disponível em: https://www.justen.com.br/pdfs/IE157/IE%20-%20MJF%20-%20200318-Crise.pdf. Acesso em: 4 ago. 2025.

[158] BRASIL. Tribunal de Contas da União. Transparência internacional. Recomendações para transparência de contratações emergenciais em resposta à Covid-19. Disponível em: https://portal.tcu.gov.br/imprensa/noticias/tcu-e-transparencia-internacional-lancam-guia-de-recomendacoes-para-contratacoes-emergenciais-em-razao-da-covid-19.htm. Acesso em: 4 ago. 2025.

foram pensadas a partir da legislação brasileira (Lei de Licitações,[159] Lei de Acesso à Informação,[160] Política Nacional de Dados Abertos[161]) e das melhores práticas sugeridas e desenvolvidas por entidades internacionais e organizações da sociedade civil com histórico de atuação na promoção da integridade e transparência.

Algumas orientações merecem destaque, como, por exemplo, a exigência de criação de um sítio eletrônico específico para cada esfera e ente federativo, de forma que cada estado ou município devesse disponibilizar sua legislação relativa às contratações emergenciais nesse portal.

Recomendou-se que a legislação deveria prever o fornecimento de informações suficientes sobre cada contratação emergencial, de modo a permitir: (i) o eficaz controle social sobre os gastos públicos com o objetivo de prevenir desperdícios, conflitos de interesse e outros desvios, (ii) o acompanhamento dos esforços de combate à covid-19, (iii) a comparabilidade entre os preços cobrados da administração pública em diferentes níveis e localidades.[162]

Ademais, o texto normativo deveria estabelecer parâmetros de qualidade sobre a informação, visando à promoção da transparência e abertura de dados. Deveria, ainda, atribuir aos órgãos de controle, explicitamente, a competência para acompanhar todas as fases dos processos administrativos relacionados a essas contratações, com vistas a permitir a realização do controle externo de forma célere e eficiente, contribuindo com a prevenção à corrupção e oferecendo maior segurança aos gestores públicos.

A cartilha recomendava, ainda, que todas as informações consideradas essenciais, citadas no documento, deveriam ser publicadas em formato aberto. O entendimento de formato aberto era aquele adotado pela Política de Dados Abertos do Poder Executivo Federal, a qual previa que os dados deveriam ser processáveis por máquinas, completos, atualizados, não proprietários e disponibilizados sob licenças abertas.[163]

---

159 BRASIL. *Lei nº 8.666, de 21 de junho de 1993*. Disponível em: http://www.planalto.gov.br/ccivil_03/leis/l8666cons.htm. Acesso em: 4 ago. 2025.

160 BRASIL. *Lei nº 12.527, de 18 de novembro de 2011*. Disponível em: http://www.planalto.gov.br/ccivil_03/_ato2011-2014/2011/lei/l12527.htm. Acesso em: 4 ago. 2025.

161 BRASIL. *Decreto nº 8.777, de 11 de maio de 2016*. Disponível em: http://www.planalto.gov.br/ccivil_03/_ato2015-2018/2016/decreto/d8777.htm. Acesso em: 4 ago. 2025.

162 BRASIL. Tribunal de Contas da União. Transparência internacional. *Op. cit.*, p. 4.

163 Art. 2º, incisos III e IV, do Decreto nº 8.777/2016.

Tais recomendações, relativas aos dados abertos, favoreciam sobremaneira a adoção de tecnologias de análise de dados e aprendizado de máquinas — conforme análise que será apresentada no próximo capítulo desta obra — com a finalidade não só de exercer o controle e *compliance* das práticas adotadas pela Administração Pública, mas também de otimizar o processo de compras públicas.

Tendo compreendido o panorama geral da situação em que o Brasil se encontrava, faz-se necessário, também, abordar as medidas adotadas pela Espanha para o combate à crise instaurada pela pandemia. Destaca-se, incialmente, o Decreto Real nº 463/2020, o qual declarou o estado de calamidade (*declaración del estado de alarma*) em todo o território nacional e regulamentou as medidas de ação do governo com vistas a proteger a saúde e a segurança dos cidadãos, contendo a progressão da doença e fortalecendo o sistema público de saúde.[164]

Nesse sentido, o decreto real delegou o exercício de determinadas competências administrativas aos Ministros da Defesa, do Interior, dos Transportes e da Saúde de modo a facilitar a atuação imediata em suas respectivas áreas de responsabilidade, tendo poderes para emitir ordens, resoluções e diretrizes a fim de garantir a prestação de serviços públicos essenciais.

As demais normas aprovadas pelo Parlamento Espanhol, igualmente, alteraram a execução de diferentes modalidades de contratos públicos, sendo um dos setores mais afetados o relativo aos contratos de concessão, tendo em vista que são contratos de longa duração e importância social.

Especificamente, o Decreto-Lei Real nº 08/2020 (RDL 08/2020), publicado 18 de março, regulamenta as medidas nos contratos públicos para mitigar as consequências da covid-19, a fim de evitar os efeitos negativos no emprego e na viabilidade comercial,[165] pois é sabido que os contratos de concessão de obras e serviços, operados por agentes privados, são caracterizados pela presença de riscos (ou áleas), bem como os princípios da continuidade da prestação do serviço e a manutenção do equilíbrio econômico-financeiro.

---

[164] ESPANHA. *Decreto Real nº 463, de 14 de março de 2020.* Boletim Oficial do Estado nº 67, de 14/03/2020. Disponível em: https://www.boe.es/eli/es/rd/2020/03/14/463/con. Acesso em: 5 ago. 2025.

[165] ESPANHA. *Decreto-Lei Real nº 8, de 18 de março de 2020.* Boletim Oficial do Estado nº 73, de 18/03/2020. Disponível em: https://www.boe.es/eli/es/rdl/2020/03/17/8/con. Acesso em: 5 ago. 2025.

O art. 34 do RDL nº 8/2020 dispunha que os contratos públicos de serviços e bens de prestação continuada em vigor no sistema espanhol e cuja execução se tornasse impossível, devido à covid-19, ficarim total ou parcialmente suspensos. Nesse período, a entidade adjudicadora deveria abonar os danos e prejuízos efetivamente sofridos pelos contratados durante a suspensão, além da possibilidade de existir indenização, quando comprovada a lesão.[166]

No caso de suspensão parcial, os danos e prejuízos seriam correspondentes à proporção interrompida. As atividades poderiam ser retomadas quando cessadas as circunstâncias ou medidas que impedissem a execução contratual, devendo o contratado notificar o fim da suspensão.

Essa tentativa de compensar o equilíbrio financeiro pela perda de receita e o aumento de custos suportados, dentre os quais citam-se as despesas salariais, confere ênfase à condição "impossibilidade de execução do contrato", sobre a qual há debates sobre sua interpretação adequada. Isso porque há a defesa de que o direito ao reestabelecimento do equilíbrio econômico não poderia se fundamentar em normas gerais sobre a força maior, devendo distinguir entre hipóteses de "reequilíbrio" e de "compensação" para enfrentar as situações geradas pela pandemia.[167] [168]

---

[166] ESPANHA. Decreto-Lei Real nº 8, de 18 de março de 2020. Boletim Oficial do Estado nº 73, de 18/03/2020. Disponível em: https://www.boe.es/eli/es/rdl/2020/03/17/8/con. Acesso em: 5 ago. 2025. "Artículo 34. Artículo 34. Medidas en materia de contratación pública para paliar las consecuencias del COVID-19. 1. Los contratos públicos de servicios y de suministros de prestación sucesiva, vigentes a la entrada en vigor de este real decreto-ley, celebrados por las entidades pertenecientes al Sector Público, en el sentido definido en el artículo 3 de la Ley 9/2017, de 8 de noviembre, de Contratos del Sector Público, por la que se transponen al ordenamiento jurídico español las Directivas del Parlamento Europeo y del Consejo 2014/23/UE y 2014/24/UE, de 26 de febrero de 2014, cuya ejecución devenga imposible como consecuencia del COVID-19 o las medidas adoptadas por el Estado, las comunidades autónomas o la Administración local para combatirlo, quedarán suspendidos total o parcialmente desde que se produjera la situación de hecho que impide su prestación y hasta que dicha prestación pueda reanudarse. A estos efectos, se entenderá que la prestación puede reanudarse cuando, habiendo cesado las circunstancias o medidas que la vinieran impidiendo, el órgano de contratación notificara al contratista el fin de la suspensión. Cuando con arreglo a lo dispuesto en el párrafo anterior, la ejecución de un contrato público quedará totalmente en suspenso, la entidad adjudicadora deberá abonar al contratista los daños y perjuicios efectivamente sufridos por éste durante el periodo de suspensión, previa solicitud y acreditación fehaciente de su realidad, efectividad y cuantía por el contratista".

[167] TORNOS MAS, Joaquín. Covid-19, contratos concesionales y reequilibrio económico. Observatorio de Contratación Pública. Disponível em: http://www.obcp.es/opiniones/covid-19-contratos-concesionales-y-reequilibrio-economico. Acesso em: 5 ago. 2025.

[168] MANTECA, F. Incidencia del covid-19 en los contratos de concesión administrativa el reequilibrio económico del contrato. *Diario LA LEY*, nº 9633, Sección Tribuna, de 15

Para além dessa questão, o eventual vencimento de um contrato nesse interstício permite a sua continuidade como consequência da paralização dos procedimentos contratação, os quais encontram-se disciplinados no Decreto Real nº 463/2020. Ademais, há cláusula expressa no sentido de que a suspensão de contratos do setor público não constitui, em nenhum caso, motivo para sua resolução.[169]

É importante destacar que a lei espanhola de contratos do setor público (LCSP - Lei nº 9/2017, já tratada em capítulos anteriores) prevê, em seu artigo 120, a tramitação emergencial como mecanismo para atuação imediata em situações de catástrofes, grave perigo ou necessidades que afetem a defesa nacional. Trata-se de um regime *excepcional* de contratação pública, amparado pelo Decreto-lei Real nº 7/2020,[170] de 12 de março, que estabeleceu a adoção destas medidas para responder ao impacto econômico da covid-19.

Insta salientar que, a princípio, o artigo 120 da LCSP dispõe que não haveria a obrigação de tramitar o expediente de contratação — o que implicaria não haver a necessidade de publicação desta licitação, nem de outros requisitos formais exigidos pelo regime geral. Veja-se:[171]

> Artigo 120. Tramitação emergencial.
>
> 1. Quando a Administração tiver que agir imediatamente devido a eventos catastróficos, situações que representem grave perigo ou necessidades que afetem a defesa nacional, será aplicado o seguinte regime excepcional:
>
> a) A entidade contratante, sem a obrigação de tramitar o processo contratual, pode ordenar a execução do que for necessário para remediar o fato produzido ou satisfazer a necessidade superveniente, ou contratar livremente o seu objeto, total ou parcialmente, sem estar sujeito aos requisitos formais estabelecidas nesta Lei, incluindo o requisito de

---

de mayo de 2020, nº 9633, 15 de mayo de 2020, Editorial Wolters Kluwer; ORTEGA FLORENSA, X., "Sobre la imposibilidad de ejecutar el contrato de concesión como presupuesto para el reequilibrio económico por la Covid 19", publicado el 22 de junio de 2020, en el Observatorio de Contratación Pública.

[169] ESPANHA. *Decreto-Lei Real nº 8, de 18 de março de 2020.* Boletim Oficial do Estado nº 73, de 18/03/2020. Disponível em: https://www.boe.es/eli/es/rdl/2020/03/17/8/con. Acesso em: 5 ago. 2025.

[170] ESPANHA. *Decreto-Lei Real nº 7, de 12 de março de 2020.* Boletim Oficial do Estado nº 65, de 13/03/2020. Disponível em: https://www.boe.es/buscar/act.php?id=BOE-A-2020-3580#a1-8. Acesso em: 9 ago. 2025.

[171] ESPANHA. *Lei nº 9/2017, de 8 de novembro,* de Contratos do Setor Público. Disponível em: https://www.boe.es/buscar/act.php?id=BOE-A-2017-12902. Acesso em: 9 ago. 2025.

> existência de crédito suficiente. No caso de não haver crédito adequado e suficiente, uma vez aprovado o contrato, este será atribuído de acordo com o disposto na Lei Orçamental Geral (grifou-se). [Tradução livre].[172]

No entanto, houve a manifestação expressa do Gabinete Independente de Regulação e Supervisão de Contratos em um informe especial sobre Publicidade e Emergências da Covid-19,[173] estabelecendo que se considerava essencial abordar a supervisão do cumprimento dos requisitos do princípio da publicidade, mesmo nos contratos adjudicados em tramitação emergencial. Manifestou-se Santiago Fernández:[174]

> O artigo 120 da LCSP exclui dos contratos emergenciais a obrigatoriedade de tramitação do processo de contratação e, portanto, a necessidade de publicação do edital ou de sujeição aos requisitos formais estabelecidos no regime geral; No entanto, a LCSP não inclui, por outro lado, especialidades para estes contratos em relação à publicidade dos atos de adjudicação e formalização no perfil do contratante da entidade contratante no que diz respeito ao regime de publicidade em caráter geral previsto nos artigos 151.1 e 154.1 da LCSp.
>
> Por este motivo, desde o Gabinete Independente de Regulação e Fiscalização de Aquisições (OIReScon), no exercício das suas funções e responsabilidades nos termos do artigo 332.7c) da LCSP, e nesta situação excepcional, considerou-se fundamental abordar a supervisão do cumprimento dos requisitos do princípio de publicidade que, como

[172] Texto original: "Artículo 120. Tramitación de emergencia. 1. Cuando la Administración tenga que actuar de manera inmediata a causa de acontecimientos catastróficos, de situaciones que supongan grave peligro o de necesidades que afecten a la defensa nacional, se estará al siguiente régimen excepcional: a) El órgano de contratación, *sin obligación de tramitar expediente de contratación*, podrá ordenar la ejecución de lo necesario para remediar el acontecimiento producido o satisfacer la necesidad sobrevenida, o contratar libremente su objeto, en todo o en parte, sin sujetarse a los requisitos formales establecidos en la presente Ley, incluso el de la existencia de crédito suficiente. En caso de que no exista crédito adecuado y suficiente, una vez adoptado el acuerdo, se procederá a su dotación de conformidad con lo establecido en la Ley General Presupuestaria".

[173] ESPANHA. Oficina independente de regulação e supervisão de contratos. Informe especial elaborado pela Oficina sobre Publicidade e Emergências Covid-19. Disponível em: https://www.hacienda.gob.es/es-ES/RSC/Paginas/OIReSuC/INFORME-ESPECIAL-(PUBLICIDAD-EMEREGENCIAS-COVID-19).aspx. Acesso em: 10 ago. 2025.

[174] ESPANHA. Oficina independente de regulação e supervisão de contratos. Informe especial de supervisão. Publicidade dos contratos tramitados por emergência durante o estado de alerta derivado do Covid-19 — 23 de junho de 2020. Disponível em: https://www.hacienda.gob.es/RSC/OIReSuC/COVID-19/INFORME%20ESPECIAL%20EMERGENCIAS/VERSI%C3%93N%2023-06-2020/%C3%9ALTIMA%20ACTUALIZACI%C3%93N%20EMERGENCIAS%2023%20de%20junio.pdf. Acesso em: 10 ago. 2025. p. 03.

> espinha dorsal da LCSP, é exigido no que diz respeito aos contratos adjudicados por tramitação emergencial. O resultado deste trabalho foi o Relatório Especial de Fiscalização publicado em 30 de abril, o qual tem sido atualizado semanalmente com as publicações realizadas ao longo deste período. [Tradução livre].[175]

Por isso, o Gabinete tem publicado Informes Especiais de Supervisão acerca do princípio da publicidade, atualizando semanalmente os resultados dos trabalhos referentes às publicações do período. Tais informes incluem a supervisão dos gastos públicos por via emergencial, os contratos elaborados pela Administração Geral do Estado e das comunidades autônomas, além da análise das publicações disponibilizadas nas plataformas digitais.

Segundo o último informe publicado, de 21 de junho, houve um aumento expressivo nas publicações relativas aos contratos emergenciais da pandemia, indicando que algumas comunidades autônomas tiveram mais facilidade em disponibilizar seus contratos do que outras. Os dados constam no gráfico a seguir:[176]

[175] Texto original: "El artículo 120 de la LCSP excluye en los contratos de emergencia, la obligación de tramitar el expediente de contratación, y, por tanto, la necesidad de publicar el anuncio de licitación o sujetarse a los requisitos formales establecidos en el régimen general; No obstante, la LCSP no recoge, en cambio, especialidades para estos contratos en relación a la publicidad de los actos de adjudicación y formalización en el perfil de contratante del órgano de contratación respecto al régimen de publicidad previsto con carácter general por los artículos 151.1 y 154.1 de la LCSp. Por ello, desde la Oficina Independiente de Regulación y Supervisión de la Contratación (OIReScon), en el ejercicio de sus funciones y responsabilidades de acuerdo con el artículo 332.7c) de la LCSP, y en esta situación de excepcionalidad, se consideró esencial abordar la supervisión del cumplimiento de los requisitos del principio de publicidad que, como principio vertebrador de la LCSP, se exige respecto a los contratos adjudicados por tramitación de emergencia. El resultado de dicho trabajo ha sido el Informe Especial de Supervisión publicado el 30 de abril, que se ha ido actualizando semanalmente con las publicaciones que se iban haciendo a lo largo de este periodo".

[176] *Idem*, p. 48.

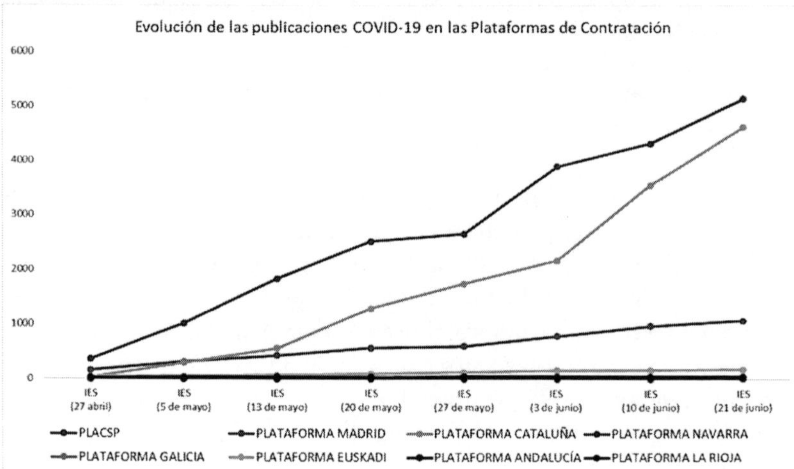

Diante dos dados constantes no gráfico, o Gabinete Independente apontou alguns aspectos observados e suscetíveis de melhora nas publicações, envolvendo, entre outras hipóteses, erros na publicação (classificando o contrato como ordinário, em vez de emergencial), divulgação acumulada de contratos emergenciais (uma única publicação, contendo diversos contratos) e incoerências relativas aos valores dos contratos.[177]

Portanto, durante o período analisado, verificou-se a existência de dificuldades no cumprimento do princípio da publicidade, tendo o Gabinete Independente insistido em reafirmar a obrigação da Administração Pública Geral e das comunidades autônomas de se publicar os contratos emergenciais.[178]

Diante do exposto, é possível notar que a Espanha, assim como o Brasil, adotou medidas especiais em relação à publicidade dos contratos emergenciais firmados em virtude da pandemia. Além disso, verificou-se que houve dificuldade na divulgação dos dados destes contratos, que podem ter causado confusão aos agentes de controle externo.

Tendo compreendido de que forma se deu a flexibilização das contratações nos dois países em virtude da situação emergencial

[177] *Idem*, p. 49 a 51.

[178] *Idem*, p. 55.

causada pela covid-19, retoma-se o principal tema deste estudo, qual seja, a proposta de um novo modelo de controle e *compliance* para a defesa efetiva da concorrência nas contratações públicas. É o que se verá a seguir.

CAPÍTULO 4

O *COMPLIANCE* INTELIGENTE COMO FERRAMENTA EFETIVA DE DEFESA DA CONCORRÊNCIA

Diante da evolução das necessidades humanas, é possível notar momentos de ruptura que fomentam o desenvolvimento de instrumentos, métodos e técnicas que visam à resolução de determinados problemas. Nesse sentido, o termo "tecnologia" tem origem no grego "*tekhne*", que, juntamente ao sufixo "*logia*", permite defini-lo como o estudo de conhecimentos científicos para a aplicação prática em áreas de pesquisa.[1]

Assim, desde o início dos tempos, o homem aplicou tecnologias para solver deficiências humanas, que, primitivamente, foram a descoberta do fogo e a invenção da roda, com o intuito de se proteger em face de predadores e na produção de alimentos. Em período posterior, é possível destacar o uso de tecnologias medievais, como a invenção da prensa móvel e sistemas de grandes navegações, que permitiram a expansão marítima de povos isolados geograficamente. Mas foi a partir do século XX que se destacaram as tecnologias de informação mediante a evolução de telecomunicações, computadores e da internet.

Nesse cenário evolutivo, houve impasses que se perpetuaram ao longo dos séculos, dos quais, indubitavelmente, notabiliza-se a corrupção. Trata-se, consoante exposto linhas atrás, de uma adversidade que assola os mais diversos países, tendo sido tema de estudos e debates em todo o mundo.

---

1 Definição disponível em: https://www.significados.com.br/tecnologia-2. Acesso em: 18 jun. 2025.

Houve instituições que desenvolveram mecanismos de análise e identificação de medidas corruptivas, como, a nível global, pode-se citar o relatório bienal elaborado pela Associação dos Investigadores de Fraudes Certificados (*Association of Certified Fraud Examiners* ou sigla ACFE em inglês) a respeito da incidência da prática denominada de fraudes ocupacionais, a qual pode ser entendida como a fraude cometida por indivíduos contra as próprias organizações que os empregam, sejam elas públicas ou privadas, com o objetivo de obter enriquecimento pessoal. É, portanto, conceito essencialmente análogo à "corrupção" no Brasil e à "corrupción" na Espanha, razão pelo qual trataremos como sinônimos para fins deste trabalho.

Em outros termos, a fraude ocupacional é formalmente definida como o uso da função ou da posição profissional para o enriquecimento pessoal ou de terceiros, mediante o desempenho indevido e deliberado ou a aplicação incorreta de recursos ou ativos da organização empregadora.[2]

Denota-se pela definição o envolvimento de uma variedade de condutas por secretários, executivos, chefes de gabinete, assessores, membros de poderes, entre outros, que realizam atos que importam vantagens patrimoniais indevidas em razão do exercício do cargo, mandato, função ou emprego público, ou relativo a esse, notadamente mediante comissão, porcentagem ou gratificação.

Joseph Wells aponta que são identificadas características comuns a essa atividade, sendo (i) a clandestinidade, (ii) a violação de códigos de condutas profissionais, (iii) a prática visando ao benefício direto ou indireto do funcionário e (iv) às custas da organização ou entidade a qual pertença.[3]

O Departamento de Assuntos Econômicos e Sociais das Nações Unidas (*United Nations Department of Economic and Social Affair*) aponta que, em 2019, existiam mais de 3,3 bilhões de pessoas profissionalmente ativas no mundo e, desses, a maioria tem acesso ou controle, direta ou indiretamente, sobre parte dos ativos da instituição na qual exerce o seu ofício.[4]

---

[2] ASSOCIATION of Certified Fraud Examiners. Report to the Nations on Occupational Fraud and Abuse. 2020, p. 06. Disponível em: https://www.acfe.com/report-to-the-nations/2020/. Acesso em: 01 jun. 2025.

[3] WELLS, Joseph. *Corporate fraud handbook: prevention and detection*. 2. ed. Estados Unidos da América: 2007, p. 05.

[4] ONU. United Nations Department of Economic and Social Affairs. World Economic Situation and Prospects as of Mid-2019. May 21, 2019. Disponível em: https://www.

Em que pese o fato de que a vasta maioria dessas pessoas nunca abusará da confiança depositadas nelas, a pequena porcentagem de trabalhadores que o façam podem causar danos copiosos à sociedade em que se encontram inseridos.

A ACFE reporta que a fraude ocupacional é uma das formas mais caras de crimes financeiros existentes, englobando a apropriação indébita de ativos e fraude nas demonstrações financeiras, cada uma destas com diversas subdivisões e classificações. Em relação a estas três grandes categorias, quanto ao recorte epistemológico da pesquisa da ACFE, a corrupção ocupou a segunda posição no *ranking* de incidência em 2019, alcançando 43% dos casos de fraude ocupacional.[5]

No Relatório de 2020, o estudo da Associação analisou 2.504 casos, de 125 países, que, juntos, causaram prejuízo de, aproximadamente, 3,6 bilhões de dólares, representando uma perda média de 1,509 milhão de dólares por caso.[6] Além disso, o relatório aponta que 26% dos casos de fraude ocupacional ocorreram em empresas públicas e outros 16% em sede governamental.[7]

Para este estudo, é interessante notar os recortes regionais elaborados pela ACFE, segundo a qual a corrupção representa 37% dos casos de esquemas de fraudes ocupacionais na Europa Ocidental, acumulando uma perda média de US$ 139 mil,[8] enquanto na América Latina e Caribe representa 51% dos casos, com perda média de US$ 200 mil por caso detectado.[9]

No nível de organização governamental, os recursos e operações variam de acordo com os diferentes níveis federativos, o que pode influenciar em como a corrupção afeta essas organizações. Para fins de ilustração, o governo em nível nacional suportou o maior número de fraudes (45%) e teve a perda-média de US$ 200 mil anuais, mais do que o dobro da perda a nível estadual (US$ 91.000) e local (US$ 75.000).[10]

---

un.org/development/desa/publications/world-economic-situation-and-prospects-as-of-mid-2019.html. Acesso em: 18 jun. 2025.

5 ASSOCIATION OF CERTIFIED FRAUD EXAMINERS. Report to the Nations on Occupational Fraud and Abuse. 2020, p. 10. Disponível em: https://www.acfe.com/report-to-the-nations/2020/. Acesso em: 01 jun. 2025.

6 *Idem*, p. 08.

7 *Idem*, p. 24.

8 *Idem*, p. 76 e 77.

9 *Idem*, p. 66 e 67.

10 *Idem*, p. 24.

Um ponto relevante é a tendência ao desenvolvimento de controles antifraude a nível global:[11]

> Uma tendência encorajadora tem sido o aumento dos controles antifraude. As taxas de implementação de linhas diretas e de políticas antifraude estabelecidas aumentaram 13% na última década. O treinamento antifraude direcionado para funcionários e lideranças das empresas também aumentou. "Vemos mais reconhecimento dos riscos de fraude em muitas organizações do que víamos há 10 anos", disse Warren. As denúncias continuam sendo a forma mais comum de detecção de fraudes, representando 43% dos casos, mas a forma como os denunciantes relatam suas preocupações está mudando. As denúncias estão chegando cada vez mais por meio de formulários baseados na web (32%) e e-mail (33%), enquanto o uso de linhas diretas de telefone caiu de 40% para 33% desde 2016. [Tradução livre].[12]

Neste sentido, os países, em conjunto com as organizações supranacionais, têm buscado desenvolver mecanismos que facilitem sua detecção, controle e combate a fraudes. É o caso da Convenção das Nações Unidas contra a Corrupção, por exemplo, adotada pela Assembleia Geral no dia 31 de outubro de 2003, ocasião em que foram estabelecidos cinco eixos principais para seus signatários: medidas preventivas, penalização e aplicação da lei, cooperação internacional, recuperação de ativos, e assistência técnica e troca de informações.[13]

É interessante notar alguns pontos da Convenção, tais quais as considerações presentes no preâmbulo do documento. Os signatários afirmam estarem convencidos de que a corrupção deixou de ser um problema local e converteu-se em um fenômeno transnacional, afetando todas as sociedades e economias, fazendo necessária a cooperação internacional para preveni-la e combatê-la.

---

[11] WELLS, Joseph. *Corporate fraud handbook*: prevention and detection. 2. ed. Estados Unidos da América, 2007, p. 12.

[12] Texto original: "An encouraging trend has been the increase in anti-fraud controls. The implementation rates of both hotlines and established anti-fraud policies have gone up 13% over the past decade. Targeted anti-fraud training for employees and company leadership has also increased. "We see more recognition of fraud risks in many organizations than we saw 10 years ago," said Warren. Tips remain the most common way for fraud to be detected, accounting for 43% of cases, but the ways in which whistleblowers report their concerns is shifting. Tips are increasingly coming in through web-based forms (32%) and email (33%), while the use of telephone hotlines has dropped from 40% to 33% since 2016".

[13] ORGANIZAÇÃO DAS NAÇÕES UNIDAS. Convenção das Nações Unidas contra a Corrupção. Disponível em: https://www.unodc.org/unodc/en/corruption/tools_and_publications/UN-convention-against-corruption.html. Acesso em: 01 jun. 2025.

Em relação às medidas preventivas, a Convenção estabelece que cada Estado Parte deverá formular políticas e práticas de prevenção à corrupção, de acordo com os princípios fundamentais de seu ordenamento jurídico, além de dever garantir a existência de um ou mais órgãos encarregados de aplicar tais práticas.[14] A respeito do setor público, a Convenção exige que cada signatário adote, quando apropriado, sistemas de convocação, contratação, retenção, promoção e aposentadoria de funcionários públicos, além de adotar sistemas destinados a promover a transparência e prevenir conflitos de interesses.[15]

A Convenção também estabelece que cada Estado Parte deve promover a integridade e a responsabilidade entre seus funcionários públicos, devendo buscar aplicar códigos ou normas de conduta para o devido cumprimento das funções públicas. Ademais, cada signatário deverá possibilitar o estabelecimento de medidas e sistemas para facilitar que os funcionários denunciem todo ato de corrupção às autoridades competentes, quando tenham tomado conhecimento no exercício de suas funções.[16]

Outras medidas preventivas a serem adotadas pelo setor público tratam, em especial, das contratações públicas, temática principal deste estudo, devendo cada signatário adotar medidas necessárias para incluir sistemas apropriados de contratação pública, baseados na transparência, na competência e em critérios objetivos de adoção de decisões, que sejam eficazes para a prevenção da corrupção.[17]

Ademais, a adoção de medidas para o aumento da transparência na Administração Pública é exigida pela Convenção, abordando, desde a instauração de procedimentos que permitam ao público obter informações sobre a organização, funcionamento e processos da administração, até a publicação de informações relativas aos riscos de corrupção no setor público.[18]

Outros instrumentos transnacionais foram elaborados com o mesmo propósito, tais como a Convenção Interamericana contra a Corrupção,[19] aprovada pela Organização dos Estados Americanos

[14] Arts. 5º e 6º.

[15] Art. 7º.

[16] Art. 8º.

[17] Art. 9º.

[18] Art. 10.

[19] ORGANIZAÇÃO DOS ESTADOS AMERICANOS. Convenção Interamericana contra a Corrupção. Disponível em: http://www.oas.org/juridico/portuguese/treaties/B-58.htm. Acesso em: 01 maio 2025.

em 29 de março de 1996, o Convênio relativo à luta contra os atos de corrupção no qual estão envolvidos funcionários das Comunidades Europeias e dos Estados Partes da União Europeia,[20] aprovado pelo Conselho da União Europeia em 26 de maio de 1997, e a Convenção da União Africana para prevenir e combater a corrupção,[21] aprovada pelos Chefes de Estado e Governo da União Africana em 12 de julho de 2003, entre outros documentos.

Para além dos dispositivos convencionais, cumpre ressaltar que as instituições possuem o dever de avaliar periodicamente os riscos de condutas de seus funcionários e, consequentemente, adotar medidas adequadas para projetar, implementar ou modificar os respectivos programas de ética e *compliance* visando reduzir potenciais atos fraudulentos.

Todavia, embora a maioria dos órgãos públicos reconheça a importância de uma avaliação constante de riscos e condutas, há uma variação significativa nas diretrizes estabelecidas para o exame de atos, procedimentos e processos administrativos.

A KPMG Consultoria apresentou a "Pesquisa de Maturidade do *Compliance*", que, dentre seus dados, apenas 38% dos respondentes informaram que as respectivas áreas de negócio possuem entendimento sobre riscos e *compliance*, de modo que ainda há longo percurso para o estabelecimento de uma cultura de integridade institucional. Outrossim, relata que os controles contra fraudes, como auditoria interna e processos antifraude, não são efetivos o suficiente e contribuem no aumento do problema, pois, no conjunto analisado, as deficiências no controle interno contribuíram para o surgimento de três quintos dos casos.[22]

Um programa efetivo de conformidade deve abarcar um conjunto de órgãos, normas e procedimentos corporativos capazes de prevenir, detectar e estabelecer consequências para condutas que não estejam em conformidade com a legislação. Portanto, deve-se garantir mecanismos

---

[20] UNIÃO EUROPEIA. Convenção estabelecida com base no nº 2, alínea "c", do artigo K.3 do Tratado da União Europeia, relativo à luta contra a corrupção em que estejam implicados funcionários das Comunidades Europeias ou dos Estados-membros da União Europeia. Disponível em: *https://eur-lex.europa.eu/legal-content/PT/TXT/?uri=celex:41997A0625(01)*. Acesso em: 01 maio 2025.

[21] UNIÃO AFRICANA. Convenção da União Africana sobre a prevenção e o combate à corrupção. Disponível em: https://au.int/sites/default/files/treaties/36382-treaty-0028_-_african_union_convention_on_preventing_and_combating_corruption_p.pdf. Acesso em: 01 maio 2025.

[22] KPMG. Pesquisa de Maturidade do Compliance no Brasil. 3. ed. 2017/8, p. 16-19.

que *assegurem ampla visibilidade interna e externa sobre o compromisso da empresa*, assegurando controles rigorosos que tendem a reduzir o número de infrações administrativas.

Desse modo, ao projetar controles antifraude, são essenciais a avaliação dos riscos de ilícitos e a promulgação de medidas proativas de detecção. Deve-se analisar a perda-média (*median losses*) e a frequência de condutas e categorias de procedimentos nas quais é frequente a corrupção profissional.

A detecção, em particular, é um atributo importante na investigação de ilícitos, de maneira que a velocidade de identificação e de reconhecimento tem um impacto significativo nos efeitos negativos à instituição. Isso porque aumenta a percepção dos demais agentes públicos envolvidos e, por conseguinte, auxilia a impedir atos infracionais futuros. Consoante a supracitada pesquisa:[23]

> O que podemos aprender com esses dados é que, quando a fraude é detectada de forma proativa, ela tende a ser detectada mais rapidamente e, portanto, causa menos perdas, enquanto a detecção passiva resulta em esquemas mais longos e aumenta o prejuízo financeiro para a vítima. Controles antifraude, como reconciliação de contas, departamentos de auditoria interna, análise da gestão envolvida e cultivo ativo de dicas são ferramentas que podem levar a uma detecção mais eficaz de fraude ocupacional. [Tradução livre].[24]

Em outros termos, os dados comprovam que a detecção proativa da corrupção mediante sistema de controle antifraude, como auditoria interna e *compliance*, são ferramentas eficazes que diminuem os custos, tempo de apuração e danos à instituição sob análise.

Isso porque, enquanto implementar controles para prevenir e detectar fraudes é uma parte necessária no gerenciamento dos riscos, nem todos os controles antifraude são criados com os mesmos parâmetros. Com vistas a auxiliar o entendimento do potencial impacto

---

[23] ASSOCIATION OF CERTIFIED FRAUD EXAMINERS. Report to the Nations on Occupational Fraud and Abuse. 2020, p. 20. Disponível em: https://www.acfe.com/report-to-the-nations/2020/. Acesso em: 01 jun. 2025.

[24] Texto original: "What we can learn from this data is that when fraud is detected proactively, it tends to be detected more quickly and thus causes lower losses, while passive detection results in lengthier schemes and increased financial harm to the victim. Anti-fraud controls such as account reconciliation, internal audit departments, involved management review, and active cultivation of tips are all tools that can lead to more effective detection of occupational fraud".

de diversos controles, identificou-se que as organizações que tinham controle em vigor sofreram menores perdas por medidas corruptivas e detectaram fraudes mais rapidamente do que aquelas nas quais não havia esse sistema:

Tabela 1 – Como a presença de controles antifraude se relaciona com a perda mediana[25]

Control	Percent of cases	Control in place	Control not in place	Percent reduction
Code of conduct	81%	$100,000	$205,000	51%
Internal audit department	74%	$100,000	$200,000	50%
Management certification of financial statements	73%	$100,000	$200,000	50%
External audit of internal controls over financial reporting	68%	$100,000	$200,000	50%
Management review	65%	$100,000	$200,000	50%
Hotline	64%	$100,000	$198,000	49%
External audit of financial statements	83%	$ 110,000	$204,000	46%
Fraud training for employees	55%	$100,000	$160,000	38%
Anti-fraud policy	56%	$100,000	$150,000	33%
Proactive data monitoring/analysis	38%	$100,000	$150,000	33%
Surprise audits	38%	$100,000	$150,000	33%
Formal fraud risk assessments	41%	$100,000	$150,000	33%
Employee support programs	55%	$100,000	$150,000	33%
Fraud training for managers/executives	55%	$100,000	$150,000	33%
Independent audit committee	62%	$100,000	$150,000	33%
Dedicated fraud department, function, or team	44%	$100,000	$145,000	31%
Job rotation/mandatory vacation	23%	$100,000	$130,000	23%
Rewards for whistleblowers	13%	$120,000	$122,000	2%

A presença de controles antifraude é associada a menores perdas por fraude e a detecção mais rápida de infrações funcionais, a qual expandiu 13% na última década. Ao mesmo tempo, a pesquisa identificou que a ausência de controles internos contribui com aproximadamente um terço dos casos de fraude relatados,[26] corroborando a necessidade de um sistema de *compliance* inteligente.

Inclusive, entre as fraquezas internas que atuam como facilitadores ao cometimento e à ocultação de esquemas fraudulentos, o relatório da ACFE enquadra em primeiro lugar a inexistência de controle interno (32%), seguido da falta de revisão gerencial e sucessão interna de sistema (18%), incompetência funcional em supervisão (6%), ausência de auditorias independentes (5%) carência de educação sobre fraude aos funcionários e escassez de mecanismos de notificação (3%) e outros (6%).[27]

[25] *Idem*, p. 33.

[26] *Idem*, p. 5.

[27] *Idem*, p. 36.

A defesa da concorrência, nesse cenário, tem procurado tecnologias disciplinares que acarretam uma redistribuição de papéis entre o Estado e as empresas. Trata-se do *compliance concorrencial*, cujo movimento é compreendido como uma reavaliação entre a regulação pública e a autorregulação privada, permitindo a participação de agentes particulares no processo de controle público.[28]

Impende destacar que, ao tratar de *compliance concorrencial*, embora esse se dirija à ação em conformidade com as leis, normas e regulamentos que regem o ambiente concorrencial de um determinado país, há a inserção em um contexto amplo de diversos campos de aplicação da lei, no qual, apesar de possuir elementos distintivos, é possível notar a semelhança essencial em termos éticos.[29]

Nesse cenário tão abrangente, é natural que as organizações tendem a priorizar e alocar seus recursos para a efetivação de programas de *compliance* específicos, de acordo com os valores e riscos reputacionais próprios.

Essa noção, em contrapartida, não obsta a promoção da ideia de concorrência leal como valor da atividade institucional, de modo que um programa de *compliance* não apenas oriente os aspectos que envolvam maior risco moral e reputacional, mas, sobretudo, a crença de que também é um fator relevante para a competitividade da própria organização.[30]

É salutar o caso da Organização para a Cooperação e Desenvolvimento Econômico (OCDE), que, em 2011, reuniu no documento "*Promoting Compliance with Competition Law*" o que entende ser os passos imprescindíveis para que as autoridades se concentrem em aumentar a conscientização da implementação de programas de conformidade.[31]

Inclusive, o Departamento de Justiça Concorrencial dos Estados Unidos (DOJ) e a Comissão Europeia para a Concorrência são as principais referências antitruste global, nas quais há políticas

---

28 SCHAPIRO, Mario G.; MARINHO, Sarah. Compliance concorrencial: a experiência internacional e as lições para o CADE. *In:* RODAS, João Grandino; CARVALHO, Vinícius Marques de (coord.). *Compliance e concorrência* [livro eletrônico]. São Paulo: Revista dos Tribunais, 2017, cap. 16.

29 ANDRADE, Diogo Thomson de; RODRIGUES, Eduardo Frade. A importância do compliance na detecção e combate aos cartéis. *In*: RODAS, João Grandino; CARVALHO, Vinícius Marques de (coord.). *Compliance e concorrência* [livro eletrônico]. São Paulo: Revista dos Tribunais, 2017, cap. 07.

30 *Idem.*

31 ORGANIZATION FOR ECONOMIC COOPERATION AND DEVELOPMENT. *Promoting compliance with Competition Law.* 2011, DAF/COMP(2011)20, p. 11.

indiretas de promoção do *compliance*. Posto isso, ambas as autoridades apresentam informações ou guias que propõem esclarecer para os agentes econômicos quais são as condutas consideradas conformes com a lei da concorrência e quais são as potencialmente reprováveis. Mario Schapiro e Sarah Marinho, no entanto, ressaltam que os órgãos demonstram ser refratários à concessão de incentivos diretos para a adoção de programas de *compliance*.[32]

Para ilustrar, os referidos autores anotam que a DOJ e a Comissão Europeia rejeitam a possibilidade de, em eventuais processos condenatórios, concederem descontos punitivos para empresas que apresentarem dispositivos de autocontrole.[33]

Destarte, ambos os órgãos não oferecem incentivos positivos aos esforços de *compliance* antitruste, o que não possui efeitos socialmente produtivos à responsabilidade das instituições que a adotam.

O programa de *compliance*, nessa seara, deve auxiliar as entidades a atender os requisitos exigidos pela legislação concorrencial e, ao mesmo tempo, considerar a existência da possibilidade de obtenção de benefícios em eventual infração futura, mitigando as prováveis sanções.

Mario Schapiro e Sarah Marinho, igualmente, lecionam que, na linha de educação para a concorrência, o Departamento de Justiça Concorrencial dos Estados Unidos considera os seguintes elementos como relevantes na avaliação de qualidade de um programa de *compliance*:[34]

> (...) (i) o estabelecimento de padrões de comportamento claros; (ii) a designação de responsabilidade integral para os executivos de alto escalão; (iii) o estabelecimento de mecanismos para evitar a delegação de atividades sensíveis a funcionários incidentes em ilícitos concorrenciais; (v) a adoção de medidas razoáveis para que todos os funcionários tomem consciência do programa de *compliance*; (v) a indicação de padrões de conduta razoáveis para que a regulação concorrencial seja respeitada; (vi) a previsão de sanções para incentivar o cumprimento da política; (vii) o estabelecimento de procedimento razoável em caso de infração para investigar, punir e reprimir faltas futuras; (viii) a atribuição ao alto escalão da empresa de um papel protagonista na promoção dos

---

32 SCHAPIRO, Mario G.; MARINHO, Sarah. Compliance concorrencial: a experiência internacional e as lições para o CADE. *In:* RODAS, João Grandino; CARVALHO, Vinícius Marques de (coord.). *Compliance e concorrência* [livro eletrônico]. São Paulo: Revista dos Tribunais, 2017, cap. 16.

33 *Idem.*

34 *Idem.*

padrões éticos de comportamento do ponto de vista concorrencial; e (ix) a previsão de estratégias de revisão interna do programa a partir da detecção de falhas e de sugestões. Pode-se entender assim que o DOJ considera o *compliance* uma cultura corporativa antes de ser uma política a ser implementada diretamente pelo governo.[35]

A política europeia de repressão defendida pela Comissão Europeia, por sua vez, é com ênfase em benefícios indiretos como indutores ao programa de *compliance*, possuindo foco na punição de condutas ilícitas e na promoção de medidas preventivas corporativas. Como medida indireta, cita-se a possibilidade de a Comissão publicar comunicados de imprensa sobre a atividade dos infratores:[36]

> A Comissão emite um comunicado de imprensa sempre que constata uma conduta ilegal e aplica multas às empresas envolvidas. A cobertura da mídia resultante, tanto geral quanto especializada, pode ter um impacto negativo na reputação dessas empresas. Além disso, eles podem enfrentar hostilidade de clientes e consumidores que se sentem enganados. As investigações pelas autoridades de concorrência podem ser demoradas e caras para as empresas. Os gerentes podem se envolver em longas discussões jurídicas, distraindo assim a atenção da atividade empresarial principal. [Tradução livre].[37]

Essa medida, consoante destacado, tem como efeitos o impacto negativo na reputação das empresas envolvidas, de modo que essas podem enfrentar hostilidades das pessoas que utilizam de seus serviços.

Além disso, em resumo, a Comissão Europeia entende que devem ser observadas as vedações mínimas que as empresas privadas devem evitar nas relações com seus concorrentes, quais sejam, não fixar preços de compra ou condições de transações comerciais, não limitar ou controlar a produção, distribuição ou desenvolvimento técnico de

35 *Idem*.

36 EUROPEAN COMISSION. Compliance matters — What companies can do better to respect EU competition rules. Luxembourg: Publications Office of the European Union, 2012, p. 12. Disponível em: https://op.europa.eu/en/publication-detail/-/publication/78f46c48-e03e-4c36-bbbe-aa08c2514d7a/language-en. Acesso em: 22 jun. 2025.

37 Texto original: "The Commission issues a press release whenever it has made a finding of illegal conduct and has fined the companies involved. The resulting media coverage, both general and specialised, could have a detrimental impact on the reputation of those companies. Moreover, they may face hostility from clients and consumers who feel cheated. Investigations by competition authorities can be time-consuming and costly for companies. Managers may become embroiled in lengthy legal discussions, thereby distracting attention from the core business activity".

produtos, serviços ou fontes de fornecimento, bem como não trocar informações individualizadas sobre ocasionais intenções futuras em matéria de preços ou programas estratégicos.[38]

Ressalta-se, contudo, que a Comissão Europeia é incisiva na impossibilidade de concessão de benefícios diretos, na forma de descontos punitivos, para empresas que apresentam programas de *compliance*:[39]

> Embora todos os esforços de *compliance* sejam bem-vindos, a mera existência de um programa de *compliance* não é suficiente para contrariar a constatação de uma infração às regras da concorrência - as empresas e seus funcionários devem, de fato, efetivar o programa. Se uma empresa que implementou um programa de conformidade é, no entanto, considerada como tendo cometido uma infração às regras de concorrência da UE, surge frequentemente a questão de saber se existe algum impacto positivo no nível das multas. A resposta é não. [Tradução livre].[40]

Assim, tendo compreendido o panorama relativo à corrupção a nível global, faz-se necessário destacar como o ilícito tem se desenvolvido, especificamente, no Brasil e na Espanha, cujos ordenamentos jurídicos são o foco deste estudo. Além disso, o recorte será o das contratações públicas, em consonância ao que já foi estudado nos capítulos anteriores.

Consoante destacado outrora, a contratação pública espanhola é de indubitável importância econômica, de modo que o fomento e o estímulo de efetividade procedimental acarretam benefícios para a Administração Pública, aos respectivos contratantes e aos cidadãos espanhóis.

O Guia sobre a Contratação Pública e a Concorrência (*Guía sobre Contratación* Pública y *Competencia*), elaborado pela *Comisión Nacional*

---

[38] *Idem*, p. 14.

[39] EUROPEAN COMISSION — *Competition*, 2012, p. 21 *apud* SCHAPIRO, Mario G.; MARINHO, Sarah. Compliance concorrencial: a experiência internacional e as lições para o CADE. *In:* RODAS, João Grandino; CARVALHO, Vinícius Marques de (coord.). *Compliance e concorrência* [livro eletrônico]. São Paulo: Revista dos Tribunais, 2017, cap. 16.

[40] Texto original: "Although all compliance efforts are welcomed, the mere existence of a compliance programme is not enough to counter the finding of an infringement of competition rules — companies and their employees must, in fact, comply. If a company which has put a compliance programme in place is nevertheless found to have committed an infringement of EU competition rules, the question of whether there is any positive impact on the level of fines frequently arises. The answer is: no".

de la Competencia, destaca que a salvaguarda da livre concorrência é um princípio inspirador das normas de contratação pública, o qual está presente de forma indireta nos demais princípios basilares, incluindo a liberdade de acesso às licitações, a publicidade, a transparência de procedimentos e a vedação à discriminação entre os candidatos.[41]

Esse documento ressalta que a contratação pública, em específico, possui uma importância fundamental na Espanha em razão de que, consoante dados da União Europeia, o peso das licitações no PIB espanhol era de 14,9% em 2008.[42]

A livre concorrência entre os licitantes é uma maneira de assegurar que as entidades do setor público e a sociedade se beneficiem de melhores ofertas em termos de preço, qualidade e inovação nos bens ou serviços contratados. Em sentido diverso, na qual pressupõe a existência de entraves à concorrência, há um maior esforço econômico para as entidades do setor público contratarem os mesmos objetos.

Dentre as possíveis formas de fomentar a concorrência no processo de contratação pública espanhol, a Comissão Nacional de Concorrência destaca duas formas: a) elaborar procedimentos de contratação que, antecipadamente, impeçam potenciais restrições injustificadas na fase do projeto, desenvolvimento ou execução contratual e b) aprimorar a repressão de possíveis conluios por empresas licitantes no processo de contratação, tais como as ações fraudulentas de manipulação de propostas (conhecido internacionalmente como *bid rigging*).[43][44]

Em que pesem as referidas constatações, será demonstrada a seguir a possibilidade de adicionar o *compliance* inteligente como uma terceira modalidade de proteção à concorrência pública.

A norma específica de contratação espanhola (Lei nº 9, de 8 de novembro de 2017) delimita os pressupostos que a Administração

---

41 COMISIÓN Nacional de la Competencia. *Guía sobre Contratación Pública y Competencia*, p. 06. Disponível em: http: //www.cnmc.es/guias-y-recomendaciones. Acesso em: 23 jun. 2025.

42 *Idem*, p. 4.

43 "Bid rigging is an illegal practice in which competing parties collude to determine the winner of a bidding process. Bid rigging is a form of anticompetitive collusion and is an act of market manipulation; when bidders coordinate, it undermines the bidding process and can result in a rigged price that is higher than what might have resulted from a free market, competitive bidding process. Bid rigging can be harmful to consumers and taxpayers who may be forced to bear the cost of higher prices and procurement costs" (grifou-se). Disponível em: https://www.investopedia.com/terms/b/bid-rigging.asp. Acesso em: 24 jun. 2025.

44 COMISIÓN Nacional de la Competencia. *Op. cit.*, p. 5.

Pública espanhola é obrigada a adotar durante a licitação, garantindo a submissão aos princípios da publicidade, concorrência, transparência, confidencialidade, igualdade, não discriminação e salvaguarda da competição.[45]

Assim, de modo semelhante ao modelo brasileiro, o principal mecanismo concorrencial para obtenção de resultados mais favoráveis em termos de preço e qualidade para as entidades administrativas espanholas é a licitação.

É possível, todavia, a utilização de mecanismos restritivos da competição que são diversos da licitação (ou contrato propriamente dito), a exemplo dos acordos (*convenios*), nos quais há uma identidade de finalidades entre as partes componentes, resultando em um ajuste de interesse comum e mútua colaboração. Não se trata, pois, de interesses opostos, no qual a Administração visa ao interesse da coletividade e o contratado, ao interesse próprio. Nos acordos, os objetivos das partes caminham na mesma direção, qual seja, o interesse público.

Devido à característica de se restringir a competição, os acordos são modalidades excepcionais, cujo cabimento é circunscrito às hipóteses não previstas no âmbito da lei de contratação ou cuja incidência prevê regulamentos específicos entre a administração geral, entidades de seguridade social, universidades públicas, comunidades autônomas (*Comunidades Autónomas y las Ciudades Autónomas de Ceuta y Melilla*), com empresas singulares ou coletivas sujeitas ao direito privado, dentre outras.[46]

---

[45] ESPANHA. *Lei nº 09, de 08 de novembro de 2017*. Boletim Oficial do Estado nº 272, de 09/11/2017. Disponível em: https://www.boe.es/buscar/act.php?id=BOE-A-2017-12902. Acesso em: 23 jun. 2025.

[46] *Artículo 6*. Convenios y encomiendas de gestión.
1. Quedan excluidos del ámbito de la presente Ley los convenios, cuyo contenido no esté comprendido en el de los contratos regulados en esta Ley o en normas administrativas especiales celebrados entre sí por la Administración General del Estado, las Entidades Gestoras y los Servicios Comunes de la Seguridad Social, las Universidades Públicas, las Comunidades Autónomas y las Ciudades Autónomas de Ceuta y Melilla, las Entidades locales, las entidades con personalidad jurídico pública de ellas dependientes y las entidades con personalidad jurídico privada, siempre que, en este último caso, tengan la condición de poder adjudicador.
(...) 2. Estarán también excluidos del ámbito de la presente Ley los convenios que celebren las entidades del sector público con personas físicas o jurídicas sujetas al derecho privado, siempre que su contenido no esté comprendido en el de los contratos regulados en esta Ley o en normas administrativas especiales. ESPANHA. Lei nº 09, de 08 de novembro de 2017. Boletim Oficial do Estado nº 272, de 09/11/2017. Disponível em: https://www.boe.es/buscar/act.php?id=BOE-A-2017-12902. Acesso em: 24 jun. 2025.

Salienta-se que essa exclusão está condicionada ao cumprimento de determinados encargos, quais sejam, a necessidade de ausência de interesses lucrativos (cujo cálculo do nível da atividade corresponde ao exame das projeções do negócio) e que o acordo estabeleça uma cooperação entre as entidades participantes, a fim de garantir que os serviços públicos que lhes dizem respeito sejam empenhados para objetivos comuns.[47]

Além disso, deve-se sempre ter em mente que o desenvolvimento da cooperação seja guiado unicamente por considerações relacionadas ao interesse público.

Nos casos duvidosos, ressalta-se que é preferível celebrar um contrato em detrimento de um acordo, haja vista que nesse inexiste a viabilidade de disputa, enquanto que o contrato naturalmente a possui.

Isso porque deve-se levar em consideração que é necessário existir identidade de finalidade entre as partes integrantes para celebrar um acordo, de modo que há uma participação conjunta no resultado obtido. O contrato, por sua vez, avulta-se em uma relação onerosa embasada em contraprestações recíprocas.

Nesses casos, as entidades públicas podem se utilizar de meios ou serviços técnicos próprios, os quais são empregados para realizar atividades entendidas como essencial em sua função. Ambos os requisitos são adotados pela jurisprudência comunitária.[48]

---

[47] Artículo 6.
(...) a) Las entidades intervinientes no han de tener vocación de mercado, la cual se presumirá cuando realicen en el mercado abierto un porcentaje igual o superior al 20 por ciento de las actividades objeto de colaboración. Para el cálculo de dicho porcentaje se tomará en consideración el promedio del volumen de negocios total u otro indicador alternativo de actividad apropiado, como los gastos soportados considerados en relación con la prestación que constituya el objeto del convenio en los tres ejercicios anteriores a la adjudicación del contrato. Cuando, debido a la fecha de creación o de inicio de actividad o a la reorganización de las actividades, el volumen de negocios u otro indicador alternativo de actividad apropiado, como los gastos, no estuvieran disponibles respecto de los tres ejercicios anteriores o hubieran perdido su vigencia, será suficiente con demostrar que el cálculo del nivel de actividad se corresponde con la realidad, en especial, mediante proyecciones de negocio.
b) Que el convenio establezca o desarrolle una cooperación entre las entidades participantes con la finalidad de garantizar que los servicios públicos que les incumben se prestan de modo que se logren los objetivos que tienen en común.
c) Que el desarrollo de la cooperación se guíe únicamente por consideraciones relacionadas con el interés público. ESPANHA. *Lei nº 09, de 08 de novembro de 2017.* Boletim Oficial do Estado nº 272, de 09/11/2017. Disponível em: https://www.boe.es/buscar/act.php?id=BOE-A-2017-12902. Acesso em: 24 jun. 2025.

[48] COMISIÓN Nacional de la Competencia. *Op. cit.*, p. 08.

Feitas tais considerações, passa-se a analisar a figura do contrato administrativo espanhol com relação à livre concorrência.

O procedimento aberto como modalidade licitatória para a celebração de contrato, em tese, é o procedimento mais favorável à concorrência, por ser umbilicalmente afeto ao princípio da igualdade entre os licitantes, no qual as empresas interessadas que possuam capacidade e solvência comprovadas possam concorrer livremente.

Quanto às outras modalidades licitatórias, os órgãos de contratação devem sopesar minuciosamente sobre o impacto da contratação antes de realizá-los, haja vista que os princípios da igualdade, transparência e livre concorrência ocupam lugar de destaque na referida legislação.

Consoante a segunda seção (art. 131 e seguintes da Lei nº 09/2017), as autoridades adjudicantes concederão tratamento igualitário e livre de discriminações, cuja atuação será pautada pela transparência e proporcionalidade. A contratação, inclusive, não será concebida com intenção de elidir os requisitos de publicidade dos procedimentos de adjudicação que o correspondam, tampouco restringir virtualmente a concorrência por meio de mecanismos de favorecimento ou prejuízo indevido a determinados empresários.[49]

Em específico, a lei é enfática em dispor que:[50]

> As entidades adjudicantes devem assegurar a salvaguarda da livre concorrência ao longo do processo de adjudicação (...) Em particular, devem comunicar qualquer indicação de acordo coletivo, decisão ou recomendação, ou prática concertada ou conscientemente paralela entre os licitantes, que possa ser considerada objeto, produza ou possa produzir o efeito de impedir, restringir ou distorcer a concorrência no processo de contratação. [Tradução livre].[51]

Para tal, os órgãos de contratação velarão por todo procedimento de adjudicação para salvaguardar a livre concorrência. Assim, tanto a

---

49 ESPANHA. *Lei nº 9, de 8 de novembro de 2017*. Boletim Oficial do Estado nº 272, de 09/11/2017. Disponível em: https://www.boe.es/buscar/act.php?id=BOE-A-2017-12902. Acesso em: 24 jun. 2025.

50 *Idem*.

51 Texto original: "Los órganos de contratación velarán en todo el procedimiento de adjudicación por la salvaguarda de la libre competencia (...) En particular, comunicarán cualquier indicio de acuerdo, decisión o recomendación colectiva, o práctica concertada o conscientemente paralela entre los licitadores, que tenga por objeto, produzca o pueda producir el efecto de impedir, restringir o falsear la competencia en el proceso de contratación".

Junta Consultiva de Contratação Pública do Estado (*Junta Consultiva de Contratación* Pública *del Estado*) ou órgãos consultivos equivalentes notificarão à Comissão Nacional de Mercados e Concorrência (*Comisión Nacional de los Mercados y la Competencia*) quaisquer condutas que possam constituir infração à legislação em defesa da competição.[52]

Além desses procedimentos, impende observar o *procedimiento restringido*, que é uma prática semelhante às hipóteses de inexigibilidade de licitação no Brasil e permite que qualquer empresa interessada possa apresentar um pedido de participação em resposta a uma carta-convite, desde que existam critérios objetivos e justificados para a seleção.

Por ser uma modalidade na qual é inviável a competição, ocorre apenas em casos de serviços intelectuais de complexidade especial, a exemplo de serviços de consultoria, arquitetura ou engenharia. Ressalta-se, por essa característica, ser proibida qualquer negociação sobre termos contratuais com os licitantes e os candidatos.[53]

O *procedimiento negociado*, sendo uma modalidade extraordinária que somente ocorre em hipóteses taxativas previstas na lei, é caracterizado pela escolha contratual recair sobre o licitado escolhido pela entidade licitante, após a consulta e negociação dos termos do contrato com um ou mais candidatos. A regra geral é que a Administração entre em contato diretamente com os candidatos que, em sua opinião, atendam aos requisitos de capacidade e solvência e negocie com cada um os assuntos técnicos e econômicos do respectivo contrato futuro.

A lei, neste ponto, impõe que deverá ser garantida a máxima transparência da negociação a todo instante, incluindo a sua publicidade e a ausência de discriminação entre os candidatos que participem do *procedimiento*. Ademais, a informação necessita ser suficientemente precisa com o intuito de que os operadores econômicos possam identificar a natureza e o âmbito de contratação, cujos critérios embasarão a decisão de participar deste.[54]

Uma das hipóteses da modalidade é no caso de licitações desertas, caracterizadas pela inadequação ou ausência de apresentação de propostas em licitações abertas ou restritas. Nela, há uma valoração sobre a possibilidade de manutenção do procedimento original com

---

[52] *Idem*, Artículo 132.

[53] *Idem*, Artículo 160.

[54] *Idem*, Artículo 166.

algumas modificações que permitam abrir a licitação com um número suficiente de operadores.

Em específico no diálogo competitivo, o ente público gerencia um intercâmbio de opiniões com os candidatos selecionados com o intuito de aperfeiçoar soluções que satisfaçam as necessidades públicas. É um procedimento similar ao *procedimiento negociado*, sendo reservado para o caso de contratos particularmente complexos, tais como a execução de infraestruturas sofisticadas, sendo obrigatório nos contratos de colaboração público-privada. Por isso, visando favorecer a concorrência nessa licitação, necessita-se de certa flexibilidade com o número de empresas convidadas a participar, sendo, sempre que possível, no mínimo três candidatos, para garantir uma competição efetiva.[55]

Um procedimento que requer especial atenção quanto às suas características e aos riscos de conluio é o acordo-quadro (*acuerdo marco*). Trata-se de um mecanismo disponível para a racionalização técnica de contratação entre a administração e empreiteiros, estendendo-se por um certo período e contendo benefícios continuados. Busca-se a estabilidade de condições contratuais, pois, uma vez definidos, não permitem a contratação de novas empresas licitadas durante o mandato de validade.

Deste modo, a empresa que permanece fora do acordo-quadro fica excluída de contratos específicos que podem ser celebrados durante sua validade. Por essa razão, o uso dessa modalidade pode ser associado à criação de barreiras à entrada de candidatos que não fizeram parte anteriormente, motivo pelo qual a legislação espanhola impõe que essa modalidade apenas pode ser celebrada desde que não sejam utilizadas de maneira abusiva.[56]

A duração do acordo não poderá exceder quatro anos, salvo em casos excepcionais devidamente justificados. De todo modo, a duração deverá ser fundamentada, levando em consideração as peculiaridades e características do setor de atividade a que seu objeto se refere.[57]

Após considerar essas informações gerais sobre as principais modalidades licitatórias na Espanha, previstas na Lei nº 09/2017, passa-se às especificações contratuais cuja determinação visa aprimorar a livre concorrência.

---

[55] *Idem*, Artículo 172 e seguintes.

[56] COMISIÓN Nacional de la Competencia. *Op. cit.*, p. 12.

[57] ESPANHA. *Lei nº 9, de 8 de novembro de 2017*. Boletim Oficial do Estado nº 272, de 09/11/2017. Disponível em: https://www.boe.es/buscar/act.php?id=BOE-A-2017-12902. Acesso em: 24 jun. 2025. Artículo 220.

As especificações dos contratos, em particular as especificações técnicas, são documentos que determinam o acesso à concorrência por potenciais licitantes, bem como quais serão as principais variáveis no processo de competição.

Consequentemente, as entidades adjudicantes públicas deverão projetá-las de modo a garantir os princípios da igualdade e não discriminação de candidatos, permitindo as melhores condições possíveis. Além disso, no momento da elaboração de novos contratos que já tenham sido celebrados, os órgãos de contratação têm a obrigação de evitar a aplicação automática das disposições pretéritas, assegurando a revisão ou a atualização de seu conteúdo.

Os aspectos mais relevantes na concepção de especificações são a exigência de certidões negativas (*solvencia*) do licitante, a imposição de determinada configuração jurídica empresarial, a discriminação por razões territoriais, a existência de requisitos técnicos e econômicos desnecessários ou excessivos e a determinação de certificações de qualidade.[58]

A exigência de solvência econômico-financeira e técnico-profissional do licitado deve ser vinculada ao objeto do contrato e proporcional a ele. Isso porque, uma classificação excessivamente exigente pode elevar substancialmente as barreiras de participação no certame. É conveniente, sob esse prisma, que a Administração adote requisitos similares para contratos essencialmente congêneres, de modo a evitar o tratamento desigual entre empresas licitantes.

O Guia sobre a Contratação Pública da Comissão Nacional apresenta dois exemplos de critérios abusivos quanto à qualificação econômico-financeira e técnico-profissional do licitado:[59]

(i) Em um certame para o ensino de idioma, foi utilizada como critério valorativo superior a experiência prévia com contratos firmados com a Administração, em detrimento de empresas que não tinham participado de nenhuma modalidade licitatória, configurando-se tratamento desigual, que não se justifica pelo objeto do contrato (o ensino).

(ii) Uma empresa pública convocou um concurso público para a licitação, em procedimento aberto, da contratação de serviços de engenharia para determinado projeto tecnológico de reabilitação de

---

[58] COMISIÓN Nacional de la Competencia. *Op. cit.*, p. 13.

[59] *Idem*, p. 14.

um edifício. Todavia, no momento de especificação contratual, havia uma exigência de solvência individual de empresas, ainda que essas concorressem em formato de associação empresarial. Não bastava, em outros termos, a união de certidões da associação (considerada como um todo), mas a solvência individual de todas as empresas pertencentes a esse grupo, o que configurava uma exigência excessiva e abusiva.

A exigência de determinada forma jurídica da empresa licitada, como empresa comercial, associação sem fins lucrativos ou de utilidade pública, é vedada em razão de eliminar possibilidades de participação de operadores apenas em função de sua configuração jurídica. Exemplifica-se o caso dos contratos de assistência médica que exigiam que apenas haveria participação no certame de associações empresariais de médicos, limitando desnecessariamente a concorrência e não possuindo nenhuma relação com o objeto a ser contratado (a prestação de serviços médicos).[60]

A discriminação direta em função de razões territoriais, nacionalidade, língua ou domicílio, bem como as indiretas, como a experiência anterior vinculada a um âmbito geográfico, é desproporcional e configura direcionamento de licitação.

Em relação ao objeto do contrato, é vedada, salvo exceções fundamentadas objetivamente, toda referência a tipologias, especificações técnicas e marcas de produtos como determinantes para o acesso à licitação. Igualmente, deve-se evitar a exigência de cargas econômicas desarrazoadas, tais como a contratação de seguros de responsabilidade civil em quantia superior ao objeto do contrato.[61]

Cita-se como exceção fundamentada a utilização de especificações de determinada marca concreta com a finalidade de descrever, mais compreensivamente, as características do objeto almejadas pela Administração. Contudo, esse requisito não pode ser tido como critério determinante ou excludente de candidatos.

Como última especificação, a exigência de certificados de qualidade só é permitida desde que seja utilizada no sentido de normas de garantia, não como critério excludente. Ademais, uma vez adotado esse critério de certificação, a Administração Pública deve aceitar as modalidades emitidas por quaisquer entidades certificadoras que tenham um reconhecimento mínimo em sua área de *expertise*.[62]

---

60 *Idem*, p. 15.

61 *Ibidem*.

62 COMISIÓN NACIONAL DE LA COMPETENCIA. *Op. cit.*, p. 16.

Antes de abordar a temática do uso da inteligência artificial e outras tecnologias, faz-se necessário delinear, também, um panorama geral acerca da corrupção em relação às contratações públicas no Brasil.

Segundo a legislação brasileira, as contratações públicas devem seguir, em regra, o procedimento de uma licitação, ressalvados os casos de dispensa e inexigibilidade, conforme previsão legal (art. 1º, §1º, da Lei nº 14.133/2021). Sem adentrar ao mérito do rito procedimental licitatório, cabe frisar que os órgãos de controle e a população em geral tomam conhecimento dela após a publicação de seu edital nos diários oficiais ou na internet.[63]

Nesse edital, existe a necessidade de estarem previstos alguns critérios, como o objeto a ser contratado, o respectivo orçamento estimado em planilhas de quantitativos e preços unitários e demais exigências previstas na legislação (art. 17 e art. 22 da Lei nº 14.133/2021).

Destarte, entre a publicação do edital e a sessão de julgamento — que definirá a proposta vencedora para fins de contratação —, o prazo mínimo é de 8 dias úteis para o pregão eletrônico ou presencial e de 15 a 30 dias úteis para as demais modalidades, a depender da complexidade do objeto e do critério de julgamento adotado (arts. 53 a 55 da Lei nº 14.133/2021).

Destaca-se, também, que a modalidade pregão, apesar de ser utilizada para a contratação de serviços e compra de bens de menor complexidade, merece atenção especial, pois um mesmo edital pode ser utilizado para aquisição de grande quantidade de itens, cujo fornecimento pode se estender por até 12 meses (art. 94, §3º, da mesma lei).[64] Ademais, a ata de registro de preços pode ser utilizada por outros órgãos e entidades da Administração Pública por meio do procedimento conhecido como "adesão à ata de registro de preços", popularmente chamado de "carona" (art. 86, §2º, da Lei nº 14.133/2021). Essa possibilidade implica um grande impacto financeiro para os cofres públicos, culminando na exigência de maior responsabilidade fiscal sobre essa modalidade.

---

[63] BRASIL. *Lei nº 14.133, de 1º de abril de 2021*. Institui a nova Lei de Licitações e Contratos Administrativos. *Diário Oficial da União*, Brasília, DF, 1º abr. 2021. Disponível em: http://www.planalto.gov.br/ccivil_03/_ato2019-2022/2021/lei/L14133.htm. Acesso em: 16 jul. 2025.

[64] BRASIL. *Decreto nº 7.892/13*. Art. 12. Disponível em: http://www.planalto.gov.br/ccivil_03/_ato2011-2014/2013/decreto/d7892.htm. Acesso em: 2 maio 2025.

Logo, o prazo exíguo entre a publicação dos editais (tomada de conhecimento do procedimento licitatório) e o julgamento das propostas dificulta a atuação dos órgãos de controle em caráter preventivo e/ou concomitante. Caso a atividade de controle pudesse efetivamente realizar-se antes da escolha da melhor proposta, aumentar-se-iam as chances de localizar brechas no edital — que podem representar tentativas de viabilizar a corrupção — e de tomar providências para que estas fossem sanadas.

Assim, com a atuação dos órgãos de controle, o setor da Administração Pública responsável alteraria o edital publicado, excluindo tais brechas e dificultando a ocorrência de fraudes ou abusos. Neste caso, as empresas que se submetessem à licitação elaborariam suas propostas baseadas em um objeto real, dentro do preço de mercado, contabilizando apenas o custo do produto e seus lucros. A execução do contrato seguiria as novas regras então definidas, tendo sido excluídas as brechas que poderiam ensejar sobre preço ou superfaturamento de produtos.

Salienta-se, ainda, que a corrupção nas aquisições de bens e nas contratações de serviços e obras públicas ocorrem, na maioria das vezes, por meio de:[65]

a) Superfaturamento de preços:[66] o valor do item constante como objeto da licitação está superior ao preço praticado no mercado. Isto pode ocorrer a partir de (I) um termo de referência mal elaborado pela Administração, que já prevê, desde o início do certame, um preço superior ao devido, em razão de pesquisa de preços deficiente; ou (II) uma etapa de concorrência frágil, já durante a sessão de julgamento (normalmente nos procedimentos dos pregões), quando as empresas atuam em conluio e deixam de realizar uma competição real de preços, implicando um valor contratado incompatível com a média de mercado.

b) Superestimativa de quantidade:[67] o valor do item pode até estar de acordo com a média de mercado, porém, a quantidade de um ou mais itens é superior ao necessário. A exemplo disso, cite-se

[65] ISHIKAWA, Lauro; ALENCAR, Alisson Carvalho de. *Compliance* inteligente: o uso da inteligência artificial na integridade das contratações públicas. *Revista de Informações Legislativas*, Brasília, ano 57, n. 225, p. 83-98, jan./mar. 2020.

[66] SOUZA, Kleberson Roberto de; SANTOS, Franklin Brasil. *Como combater a corrupção em licitações*: detecção e prevenção de fraudes. Belo Horizonte: Fórum, 2018. p. 44.

[67] *Idem*, p. 47.

a construção de uma creche com uma metragem específica, em que se exige uma quantidade superior de material ao que comumente é utilizado em obras semelhantes. Tal situação é muito comum em licitações cujo objeto seja a compra de combustíveis ou a contratação de obras públicas.

c) *Exigência excessiva de critérios qualitativos:*[68] o valor e a quantidade dos itens estão dentro dos padrões de normalidade, porém, insere-se a exigência de uma qualidade muito específica (além de desnecessária) no material a ser empregado. Isto implica redução da concorrência e direcionamento da licitação, já que poucas empresas estarão habilitadas para atender as exigências do edital. Ademais, no momento de execução do contrato, as empresas utilizam-se de materiais de qualidade inferior ao exigido, mas que não prejudicam o resultado útil do serviço ou da obra. Agindo desta forma, a Administração acaba pagando um valor superior ao que é necessário, além de favorecer o direcionamento do procedimento licitatório a empresas específicas.

Diante deste cenário, destaca-se que as fraudes ocorridas nas licitações são mais comumente apuradas em relação à exigência excessiva de critérios qualitativos em relação aos itens e serviços, em detrimento de seu valor ou quantidade. Isto porque é mais difícil de ser identificado o uso de materiais de qualidade inferior ao contratado, sem que haja um serviço especializado de fiscalização *in loco* na execução dos contratos. Neste sentido, veja as conclusões de Souza e Santos:

> Assim, a inclusão de cláusulas restritivas nos editais de licitação compromete a efetiva competição entre os licitantes, por meio de direcionamento indevido do processo a determinado fornecedor. Nesse sentido, *o direcionamento de licitações públicas é um dos mecanismos mais comuns para se devolver "favores" acertados durante a campanha eleitoral, bem como para canalizar recursos públicos para os agentes fraudadores.* O gestor mal-intencionado dirige as licitações a determinados fornecedores, por meio da especificação de condições impeditivas da livre concorrência, incluindo exigências que os demais fornecedores em potencial não têm condições de atender. (grifou-se)[69]

---

68 *Idem*, p. 51.

69 *Idem*, p. 52.

Desta forma, conforme explicitado pelo autor, a exigência de critérios qualitativos excessivos é um dos meios mais comuns utilizados para canalizar recursos públicos e direcionar processos licitatórios, tendo em vista que a inclusão destas cláusulas restritivas restringe a livre concorrência apenas aos fornecedores que atendam aos requisitos excessivos.

Diante deste problema, o Tribunal de Contas da União não tem aceitado que se estabeleçam exigências excessivas que possam restringir indevidamente a competitividade dos certames,[70] de modo que os editais claramente restritivos devem ser denunciados à autoridade competente.

Por outro lado, cabe destacar que seria mais fácil identificar o direcionamento de uma licitação caso houvesse disponibilidade de tempo para que os órgãos de controle pudessem atuar de forma preventiva, ou seja, antes de realizar-se a escolha da melhor proposta e a contratação da empresa vencedora. Assim, em havendo a possibilidade e o estímulo para a atuação preventiva desses órgãos, diversas despesas e pagamentos desnecessários poderiam ser evitados.

Em relação ao superfaturamento de preços de produtos, solução eficaz seria a capacitação da população para a realização de pesquisas de mercado a respeito de bens e serviços, para, então, serem fiscais dos preços inseridos nos orçamentos detalhados dos editais de licitação. O Administrador Público também tem o dever de realizar efetiva pesquisa de mercado, veja:

> A pesquisa de preços de referência nas aquisições públicas deve adotar amplitude e rigor metodológico proporcionais à materialidade da contratação e aos riscos envolvidos, não podendo se restringir à obtenção de três orçamentos junto a potenciais fornecedores, mas deve considerar o seguinte conjunto (cesta) de preços aceitáveis: preços praticados na Administração Pública, como fonte prioritária; consultas em portais oficiais de referenciamento de preços e em mídias e sítios especializados de amplo domínio público; fornecedores; catálogos

[70] Reafirmando a conclusão, "o Tribunal de Contas da União não tem aceitado que se estabeleçam exigências excessivas que possam restringir indevidamente a competitividade dos certames, conforme previsto nos Acórdãos nºs 1.284/2003; 2.088/2004; 2.656/2007; 608/2008; 2.215/2008 e 2.147/2009, todos do Plenário" — vide *Acórdão* nº *397/2013 — Plenário. Rel. Valmir Campelo.* Disponível em: https://contas.tcu.gov.br/pesquisaJurisprudencia/#/detalhamento/11/*/NUMACORDAO:397%20ANOACORDAO:2013%20COLEGIADO:%22Plen%C3%A1rio%22/DTRELEVANCIA%2520desc%252C%2520NUMACORDAOINT%2520desc/false/1. Acesso em: 26 jul. 2025.

de fornecedores; analogia com compras/contratações realizadas por corporações privadas; outras fontes idôneas, desde que devidamente detalhadas e justificadas.[71]

Para tanto, existem diversos bancos de dados, com livre consulta, que auxiliam na pesquisa de preços públicos de bens e serviços. Citem-se, a exemplo disso, os portais de Compras Governamentais,[72] Painel de Preços do Ministério do Planejamento,[73] Banco de Preços em Saúde[74] e o Portal de Licitações do Banco do Brasil.[75]

Diante da abordagem apresentada por este título e considerando que as compras públicas têm sido o centro de grandes esquemas de corrupção, a solução encontrada para prevenir a perda de recursos públicos e os prejuízos aos cidadãos decorrentes de fraudes e corrupção neste segmento foi uma aliança com novas tecnologias, para oferecer transparência completa dos processos de contratação e a respectiva análise em larga escala,[76] além de colaborar com a aplicação de mecanismos de *compliance* no setor público.

Assim, o índice de percepção da corrupção no Brasil é bastante intenso, ou seja, a sociedade brasileira reconhece que o problema é complexo, tendo em vista que a corrupção está enraizada na cultura do país desde o início de sua história.[77]

Diante desta situação, o Congresso Nacional brasileiro decretou, no ano de 2013, uma legislação específica para o combate ao ilícito: a Lei nº 12.846/2013, que ficou popularmente conhecida como Lei

---

[71] MATO GROSSO. Tribunal de Contas do Estado de Mato Grosso. Resolução de consulta nº 20/2016 - Tp. Processo nº 13.193-8/2016. Disponível em: https://www.tce.mt.gov.br/protocolo/decisao/num/131938/ano/2016/num_decisao/20/ano_decisao/2016. Acesso em: 25 jun. 2025.

[72] BRASIL. Portal de compras do Governo Federal. Disponível em: https://www.comprasgovernamentais.gov.br/. Acesso em: 26 jun. 2025.

[73] BRASIL. Painel de preços do Ministério do Planejamento. Disponível em: http://paineldeprecos.planejamento.gov.br/. Acesso em: 26 jun. 2025.

[74] BRASIL. Banco de preços do Departamento de Informática do Sistema Único de Saúde. Disponível em: http://bps.saude.gov.br/login.jsf. Acesso em: 26 jun. 2025.

[75] BRASIL. Portal de licitações do Banco do Brasil. Disponível em: http://www.licitacoes-e.com.br/aop/index.jsp. Acesso em: 26 jun. 2025.

[76] MOHALLEM, Michael Freitas *et al*. *Cartilha "Novas medidas contra a corrupção"*. Transparência Internacional; FGV Direito Rio; FGV Direito São Paulo. p. 25.

[77] AYER, Flávia. Corrupção está enraizada no Brasil desde o período colonial, revela historiadora. Disponível em: https://www.em.com.br/app/noticia/politica/2017/08/13/interna_politica,891482/corrupcao-esta-enraizada-no-brasil-desde-o-periodo colonial-revela-hi.shtml. Acesso em: 25 jul. 2025.

Anticorrupção.[78] O novo diploma normativo trouxe dispositivos de responsabilização administrativa e civil de pessoas jurídicas pela prática de atos contra a administração pública nacional ou estrangeira. Ou seja, além de proteger o próprio Estado brasileiro, buscou resguardar, também, os Estados estrangeiros que viessem a sofrer com a corrupção de empresas brasileiras.

A novel legislação positivou a mudança cultural que a sociedade brasileira tem vivido nos últimos anos, de baixa tolerância aos atos de corrupção, especialmente no setor público. A Lei Anticorrupção trouxe, também, o instrumento denominado de "acordo de leniência", muito utilizado para estimular a colaboração nas investigações sobre o ilícito.

Após a publicação da referida lei, houve sua regulamentação por meio do Decreto nº 8.420, de 18 de março de 2015, que disciplinava um novo instrumento de combate à corrupção: os programas de integridade — que são uma ferramenta do *compliance*, mas que, para fins de didática, serão tratados como sinônimos —, os quais haviam sido apenas citados na Lei Anticorrupção como uma atenuante à aplicação de sanções.[79]

Com esse decreto, os programas de integridade ganharam uma roupagem formal, consistindo em um conjunto de mecanismos e procedimentos internos de auditoria e incentivo à denúncia de irregularidades no âmbito de uma pessoa jurídica, aplicando, efetivamente, códigos de ética e de conduta, bem como políticas e diretrizes com o objetivo de detectar e sanar desvios, fraudes, irregularidades e atos ilícitos praticados contra a administração pública, nacional ou estrangeira.

A partir de sua publicação, observou-se uma forte onda de implantação desses programas nas empresas brasileiras, que passaram a se preocupar com a questão da integridade. No mesmo ritmo, também foi exigido, moralmente, que o setor público se adequasse às novas regras de integridade, que acabaram se tornando obrigatórias para o setor público federal no ano de 2017, com a edição do Decreto nº 9.203/2017.[80]

---

[78] BRASIL. *Lei nº 12.846/2013*. Disponível em: http://www.planalto.gov.br/ccivil_03/_ato2011-2014/2013/lei/l12846.htm. Acesso em: 16 abr. 2025.

[79] BRASIL. *Decreto nº 8.420, de 18 de março de 2015*. Regulamenta a Lei nº 12.846, de 1º de agosto de 2013. Revogado pelo Decreto nº 11.129, de 11 de julho de 2022. Disponível em: http://www.planalto.gov.br/ccivil_03/_Ato2015-2018/2015/Decreto/D8420.htm. Acesso em: 16 abr. 2025.

[80] BRASIL. *Decreto nº 9.203, de 22 de novembro de 2017*. Dispõe sobre a política de governança da administração pública federal direta, autárquica e fundacional. Disponível em: http://www.planalto.gov.br/ccivil_03/_Ato2015-2018/2017/Decreto/D9203.htm. Acesso em: 16 abr. 2025.

Esse decreto estabeleceu a obrigatoriedade de que os órgãos e entidades da administração direta, autárquica e fundacional instituíssem programas de integridade, com o objetivo de promover a adoção de medidas institucionais voltadas à prevenção, detecção, punição e remediação de fraudes e atos de corrupção.

Importa destacar que o Decreto nº 8.420/2015 foi formalmente revogado pelo Decreto nº 11.129, de 11 de julho de 2022, o qual atualmente regulamenta a Lei nº 12.846/2013, atualizando os parâmetros de avaliação e implementação dos programas de integridade no Brasil.[81]

Para facilitar a adoção dos programas no âmbito do setor público, a Controladoria-Geral da União (CGU) publicou uma portaria,[82] no ano de 2018, que dividiu em fases a implementação dos programas de integridade nos órgãos e entidades públicos. Ademais, a fim de averiguar a real aplicação do Decreto da Integridade no setor público, a CGU tem realizado a fiscalização e o levantamento constante de informações sobre o tema.

Neste ínterim, para facilitar a prestação de contas e a participação da sociedade na implementação dos mecanismos de *compliance* do setor público, a CGU criou um "medidor da integridade" para as entidades do setor público federal, estudando todos aqueles que têm, ou não, adotado programas em seu dia a dia.

Desta forma, segundo dados do Portal da Integridade,[83] dos 187 órgãos do Governo Federal que tinham obrigatoriedade de adotar o programa, 72% (ou seja, 135 unidades) indicaram a criação de uma unidade de gestão da integridade, enquanto apenas 63% (ou seja, 118 unidades) obtiveram aprovação de seus planos pela CGU.

Assim, tendo como amostra o estudo realizado pela CGU nos órgãos do Governo Federal, verifica-se que a aplicação dos programas de integridade está realmente se efetivando no setor público brasileiro. Porém, é importante destacar que estes programas, após implementados, deverão ser fiscalizados regularmente não só pela CGU, mas também por outros órgãos de controle.

---

81 BRASIL. *Decreto nº 11.129, de 11 de julho de 2022*. Regulamenta a Lei nº 12.846, de 1º de agosto de 2013. Diário Oficial da União: seção 1, Brasília, DF, 12 jul. 2022.

82 BRASIL. Controladoria-Geral da União. Portaria nº 1.089/2018. Disponível em: https://www.cgu.gov.br/noticias/2018/04/cgu-lanca-regulamentacao-para-programas-de-integridade-no-governo-federal/portaria-cgu-1089-2018.pdf/@@download/file/portaria-cgu-1089-2018.pdf. Acesso em: 16 abr. 2025.

83 BRASIL. Controladoria Geral da União. *Portal da Integridade*. Disponível em: http://paineis.cgu.gov.br/integridadepublica/index.htm. Acesso em: 16 abr. 2025.

Surge, então, uma nova questão: diante da implementação dos mecanismos de *compliance* no setor público e da necessidade fiscalizatória das contratações públicas — que, conforme vimos no capítulo anterior, têm significado uma parcela expressiva do orçamento nacional —, como realizar essa atividade de controle em atos administrativos tão numerosos? Este questionamento será objeto dos itens a seguir.

4.1 A necessidade de adequação do modelo da Administração Pública à era digital

4.1.1 A evolução do modelo administrativo no Brasil

Para melhor compreender o novo modelo que será proposto, antes, é necessário abordar a evolução da Administração Pública, especificando as características de cada momento para, posteriormente, versar acerca da Era Digital.

Primeiramente, o termo Administração Pública pode ser entendido como o aparelhamento do Estado mediante estruturas, recursos, órgãos, agentes e serviços, que estão à disposição do governo para a realização de programas políticos em prol do bem comum da coletividade.[84] Hely Lopes Meirelles, ademais, leciona que "é o instrumental de que dispõe o Estado para pôr em prática as opções políticas do governo".[85]

Partindo-se de uma perspectiva histórica, a Administração pública sofreu mudanças em sua forma de gestão, as quais convencionou-se distinguir em três grandes estruturas de sistemas administrativos: patrimonialista, burocrático e gerencial. Ressalta-se que, embora sejam didaticamente singulares, são formas que se sucederam no tempo sem que, contudo, qualquer uma delas fosse inteiramente abandonada.[86]

Trata-se de um processo de aperfeiçoamento contínuo de serviços prestados pelo Estado à população, que, diante do cenário histórico

---

[84] PALUDO, Augustinho. *Administração Pública*. 9. ed. São Paulo: Juspodivm, 2020, p. 30.

[85] MEIRELLES, Hely Lopes. *Direito administrativo brasileiro*. 23. ed. São Paulo: Malheiros, 1998, p. 66.

[86] BRASIL. Ministério da Administração Federal e Reforma do Estado — MARE (1995) *Plano Diretor da Reforma do Aparelho do Estado*. Brasília: Imprensa Nacional, novembro 1995. Plano aprovado pela Câmara da Reforma do Estado da Presidência da República em setembro de 1995, p. 15. Disponível em: http://www.bresserpereira.org.br/Documents/MARE/PlanoDiretor/planodiretor.pdf. Acesso em 29 jun. 2025.

e respectivo contexto social, alterou-se para adaptar deficiências dos modelos pretéritos, reorganizando o aparelhamento estatal.

Consoante o estudo de Nogueira,[87] o primeiro destes sistemas foi classificado por Max Weber, um dos fundadores da Sociologia, como Sistema Patrimonialista, cujo pressuposto é a existência de um Estado "puramente pessoal do senhor", de modo que os lucros da atividade estatal são destinados majoritariamente ao seu mandatário. A autora acrescenta:

> Nesse sistema, os indivíduos são tratados conforme a natureza do relacionamento que mantêm com dignitários do Estado ou da convicção ideológico-partidária que manifestam. Em lugar de conceder a todos um tratamento institucionalmente isento e padronizado, completamente desprovido de companheirismo, o Estado patrimonialista age como instância patrocinadora de sinecuras e de benesses aos amigos do poder.[88]

Portanto, trata-se de um modelo defasado, apesar de ainda existir em alguns países subdesenvolvidos e vitimados por autocracias instaladas pelo voto ou pela violência das armas.

Em específico, foi o primeiro modelo de administração pública do Brasil, proveniente da vinda da família real e cuja predominância estendeu-se até 1930. Por ter sido umbilicalmente ligado à monarquia absolutista, teve como característica principal a indistinção entre os bens públicos e os bens particulares, no qual o alicerce era a dominação tradicional entre súditos e governantes.

Em outros termos, nesse modelo os gestores consideravam a estrutura estatal com uma extensão de seu poder, não diferenciando a *res publica* (coisa pública) e da *res principis* (patrimônio do príncipe).[89]

Segundo Luiz Carlos Bresser-Pereira, ministro do governo Fernando Henrique Cardoso nos anos de 1990 e responsável pela Reforma Gerencial do Estado em 1995, o contexto brasileiro do século XIX era de um Estado oligárquico com uma pequena elite de senhores

---

[87] NOGUEIRA, Nair Maria Gaston. Administração pública e sociedade digital: panorama evolutivo. *In:* OLIVEIRA, Aroldo Cedraz de (coord.). *O controle da Administração Pública na era digital.* 2. ed. Belo Horizonte: Fórum, 2017. p. 55.

[88] *Ibidem*, p. 56.

[89] BRASIL. Ministério da Administração Federal e Reforma do Estado — MARE (1995) *Plano Diretor da Reforma do Aparelho do Estado. Op. cit.*, p. 15.

de terra e políticos patrimonialistas, concentrado em um estamento aristocrático cujo poder e renda derivam do próprio Estado.[90]

Tratava-se da reprodução do sistema montado em Portugal no século XIV por Dom João I, o qual era orginalmente formado por uma nobreza decadente, que, devido à perda de riquezas e terras, torna-se mais dependente da máquina estatal. Assim, é um estamento não mais senhorial, visto que sua riqueza prescinde da renda da terra, mas patrimonial, visto que seu capital se confunde com os recursos do Estado.[91]

Assim, o governante dispunha dos bens e funcionários públicos como se fossem prolongamentos de sua propriedade, ocasionando a pessoalidade das ações administrativas, bem como a ausência de prestação de contas à sociedade, cuja consequência foi a autonomia e um imenso poder político.

Era comum o clientelismo, no qual a atuação administrativa era voltada para o atendimento de interesses particulares e a troca de favores. Não obstante, havia a nomeação de funcionários por fins afetivos, relegando o profissionalismo a segundo plano, cujo resultado era uma forte tendência à corrupção e ao nepotismo.

A elite brasileira era fundamentalmente formada por juristas e funcionários públicos com uma educação homogênea e conservadora, na qual a capacidade de processar conflitos entre os grupos dominantes era aceita por todos e constituía o fulcro da estabilidade do sistema imperial.[92]

Assim, houve um Estado Patrimonialista e Mercantil no Brasil Imperial, que se estende até a Primeira República. O referido autor anota que a absoluta maioria dos ministros, conselheiros, "presidentes de província"[93] e deputados eram formados em Direito, caracterizados

---

[90] BRESSER-PEREIRA, Luiz Carlos. Do estado patrimonial ao gerencial. *In:* PINHEIRO, Wilheim e Sachs (org.). *Brasil:* um século de transformações. São Paulo: Cia. das Letras, 2001, p. 227.

[91] *Idem.*

[92] *Idem.*

[93] "O cargo de presidente da província foi instituído por lei em 20 de outubro de 1823. Este presidente era nomeado pelo imperador, gozava de tratamento diferenciado e tinha direito a um fardão especial. Possuía por atribuições: sancionar, vetar e fazer executar as leis provinciais; nomear, suspender e demitir os empregados provinciais; além de administrar os órgãos e serviços provinciais, como as obras públicas, a instrução pública, a tesouraria provincial e a secretaria de governo. De acordo com o ato adicional de 1834, o presidente da província tornou-se responsável também por convocar a assembleia provincial, podendo prorrogá-la e adiá-la quando o bem da província assim o exigisse". Disponível em: http://www.siaapm.cultura.mg.gov.br/modules/fundos_colecoes/brtacervo.php?cid=25. Acesso em: 30 jun. 2025.

por serem burocratas, expressão utilizada para denominar aqueles cuja renda deriva essencialmente do Estado, e patrimonialistas na medida em que os critérios de escolha não eram racionais ou legais, mas sim porque "constroem um complexo sistema de agregados e clientes em torno de si, sustentado pelo Estado, confundindo o patrimônio privado com o estatal".[94]

Os critérios administrativos, com base nessa descrição, eram pessoais e a eficiência da máquina estatal, diminuta.

Enquanto isso, vivenciava-se a crise do Império em que os problemas se manifestavam em várias instâncias. Para os fins desse trabalho, os mais relevantes foram (i) o descontentamento do Exército, principalmente os oficiais de baixo escalão que eram impossibilitados de manifestar livremente suas opiniões políticas; (ii) a insatisfação dos grandes fazendeiros após a edição a Lei Áurea, que pôs fim à escravidão; (iii) a contrariedade dos agricultores paulistas que, adeptos da importação de mão de obra imigrante, eram contrários à monarquia e buscavam maior participação política e poder de decisão de questões nacionais; e (iv) a ascensão da classe média urbana, que buscava também maior participação política e liberdade econômica.[95]

Além disso, é possível afirmar que o enfraquecimento do sistema patrimonialista teve como causas o afloramento do ideário democrático, no qual há a necessidade de uma gestão pública profissional, bem como o fortalecimento do capitalismo, por intermédio da ascensão da burguesia, cuja bandeira era a defesa da distinção entre o patrimônio público e o privado.

A Administração Pública Patrimonialista tornou-se insustentável no "momento em que o capitalismo e a democracia se tornaram dominantes, o mercado e a sociedade civil passam a se distinguir do Estado".[96] Portanto, em termos gerais, é razoável afirmar que, a partir do declínio dos governos monárquicos absolutistas e do enfraquecimento da tutela do Estado sobre a sociedade, a modalidade patrimonialista cedeu lugar ao seu sucessor, que se baseou na burocracia.[97]

A reforma burocrática brasileira teve como precursor o embaixador Maurício Nabuco, que, ao reformar o Ministério das Relações

---

[94] BRESSER-PEREIRA. Do estado patrimonial ao gerencial. *Op. cit.*, p. 229.

[95] Disponível em: https://www.historiadomundo.com.br/idade-contemporanea/proclamacao-republica-no-brasil.htm. Acesso em: 30 jun. 2025.

[96] BRASIL. Ministério da Administração Federal e Reforma do Estado — MARE (1995). *Plano Diretor da Reforma do Aparelho do Estado. Op. cit.*, p. 15.

[97] *Idem.*

Exteriores no final da década de 20, iniciou os trabalhos em 1936 sob a liderança de Getúlio Vargas. Houve a criação do Departamento Administrativo do Serviço Público (DASP), que passou a ser o órgão executor e também formulador da organização da Administração Pública. Isso ocorria no seio do Estado Novo, no qual havia uma tendência à valorização da competência técnica e a afirmação de princípios centralizadores e hierárquicos da burocracia clássica.[98]

O segundo modelo de Administração Pública foi denominado sistema burocrático, que surgiu na segunda metade do século XIX em virtude do anseio das sociedades por um Estado impessoal, constituído a partir de instituições hierarquizadas que adotassem controles internos focados em processos. Com o objetivo de reduzir os abusos patrimonialistas (corrupção e nepotismo), este novo sistema introduziu procedimentos administrativos objetivos, adotando o princípio da impessoalidade e do formalismo no trato com a coisa pública.[99]

Os princípios orientadores do seu desenvolvimento abrangem a profissionalização, a ideia de carreira, hierarquia funcional e "poder racional-legal". É comum a adoção da premissa da desconfiança prévia nos administradores públicos e nos cidadãos que a eles dirigem demandas, sendo utilizados controles rígidos de procedimentos administrativos.[100]

Em análise das principais realizações do DASP, é possível citar o ingresso no serviço público por concurso, o emprego de requisitos gerais e uniformes para a classificação de cargos e serviços de pessoal, a administração orçamentária e a padronização das compras do Estado, a racionalização geral de métodos administrativos, bem como o estabelecimento de órgãos reguladores nas áreas econômica e social.[101]

Ocorre que, com o passar dos anos, foi possível observar o desenvolvimento de significativos bolsões de ineficiência e inabilidade da máquina pública, enveredando-se para o custeio e suprimento de uma gama numerosa de benefícios sociais.

Justifica-se a referida postura em razão de que, para garantir a impessoalidade e objetividade, o controle se transforma na própria essência do funcionamento estatal, cujo formalismo criava uma

---

[98] BRESSER-PEREIRA. Do estado patrimonial ao gerencial. *Op. cit.*, p. 233.

[99] NOGUEIRA. *Op. cit.*, p. 57.

[100] BRASIL. Ministério da Administração Federal e Reforma do Estado — MARE (1995). *Plano Diretor da Reforma do Aparelho do Estado. Op. cit.*, p. 15.

[101] BRESSER-PEREIRA. Do estado patrimonial ao gerencial. *Op. cit.*, p. 233.

considerável discrepância entre a atuação administrativa e a realidade, com o abandono gradativo da noção básica de servir à sociedade.[102]

Com isso, a burocracia tomou proporções tão elevadas que se revelou incompatível com as necessidades do país, havendo críticos que avaliavam se os custos de manutenção desse modelo, em algum momento, não se tornariam insustentáveis para os cofres públicos ao mesmo tempo em que se constituía um empecilho ao desenvolvimento brasileiro.[103]

Em 1964, os militares intervêm e, devido a seus ideais, o Brasil experimenta por quase 20 anos um regime autoritário, modernizador, burocrático e capitalista. Bresser-Pereira ressalta que os militares promoveram a reforma administrativa de 1967 com a ativa participação de civis, a qual culminou no Decreto-Lei nº 200, que prenunciava as reformas gerenciais que ocorreriam no Brasil em 1995, uma vez que reconheciam que as formas burocráticas rígidas constituíam um obstáculo ao desenvolvimento do país, um mal tão expressivo quanto as distorções patrimonialistas e populistas anteriores.[104]

Houve a distinção da Administração Direta da Indireta, garantindo autonomia de gestão às autarquias, às fundações e às empresas estatais. Fora instituída uma racionalidade administrativa quanto ao planejamento e ao orçamento, utilizando-se de empregados celetistas submetidos ao regime privado de contratação de trabalho, expandindo a quantidade de empresas estatais e fundações, além de flexibilizar o sistema de compras estatais, tornando-o menos burocrático.

O Decreto-Lei nº 200/67 foi uma tentativa de superação da rigidez burocrática que havia se instalado na Administração Pública brasileira, podendo ser considerado o primeiro momento da administração gerencial. Contudo, a reforma teve consequências indesejadas na medida em que, ao permitir a contratação de empregados nas empresas estatais sem concurso público, facilitou a sobrevivência de práticas clientelistas e, ao mesmo tempo, por não se dispor acerca da Administração Direta, esta foi considerada burocrática e deixou de realizar concursos de provimento e de desenvolver os planos de carreira.[105]

---

[102] BRASIL. Ministério da Administração Federal e Reforma do Estado — MARE (1995). *Plano Diretor da Reforma do Aparelho do Estado. Op. cit.*, p. 15.

[103] NOGUEIRA. *Op. cit.*, p. 57.

[104] BRESSER-PEREIRA. Do estado patrimonial ao gerencial. *Op. cit.*, p. 236.

[105] *Idem*, p. 238.

Em virtude disso, a gestão pública distancia-se desse sistema, marcado pela rigidez hierárquica, passando a privilegiar um programa de estrutura mais flexível e de caráter gerencialista, privilegiando soluções eficientes de baixo custo. É o surgimento da centelha do Sistema Gerencial, que incorpora as diretrizes do empreendedorismo de modo a superar as dificuldades dos processos burocráticos.[106]

O retrocesso burocrático ocorreu na década de 80 como uma reação ao clientelismo e o desprestígio da Administração Pública nesse período, juntamente com a necessidade de reformulá-lo para tornar a economia mais competitiva durante a reabertura democrática.[107]

Esses contornos ficam mais expressivos com o período de estagnação da renda *per capita* de 1979 a 1994 e o episódio da hiperinflação no final de 1989, sob o governo de José Sarney, no qual a sociedade brasileira sentirá as consequências da crise econômica.

Posteriormente, já no governo de Fernando Henrique Cardoso em 1995, a crise da Administração Burocrática já era fato, embora não existisse proposta para substituir esse modelo. Ainda nesse ano, é apresentado o *Plano Diretor da Reforma do Aparelho do Estado* e uma emenda constitucional da reforma administrativa, que tinha por base as experiências recentes dos países da Organização para a Cooperação e o Desenvolvimento Econômico (OCDE), com destaque para o Reino Unido: o *New Public Management*, de influências neoliberais, tinha o objetivo primordial de operar a Administração Pública como uma empresa privada, adquirindo eficiência, reduzindo custos e obtendo uma maior eficácia na prestação de serviços públicos.[108]

Ideologicamente, o *New Public Management* possuía noções atreladas ao liberalismo clássico, sobretudo quanto à redução da abrangência do Estado e à preferência de metodologias mercantis na condução dos procedimentos administrativos. Inclusive, havia uma propensão pela descentralização de serviços e pela privatização das atividades-meio, permitindo aos servidores públicos a exclusividade no desempenho de atividades-fim da Administração Pública. Porquanto, o governo concentraria seus esforços nas suas atividades essenciais, direcionando e garantindo o suprimento de necessidades básicas

[106] NOGUEIRA. *Op. cit.*, p. 57.

[107] BRESSER-PEREIRA. Do estado patrimonial ao gerencial. *Op. cit.*, p. 243.

[108] MOTTA, Paulo Roberto de Mendonça. *O estado da arte da gestão pública*. Disponível em: http://www.fgv.br/rae/artigos/revista-rae-vol-53-num-1-ano-2013-nid-47217/. Acesso em: 30 jun. 2025.

da sociedade, transferindo as demais à Administração Indireta e ao Terceiro Setor.[109]

Ressalta-se que, a despeito de utilizar as noções de gestão empresarial, foram consideradas algumas particularidades no modelo gerencial de gestão pública, as quais são assim sintetizadas:

> Enquanto a receita das empresas depende dos pagamentos que os clientes fazem livremente na compra de seus produtos e serviços, a receita do Estado deriva de impostos, ou seja, de contribuições obrigatórias, sem contrapartida direta. Enquanto o mercado controla a administração das empresas, a sociedade — por meio de políticos eleitos — controla a Administração Pública. Enquanto a administração de empresas está voltada para o lucro privado, para a maximização dos interesses dos acionistas, esperando que, através do mercado, o interesse coletivo seja atendido, a Administração Pública gerencial está explícita e diretamente voltada para o interesse público.[110]

Ademais, a crise do país implicou a necessidade de reformá-lo e construí-lo na medida em que a globalização, com a integração mundial dos mercados e dos sistemas produtivos, trouxe a obrigação de que os Estados protegessem as respectivas economias em face da competição internacional.

Por consequência, o novo papel estatal era a regulação e a intervenção em determinados aspectos econômicos, cuja função era proteger e facilitar a competição no mercado nacional. Ademais, cabia-lhe a atuação na educação, saúde, cultura e, principalmente, no desenvolvimento tecnológico e nos investimentos em infraestrutura, cuja intervenção deveria compensar os desequilíbrios distributivos provocados pelo mercado globalizado.[111]

A abordagem gerencial visa à satisfação do cliente, ao resultado e ao desempenho do gestor. Dessa forma, proporcionava-se maior autonomia e flexibilidade para favorecer ajustes operacionais no desempenho organizacional, cujo intuito era criar uma cultura com valores empresariais. Para alcançar os referidos resultados, dever-se-ia adotar

---

[109] *Idem.*

[110] PALUDO, Augustinho. *Administração Pública*. 9. ed. São Paulo: Juspodivm, 2020, p. 75.

[111] BRESSER-PEREIRA, Luiz Carlos. *Da Administração Pública Burocrática à Gerencial. Revista do Serviço Público*, Brasília, ano 47, n. 1, p. 01, jan./abr. 1996. Disponível em: http://www.bresserpereira.org.br/papers/1996/95.AdmPublicaBurocraticaAGerencial.pdf. Acesso em: 01 jul. 2025.

planejamento estratégico do tipo empresarial, com metas e indicadores de desempenho.[112]

A reforma deveria atuar nas seguintes áreas: a) na descentralização política, transferindo recursos e atribuições para os níveis regionais e locais — em razão da centralização pretérita do regime burocrata; b) descentralização administrativa para pessoas jurídicas autônomas, porém vinculadas ao Estado; c) redução dos níveis hierárquicos, aproximando os centros de decisão aos operacionais; d) pressuposto da confiança limitada em detrimento da suspeita irrestrita; e) controle por resultados *a posteriori* ao invés de controle rígido dos processos administrativos durante a sua execução; e f) administração voltada para o atendimento da população, em contraposição à auto referência.[113]

Bresser-Pereira recorda que, ao apresentar as ideias gerenciais em meados de 1995, era um processo inovador e complexo sob o ponto de vista da atuação administrativa, o qual encontrou muita resistência dos gestores públicos inicialmente. A imprensa teve dificuldades em apresentar uma visão completa e fidedigna, uma vez que lhe era estranha a estratégia de atacar a administração burocrática ao mesmo tempo em que defendia as carreiras de Estado.[114]

Nesse período, inclusive, foi proposto o projeto que viria a se tornar a Emenda Constitucional nº 19/1998, cuja premissa era igualmente reorganizar instituições administrativas, além de ter sido responsável por modificar o regime, normas e princípios da Administração Pública, servidores, controle de despesas, finanças e o custeio de atividades.[115]

A reforma gerencial de 1995, em síntese, atuou sobre os seguintes elementos: no setor das atividades exclusivas do Estado, destacando-se as agências executivas e reguladoras, nos serviços sociais e científicos, que, embora não privativos, exigem um forte financiamento do Estado, e no ramo de produção de bens e serviços para o mercado.[116]

É um sistema que alterou as concepções anteriormente presentes, passando a incorporar a lógica concorrencial e os parâmetros de

---

112 MOTTA, Paulo Roberto de Mendonça. *O estado da arte da gestão pública*. Disponível em: http://www.fgv.br/rae/artigos/revista-rae-vol-53-num-1-ano-2013-nid-47217/. Acesso em: 30 jun. 2025.

113 BRESSER-PEREIRA. Da Administração Pública Burocrática à Gerencial. *Op. cit.*, p. 5.

114 BRESSER-PEREIRA. Do estado patrimonial ao gerencial. *Op. cit.*, p. 245.

115 BRASIL. Emenda Constitucional nº 19, de 4 de junho de 1998. Disponível em: http://www.planalto.gov.br/ccivil_03/Constituicao/Emendas/Emc/emc19.htm. Acesso em: 30 jun. 2025.

116 BRESSER-PEREIRA. Do estado patrimonial ao gerencial. *Op. cit.*, p. 247.

governança corporativa, que, até então, estavam presentes apenas no setor privado. Neste sentido, afirma Nogueira:

> Nesse contexto, os indivíduos são visualizados pela Administração não só como contribuintes de impostos, mas também como consumidores finais de bens e serviços públicos. Como corolário, o princípio da eficiência foi alçado a primeiro plano na Administração Pública. Ao entronizar a dual figura do contribuinte-consumidor e adotar as diretrizes de controle interno por resultados e de competição administrada (*managed competition*), a Nova Administração Pública busca corrigir simultaneamente os excessos de formalismo e rigorismo técnico que provocavam a proverbial morosidade da burocracia em dar atendimento às demandas dos contribuintes.[117]

Assim, há o reconhecimento do princípio da impessoalidade para a condução dos negócios públicos, com o propósito de alcançar metas planejadas objetivamente, de forma eficaz e sustentável.

O modelo de administração pública gerencial constitui uma tentativa de avanço ao modelo burocrático. Isso, contudo, não significa o abandono das estruturas anteriores, mas, ao contrário, emprega-as e as flexibiliza, a exemplo do sistema de avaliação constante de desempenho, treinamento sistemático e remuneração universal.[118]

A diferença fundamental encontra-se na mudança de perspectiva, a qual deixa de se fundamentar nos processos para se concentrar nos resultados.

O paradigma gerencial contemporâneo é fundamentado na descentralização da decisão, a qual depende de formas flexíveis de gestão, horizontalização de estruturas e funções, além de incentivos à criatividade — contrapondo-se ao formalismo e rigor técnico da burocracia tradicional.[119]

É possível distinguir, ademais, uma evolução dentro do próprio modelo gerencial, cujo movimento ocorre em razão do aperfeiçoamento dos anseios populares. Nesse sentido, a primeira fase é a preocupação com a eficiência da máquina pública e a redução de gastos, sendo medidas que inicialmente foram consideradas urgentes em das instabilidades financeiras da década de 90. A segunda fase é

---

[117] NOGUEIRA. *Op. cit.*, p. 58.

[118] BRASIL. Ministério da Administração Federal e Reforma do Estado — MARE (1995). *Plano Diretor da Reforma do Aparelho do Estado. Op. cit.*, p. 16.

[119] *Idem*, p. 17.

caracterizada por tratar o cidadão como um cliente, no qual há um maior cuidado no tratamento dado ao administrado. Por derradeiro, há a fase da questão da cidadania, cuja perspectiva é adotar a noção de equidade na prestação do serviço público.[120]

O primeiro estágio é denominado de gerencialismo puro ou *managearialism*, que, adotando as premissas originais do *New Public Management*, tem inspirações na administração de empresas privadas para combater a resposta à crise fiscal do Estado brasileiro. Deste modo, seus programas têm por meta a redução de custos, por meio da diminuição do quadro de funcionários e pelo aumento da eficiência nos serviços prestados, tornando a Administração mais ágil no atendimento de demandas sociais.[121]

O usuário do serviço público, por conseguinte, é tido como financiador do sistema e a quem a Administração tinha a responsabilidade de gerir os gastos para se tornar eficiente.

A segunda fase pode ser titulada como Administração Gerencial ou *Consumerism*, focando na ideia de cidadão como cliente e, portanto, na relevância da qualidade dos serviços públicos prestados, os quais devem satisfazer as necessidades dos respectivos destinatários.[122]

Destarte, de modo diversificado do estágio anterior, a Administração não deve se empenhar em minimizar as despesas a qualquer modo, mas em garantir a prestação de serviços com qualidade. Trata-se do reconhecimento da população como um cliente dos serviços públicos, havendo um núcleo formador de estratégias e outro de implementação, priorizando a opinião do usuário como forma de *feedback*.[123]

Após a noção de redução de gastos das instituições públicas e a preocupação com a oferta de serviços de qualidade, a terceira fase pode ser intitulada *Public Service Orientation*, na qual é perfilhada a ideia de que a Administração Pública deve, além de considerar como um cliente, entender que o usuário é um sujeito detentor de direitos políticos, valorizando e incentivando a participação dos cidadãos como critério nas decisões políticas do governo.[124]

---

120 SILVA, Thiago Antunes de. Conceitos e evolução da Administração Pública: o desenvolvimento do papel administrativo. *In: Anais do 7º Seminário Integrado de Ensino, Pesquisa e Extensão* da Unochapecó (SC), 2017, p. 12-13. Disponível em: https://online.unisc.br/acadnet/anais/index.php/sidr/article/download/16678/4429. Acesso em: 3 jul. 2025.

121 *Idem*, p. 13.

122 *Idem*, p. 14.

123 BENTO, Leonardo Valles. *Governança e governabilidade na reforma do estado*. Barueri: Manole, 2003, p. 91.

124 SILVA. *Op. cit.*, p. 12-13.

É uma concepção próxima à noção de *status ativo* de Georg Jellinek, na qual devem ser outorgadas capacidades que estejam além da liberdade natural, atribuindo-lhes competências que tenham como objetivo influir na vontade política do Estado.[125]

Desse modo, o indivíduo é incorporado ao *status ativo* quando sua esfera de atuação não é restringida por apenas obrigações impostas pelo Estado, mas pela sua capacidade de agir e ser incluído como agente, representado na capacidade ou competência para exercer o direito ao voto.

Nesse estágio, exsurge a percepção do republicanismo e da democracia, na qual o tratamento isonômico e a busca pela equidade levam o cidadão a fiscalizar a coisa pública, atuando na prestação de contas dos administradores (*accountability*), cobrando mecanismos de transparência e participação política:[126]

> O Estado serve os cidadãos e os não clientes, devendo concentrar os seus esforços na construção de relações de confiança e colaboração com os cidadãos, incentivando-os a assumir as suas responsabilidades como tais, trabalhando em conjunto para a construção de uma cidadania ativa; uma ação administrativa deve ser orientada para a identificação do interesse público; o Estado deve valorizar a cidadania e o serviço público mais do que o empreendedorismo; a ação administrativa deve ser concebida estratégica e democraticamente, como forma de potencializar seus resultados positivos; a responsabilização deve ser reconhecida como um desafio à prática administrativa; o papel do Estado não é direcionar a cidadania – mas servi-la, priorizando o desenvolvimento de relações de colaboração e solidariedade; e a ação do estado deve ser voltada para valorizar as pessoas – não a produtividade. [Tradução livre].[127]

---

[125] ALEXY, Robert. *Teoria dos direitos fundamentais* (trad. Virgílio Afonso da Silva). 2. ed. São Paulo: Malheiros, 2015, p. 267-269.

[126] DENHARDT, Robert B.; DENHARDT, Janet V. *The New Public Service*: serving, not steering. New York: Routledge, 2011, p. 181-182.

[127] Texto original: "The State serves citizens and non-clients, and must focus its efforts towards building trust and collaboration relationships with citizens, encouraging them to assume their responsibilities as such, working together to build active citizenship; an Administrative action must be oriented towards the identification of public interest; the State must value citizenship and service public more than entrepreneurship; administrative action must be strategically and democratically conceived, as a way of potentiation of its positive results; accountability must be recognized as a challenge to administrative practice; the role of the State is not to direct citizenship — but to serve it, prioritizing the development of collaborative and solidarity relations; and the state action must be geared to valuing people — not productivity".

Ou ainda:[128]

> Na responsabilidade financeira, o governo e os proprietários das unidades certas convencem que o orçamento deve cumprir as leis e regulamentos; os recursos, de acordo com a permissão legal, podem ser obtidos e usados para atingir os objetivos e a implementação dos programas e atividades aprovadas, considerando as restrições legais e o orçamento anual vigente. Na área de responsabilidade operacional de prestação de contas, o governo e as unidades devem basear seu desempenho em aspectos operacionais como eficiência e eficácia ao usar recursos financeiros (BABAJANI, 2008). Na nova abordagem de gestão pública, o foco principal é a obtenção de resultados e o cumprimento de metas. Portanto, esta abordagem se concentra no desempenho e na responsabilidade operacional dos governos e contra as pessoas. [Tradução livre].[129]

Portanto, o indivíduo migra da posição de *financiador*, no qual a meta estatal primordial é a redução de gastos públicos e aumento da eficiência administrativa, para a função de *cliente*, havendo uma ênfase na qualidade dos serviços prestados, para, posteriormente, elevar-se à condição de *cidadão*, participando na formação da vontade governamental e fiscalizando os atos e os processos administrativos.

As críticas ao modelo gerencial, cuja essência é a aplicação do *New Public Management*, são sintetizadas em: a) a impossibilidade de extinguir controles tradicionais, b) a inviabilidade de aplicar práticas privadas na gestão pública, c) a descrença dos cidadãos, d) a reforma depender dos valores culturais dos respectivos países, e e) a visão simplista do sistema.[130]

---

[128] FATEMI, Mahboubeh; BEHMANESH, Mohammad Reza. New public management approach and accountability. *International Journal of Management, Economics and Social Sciences (IJMESS)*, ISSN 2304-1366, Houston: IJMESS Int'l Publishers, 2012, p. 48. Disponível em: http://hdl.handle.net/10419/70131. Acesso em: 3 jul. 2025.

[129] Texto original: "In financial accountability, the government and owners of right units convince that the budget has to comply with laws and regulations; resources according to legal permission may be earned and used in order to achieve the objectives and implementation of programs and approved activities considering legal restrictions and prevailing annual budget. In the area of operational responsibility of accountability, government and units should base their performance on operational aspects such as efficiency and effectiveness while using financial resources (Babajani, 2008). In the new public management approach the main focus is on getting results and achieving the goals. Therefore, this approach focus on performance and operational accountability of governments and against the people".

[130] MOTTA, Paulo Roberto de Mendonça. O estado da arte da gestão pública. *ERA — Revista de Administração de Empresas*, v. 53, n. 1p. 82-90, jan./fev. 2013. Disponível em: https://doi.org/10.1590/S0034-75902013000100008. Acesso em: 10 jul. 2025.

Relativo à alegação da impossibilidade de extinção de controles tradicionais, é defendido que as supostas descentralizações, desregulações e desburocratizações seriam sempre acompanhadas de novas regras que aumentariam o peso burocrático. Isso porque as reformas criariam mais entidades e níveis hierárquicos para controlar determinada descentralização com vistas à obtenção de melhores resultados. Todavia, na prática, a consequência seria adicionar novos mecanismos sem extinguir os anteriores.

Em comentário aos resultados atuais da aplicação do *New Public Management* nos Estados Unidos desde 1980, o jornal de *The Economist* alerta que houve um incremento de regulações com o intuito de beneficiar os cidadãos, que ocasionou um decréscimo econômico em termos percentuais:[131]

> O acúmulo interminável de regulamentações enfurece os empresários (...) *Os reguladores retrucam que as reclamações das empresas refletem apenas um lado do livro – custos – e ignoram os benefícios que fluem de, digamos, maior proteção aos consumidores* (...). O papel de trabalho da Mercatus conecta o número de regras em cada setor em um modelo complexo da economia. *Constata que as regras escritas desde 1980* (período da implementação da Nova Gestão Pública nos EUA) *atenuaram o crescimento em cerca de 0,8 pontos percentuais ao ano* (...). Os projetos de infraestruturas estão frequentemente atolados em intermináveis análises e consultas ambientais. Um exemplo é um projeto para melhorar a ponte de Bayonne, que se arqueia espetacularmente entre Staten Island e Nova Jersey. Elevar a estrada para que navios de carga maiores pudessem passar por baixo exigiu 47 autorizações de 19 entidades governamentais diferentes, de acordo com Philip Howard, um escritor jurídico. Os reguladores exigiram um levantamento histórico de todos os edifícios em um raio de três quilômetros da ponte, embora o projeto não afetasse nenhum deles. Demorou de 2009 a meados de 2013, quando finalmente começou a construção, para cumprir todos os requisitos regulamentares.
>
> Desembaraçar a bagunça regulatória da América requer uma mudança institucional. Não é necessário destruir o legado de Obama (...) No entanto, há algum ímpeto em direção a uma reforma regulatória de longo prazo. *O Sr. Trump também assinou uma ordem executiva exigindo que para cada nova regra que os reguladores escreverem em 2017, eles devem eliminar pelo menos duas antigas e eliminar tantos custos regulatórios quanto eles impuseram.* Os críticos dizem que isso interromperá arbitrariamente

---

[131] DA REDAÇÃO. *Grudges and kludges: too much federal regulation has piled up in America.* Publicado em "The economist". Editora: The Economist Group Limited, edição de 2 mar. 2017, Washington, DC.

a boa regulamentação que passa em um teste de custo-benefício. *Mas pelo menos fornece algum incentivo para que as agências revisem suas decisões anteriores.* A Grã-Bretanha tem um sistema semelhante desde 2011. Seu requisito "um para dentro, um para fora", que desde então cresceu para "um para dentro, três para fora" (grifou-se). [Tradução livre].[132]

Em específico no Brasil, consoante destacado anteriormente, as iniciativas do modelo gerencialista promoveram a regulação da Administração Indireta com o Decreto-Lei nº 200/1967, instituindo a flexibilização dessas instituições. Mas observa-se que houve a criação e a estruturação de novas atividades no serviço público sem extinguir ou limitar os órgãos da Administração Direta já existentes. Portanto, em que pese os contextos históricos sejam distintos, a experiência brasileira possui similaridades com o implemento de novas normatizações estadunidenses.

Essa linha de raciocínio permite concluir que nos modelos organizacionais e nas reformas com base no *New Public Management* houve uma ênfase sutil ao processo de controle, não configurando, propriamente, um modelo de ruptura. Assim, por motivos políticos, a burocracia se prolongaria em áreas menos visíveis, sob o manto de regulamentos para garantir a qualidade do serviço público, sobretudo na implementação de instrumentos gerenciais.

---

[132] Texto original: "The endless pile-up of regulation enrages businessmen (...) Regulators retort that firms' complaints reflect only one side of the ledger — costs — and ignore the benefits that flow from, say, greater protection for consumers (...) One Mercatus working paper plugs the number of rules in each industry into a complex model of the economy. It finds that rules written since 1980 have dampened growth by about 0.8 percentage points a year (...) Infrastructure projects are frequently bogged down in endless environmental reviews and consultations. An example is a project to upgrade the Bayonne Bridge, which spectacularly arches between Staten Island and New Jersey. Elevating the road so that bigger cargo ships could pass underneath required 47 permits from 19 different government entities, according to Philip Howard, a legal writer. Regulators demanded a historical survey of every building within two miles of the bridge, even though the project affected none of them. It took from 2009 to mid-2013, when building at last began, to satisfy all the regulatory requirements. Detangling America's regulatory mess requires institutional change. It does not require tearing up Mr Obama's legacy (...) Yet there is some impetus towards long-term regulatory reform. Mr Trump has also signed an executive order requiring that for every new rule regulators write in 2017, they must scrub out at least two old ones, and eliminate as many regulatory costs as they have imposed. Critics say this will arbitrarily halt good regulation that passes a cost-benefit test. But it does at least provide some incentive for agencies to revisit their past decisions. Britain has had a similar system since 2011. Its 'one-in, one-out' requirement, which has since grown to 'one-in, three-out'".

A segunda crítica é no sentido da inviabilidade de aplicação de práticas privadas na gestão pública, uma vez que, para sobreviver às pressões do mercado, as empresas privadas dependem da liberdade para reagir com rapidez de acordo com determinada tendência.

Essa característica de autonomia decisória e agilidade, no entanto, não é afeta à Administração Pública, pois há regras fixadas em leis e decretos que, na tentativa de se introduzir novidades e melhoramentos, encontram óbices políticos e procedimentais para serem aprovados. A dificuldade em resolver com rapidez os problemas da sociedade seria, então, uma mera ilusão de melhoria no cotidiano administrativo.

A terceira crítica é intrinsecamente ligada à anterior na medida em que as propostas de eficiência e de melhorias no desempenho possuem alta receptividade na sociedade — que, não sem razão, incorporaram a imagem tradicional da ineficiência dos serviços públicos. Ocorre que, para a maioria dos cidadãos brasileiros, as novas práticas de gestão ligadas ao *New Public Management* tiveram pouca repercussão direta nos serviços prestados pela Administração. Desse modo, o otimismo inicial do gerencialismo seria reduzido a apenas uma acepção ideológica.[133]

Possui certo respaldo histórico a crítica de que as práticas administrativas incorporadas pelo modelo gerencialista seriam oriundas de nações já dominadas pela baixa imposição de normas burocráticas e que, portanto, dependeriam mais dos valores culturais de cada país e não unicamente de um modelo administrativo. Isso porque um dos países pioneiros na adoção do New Public Management foi a Inglaterra, a qual, tradicionalmente, adota o sistema *Common Law*, cuja característica essencial é a reduzida quantidade de codificação legal e, naturalmente, há menos regulamentos dispondo sobre a organização pública inglesa.

O contexto brasileiro, por sua vez, é distinto: foi adotado o modelo francês proveniente das revoluções burguesas do século XVIII e XIX, cujo sistema normativo é baseado em códigos (*Civil Law*) que visavam a limitar a autoridade estatal centralizada nos monarcas absolutistas, editando inúmeras leis e atos normativos com essa finalidade.

Comparando-se ambos os modelos, é inerente relacionar o apelo à burocracia nos países que originalmente adoraram o *Civil Law*, criando estruturas administrativas complexas e hierárquicas, as quais são regidas por atos normativos escritos, assim como é possível associar

---

[133] MOTTA, *Op. cit.*, p. 85.

a herança administrativa anglo-saxã às instituições mais pragmáticas e à baixa imposição de normas burocráticas.

Por conseguinte, não seria a mera importação dos ideais do *New Public Management* inglês que alteraria centenas de anos de uma tradição jurídico-política burocrática.

A última crítica, ao mesmo tempo se aparenta ser amena, é aquela que melhor descreve o funcionamento interno da gestão administrativa, pois parte da premissa falaciosa de que os dirigentes públicos são incompetentes e lhes falta bom senso.

Ocorre que esse posicionamento desconsidera as dimensões políticas e as condições de trabalho das organizações públicas, nas quais há uma constante disputa de poder (p. ex., por melhores salários, atribuições, posicionamento político-partidário, entre outros) que busca tornar cargos e funções vulneráveis ao menor deslize. Assim, em meio à busca constante de novos consensos em meio a pressões, conflitos, alianças e limitação de recursos, o gestor objetiva realizar a melhor opção administrativa que contenha uma expressiva margem de resguardo em sua atuação. E, consequentemente, para alcançar segurança, é necessário recorrer a instrumentos burocráticos que dão estabilidade ao sistema.[134]

A introdução de dimensões privadas em entidades administrativas demanda fragmentação e uma ampla variedade de formas organizacionais e, como há contendas políticas, essa descentralização induz à hierarquização e ao controle.

Diante dos referidos dilemas, nos quais deve-se integrar dimensões políticas e administrativas de determinado contexto histórico em um país, compete relacionar a ciência da Administração Pública a outras áreas de conhecimento, notadamente às inovações tecnológicas, almejando superar os problemas de ineficiência da gestão pública. Para alcançar esses resultados, é imprescindível planejar e agir sob o aspecto holístico do sistema, impondo a consciência sobre um maior número de fatos e perspectivas, as quais deve se adaptar às singulares cadeias procedimentais de um país.

Nessa seara, a Administração Pública tem a responsabilidade de colaborar, incentivar, regulamentar, controlar e proteger bens e serviços oferecidos aos cidadãos de modo a tutelar o interesse nacional.

---

[134] MOTTA. *Op. cit.*, p. 86.

Ressalta-se que as críticas apresentadas não têm a finalidade de impedir a utilização das noções empresariais no setor público, mas de alertar que a solução do problema não se resume a esse passo. É preciso mais.

No caso do Brasil, a Constituição Federal de 1988 tomou por base o sistema burocrático, tendo consagrado o concurso público como meio de acesso aos cargos públicos, a concorrência para aquisição de bens e serviços, a publicidade dos atos administrativos, entre outras características. Entretanto, com a ascensão do gerencialismo, observam-se indícios de migração para esse sistema, com a adoção do princípio da eficiência e a possibilidade de delegação da prestação de serviços específicos a empreendedores privados, como o das telecomunicações, por exemplo.[135]

A doutrina aponta que é possível relacionar reflexos positivos da tentativa de implementação de um modelo gerencial de gestão pública, como a redução de resquícios patrimonialistas e burocráticos com um decréscimo no clientelismo e nepotismo sem, contudo, ocorrer a extirpação dos casos de favorecimentos pessoais, desvios e apropriação indébita do dinheiro público.[136]

Isso porque houve um esforço para uma maior transparência dos atos estatais, de modo a garantir um maior acesso de dados por parte dos cidadãos e, por conseguinte, o controle social.

Simultaneamente, as reformas administrativas trouxeram iniciativas para a otimização da gestão e desburocratização, tornando a Administração mais econômica, célere e eficiente.[137]

Inclusive, a Emenda Constitucional nº 19/98 adicionou a eficiência como princípio expresso a ser adotado por toda a Administração Pública, abarcando a modalidade direta e indireta de qualquer dos Poderes da União, dos Estados, do Distrito Federal e dos Municípios (art. 37, *caput*, da CF/88).[138]

É um princípio que visa a estimular o modo de atuação do agente público, o qual deve desempenhar da melhor forma possível as

---

135 NOGUEIRA. *Op. cit.*, p. 59.

136 REK, Marcos. Os modelos de Administração Pública e reflexos à qualidade na gestão administrativa Brasileira. *Revista digital Âmbito Jurídico*. Disponível em: https://ambitojuridico.com.br/cadernos/direito-administrativo/os-modelos-de-administracao-publica-e-reflexos-a-qualidade-na-gestao-administrativa-brasileira/. Acesso em: 01 jul. 2025.

137 *Idem*.

138 BRASIL. Constituição Federal de 1988. Disponível em: http://www.planalto.gov.br/ccivil_03/constituicao/constituicaocompilado.htm. Acesso em: 01 jul. 2025.

atribuições que lhes compete e, também, garantir a forma de organizar, estruturar e disciplinar organicamente a Administração Pública.[139]

Houve a imposição de manter escolas de governo para formar e aperfeiçoar os servidores públicos para os entes federativos, constituindo-se como um dos requisitos para a promoção na carreira a participação nos cursos, facultada a celebração de convênios ou contratos para essa finalidade (art. 39, §2º, da CF/88).[140]

Outro ponto essencial é a avaliação periódica de desempenho, a qual é conhecida por ser um requisito obrigatório para a aquisição da estabilidade do servidor público. Todavia, pouco se debate quanto à utilização dessa verificação para aferir regularmente a atividade administrativa exercida por agentes estáveis, que, em caso de desempenho ineficiente e assegurada a ampla defesa, poderia acarretar a perda do cargo destes agentes.

Há no art. 37, §3º, da CF/88 um estímulo ao regulamento por lei de formas de participação dos cidadãos na administração pública direta e indireta, podendo se manifestar mediante reclamações relativas à prestação de serviços públicos em geral, o acesso de registros e informações sobre atos de governo, bem como a faculdade de representação contra o exercício negligente ou abusivo de cargo, emprego ou função públicos.[141]

Nesse sentido foi editada a Lei nº 12.527, de 18 de novembro de 2011, também conhecida como "Lei de acesso à informação", a qual tem aplicação ampla a todas as entidades da administração direta e indireta, incluindo as instituições privadas sem fins lucrativos que recebam recursos públicos.[142]

Dentre suas diretrizes, destacam-se a observância da publicidade como preceito geral e do sigilo como exceção; a divulgação de informações de interesse público, independentemente de solicitações; a utilização de meios de comunicação viabilizados pela tecnologia da informação e o fomento ao desenvolvimento da cultura de transparência na Administração Pública.[143]

---

[139] DI PIETRO, Maria Sylvia Zanella. *Direito Administrativo*. 14. ed. São Paulo: Atlas, 2002, p. 83.

[140] BRASIL. Constituição Federal de 1988. Disponível em: http://www.planalto.gov.br/ccivil_03/constituicao/constituicaocompilado.htm. Acesso em: 01 jul. 2025.

[141] BRASIL. Constituição Federal de 1988. Disponível em: http://www.planalto.gov.br/ccivil_03/constituicao/constituicaocompilado.htm. Acesso em: 01 jul. 2020.

[142] BRASIL. Lei nº 12.527, de 18 de novembro de 2011. Disponível em: http://www.planalto.gov.br/ccivil_03/_ato2011-2014/2011/lei/l12527.htm. Acesso em: 01 jul. 2025.

[143] BRASIL. Lei nº 12.527, de 18 de novembro de 2011. Disponível em: http://www.planalto.gov.br/ccivil_03/_ato2011-2014/2011/lei/l12527.htm. Acesso em: 01 jul. 2025.

São paradigmas que impõem a obrigatoriedade de maior transparência nos atos administrativos e na prestação de contas das entidades responsáveis por gerir os bens públicos, possibilitando uma maior fiscalização pelos cidadãos e, com efeito, a valorização da moralidade e qualidade dos serviços públicos.

No âmbito da autonomia gerencial, é previsto como instrumento de ampliação de poderes administrativos da Administração Indireta o contrato de gestão, o qual será firmado entre os respectivos administradores e o poder público, tendo como objeto a fixação de metas de desempenho institucional.[144]

Deste modo, a Administração Pública brasileira apresenta traços do modelo burocrático, oriundo da orientação geral presente no contexto da edição da Constituição Democrática de 1988, atrelados aos elementos gerencialistas constantes das reformas legislativas subsequentes, notadamente a de 1995 e a Emenda Constitucional nº 19/98.

4.1.2 A evolução do modelo administrativo na Espanha

A Espanha, comparada aos demais membros da União Europeia, é dos países com menor gasto público em termos percentuais do PIB, tendo sido de 41,9% em 2019, enquanto o gasto-médio da Zona do Euro é de 49,8%.[145]

Esse cenário, todavia, era distinto antigamente, haja vista que, durante o período de transição democrática nos finais da década de 70, a média de gasto público era aproximadamente dez pontos a menos que o padrão-médio dos membros da OCDE, o que refletia um aparelhamento estatal menos desenvolvido do que atualmente.[146]

O setor público espanhol se expandiu concomitantemente ao processo de descentralização, o qual é responsável por gerir 34% dos recursos públicos. Além disso, nota-se uma expansão na oferta de

---

[144] BRASIL. Constituição Federal de 1988. Disponível em: http://www.planalto.gov.br/ccivil_03/constituicao/constituicaocompilado.htm. Acesso em: 01 jul. 2025.

[145] Disponível em: https://datosmacro.expansion.com/paises/comparar/espana/zona-euro. Acesso em: 06 jul. 2020.

[146] OCDE. España: de la reforma de la administración a la mejora continua. Informe de la OCDE sobre gobernanza pública en España. Madrid: INAP, 2014. Disponível em: http://www.congreso.es/docu/docum/ddocum/dosieres/sleg/legislatura_10/spl_101/pdfs/57.pdf. Acesso em: 10 jun. 2025, p. 50.

serviços públicos e de políticas assistencialistas, havendo uma evolução nos gastos públicos e nas relações salariais, apesar de permanecer em patamar menor que a média da OCDE em termos financeiros.[147]

As últimas décadas, inclusive, foram marcadas pelo fomento do bem-estar social e a utilização de recursos em matéria de educação, saúde e assistência social. A título de ilustração, o gasto público com a educação era de 17.824,5 milhões de euros em 1992 e cresceu para 46.882,8 milhões de euros em 2016, o que representa um aumento em termos nominais e, também, relativos, uma vez que em 1992 correspondia a 3,85% do PIB da Espanha e, em 2016, alcançou 4,21%.[148]

É expressivo o crescimento do Estado de Bem-Estar Social no quesito assistencialismo, sendo o setor responsável pela maior parcela de aumento do gasto público. Em 2001, correspondia a 20,98% do PIB e obteve 25,19% em 2009.[149]

Sob o ponto de vista de tradição administrativa, a Constituição espanhola de 1978 inaugurou um processo de transformação das entidades estatais para adequá-las às exigências de um regime democrático e politicamente descentralizado, de modo que dispôs que a Administração Pública deve atuar de acordo com os princípios da legalidade, eficiência, hierarquia, descentralização, desconcentração, impessoalidade, eficiência e economia na execução de gastos públicos, bem como a participação popular em assuntos governamentais.[150]

É interessante observar que a Constituição diferencia a Administração Pública da Administração governamental, de modo que essa última é responsável pelo papel de direção e orientação política da Administração, enquanto que aquela é um instrumento a serviço do interesse público. Essa opção legislativa resultou na edição de normativas próprias, sendo a Lei nº 50/1997 para o governo e a Lei nº 06/1997 para a organização e funcionamento administrativos.

---

[147] *Idem*, p. 51-52.

[148] Disponível em: https://datosmacro.expansion.com/estado/gasto/educacion/espana. Acesso em: 6 jul. 2025.

[149] OCDE. España: de la reforma de la administración a la mejora continua. Informe de la OCDE sobre gobernanza pública en España. Madrid: INAP, 2014. Disponível em: http://www.congreso.es/docu/docum/ddocum/dosieres/sleg/legislatura_10/spl_101/pdfs/57.pdf. Acesso em: 10 jun. 2025, p. 53.

[150] ESPANHA. *Constituição Espanhola*. Boletim Oficial do Estado nº 311, de 29/12/1978. Disponível em: https://www.boe.es/buscar/act.php?id=BOE-A-1978-31229. Acesso em: 6 jul. 2025.

Ademais, a referida constituição inovou o sistema político-administrativo na medida em que criou 17 comunidades autônomas (*Comunidades Autónomas*), cada qual contendo seus próprios órgãos políticos, sendo um modelo quase federal (*cuasi-federal*). Por conseguinte, antes da Constituição de 1978, a Espanha era um dos países mais centralizados na Europa, enquanto que, atualmente, possui uma das estruturas mais descentralizadas no critério político-administrativo.[151]

Sublinha-se a característica histórica do legalismo que a Espanha herdou da tradição napoleônica, no sentido de que são promulgadas legislações para regular as atividades públicas e as relações entre a Administração e os respectivos cidadãos, tornando as instituições públicas demasiadamente rígidas e burocráticas.

Ocorre que o estímulo ao cumprimento estrito de dispositivos legais pode acarretar o distanciamento das relações sociais, visto que, por essas serem dinâmicas, alteram-se constantemente — cenário que nem sempre é acompanhado pela atualização legislativa.

Houve medidas que objetivaram contornar essa situação, a exemplo da Lei nº 28/2006, que tratava sobre a criação de agências estatais para fornecer melhorias nos serviços públicos, tornando mais claros os objetivos institucionais, bem como a previsão de responsabilização de gestores.[152]

Foi um modelo de organização dotado de maior autonomia funcional e flexibilidade na gestão dos serviços públicos. Trata-se da promoção de uma nova cultura de resultados, prevendo a responsabilidade das agências, vinculando seus objetivos a uma avaliação de eficiência e uso adequado de fundos públicos. Em contraprestação, era garantida uma maior autonomia, com regulamentos e orçamentos flexíveis, em troca de avaliações e informações detalhadas de desempenho.[153]

Desde o período da democratização, a Administração Pública espanhola experimentou constantes reformas fomentadas pela integração desse país à União Europeia. Isso porque, em meados da década

---

[151] OCDE. España: de la reforma de la administración a la mejora continua. *Op. cit.*, p. 58.

[152] Em sua exposição de motivos, a introdução da Lei nº 28/2006 explana sobre a necessidade de satisfazer as demandas populares com o nível de qualidade que a sociedade exige do poder público, de modo que há uma tentativa de dar novo enfoque organizacional e funcional aos órgãos públicos. Disponível em: https://www.boe.es/boe/dias/2006/07/19/pdfs/A27124-27132.pdf. Acesso em: 6 jul. 2025.

[153] OCDE. España: de la reforma de la administración a la mejora continua. *Op. cit.*, p. 90.

de 90, a crise econômica dificultou a convergência da Espanha com a União Econômica e Monetária (*Unión Económica y Monetaria*, sigla UEM) prevista no Tratado de Maastricht, pois o crescimento econômico era de 1%, enquanto que a inflação era de 5%, ao mesmo tempo em que houve um expressivo déficit orçamentário de 7% do PIB em 1995.[154]

Assim, em 1996, era prioridade absoluta desenvolver ajustes políticos e fiscais com o intuito de possibilitar a coesão ao processo de integração europeia, incluindo a modernização, a privatização de empresas estatais e a reorganização do sistema de seguridade social para reduzir o déficit e a dívida públicos. Mesmo sem unanimidade no parlamento, o governo obteve o apoio político suficiente para adotar reformas que combinassem a austeridade fiscal com reformas estruturais, possibilitando o reforço da estabilidade monetária, a diminuição de taxa de juros, a extinção dos custos de câmbio entre transações europeias e a maior transparência nos preços, consolidando a disciplina fiscal.[155]

Outro ponto é que a reestruturação e a subsequente privatização de empresas estatais que anteriormente desfrutavam de certo monopólio introduziram a concorrência nesses mercados, aumentando a eficiência e as oportunidades de entrada de investimentos externos no país, a exemplo das empresas Telefónica, Endesa e Repsol.[156]

Essa reforma, além de contribuir na promoção de uma economia de mercado, foi um marco histórico no processo concorrencial. Estima-se que houve um lucro de 12.000 milhões de euros anuais em 1996 e 1997, o que representava mais de 2,5% do PIB espanhol no mesmo período.[157]

Outra característica a ser considerada é o fato de que a Espanha é composta por uma forte heterogeneidade estrutural, tendo em vista que as 17 comunidades autônomas possuem diferenças significativas em termos de PIB, renda *per capita*, densidade populacional, dimensão territorial e perfil histórico. Por exemplo, em termos econômicos, as comunidades de Andaluzia, Madri, Catalunha e Valenciana concentram aproximadamente 60% do PIB espanhol, em contraste com 40% do restante das comunidades.[158]

---

154 *Idem*, p. 62-63.
155 *Idem*, p. 63.
156 *Idem*, p. 64.
157 *Idem*, p. 65.
158 *Idem*, p. 72.

Não obstante, durante a crise econômica já mencionada, a confiança do governo deteriorou-se significativamente, notadamente a partir de 2009, sendo resultado de uma confluência de fatores, tais como o *déficit* orçamentário, o aumento do desemprego, os cortes de gastos públicos e a corrupção. Esse último, em específico, ocupava a quarta posição (16,9% dos entrevistados) na pesquisa realizada pelo *Centro de Investigaciones Sociológicas* (CIS) em março de 2020.[159]

Nesse cenário, as iniciativas referentes ao modelo gerencialista ocorreram por volta do ano de 2006 na Espanha, podendo destacar a concessão de maior autonomia funcional e de flexibilidade da gestão por meio de uma legislação específica de agências estatais, visando à melhoria dos serviços públicos (Lei nº 28, de 19 de julho de 2006).[160]

A recessão econômica, contudo, foi agravada em 2009, ocasionando não apenas um impacto econômico, mas também minando a coesão social e a confiança populacional nas instituições.

Em face desses desafios, um conjunto de medidas foi tomado com vistas a alcançar um crescimento estrutural consistente, incrementando a competitividade econômica, a sustentabilidade fiscal e a confiança institucional.

É no final de dezembro de 2011 que o governo empreendeu um conjunto de medidas para reformar a administração pública, de modo a não se restringir apenas à estrutura e procedimentos, mas à própria cultura e funcionamento administrativo. Engloba, portanto, a política de estabilidade orçamentária, a gestão de recursos humanos, a coordenação de serviços administrativos, o uso de novas tecnologias e a transparência. Um exemplo desse desenvolvimento é o gasto público com a educação, que saltou de 17.824 milhões de euros em 1992 para 46.880 milhões de euros em 2016.[161]

É um processo que se inicia com a Comissão para a Reforma das Administrações Públicas (*Comisión para la Reforma de las Administraciones* Públicas, sob a sigla CORA), cujo trabalho resultou na sistematização das experiências, positivas e negativas, vividas pela Administração Pública espanhola, tendo recomendado uma série de medidas locais

---

[159] Disponível em: http://www.cis.es/cis/export/sites/default/-Archivos/Indicadores/documentos_html/TresProblemas.html. Acesso em: 7 jul. 2025.

[160] ESPANHA. Lei nº 28/2006, de 18 de julho, de agências estatais para a melhoria dos serviços públicos. Boletim Oficial do Estado nº 171, de 19/07/2006. Disponível em: https://www.boe.es/buscar/act.php?id=BOE-A-2006-13011. Acesso em: 10 jun. 2025.

[161] OCDE. España: de la reforma de la administración a la mejora continua. *Op. cit.*, p. 9.

e regionais. Essa reforma foi concebida como uma auditoria do topo até a base, com a finalidade de tornar as instituições públicas mais austeras, úteis e eficazes, tanto no nível do governo central como das comunidades autônomas.

A normativa buscou estabelecer uma nova cultura de responsabilização e de resultados, vinculando seus objetivos a uma avaliação da eficiência e do uso apropriado dos recursos públicos.

A reforma foi projetada com base nas seguintes diretrizes: a) disciplina orçamentária e transparência pública, b) racionalização do setor público, c) aumento da efetividade administrativa e d) maior ajuste na provisão de serviços em função das necessidades sociais e comerciais.[162]

Enfatiza-se a concentração de trabalhos nas áreas de simplificação administrativa e organização de serviços e bens comuns com claras tendências gerencialistas. Com relação à seara econômica, foi editada a Lei nº 20/2013, também conhecida como Lei de Garantia da Unidade de Mercado (*Ley de Garantía de la Unidad de Mercado*), dispondo sobre os princípios e regras básicas para garantir a unidade comercial, de modo simultâneo ao respeito dos poderes legislativos das comunidades autônomas.[163] Essa medida favoreceu a criação de uma atmosfera em favor da concorrência, estimulando investimentos, melhorias na produtividade e no emprego.

Quanto às instituições fiscais, foi promulgada a Ley Orgánica nº 2/2012, de 27 de abril, que permanece vigente, tratando da estabilidade orçamentária e sustentabilidade financeira. Suas disposições estabelecem limites rigorosos à dívida pública (até 60% do PIB) e ao déficit estrutural, além da obrigação de equilíbrio das contas públicas. A norma continua consolidada no ordenamento jurídico espanhol, tendo sido complementada por outras leis orgânicas que reforçam seu escopo e aplicabilidade até os dias atuais.[164]

Com o intuito de garantir essas medidas, foi criada a Autoridad Independiente de Responsabilidad Fiscal (AIReF), instituída pela Ley Orgánica nº 6/2013, cuja função é supervisionar e fiscalizar a política

---

[162] *Idem*, p. 83.

[163] ESPANHA. Lei nº 20/2013, de 9 de dezembro, da garantia da unidade do mercado. Boletim Oficial do Estado nº 295, de 10/12/2013. Disponível em: https://www.boe.es/buscar/doc.php?id=BOE-A-2013-12888. Acesso em: 7 jul. 2025.

[164] ESPANHA. *Ley Orgánica 2/2012, de 27 de abril, de Estabilidad Presupuestaria y Sostenibilidad Financiera*. Boletín Oficial del Estado, n. 103, 30 abr. 2012. Disponível em: https://www.boe.es/buscar/doc.php?id=BOE-A-2012-5730. Acesso em: 16 jul. 2025.

fiscal espanhola, monitorar o cumprimento das regras de estabilidade e emitir pareceres sobre as contas públicas, proporcionando maior transparência às ações da Administração Pública.[165]

Por derradeiro, cita-se a implementação do pacote de reformas políticas, conhecido como Plano de Regeneração Democrática, o qual inclui a atuação nas seguintes áreas: a atividade financeira dos partidos políticos, o desempenho dos cargos públicos e as medidas de persecução penal para combater a corrupção, priorizando a resposta preventiva do governo em face da impunidade de fraudes e ilícitos cometidos na Administração Pública da Espanha.

Para além dessas medidas, têm sido recorrentes as abordagens para aumentar a produtividade das Administrações Públicas no âmbito dos países da OCDE. Nesse sentido, o uso estratégico de tecnologias de informação e comunicação tem o potencial de aumentar a eficiência interna por meio da reorganização de processos internos, sem necessitar de avultados gastos adicionais.

O contexto da administração espanhola coincide com essa tendência, tendo em vista que um conjunto de medidas planejadas pelo CORA visa reforçar a eficiência administrativa, a competitividade nacional e o crescimento econômico:[166]

> As medidas propostas pelo CORA assentam em importantes esforços desenvolvidos nas últimas décadas pelos diferentes governos espanhóis, que procuraram desenvolver uma Administração com menos burocracia, bem como a divulgação do uso das TIC para contribuir para o aumento da competitividade e produtividade, favorecendo igualdade de oportunidades no país e estímulo à economia para a consolidação de um modelo sustentável de crescimento econômico. Esses esforços foram enquadrados em um conjunto de políticas internas e europeias. Em particular, as estratégias da sociedade da informação do Programa Avanza 1 (2006-2010) e do Programa Avanza 2 (2011-2015) estruturaram a abordagem estratégica para fortalecer os laços entre os investimentos no desenvolvimento de infraestrutura comunicação e para promover uma administração mais eficiente e capaz de prestar melhores serviços. [Tradução livre].[167]

---

165 ESPANHA. *Ley Orgánica 6/2013, de 14 de noviembre, de creación de la Autoridad Independiente de Responsabilidad Fiscal*. Boletín Oficial del Estado, n. 274, 15 nov. 2013. Disponível em: https://www.boe.es/buscar/doc.php?id=BOE-A-2013-12074. Acesso em: 16 jul. 2025.

166 *Idem*, p. 181.

167 Texto original: "Las medidas propuestas por la CORA parten de esfuerzos importantes realizados en las décadas pasadas por los diferentes gobiernos españoles, que buscaban desarrollar una Administración con menos papeleo, así como la diseminación del uso de

De modo sintético, a primeira fase do Programa Avanza, datada de 2006 a 2010, objetivou alcançar as áreas de cidadania, serviços, audiência e sociedade digitais, cujo resultado político foi favorável notadamente pelo desempenho da tecnologia da informação e comunicação na economia e sociedade espanhola. A segunda fase foi aprovada em 2010, correspondendo ao período de 2011 a 2015, na qual a estratégia era garantir a continuidade dos trabalhos originais, principalmente permitindo a automação da prestação de serviços e a maior satisfação dos usuários, como a disponibilidade de serviços governamentais *on-line*.[168] Cita-se, como exemplo, o Sistema de Aplicação e Redes para Administrações, conhecido como Rede Sara, entendido como o conjunto da infraestrutura de comunicações e serviços básicos que interligam as redes administrativas espanholas às instituições europeias, facilitando o intercâmbio de informações e o acesso de serviços, estando a cargo do *Ministerio de Política Territorial y Función* Pública.[169]

4.2 Proposta de novo modelo: *compliance* inteligente e defesa da concorrência

O progresso científico e o desenvolvimento tecnológico têm provocado, de tempos em tempos, o surgimento de pontos de ruptura na organização da vida humana, cujos movimentos originam círculos de transformação social, econômica e cultural, impondo novas demandas sobre as instituições públicas.

Nesse contexto, antes de prosseguir para a Era Digital, faz-se necessária uma digressão para apresentar os termos da evolução da tecnologia e a sua influência na história humana.

É pacífico que a Primeira Revolução Industrial ocorreu na segunda metade do século XVIII na Inglaterra, representada pela gradual substituição de ferramentas rudimentares e da força humana por

---

las TIC para ayudar a incrementar la competitividad y la productividad, favoreciendo la igualdad de oportunidades dentro del país y estimulando la economía para consolidar un modelo sostenible de crecimiento económico. Estos esfuerzos fueron encuadrados en un conjunto de políticas internas y europeas. En particular, las estrategias de la sociedad de la información del Programa Avanza 1 (2006-2010) y del Programa Avanza 2 (2011-2015) han estructurado el enfoque estratégico para el fortalecimiento de los vínculos entre inversiones en el desarrollo de la infraestructura de la comunicación y en el objetivo de fomentar una administración más eficiente capaz de proveer mejores servicios".

168 *Idem*, p. 182-183.

169 Informações disponíveis em: https://administracionelectronica.gob.es/ctt/redsara. Acesso em: 10 jul. 2020.

máquinas e potência motriz, respectivamente. Assim, há a ênfase nos processos mecanizados que eram realizados nas fábricas em detrimento da produção artesanal.[170]

Iniciou-se a produção em larga escala de mercadorias nas cidades, causando o êxodo rural por meio da atração de um vasto contingente de pessoas do campo, enquanto que simultaneamente o operariado formava o mercado consumidor. Houve a ampliação dos meios de transporte, os quais eram necessários para permitir o escoamento de mercadorias dos centros industriais para locais cada vez mais distantes. Em 1698 foi construída a primeira máquina a vapor por Thomas Newcomen e, de 1760 a 1860, foram confeccionadas massivamente ferrovias ao longo da Europa Ocidental. O avanço tecnológico característico foi de maquinário voltado para a produção têxtil, notadamente na tecelagem de fios.[171]

Em síntese, a Primeira Revolução Industrial estabeleceu uma nova relação entre a sociedade e o meio, de modo que possibilitou a existência de novas formas de produção e relações de trabalho, diminuindo o tempo e as distâncias entre polos produtores e mercados consumidores.

O período entre a segunda metade do século XIX até meados do século XX marca a Segunda Revolução Industrial, quando os avanços industriais alcançaram os Estados Unidos, Japão e demais países da Europa.[172]

As principais inovações dessa fase foram associadas ao uso de combustíveis fósseis como fonte de energia para o motor a explosão, o descobrimento de correntes contínuas para aprimorar o sistema de distribuição de energia elétrica por Nikola Tesla[173] e a comunicação telegráfica de longas distâncias por Samuel Morse em 1844,[174] diminuindo artificialmente as distâncias terrestres e potencializando o ritmo produtivo industrial.

A Terceira Revolução Industrial, também conhecida como Revolução Tecnocientífica, iniciou-se após a Segunda Guerra Mundial,

---

170 NOGUEIRA. *Op. cit.*, p. 60.

171 NEVES, Daniel; SOUSA, Rafaela. Revolução Industrial. Disponível em: https://brasilescola.uol.com.br/historiag/revolucao-industrial.htm. Acesso em: 3 jul. 2020.

172 *Idem.*

173 Disponível em: https://www.bbc.com/portuguese/geral-42375111. Acesso em: 3 jul. 2025.

174 Disponível em: https://www.dw.com/pt-br/1844-enviado-o-primeiro-telegrama/a-526221. Acesso em: 3 jul. 2025.

representada no avanço científico na biotecnologia, genética, telecomunicações, robótica e informática. Nessa última fase, importa o avanço da tecnologia da informação com o surgimento de computadores, a criação da internet e *softwares*.[175]

Em face disso, desde a década de 80, houve uma disseminação dos meios de comunicação, notadamente com o advento da *internet*, iniciando uma fase na qual a informação tornou-se essencial na determinação do sistema social, político e econômico.

A revolução seguinte teria se iniciado em 2011 por denominação do economista alemão Klaus Schwab, à época presidente do Fórum Econômico Mundial, no livro "A Quarta Revolução Industrial", publicado em 2016. Esse autor defende que as tecnologias digitais, ancoradas no tripé computador, *software* e redes, modificou substancialmente a organização da sociedade moderna de modo que houve desdobramentos sociais e econômicos mundialmente.

As constantes evoluções tecnológicas em termos de eficiência operacional e controle são transformações que não podem passar despercebidas pela Administração Pública, principalmente aquelas que envolvem inovações em área de inteligência artificial, análise de dados e algoritmos autônomos.

Assim, o desafio da atualidade da Administração Pública se refere à adaptação da era digital, com o desenvolvimento da computação cognitiva e da aprendizagem de máquinas, com a codificação de seus algoritmos baseados em extensos volumes de dados.

Não seria presunçoso afirmar que, dentro de algumas décadas, será impossível exercer eficientemente uma profissão sem o exame de fluxos de dados das organizações, cujo contexto se agrava com o volume crescente de informações difundidas, sua variabilidade e velocidade exponencial de produção.

Os computadores, nesse requisito, superam a capacidade humana de análise e síntese de dados mediante a inteligência artificial e ao *machine learning*. O ponto de partida, portanto, é impulsionar o processo de transformação de órgãos e entidades públicas à era digital, orquestrando os processos de modo a propiciar avanços consistentes. Nesse sentido, leciona Oliveira:

---

[175] NEVES, Daniel; SOUSA, Rafaela. Revolução Industrial. Disponível em: https://brasilescola.uol.com.br/historiag/revolucao-industrial.htm. Acesso em: 3 jul. 2025.

> Acima de tudo, é preciso que se entenda que a mudança esperada no funcionamento das instituições governamentais, e especialmente na sua interação com a sociedade, não é mais uma questão de escolha. *O aproveitamento de novos métodos e tecnologias, em iniciativas inovadoras que proporcionem ganhos de eficiência e eficácia, é um dever do Estado.* Trata-se, enfim, de resgatar o respeito à cidadania e aos direitos individuais, de forma alinhada ao presente contexto social (grifou-se).[176]

Dessa forma, é fundamental o aperfeiçoamento do Estado com vistas a assegurar a excelência de seus processos, bem como o atendimento efetivo às necessidades e aos anseios da sociedade. Destaca-se, ainda, a transformação nos meios de controle dos processos administrativos, notadamente da licitação pública, com o uso intensivo de técnicas de análise de dados para a realização de ações de fiscalização. Com isso, visa-se direcionar esforços a fim de evitar a ocorrência de irregularidades e ilicitudes de modo hábil e enérgico.

A automação e o poder das ferramentas tecnológicas permitem, também, ganhos consideráveis no que tange à robustez de processos administrativos, permitindo o exame de vultosa quantidade de registros em detrimento de amostragens singulares, cujo resultado extraído seja mais preciso sobre o objeto a ser licitado e seu procedimento.

Inclusive o conhecimento gerado a partir dos diagnósticos de fiscalização permite a orientação dos próprios processos futuros de controle, na medida em que os algoritmos da inteligência artificial viabilizam a identificação de padrões, tendências e correlações procedimentais.[177]

Diante da problemática demonstrada em capítulos anteriores, de que a corrupção tem prejudicado sobremaneira os cofres públicos no Brasil, é iminente a necessidade de aprimorar as medidas de fiscalização dos gastos públicos, para fins de contenção da corrupção e do desvio de dinheiro público.

Para tanto, vislumbra-se que essa providência deve passar pelo uso de ferramentas tecnológicas de inteligência artificial na otimização dos mecanismos de *compliance* na Administração Pública, intentando-se a alcançar o patamar fiscalizatório de larga escala e máxima eficiência para garantir maior integridade às contratações públicas.

---

[176] OLIVEIRA, Aroldo Cedraz de. *O controle da Administração Pública na Era Digital*. 2. ed. Belo Horizonte: Fórum, 2017, p. 25.

[177] *Idem*, p. 26.

Desta forma, técnicas como o *machine learning* e o *analytics* em *big data* são conceitos que podem, certamente, ser empregados para otimização do exercício do controle externo e dos mecanismos de *compliance*. Tais ferramentas de tecnologia da informação já estão sendo utilizadas em diversos governos e empresas ao redor do mundo, com o intuito de otimizar as atividades públicas e privadas. São técnicas extremamente avançadas, com o uso de sistemas de inteligência artificial (IA).

Neste contexto, a "inteligência artificial refere-se a uma classe de programas de computador projetados para resolver problemas que requerem raciocínio inferencial, tomada de decisão com base em informações incompletas ou incertas, classificação, otimização e percepção"[178] [tradução livre].[179]

Cite-se, a exemplo disso, a iniciativa do governo dos Estados Unidos que utilizou a técnica de análise de dados (*analytics*) para fins de combate a fraudes fiscais.[180] A profissional responsável pelo projeto, Deborah Pianko, destacou que o uso da inteligência artificial tem sido efetivo para combater a ocorrência de fraudes e na proteção do orçamento.

Pianko destaca algumas aplicações práticas no uso de IA na detecção de fraudes fiscais, como por exemplo:[181] sistema de verificação de identificação do usuário, analisando a probabilidade de cada um deles em praticar fraudes; a detecção da exequibilidade de ocorrência de fraudes anteriores e posteriores ao pagamento, identificadas a partir de regras de negócios ou critérios legais, para fins de modelagem preditiva; a identificação de ameaças de funcionários; e os robustos recursos de elaboração de relatórios, para todos os níveis da organização.

Todas as funcionalidades citadas no referido estudo podem ser úteis para a Administração Pública, caso seja desenvolvido um sistema

---

[178] MUNAKATA, Toshinori. *Fundamentals of the new artificial intelligence 1–2 (2d ed. 2008). Apud* BATHAEE, Yavar. The artificial intelligence black box and the failure of intent and causation. *Harvard Journal of Law & Technology*, vol. 31, n. 2, p. 10, 2018. Disponível em: https://jolt.law.harvard.edu/assets/articlePDFs/v31/The-Artificial-Intelligence-Black-Box-and-the-Failure-of-Intent-and-Causation-Yavar-Bathaee.pdf. Acesso em: 29 abr. 2025.

[179] Texto original: "Artificial intelligence refers to a class of computer programs designed to solve problems requiring inferential reasoning, decisionmaking based on incomplete or uncertain information, classification, optimization, and perception".

[180] PIANKO, Deborah, entrevistada por Robert Morison. *Analytics to fight tax fraud. In:* International Institute for Analytics, março de 2018. Disponível em: https://www.sas.com/en_us/whitepapers/iia-analytics-to-fight-tax-fraud-108220.html. Acesso em: 29 abr. 2025.

[181] *Idem*, p. 03.

de análise de dados e aprendizado de máquinas. Analogamente, a inteligência artificial no setor público poderia, da mesma forma, analisar dados dos cidadãos e traçar uma matriz de risco para a prevenção de fraudes fiscais.

No setor de combate à corrupção em licitações e contratos, a IA poderia, ainda, estudar infinitos casos de fraudes em documentos e editais, detectando os padrões de ação de cada uma delas. Definindo os padrões, poderá atuar preventivamente — fortalecendo a integridade do setor —, no sentido de alertar o gestor sobre o comportamento suspeito e impedir a ocorrência do evento danoso ao erário.

Neste sentido, Dutra e Silva sugere que uma simples rede neural artificial seria capaz de classificar, com alta precisão, os tipos de deliberações contidos em acórdãos proferidos pelo TCU. Essa classificação seria fundamental para a delimitação de um contexto, para posterior extração dos atributos das diversas deliberações que precisam ser constantemente monitoradas pelos especialistas.[182] O autor ainda expõe que:

> No caso de tratamento de sequências, uma rede recorrente pode ser treinada com as séries temporais de ofertas de preços e atributos dos objetos de licitações, aprendendo a identificar sequências que representam irregularidades no processo licitatório. Isso é possível graças ao grande número de exemplos existentes de sequências anteriores, que foram classificadas como irregulares ou não por especialistas. Sendo assim, esse tipo de solução conteria o conhecimento consolidado de muitos profissionais ao longo de décadas de experiência.
>
> Redes neurais também podem ser utilizadas para o *encaminhamento e a classificação de irregularidades em processos de Tomada de Contas Especial, por meio do reconhecimento de padrões textuais e lógicos em documentos provenientes de diversas fontes de dados não estruturados.* Esse processo consiste na realização de treinamentos não supervisionados, feita em uma grande quantidade de documentos com a finalidade de encontrar agrupamentos semânticos que posteriormente podem ser associados a grupos de irregularidades em tais processos. *Após a associação de tais agrupamentos aos significados identificados por especialistas, é possível criar modelos neurais supervisionados capazes de realizar o mesmo tipo de classificação e encaminhamento de novos documentos que não fizeram parte do treinamento inicial* (grifou-se).[183]

---

[182] DUTRA E SILVA, *Op. cit.*, p. 22.

[183] *Ibidem.*

Desta forma, nota-se que as técnicas de redes neurais artificiais são um exemplo claro de como as ferramentas de IA podem ser úteis para o aprimoramento das ações de controle e, consequentemente, de fortalecimento dos mecanismos de integridade. Tais técnicas poderão servir para a identificação de sequências de irregularidades em processos licitatórios e no reconhecimento de padrões textuais que favoreçam o surgimento de brechas que permitam a prática de ilícitos. O que se busca é lançar um novo olhar antifraude, com o objetivo de detectar os "buracos e as brechas no sistema" que permitem a corrupção, de modo a fechá-los previamente, prevenindo a fraude e fortalecendo a integridade do setor.

Neste sentido, somente o uso de inteligência artificial poderia aplicar um sistema de modelagem preditiva, que pudesse identificar padrões de ações suspeitas e prevenir a ocorrência de fraudes. Poderia, também, realizar a detecção de anomalias em grupos e perfis distintos, definindo o que seria um comportamento comum e um incomum — essas características, bastante sensíveis, dificilmente são detectadas a olho nu, tendo em vista que é necessária a análise de um número bastante expressivo de dados para essa finalidade. Para o *machine learning*, no entanto, esse tipo de análise exponencial de dados não é um problema.

Posto isso, impende ressaltar os conceitos de análise descritiva, preditiva e prescritiva com o intuito de compreender o processo de coleta de informações.

A análise descritiva de dados é uma forma de utilizar técnicas estatísticas para explicar o comportamento dos elementos, investigando uma ou mais variáveis e suas relações. É um modo de visualizar o que aconteceu e seus eventuais erros, empregando-se cálculos como média, moda, mediana, variância e desvio-padrão. A análise descritiva entre mais de uma variável, por sua vez, considera o relacionamento dessas por meio de coeficientes de correlação, covariância e indicadores percentuais.[184]

É um processo básico de descrição que, embora simples, permite a satisfação de perguntas importantes para os sistemas de controle, como qual a quantidade de êxito em adjudicações contratuais no segundo semestre de determinado ano e órgão público.

---

[184] Informações disponíveis em: https://www.aquare.la/analise-descritiva-preditiva-prescritiva-e-cenarizacao/. Acesso em: 27 jun. 2025.

Ao seu turno, a análise preditiva é a utilização de ferramentas estatísticas com a finalidade de apontar a previsão de um comportamento dos dados no futuro considerando as relações subjacentes entre variáveis em um determinado contexto. Em outros termos, busca-se indicar os fatos antes de sua ocorrência e, para tal, utiliza-se de modelos de *machine learning* e inteligência artificial, incluindo padrões pretéritos e até algoritmos complexos de *deep learning* e redução de dimensionalidade.[185]

A análise prescritiva, ao final, é a utilização das duas técnicas supracitadas (descritiva e preditiva) como fonte de recomendações operacionais a serem tomadas de forma automática ou semiautomática, otimizando as estratégias adotadas pelas instituições para alcançar melhores resultados em menor espaço de tempo. Essa modalidade diferencia-se da análise preditiva na medida em que fornece subsídios para tomar decisões que irão alterar os comportamentos futuros — e não apenas apontá-los.[186]

A utilização desses mecanismos possibilita, por conseguinte, um controle mais efetivo dos processos, como a avaliação de riscos, as fiscalizações procedimentais, a identificação de situações críticas para ações imediatas, o planejamento de trabalho para possíveis irregularidades, a produção de relatórios consistentes e o monitoramento de recomendações de auditoria sobre os fiscalizados.[187]

O investimento e o aprimoramento em inteligência artificial são uma tendência global, havendo debates e iniciativas em amplos setores, incluindo o Fórum Econômico Mundial, o que denomina-se de Quarta Revolução Industrial:[188]

> Acelerar os benefícios sociais da inteligência artificial e do aprendizado de máquina, garantindo, ao mesmo tempo, equidade, privacidade, transparência, responsabilidade e impacto social.
>
> A Inteligência Artificial (IA) é um dos principais impulsionadores da Quarta Revolução Industrial. Seu efeito pode ser visto em residências, empresas e até mesmo em espaços públicos. Em sua forma incorporada de robôs, em breve ele estará dirigindo carros, estocando armazéns e cuidando de jovens e idosos. A IA tem a promessa de resolver alguns

---

185 *Idem.*

186 *Idem.*

187 OLIVEIRA, Aroldo Cedraz de. *O controle da Administração Pública na Era Digital.* 2. ed. Belo Horizonte: Fórum, 2017, p. 27.

188 Disponível em: https://www.weforum.org/platforms/shaping-the-future-of-technology-governance-artificial-intelligence-and-machine-learning. Acesso em: 28 jun. 2025.

> dos problemas mais urgentes da sociedade, mas também apresenta desafios como algoritmos de "caixa preta" inescrutáveis, uso antiético de dados e possível deslocamento de trabalho.
>
> À medida que os avanços rápidos no aprendizado de máquina (ML) aumentam o escopo e a escala da implantação da IA em todos os aspectos da vida diária, e como a tecnologia pode aprender e mudar por conta própria, a colaboração de várias partes interessadas é necessária para otimizar a responsabilidade, transparência, privacidade e imparcialidade para criar confiança. [Tradução livre].[189]

Observa-se que é importante impulsionar o processo de inteligência artificial nos setores públicos, haja vista os seus benefícios em termos de eficiência e aplicabilidade, garantindo, durante o processo, a manutenção da responsabilidade, transparência, privacidade e igualdade.

Em específico, o Fórum Mundial Econômico possui o projeto "*Shaping the Future of Technology Governance: Artificial Intelligence and Machine Learning*", cujo objetivo é o estudo de formas de potencializar as operações governamentais mediante a inteligência artificial. Ressalte-se que, embora os funcionários do setor público estejam cada vez mais conscientes do impacto transformacional dos dados e das soluções baseadas no *machine learning*, há óbices operacionais quanto à sua implementação, tais como desorganização dos dados ou eventual sigilo sobre ele.[190]

Além disso, afirmam que há a possibilidade de os gestores não terem o conhecimento e a experiência adequados para tomar decisões estratégicas de aquisição de ferramentas que utilizam inteligência artificial, bem como incertezas sobre considerações éticas, sendo como resultado o diferimento da adesão desses instrumentos.[191] Segundo Klaus Schwab:

---

[189] Texto original: "Accelerating the societal benefits of artificial intelligence and machine learning while ensuring equity, privacy, transparency, accountability and social impact. Artificial Intelligence (AI) is a key driver of the Fourth Industrial Revolution. Its effect can be seen in homes, businesses and even public spaces. In its embodied form of robots, it will soon be driving cars, stocking warehouses and caring for the young and elderly. AI holds the promise of solving some of society's most pressing issues, but also presents challenges such as inscrutable "black box" algorithms, unethical use of data and potential job displacement. As rapid advances in machine learning (ML) increase the scope and scale of AI's deployment across all aspects of daily life, and as the technology can learn and change on its own, multistakeholder collaboration is required to optimize accountability, transparency, privacy and impartiality to create trust".

[190] *Idem.*

[191] *Idem.*

> Em última análise, a capacidade de adaptação dos governos irá determinar sua sobrevivência. Eles resistirão se abraçarem um mundo de mudanças exponencialmente disruptivas e se submeterem suas estruturas aos níveis de transparência e eficiência que podem ajudá-los a manter suas vantagens competitivas. Ao agir assim, no entanto, eles serão completamente transformados em células e energia muito mais enxutas e eficientes, tudo dentro de um ambiente de concorrência e novas estruturas de poder.[192]

De modo similar, Aroldo Cedraz de Oliveira destaca que estudos patrocinados pela Associação Americana de Contadores Públicos Certificados relatam o potencial dos avanços tecnológicos para reestruturar as atividades de controle externo. Inclusive, os passos iniciais para modificação seriam pelo uso de técnicas de análise de dados e *big data*, auditoria contínua e detecção de fraudes[193] — exatamente a proposta desse trabalho.

O Tribunal de Contas da União, de modo inovador, foi o órgão público pioneiro na adoção de tecnologia de inteligência artificial no Brasil. Dentre os materiais elaborados, cita-se o "Roteiro de análise de dados em ações de controle externo", que tem como objetivo principal prestar orientações iniciais para que o usuário utilize a metodologia proposta em ações de controle.[194]

Tendo em vista as considerações realizadas, propõe-se o uso de ferramentas tecnológicas de inteligência artificial na otimização dos mecanismos de *compliance* na Administração Pública, intentando-se alcançar o patamar fiscalizatório de larga escala e máxima eficiência para garantir maior integridade às contratações públicas.

A configuração desse modelo necessita da presença de cinco elementos essenciais, a saber, o caráter preventivo, a estruturação em rede, a análise em larga escala, a participação social e a priorização de instrumentos tecnológicos,[195] dos quais passa-se a tratar a seguir.

---

[192] SCHWAB, Klaus. *A quarta revolução industrial*. Trad. Daniel Moreira Miranda. São Paulo: Edipro, 2016, p. 76.

[193] OLIVEIRA, Aroldo Cedraz de. *O controle da Administração Pública na Era Digital*. 2. ed. Belo Horizonte: Fórum, 2017, p. 28.

[194] BRASIL. Tribunal de Contas da União. *Roteiro de análise de dados em ações de controle externo*. Brasília: TCU, Secretaria de Gestão de Informações para o Controle Externo (SGI), 2019.

[195] ISHIKAWA; ALENCAR. *Op. cit.*, p. 91.

a) Caráter preventivo

Primeiramente, tendo em vista que, atualmente, a ênfase nas atividades de combate à corrupção têm se dado em caráter repressivo — ou seja, posteriormente ao dano, é primordial a mudança de perspectiva para uma atuação preventiva na qual os órgãos de controle possam evitar a ocorrência de danos ao erário, antes mesmo de eles ocorrerem.[196]

Na hipótese de que a função dos controladores seja realizada previamente à ocorrência do dano, ou até concomitante em relação à prática dos atos que têm potencial de atividades ilícitas (como o procedimento de licitação e a contratação de serviços públicos), estar-se-á aprimorando sua metodologia, de modo a não apenas ser permitida a correção do dano já causado, mas procurar evitá-lo e preveni-lo, fortalecendo sua integridade.

Essa postura se justifica em razão da necessidade de superação do tradicional modelo de persecução de fraudes que, devido a sua lentidão, favorece as condutas corruptas.

A configuração de um sistema preventivo de controle necessita da identificação de áreas de vulnerabilidade, elaborando diagnósticos sobre os procedimentos administrativos desenvolvidos e, principalmente, relacionando-os às hipóteses pretéritas de riscos de medidas corruptivas, cuja finalidade é montar uma análise preditiva dos atos contratuais e licitatórios passíveis de fraudes.

Os parâmetros indicados para o controle preventivo do ato administrativo são a legalidade, traduzido na verificação de conformidade entre o ato praticado e regulamentos normativos; a gestão da eficiência, averiguando o desempenho dos recursos utilizados anteriormente, bem como os elementos definidores de ilícitos já ocorridos, como, por exemplo, a descrição da vaga do endereço de um fornecedor de produtos em uma licitação fraudulenta.

---

[196] MARTINS JÚNIOR, Wallace Paiva. *Probidade administrativa*. 4. ed. São Paulo: Saraiva, 2009, p. 164. *Apud* SIQUEIRA, Dirceu; ROSOLEN, André Vinícius. Corrupção e suas consequências nefastas: o controle externo preventivo e meios alternativos como mecanismo de combate. *In: Revista do Departamento de Ciências Jurídicas e Sociais da UNIJUÍ*, ano XXVI, n. 47, jan./jun. 2017. Disponível em: http://dx.doi.org/10.21527/2176-6622.2017.47.133-176. Acesso em: 29 abr. 2025. p. 156. "A Corte de Contas assume papel mais efetivo na função preventiva da probidade administrativa quando realiza o monitoramento da correta aplicação dos recursos públicos, fundamentado no princípio da economicidade. As atribuições constitucionais outorgadas ao órgão representam instrumentos destinados ao combate à corrupção e improbidade administrativa, pois lhe faculta tomar providências para fazer cessar as irregularidades e assegurar o cumprimento da lei".

Os mecanismos preventivos de controle visam ao aperfeiçoamento da conduta antes da consumação do ato administrativo, que, juntamente com o uso de análise preditiva para a geração de alertas, análise de risco e composição de indicadores, busca evitar prejuízos e desperdícios ao selecionar eficazmente os alvos das ações de controle.

No Brasil, por exemplo, um ponto importante é a utilização de sistemas informatizados estruturantes, como o Sistema Integrado de Administração Financeira do Governo Federal (SIAFI), o Sistema de Administração de Recursos Gerais (SIASG) e o Sistema Integrado de Administração de Recursos Humanos (SIAPE), uma vez que esses sistemas registram o funcionamento cotidiano da máquina administrativa a nível federal, cuja base de dados contém cerca de uma década de informações.[197]

Em específico, antes do SIAF, a Administração Federal possuía problemas que dificultavam o desenvolvimento da gestão pública, como óbices na finalização de escrituração contábil a tempo, dados imprecisos, registros manuais e inadequados, embaraço no controle e vulnerabilidade de recursos. Hoje, todavia, esse sistema é o principal instrumento utilizado para registro, acompanhamento e controle da execução orçamentária, financeira e patrimonial do governo federal, que, mediante terminais instalados em todo o território nacional, analisa o funcionamento de órgãos da Administração Direta e Indireta.[198]

Ocorre que, consoante destacado, a existência e a disponibilidade de grandes volumes de dados de interesse para o controle preventivo não garantem *per se* o conhecimento útil para o controle de ilícitos contra o erário. Por isso, uma vez os dados estando acessíveis, cumpre reunir especialistas para analisar a complexidade de informações e relacioná-las à estrutura da máquina administrativa, com a finalidade de se obter *macros* e filtros para o enquadramento de dados futuros.[199]

Assim, é essencial a adoção de uma metodologia de processos de trabalho, transformando conhecimentos brutos em instrumentos de padronização e inspeção.

Nesse ponto, Remis Balaniuk aponta que um segmento de grande valia é a Mineração de Dados (*Data Mining*), entendido como

---

[197] BALANUK, Remis. Novas Tecnologias aplicadas ao controle. *In:* OLIVEIRA, Aroldo Cedraz de (coord.). *O controle da Administração Pública na era digital*. 2. ed. Belo Horizonte: Fórum, 2017, p. 293.

[198] Disponível em: https://www.gov.br/tesouronacional/pt-br/siafi/conheca/o-que-e-o-siafi. Acesso em: 8 jul. 2020.

[199] BALANIUK. *Op. cit.*, p. 294.

"processo de explorar grandes quantidades de dados à procura de padrões consistentes, como regras de associação, classes ou sequências temporais, detectando relacionamentos entre as variáveis".[200]

A ideia é coletar uma vasta quantidade de dados, minerá-los por meio de especialistas de áreas de risco de corrupção, como a licitação pública e contratos administrativos, e selecionar as informações de modo a agregar e classificar por níveis de risco, relevância e estatística de auditoria.

A classificação e o consequente agrupamento em instâncias buscam identificar subconjuntos de interesse de forma automatizada, cujos referenciais possam ser utilizados no processo de *machine learning*. Um exemplo de subconjuntos preditivos em uma base de contratos ou de convênios são os termos "possibilidade de problemas de execução", "tendência ao superfaturamento", "fornecedor suspeito" ou "objeto de alto risco".[201]

A padronização de subconjuntos alinhada ao compartilhamento de dados entre a Administração possibilita a eventual repetição de elementos, os quais podem evoluir para a retroalimentação de resultados, predizendo comportamentos futuros.

Com o tempo, a série de atos de controle e análise de dados permitiria a reutilização e o refinamento do conhecimento adquirido, levando a inspeções mais eficazes e precisas, construindo indicadores mais objetivos e robustos.

Esse controle dinâmico é denominado de *auditoria contínua*, o qual pode gerar alertas em eventos associados ao objeto de controle, como problemas em editais, contratações de empresas inidôneas ou pagamentos indevidos, permitindo a adoção de medidas saneadoras antes mesmo de configurar prejuízo aos cofres públicos.[202]

Apesar de a adoção da análise preditiva nos processos de fiscalização possuir um mundo de possibilidades, bem como potencializar a efetividade e o alcance das ações institucionais dos órgãos de controle, há, em específico, um desafio inerente ao caráter preventivo: o *software*.

Isso porque a mineração de dados pressupõe a existência de um ambiente tecnológico adequado, contendo dados e ferramentas de filtragem necessários para o exame das informações obtidas.

---

[200] *Idem*, p. 295.

[201] *Idem*, p. 296.

[202] *Idem*, p. 297.

E, infelizmente, a realidade de inúmeros órgãos públicos é de sistemas arcaicos, pouco informatizados e isolados — não raro têm dificuldade em relacionar materiais de secretarias dentro de uma mesma instituição.

Outrossim, há entidades que preferem empregar instrumentos manuais (*e.g.*, "cadernos de protocolos") com a finalidade específica de aproveitar-se da falibilidade desse sistema, impedindo o conhecimento de potenciais atos fraudulentos por órgãos de controle, condicionando a descoberta do ilícito apenas *in loco*.

Além dessa realidade degradante, o próprio sistema de mineração de dados é um desafio à Administração Pública, posto que há a necessidade de fontes de informações de forma contínua, o que depende de fatores externos da instituição de controle, como esforços de negociação, acesso e internalização das bases de dados.[203]

Na hipótese de superação dessa dificuldade operacional de integração, essas bases informacionais precisam ser compreendidas, tratadas e integradas em um repositório centralizado. Entretanto, mais uma vez, essa não é a realidade dos casos, visto que é recorrente a presença de informações de qualidade incerta, contendo erros e inconsistências das mais diversas naturezas, quando não acompanhados de documentação parcial ou errática.

Portanto, a construção de um repositório de alta qualidade depende da sistematização de dados, comunicação contínua, centralização de informações e integração de sistemas de controle.

b) Estruturação em rede

Outro ponto de destaque é que as novas tecnologias permitem concretizar a superação da metodologia individualizada de trabalho, que hoje tem sido majoritariamente utilizada nos órgãos de controle. Deve-se fomentar o estímulo à atuação colaborativa entre essas instituições, para que o compartilhamento de informações, documentos e provas possa otimizar o trabalho de fiscalização e combate à corrupção.[204]

---

203 *Idem*, p. 298.

204 MOHALLEM; RAGAZZO, *Op. cit.*, p. 105. "Da mesma forma que se multiplicaram legislações com efeitos sobre a corrupção, também se tornou, cada vez mais, uma empreitada verdadeiramente multi-institucional. *Os esforços de cooperação entre as instituições relevantes se tornam, assim, cada vez mais fundamentais.* Dependem delas a coordenação das ações, que se evite repetições e desperdícios e que se empreenda a necessária abordagem multissetorial e multifocal, alcançando todos os níveis da Federação, em ações priorizadas. Não basta que apenas aqueles órgãos com maior destaque na mídia, como o MPF, atuem no combate à corrupção — é necessária uma *whole of government approach*" (grifou-se).

Sucede-se, ainda, que a cultura organizacional predominante nas entidades de fiscalização estaduais e federais brasileiras é de diminuta transferência de informações e pouco diálogo institucional, resultando em uma relativa autonomia de dados, apurações e processos de auditoria.

A consequência dessa característica é a dificuldade de ser estabelecida uma rede de colaboração para prevenir práticas corruptas de modo íntegro e coeso, com a possibilidade de averiguar esquemas em diferentes municípios e estados.

Com o passar do tempo, os órgãos de controle se especializam em modalidades específicas de fraudes, as quais têm maior incidência em determinada região, vilipendiando instrumentos distintos e presentes em outras localidades.

Nesse sistema de trabalho, o elemento que caracteriza o seu ponto mais forte é, igualmente, o ponto mais fraco, na medida em que as experiências singulares não são compartilhadas e tornam-se vulneráveis às práticas externas relativamente ordinárias.

Por isso, a condução de iniciativas baseadas na coordenação e sinergia de unidades técnicas é útil no apoio ao combate a atos fraudulentos, buscando suprir lacunas técnicas específicas e facilitando o direcionamento do campo de ação.

A doutrina, nesse contexto, aponta que é possível diferenciar modelos preditivos prescritos de modelos preditivos de apoio à decisão ou descritivos, de modo que o primeiro tem a pretensão de apontar quais objetos devem ser auditados, buscando indícios, novos rumos de ação ou a atuação em domínio pouco conhecido, sendo o ponto de partida no compartilhamento de dados que, por essa razão, carece de lapidação avaliatória.

Naturalmente, há eventual desconforto com relação à utilização de mecanismos pouco usuais em determinada circunstância, na qual a unidade técnica pode não entender as premissas e o funcionamento da metodologia empregada e, eventualmente, tornar-se-á difícil retroalimentar os resultados obtidos em determinada auditoria.[205]

O modelo prescritivo de apoio à decisão, por sua vez, possui uma ênfase em apresentar um recorte qualitativo de um conjunto de informações, as quais são enriquecidas com indicadores. Intenta-se criar um ambiente de consulta, no qual o corpo técnico tem um espaço

---

[205] BALANIUK. *Op. cit.*, p. 299.

para enriquecer e aprofundar o próprio conhecimento, comparando, ordenando e selecionando subconjuntos em determinado planejamento de investigação.[206]

Uma sugestão, prossegue Balaniuk, é formar um conjunto de unidades jurisdicionadas com objetos de controle segundo critérios de relevância, risco, impacto social e temporalidade, no qual a unidade técnica teria a faculdade de filtrar os insumos e critérios de escolha.[207]

O risco, consoante debatido em capítulos anteriores, é ligado à probabilidade de ocorrer atos administrativos fraudulentos em licitações e contratos, os quais tornam-se danosos à Administração Pública e à coletividade por cercear a concorrência, adquirir produtos e serviços de baixa qualidade a um preço elevado. Com isso, os prejuízos são numerosos ao erário público.

Quando um conjunto de aspectos a serem auditados não se enquadrar nesse elemento, é possível associá-lo ao subconjunto de baixa relevância e, fundamentado em indicadores semelhantes, forma-se um conjunto de regras para auxiliar no trabalho dos auditores. Ao mesmo tempo, torna-se possível refinar o tempo de controle, evoluindo conjuntamente as entidades de controle e convertendo-se em uma ferramenta útil à integridade e coesão da fiscalização do erário público.

A exemplo desta atuação, citem-se as iniciativas das Redes de Controle e dos Fóruns de Combate à Corrupção, que são extremamente louváveis e merecem reconhecimento. Trata-se de acordos de cooperação celebrados entre diversas instituições de controle, com o propósito de facilitar a execução de suas atividades. A atuação em rede faz parte, certamente, do futuro dos órgãos de controle, uma vez que inovam com o compartilhamento e informações para combater a corrupção e tutelar o patrimônio público e a moralidade administrativa, visando garantir a qualidade da gestão pública em benefício da sociedade.

Em específico no Estado de Mato Grosso, por exemplo, a Rede de Controle é composta pela união de membros da Superintendência da Polícia Federal em Mato Grosso (SPF-MT), Tribunal de Contas da União (TCU/SECEX-MT), Receita Federal do Brasil (RFB), Ministério Público Federal (MPF/PF-MT), Controladoria-Geral da União (CGU-MT), Advocacia-Geral da União (AGU), Caixa Econômica Federal (CEF), Controladoria-Geral do Estado de Mato Grosso (CGE-MT),

[206] *Ibidem.*

[207] *Ibidem.*

Ministério Público do Estado de Mato Grosso (MPE-MT), Ministério Público de Contas de Mato Grosso (MPC-MT), Tribunal de Contas de Mato grosso (TCE-MT), Procuradoria-Geral do Estado (PGE-MT), Controladoria-Geral do Município de Cuiabá (CGM), Procuradoria-Geral do Município de Cuiabá (PGM), Conselho de Arquitetura e Urbanismo de Mato Grosso (CAU-MT), Conselho Regional de Engenharia e Agronomia de Mato Grosso (CREA-MT) e Tribunal Regional Eleitoral.[208]

Trata-se de um amplo grupo de combate à corrupção, cuja intenção é o fortalecimento, ampliação e aprimoramento de articulações no sentido de aproximar institucionalmente os órgãos de controle e fiscalização no Estado, com grupos de trabalho nas áreas eleitoral, obras, transparência, controle social e controle interno.[209]

Por conseguinte, o diferencial é a participação de colaboradores de diferentes níveis no processo de construção de estratégias organizacionais. Durante os 90 primeiros dias da pandemia de covid-19, por exemplo, foram realizadas ações de fiscalização de mais de R$ 9,4 milhões referentes a licitações, compras públicas, obras e demais atos por procedimentos apuratórios preliminares, além de orientar os gestores públicos no planejamento das contratações nos períodos de crise, atuando nos municípios de Cuiabá, Rondonópolis, Alto Garças, Várzea Grande e Cáceres, dentre outros.[210]

c) Análise em larga escala

Um terceiro fator notável na fiscalização das compras públicas é a análise individualizada de processos e editais de licitação. Ocorre que, conforme abordado anteriormente, a demanda de trabalho e de análise a ser realizada pelos órgãos de controle tem crescido exponencialmente: segundo dados da CGU, somente na esfera federal foram realizadas mais de 433.352 licitações nos últimos três anos.[211] A expressividade

---

208 Informações disponíveis em: http://redecontrole.mt.gov.br/institucional/composicao/#. Acesso em: 9 jul. 2025.

209 Informações disponíveis em: http://redecontrole.mt.gov.br/grupos-de-trabalho/. Acesso em: 9 jul. 2025.

210 Informações disponíveis em: https://mpc.mt.gov.br/noticias/mpc-fiscaliza-r-94-milhoes-em-recursos-publicos-durante-a-pandemia-em-mato-grosso/. Acesso em: 9 jul. 2025.

211 BRASIL. Controladoria-Geral da União. *Portal Transparência.* Disponível em: http://www.portaltransparencia.gov.br/licitacoes?ano=2018. Acesso em: 15 abr. 2025.

desse número faz com que a análise individual dos casos inviabilize a atuação preventiva, pois o ônus temporal deste tipo de ofício acaba por prejudicar outras formas mais céleres de trabalho.

Somado ao substancial volume de informações, há o desafio da diversidade de competências necessárias à decodificação das investigações obtidas, visto que há uma multiplicidade de conhecimentos nas áreas técnicas, científicas, negociais, estatísticas e informacionais. À vista disso, é necessária a formação de equipes com uma combinação balanceada de saberes multidisciplinares, organizando os profissionais de modo coordenado e sinérgico.

A formação das referidas equipes são atribuições caras aos gestores públicos, dado que a cultura organizacional pública é voltada ao individualismo, ocorrendo, não raro, tensões por espaço ou visibilidade internamente aos órgãos públicos.

A compreensão desses complexos elementos institucionais é essencial ao planejamento estratégico de instituições inteligentes e produtivas.

No contexto do volume de informações, além da destacada técnica de mineração de dados (*data mining*), cita-se a mineração de gráficos (*graph mining*) e a mineração de textos (*text mining*), cuja aplicação tem o potencial de facilitar a decodificação e orientação de ações de controle por órgãos de fiscalização.

Isso porque, durante o cotidiano administrativo, há uma suntuosa quantidade de trabalho registrada na forma de relatórios, portarias, atas, pareceres e deliberações internas, gerando numerosos materiais desestruturados.

A mineração de gráficos é entendida como o conjunto de ferramentas e técnicas usadas para analisar as propriedades do mundo real representadas em diagramas, prevendo suas estruturas e propriedades em afetar determinada aplicação e traçando possíveis padrões de comportamento.[212]

A aplicação das técnicas de mineração permite selecionar os conteúdos adequados para a fiscalização do erário. Por exemplo, no

[212] "Graph Mining is the set of tools and techniques used to (a) analyze the properties of real-world graphs, (b) predict how the structure and properties of a given graph might affect some application, and (c) develop models that can generate realistic graphs that match the patterns found in real-world graphs of interest." CHAKRABARTI, Deepayan. Graph Mining. *In*: SAMMUT, C.; WEBB, G. I. (coord.). *Encyclopedia of Machine Learning*. Boston: Springer, 2011. p. 121.

caso de deliberações, a mineração de textos consiste no mapeamento e sistematização automatizada da jurisprudência das cortes de contas, mediante o emprego de termos-chave dentro de temas específicos, facilitando o acesso tanto de profissionais da área de controle quanto da sociedade em geral.[213]

As técnicas de mineração de texto permitem a busca e a recuperação de informações por meio da extração de elementos específicos nos textos, via de regra, por classificação e agrupamento de definições, reunindo subconjuntos de documentos com características similares.

É factível o aproveitamento dessas técnicas nas entidades de controle, tais como nos procedimentos licitatórios, atas de registro de preços, editais, contratos e prestações de contas para aperfeiçoar o trabalho de estruturação da análise de dados em larga escala.

Dessa forma, utilizando as técnicas de mineração mencionadas, é necessário que se desenvolva uma ferramenta de aprimoramento da análise de documentos e informações, com o intuito de efetivar uma atuação em larga escala, cujo fim é otimizar o tempo de execução da atividade de controle, favorecendo a atuação preventiva.[214]

d) Com forte participação social

Ademais, merece atenção especial o fomento à participação ativa da sociedade civil na fiscalização da gestão e das contas públicas. Conforme se depreende da *práxis*, a mera disponibilização de informações em portais de transparência, conforme exigência da Lei de Acesso à Informação, não demonstra resultados satisfatórios no incentivo à participação social.

Em que pese dispor a obrigatoriedade de assegurar o direito fundamental de acesso à informação, observando a publicidade como preceito geral e a divulgação de informações de interesse público, independentemente de solicitações (art. 3º e incisos da Lei nº 12.527/2011),[215]

---

[213] BALANIUK. *Op. cit.*, p. 302.

[214] DUTRA E SILVA, Luís André. Utilização de deep learning em ações de controle. *Revista do TCU*, n. 135 p. 22, jan./abr. 2016. Disponível em: http://revista.tcu.gov.br/ojs/index.php/RTCU/article/view/1321/1423. Acesso em: 28 jun. 2025. "O uso de soluções de *deep learning* no auxílio ao combate à corrupção, portanto, pode acarretar um ganho de escala suficiente para abranger um número muito maior de casos de irregularidades do que hoje é possível atingir por simples amostragem relacionada à materialidade dos recursos envolvidos".

[215] BRASIL. *Lei nº 12.527, de 18 de novembro de 2011*. Disponível em: http://www.planalto.gov.br/ccivil_03/_ato2011-2014/2011/lei/l12527.htm. Acesso em: 10 jul. 2025.

denota-se certa dificuldade de apreciação da população sobre esses documentos, manifestados pelo desapreço à consulta de informações públicas em sítios oficiais do governo.

Parte desse desinteresse deve-se ao fato de que os dados orçamentários disponibilizados se encontram em seu "estado bruto", pouco intuitivos, cuja percepção é trabalhosa, quando não inviável, ao cidadão comum.

Assim, para fomentar o desenvolvimento da cultura de transparência e participação na Administração Pública, permitindo o controle social, é preciso adaptar os meios de disponibilidade dessas informações mediante novas tecnologias, oportunizando a participação da população na luta contra a corrupção, fortalecendo a democracia e reduzindo a distância imaginária entre as entidades estatais e os cidadãos.

Nesse contexto, somam-se os movimentos de dados abertos e as tecnologias cívicas nas entidades de fiscalização do erário público. A transparência irrestrita, a qual é estabelecida pelos dados abertos, abre novas oportunidades de análise e descoberta de conhecimento, novas fontes de dados, assim como induz a melhoria na qualidade dos dados governamentais. As tecnologias cívicas permitem a participação da sociedade na geração de informações relativas à prestação de serviços públicos. Esse movimento, denominado *crowdsourcing*, promete ser uma valiosa fonte de informações para a atividade de controle, pois permite o sensoriamento das políticas públicas pela perspectiva do cidadão.[216]

É imperioso o aprofundamento na questão e o aprimoramento de novas abordagens metodológicas, definindo parâmetros claros quanto às fontes de dados abertos a serem disponibilizados na *internet*.

Justifica-se esse posicionamento em razão de que a mera disponibilização de dados eletrônicos não é um fim em si mesmo, incumbindo aos gestores a responsabilidade de que a informação chegue ao cidadão e lhe seja útil e compreensível.

A inclusão da sociedade civil reflete a noção de preparar o indivíduo para a atuação consciente e responsável dentro da comunidade em que participa, permitindo a colaboração cidadã em processos decisórios e no desenvolvimento de controles de gastos mais efetivos. Nessa conjuntura, as tecnologias cívicas tratam da tendência de iniciativas que utilizam a tecnologia para fortalecer e melhorar os serviços públicos.

[216] BALANIUK. *Op. cit.*, p. 309.

Esse modelo diferencia-se fundamentalmente dos mecanismos convencionais em razão da vasta gama de oportunidades que a interação entre indivíduos e governo pode gerar, pois a população é afetada diretamente pelos efeitos negativos e positivos dos atos públicos, permitindo a reação imediata e enérgica contra condutas ímprobas. Assim, o cidadão deixa de ser um sujeito passivo para atuar ativamente na formação da vontade administrativa.

Um exemplo de abertura de dados ocorreu na cidade de Barcelona, na Espanha, no projeto "Barcelona uma cidade de pessoas" que, inclusive, recebeu prêmio em 2014 de Capital Europeia da Inovação (*iCapital*). Esse projeto tem como peça-chave o "*Barcelona Urban Living Lab*", com ênfase na mobilidade urbana e nos usos inteligentes de energia (*smart lighting and residual energy*), sendo organizado pelo apoio de instituições públicas (órgãos, universidades e centros de pesquisa), setor privado e por cidadãos.[217]

O projeto se dedicou não apenas a disponibilizar as informações coletadas a nível da cidade, mas também permitir a integração dos dados para o uso em plataformas externas, com estrutura clara e padrões de suporte. Esses são fornecidos pelo Conselho da Cidade, que apenas exclui as referências a dados pessoais ou relacionados à segurança pública, por meio de uma plataforma colaborativa que promove a reutilização de informações sobre a infraestrutura e a operação do veículo leve sobre trilhos de Barcelona.[218]

Essa medida facilitou uma maior transparência na informação, incentivando a participação do cidadão mediante a possibilidade de operar dados para novos usos e aplicações dos serviços públicos de infraestrutura dessa cidade europeia.

Cita-se como modelo, igualmente, a metodologia utilizada no Reino Unido, em que o cidadão é considerado como fiscal e informante acerca das irregularidades ocorridas na gestão pública. Em contrapartida, o Estado oferece proteção integral ao denunciante, chamado de *whistleblower*, evitando que ele sofra qualquer tipo de tratamento prejudicial em função da divulgação daquela informação.[219] O

---

[217] MEZZAROBA, Mariana Pessini. *Uso de dados por organizações e startups em benefício dos cidadãos*. *In: Via Revista* (ISSN 2525-6890). Universidade Federal de Santa Catarina. 5. ed. Dezembro/2018, p. 41. Disponível em: https://via.ufsc.br/wp-content/uploads/2018/12/revistaVIA-5ed.pdf. Acesso em: 10 jul. 2025.

[218] *Idem*.

[219] MOHALLEM; RAGAZZO, *Op. cit.*, p. 33.

instrumento legislativo que prevê tal prática foi publicado no ano de 1998,[220] tendo sido reformado no ano de 2013,[221] passando a:[222]

(I) Introduzir um teste de interesse público, para verificar se a denúncia foi realizada com esse interesse em mente;

(II) Retirar a previsão que determinava a desconsideração da denúncia caso ela tivesse sido feita de má-fé, autorizando-se apenas uma redução da indenização compensatória nesse caso; e

(III) Autorizar o *whistleblower* a processar empregadores caso venha a sofrer retaliação ou *bullying* de seus colegas em virtude da denúncia.

Assim, nesse caso, depreende-se que não basta apenas a existência de canais de ouvidoria para denúncias ou a mera disponibilização de informações em portais de transparência. Deve-se, para além disso, desenvolver uma estrutura que resguarde o cidadão-denunciante de eventuais tentativas de prejudicá-lo, ao passo que o denunciante de má-fé também não seja incentivado, mas, ao contrário, punido em caso de dolo.

Em síntese, a atuação das entidades de controle deve contribuir na criação de um sistema de dados abertos e tecnologias cívicas, estimulando os órgãos públicos a disponibilizar um conjunto de informações organizadas e de qualidade, além de buscar a uniformização e integração com outras fontes de documentos públicos. Essa postura visa a contribuir com a propagação do funcionamento da máquina pública e permitir que o cidadão contribua com a fiscalização dos procedimentos administrativos, interagindo com os indicadores e métricas adotados.

e) Viés tecnológico (uso de inteligência artificial)

Por fim, há uma quarta característica a ser modernizada: o trabalho artesanal dos técnicos e analistas de controle, que não dispõem de ferramentas que os auxiliem na análise meritória dos processos.

Cumpre salientar, a princípio, que não se trata de soluções tecnológicas para auxiliar na virtualização e na visualização de

---

220 REINO UNIDO. Public Interest Disclosure Act (PIDA). Disponível em: https://www.legislation.gov.uk/ukpga/1998/23/contents. Acesso em: 29 jun. 2025.

221 REINO UNIDO. Enterprise and Regulatory Reform Act. Disponível em: http://www.legislation.gov.uk/ukpga/2013/24/contents/enacted. Acesso em: 29 jun. 2025.

222 MOHALLEM; RAGAZZO (coord.). *Op. cit.*, p. 33.

documentos, as quais contam com uma significativa adesão da Administração Pública. É um passo além. Buscam-se ferramentas para potencializar a análise de *mérito* dos documentos, como uma estratégia de fortalecimento dos órgãos de controle.

Sugere-se o desenvolvimento de ferramentas tecnológicas que utilizem a inteligência artificial, de abrangência institucional e capaz de lidar com os aspectos de negócio inerentes a essa análise integrando-os às soluções tecnológicas necessárias para que uma sistemática completa seja posta em prática.[223] Diante dos avanços ocorridos nos setores de tecnologia, estratégias de *big data*,[224] *deep learning*[225] e *machine learning*,[226] entre outras,[227] devem ser explorados, com o objetivo de potencializar a análise de mérito dos processos.

O uso dessas técnicas permite favorecer a atividade dos controladores, que poderiam utilizar-se disso para criar trilhas de investigação e evitar a ocorrência de brechas nos editais de licitação e compras públicas, inibindo a ocorrência posterior de corrupção quando na execução destes contratos.

---

223 BALANIUK, Remis. A mineração de dados como apoio ao Controle Externo. *Revista do TCU*, n. 117, p. 84, jan./abr. 2010.

224 Segundo SILVEIRA, Marcolin e Freitas, *big data* é um advento tecnológico de processamento de grandes volumes de dados. *In: O big data e seu uso corporativo: uma revisão de literatura.* Disponível em: https://singep.org.br/4singep/resultado/245.pdf. Acesso em 28 jun. 2025.

225 Segundo SILVA, Fábio Ricardo Araújo. Aprendizado profundo, do inglês *deep learning*, é uma subárea do conceituado campo de aprendizado de máquina, que se baseia em abordagens computacionais inspiradas na estrutura e funcionamento do cérebro para a construção e treinamento de Redes Neurais Artificiais (RNAs). *In: Detecção de ironia e sarcasmo em língua portuguesa:* uma abordagem utilizando *deep learning*. Disponível em: https://www.researchgate.net/profile/Fabio_Araujo_Da_Silva/publication/323369673_Deteccao_de_Ironia_e_Sarcasmo_em_Lingua_Portuguesa_uma_abordagem_utilizando_Deep_Learning/links/5a9090340f7e9ba4296b9ea2/Deteccao-de-Ironia-e-Sarcasmo-em-Lingua-Portuguesa-uma-abordagem-utilizando-Deep-Learning.pdf. Acesso em: 28 jun. 2025.

226 *Machine learning* "é uma programação usada nos computadores, formada por regras previamente definidas que permitem que os computadores tomem decisões com base nos dados prévios e em dados usados pelo usuário". Disponível em: https://www.significados.com.br/machine-learning/. Acesso em: 28 jun. 2025.

227 Outras técnicas comprovadamente úteis na detecção e combate a fraudes é o uso do Gerenciamento e Análise de Dados (*management and data analytics*), cuja eficiência fora atestada em trabalhos como: PIANKO, Deborah, entrevistada por Robert Morison. Analytics to fight tax fraud. In: International Institute for Analytics, março de 2018. Disponível em: https://www.sas.com/en_us/whitepapers/iia-analytics-to-fight-tax-fraud-108220.html. Acesso em: 29 out. 2025. Ver também: SAS Security Intelligence Practise. Government procurement offices: improving fiscal responsibility through data analytics. Disponível em: https://www.sas.com/en_us/whitepapers/government-procurement-offices-107129.html. Acesso em: 29 out. 2025.

Não se trata de uma realidade distante do domínio da gestão pública, na medida em que a inteligência artificial é expressa no uso de caixas de *chat* com respostas automáticas (*chatbots*) em sites como o do FNDE,[228] além de sistemas interativos telefônicos, que atendem a consultas através do reconhecimento de palavras ou expressões, como o Siri ou a Alexa.

Shark e Shropshire vão além e defendem a possibilidade de aplicação de inteligência artificial no processo decisório, monitorando sistemas de segurança, políticas públicas, duplicações de medicamentos prescritos e outras formas de desperdício e abuso.[229] Tal como o cérebro humano, a inteligência artificial não se limita ao processamento de informações e experiências, mas também à aquisição de aprendizado durante esse percurso.

Todavia, o aperfeiçoamento dessa técnica depende da capacidade de utilização de algoritmos complexos, alta velocidade de computadores (*hardware*), habilidade de assimilação de dados provenientes de diversas fontes (textos, áudios e vídeos) e aptidão em armazenar e recuperar grandes quantidades de dados em frações de segundos.[230]

Importante destacar também, neste ponto, que o uso destas técnicas precisa ser balizado por alguns critérios, sob o risco de que a tecnologia não venha para auxiliar o processo, mas descontrolá-lo. Neste sentido, a Comissão Europeia publicou algumas diretrizes éticas para utilização da inteligência artificial com confiança, conforme segue:

> Uma IA de confiança tem três componentes, que devem ser observadas ao longo de todo o ciclo de vida do sistema: a) deve ser *legal*, cumprindo toda a legislação e regulamentação aplicáveis; b) deve ser ética, garantindo a observância de princípios e valores éticos; c) deve ser *sólida*, tanto do ponto de vista técnico como do ponto de vista social, uma vez que, mesmo com boas intenções, os sistemas de IA podem causar danos não intencionais.[231]

---

[228] Basta visualizar a caixa de *chat* no canto inferior direito do Portal do FNDE no sítio: https://www.fnde.gov.br/index.php. Acesso em: 10 jul. 2025.

[229] SHARK, Alan R.; SHROSPSHIRE, Anders. Artificial Intelligence and the Teaching of Public Policy and Administration. *In*: *AI and Its Impact on Public Administration. National Academy of Public Administration.* Standing Panel on Technology Leadership, april/2019, p. 25-31.

[230] *Idem.*

[231] COMISSÃO EUROPEIA. Grupo independente de peritos de alto nível sobre a inteligência artificial. *Orientações* éticas *para uma inteligência artificial de confiança.* Abr. 2019. Disponível em: https://ec.europa.eu/newsroom/dae/document.cfm?doc_id=60435. Acesso em: 23 jul. 2025. p. 10.

Cada um destes componentes se faz necessário para que se construa uma inteligência artificial de confiança — porém, tais componentes não são suficientes. Existem, ainda, princípios éticos que devem ser respeitados durante o desenvolvimento, implantação e utilização dos sistemas de IA.[232]

São quatro os princípios éticos estabelecidos pela Comissão Europeia, sendo eles: o respeito da autonomia humana, a prevenção de danos, a equidade e a explicabilidade. O primeiro deles implica que os sistemas de IA não devem subordinar, coagir, enganar ou manipular os seres humanos, mas, em vez disso, devem ser concebidos para complementar e aumentar suas competências cognitivas. Isso, portanto, implica que se garanta a supervisão e o controle por parte de seres humanos sobre os processos de trabalho dos sistemas de IA.[233]

A prevenção de danos significa que os sistemas de IA não devem causar danos, ou sequer agravá-los, acarretando a proteção da dignidade, bem como da integridade física e mental do ser humano — devem ser tecnicamente sólidos e haver a garantia de que não estão abertos a utilizações maldosas.[234]

Quanto à equidade, o princípio resulta que a igualdade de oportunidades em termos de acesso à educação, aos bens e serviços e à tecnologia deve ser igualmente promovida. Além disso, a utilização de sistemas de IA nunca deverá levar que os utilizadores finais sejam iludidos ou prejudicados em sua liberdade de escolha. Por fim, os profissionais no domínio da IA devem respeitar o princípio da proporcionalidade entre os meios e os fins e analisar cuidadosamente a forma de equilibrar os interesses e objetivos em causa, favorecendo o desenvolvimento, implantação e utilização de sistemas de IA de forma equitativa.[235]

Finalmente, o princípio da explicabilidade é considerado crucial para criar e manter a confiança dos utilizadores nos sistemas de IA, já que significa que os processos têm de ser transparentes, suas capacidades e finalidades devem ser abertamente comunicadas, e suas decisões, tanto quanto possível, explicáveis aos que são por ela afetados.

---

232 *Idem.*

233 *Idem*, p. 15.

234 *Ibidem.*

235 *Ibidem.*

Isto, pois, sem essas informações, não é possível contestar devidamente uma decisão — quando ocorrem casos inexplicáveis, os algoritmos que o resolvem são chamados de *black box*[236] ou caixa negra.[237]

Segundo Florêncio, a explicabilidade dos sistemas de inteligência artificial é medida essencial para a garantia dos direitos fundamentais, como a proteção de dados pessoais, de modo a gerar a adequada confiança e a gestão eficiente dessas máquinas.[238] A autora expõe que:

> Pelo princípio da inteligência artificial explicável, também identificado pela sigla XAI (*Explainable Artificial Inteligence*), a criação de técnicas de *machine learning* devem produzir modelos mais explicáveis, mantendo um alto nível de desempenho de aprendizagem; devem ainda permitir que os usuários humanos compreendam, confiem adequadamente e gerenciem com eficácia a geração emergente de parceiros artificialmente inteligentes.[239]

Assim, é primordial que seja possível que os usuários compreendam e gerenciem com eficácia os sistemas de inteligência artificial, como pressuposto para seu bom funcionamento ético e confiável. Inclusive, sobre a temática da ética em relação ao uso de IA, as discussões sobre o tema são diversas, mas não devem permanecer no campo do debate hipotético.

Observa-se a necessidade de uma efetiva regulação sobre o tema, já que, atualmente, não há clareza sobre a forma com que os produtos e serviços que fazem uso da inteligência artificial são desenvolvidos e executados. Manter-se no campo dos debates consolidaria o que se tem chamado de *ethics-theater* ou *ethics-washing*, fenômeno em que tais discussões ocupariam a atenção dos interessados, ao

---

[236] Sobre o tema, ver: BATHAEE, Yavar. The artificial intelligence black box and the failure of intent and causation. *Harvard Journal of Law & Technology*, vol. 31, n. 2, 2018. Disponível em: https://jolt.law.harvard.edu/assets/articlePDFs/v31/The-Artificial-Intelligence-Black-Box-and-the-Failure-of-Intent-and-Causation-Yavar-Bathaee.pdf. Acesso em: 22 jul. 2025.

[237] COMISSÃO Europeia, Orientações éticas para uma inteligência artificial de confiança, p. 16.

[238] FLORÊNCIO, Juliana Abrusio. *Proteção de dados na cultura do algoritmo.* São Paulo: Pontifícia Universidade Católica de São Paulo, 2019. Disponível em: https://tede2.pucsp.br/handle/handle/22255. Acesso em: 23 jul. 2025.

[239] TUREK, Matt. Explainable artificial intelligence. Defense Advanced Research Project Agency (DARPA). Disponível em: https://www.darpa.mil/program/explainable-artificial-intelligence. *Apud* FLORÊNCIO, Juliana Abrusio. Proteção de dados na cultura do algoritmo. São Paulo: Pontifícia Universidade Católica de São Paulo, 2019. Disponível em: https://tede2.pucsp.br/handle/handle/22255. Acesso em: 23 jul. 2025.

invés de, efetivamente, se implementar as regras necessárias para a responsabilização dos envolvidos.[240]

Para finalizar a questão do uso ético de IA, merece destaque o macroprincípio da *accountability*, considerado um dos mais relevantes princípios, já que está fortemente relacionado com temáticas de segurança, transparência e explicabilidade de dados, além do controle humano da tecnologia. É um termo que se refere à responsabilização das empresas que desenvolvem os produtos ou serviços de tecnologia, em cada estágio de pesquisa, desenvolvimento, design, operação e oferta destes serviços.[241]

É possível notar a importância deste princípio quando se observa o recorrente debate sobre os eventuais riscos que a utilização da inteligência artificial pode gerar aos direitos fundamentais, notadamente à proteção da privacidade e dos dados das pessoas, além de danos reflexos à liberdade de expressão e de reunião.

Seriam riscos resultantes de falhas na concepção geral dos sistemas de supervisão, incluindo as atuações dos respectivos controladores, e da utilização de dados sem correção de possíveis distorções a grupos específicos, como, por exemplo, um sistema ser codificado apenas com dados relativos a homens, o que conduz a resultados falhos em relação às especificidades que compõem as informações femininas. Ademais, a fiscalização por *machine learning* potencializa a conjuntura de rastreamento e análise de hábitos diários das pessoas, a exemplo da vigilância em larga escala de empregadores e autoridades públicas sobre a conduta de seus funcionários.[242]

Por conseguinte, as formas como as aplicações sobre a inteligência artificial podem ser concebidas podem afetar os direitos à liberdade de expressão, à proteção de dados pessoas, à privacidade e às liberdades públicas.

Um exemplo extremo foi obtido pela análise do *Georgia Institute of Technology*, da Universidade da Geórgia, Estados Unidos (EUA), divulgada em fevereiro de 2019, na qual se identificou que alguns

---

[240] WAGNER, Ben. Ethics as an escape from regulation: from ethics-washing to ethics-shopping? Disponível em: https://www.privacylab.at/wp-content/uploads/2018/07/Ben_Wagner_Ethics-as-an-Escape-from-Regulation_2018_BW9.pdf. Acesso em: 23 jul. 2025.

[241] FJELD, Jessica *et al.* Principled artificial intelligence: mapping consensus in ethical and rights-based approaches to principles for AI. Berkman Klein Center for internet & society at Harvard University. Janeiro, 2020. Disponível em: https://papers.ssrn.com/sol3/papers.cfm?abstract_id=3518482. Acesso em: 23 jul. 2025. p. 34.

[242] EUROPEAN COMISSION. White Paper - On Artificial Intelligence... p. 10-11.

sistemas usados por carros autônomos para detectar pedestres têm dificuldade em identificar pessoas com tons de pele mais escuros, tornando maior a probabilidade de serem atingidas por acidente. Basicamente, os *softwares* dos automóveis captam os tons de peles segundo a escala de Fitzpatrick, todavia descobriu-se que há um desempenho baixo em reconhecer pedestres com tipos de pele entre 4 e 6 — que seriam os tons mais escuros.[243]

Outro estudo revelou que os sistemas de reconhecimento facial da IBM e da Microsoft seriam mais propensos a identificar erroneamente as mulheres de pele escura em detrimento de pessoas com pele clara. Aponta-se que, quanto mais escura a pele, mais erros surgem na proporção de até 35 por cento se comparado com as imagens de mulheres brancas.[244]

Trata-se de situações de gravíssimas discriminações de gênero e raça, colocando em risco, além de informações pessoais e afetas à intimidade privada, a integridade física dos cidadãos. Em geral, tais riscos são consequência de falhas na concepção da tecnologia com inteligência artificial, relacionadas a problemas com a seleção de amostras, filtros, disponibilidade e qualidade dos dados obtidos, os quais podem agravar situações discriminatórias existentes.

Para além da discussão sobre os princípios e o uso ético da tecnologia de inteligência artificial, merecem menção os produtos já existentes no mercado acerca da fiscalização das contratações e licitações públicas.

Destaca-se, a princípio, a iniciativa do Tribunal de Contas da União brasileiro (TCU), que tem realizado um brilhante trabalho junto à sua equipe de Tecnologia da Informação para desenvolver os robôs Mônica, Alice e Sofia. Esses integram o Labcontas, que é um sistema que engloba 96 bases de dados (como registro de contas governamentais, lista de políticas públicas e composição societária de empresas), 55 organizações de controle e uma média de 580 usuários, sendo 249 especificamente do controle externo.[245]

---

[243] WILSON, Benjamin; HOFFMAN, Judy; MORGENSTERN, Jamie. *Predictive Inequity in Object Detection.* Georgia Institute of Technology, fev. 2019. Disponível em: https://arxiv.org/pdf/1902.11097.pdf. Acesso em: 7 jul. 2025.

[244] LOHR, Steve. Facial Recognition Is Accurate, if You're a White Guy. The New York Times, feb. 9, 2018. Disponível em: https://www.nytimes.com/2018/02/09/technology/facial-recognition-race-artificial-intelligence.html?module=inline. Acesso em: 7 jul. 2025.

[245] Informações disponíveis em: http://www.atricon.org.br/imprensa/destaque/tcu-usa-tecnologia-para-combater-fraudes/. Acesso em: 10 jul. 2025.

Interessante é a velocidade de processamento de dados, conseguindo realizar em dias os trabalhos que duravam meses: "O que mudou foi a tempestividade. Antes, fazíamos um trabalho de investigação de benefícios previdenciários e trabalhistas a cada dois anos. Hoje, recebemos as bases atualizadas mês a mês", afirma Rodrigo Hildebrand, auditor federal do TCU.[246]

Segundo Monica Cotrim Chaves, esse mecanismo é um ambiente rico para a realização de auditorias, visto que é permitido relacionar informações, tais como *ranking* de fornecedores e os respectivos órgãos de atuação. Em específico, é altamente positiva a parceria desse programa com o Tribunal Superior Eleitoral — TSE, a qual permitiu detectar fraudes em doações para campanhas eleitorais em 2016: foram identificados que havia 37.888 doadores de campanhas políticas que eram cadastrados no programa federal Bolsa Família.[247]

Em específico, o robô Alice — acrônimo de Análise de Licitações e Editais, consiste em um sistema de exame de dados utilizado pelo TCU para otimizar a fiscalização de editais de licitação e atas de registros de preços em plataformas de compras públicas, verificando diariamente todos os órgãos federais. Após esse processo, os resultados são enviados diretamente a todos os auditores do TCU por e-mail, proporcionando mais autonomia ao profissional, garantindo qualidade na fiscalização e auditorias em grande alcance.[248]

Para fins de demonstração da potencialidade do robô ALICE, o último relatório de resultados emitido pelo TCU apontou que a ferramenta foi capaz de analisar 200 editais de licitação por dia, cumulando em um total de 800 mil documentos e 284.369 licitações inspecionadas entre os anos de 2013 e 2016.[249]

Tais números demonstram, claramente, que a inteligência artificial pode alcançar resultados muito mais amplos do que o trabalho humano, podendo filtrar as questões que realmente demandam atenção e repassá-las à equipe técnica especializada, otimizando a atuação dos

---

[246] Disponível em: https://ibcp.com.br/como-as-robos-alice-sofia-e-monica-ajudam-o-tcu-a-cacar-irregularidades-em-licitacoes/. Acesso em: 10 jul. 2025.

[247] Informações disponíveis em: http://www.atricon.org.br/imprensa/destaque/tcu-usa-tecnologia-para-combater-fraudes/. Acesso em: 10 jul. 2025.

[248] BRASIL. Tribunal de Contas da União. 3º Seminário sobre análise de dados na Administração Pública. 25 set. 2017. Disponível em: https://www.youtube.com/watch?v=Pw-DW5ptvbQ. Acesso em: 28 jun. 2025.

[249] DAREDAÇÃO. "Tecnologia: varredura diária de irregularidades em editais". Disponível em: http://governoaberto.cgu.gov.br/noticias/2017/tecnologia-varredura-diaria-de-irregularidades-em-editais. Acesso em: 15 abr. 2025.

órgãos fiscalizatórios. Inclusive, os robôs Alice, Mônica e Sofia já são usados por servidores da Controladoria-Geral da União, Ministério Público Federal, Polícia Federal e Tribunal de Contas dos Estados na investigação de eventuais irregularidades nas compras governamentais.

Salienta-se, portanto, que o que se propõe neste estudo vai além da inspeção "fria" de dados, pois, para além do escaneamento das informações contidas em editais de licitações e atas de registros de preços, o que se propõe é o desenvolvimento de ferramentas de aprendizado artificial, de modo que os algoritmos das máquinas otimizem também o trabalho meritório realizado pelos controladores.

Em outras palavras, busca-se não apenas o uso de ferramentas tecnológicas para mera análise de textos em larga escala, a partir de trilhas de auditoria desenvolvidas para descobrir irregularidades presentes nos arquivos textuais. Almeja-se que se vá além, que a tecnologia, por meio de aprendizado avançado de máquina, supervisionada ou não por auditores/controladores, possa detectar indícios de irregularidades que não seriam perceptíveis em tempo hábil sob a cognição humana.

Fica claro, diante do exposto, que existe a necessidade de desenvolver ações de controle preventivas, no sentido de evitar a ocorrência de danos ao erário, em larga escala e com o uso de inteligência artificial, otimizando a análise de dados e de mérito das irregularidades, além de incentivar a atuação colaborativa dos órgãos de controle e a participação ativa do cidadão, que deve encontrar resguardo estatal em sua prática — modelo ao qual se denomina de "*compliance* inteligente".

Demonstrou-se, ademais, o atual cenário das contratações públicas no Brasil e o impacto que o setor tem suportado em virtude do avanço da corrupção e da lavagem de dinheiro. O Índice de Percepção da Corrupção (IPC) do ano de 2017[250] apresenta que o país está na 84ª posição no *ranking* dos mais corruptos do rol analisado.

Isso quer dizer que existe um impacto intenso entre o fator corrupção e as grandes áreas públicas, como a saúde, a educação e a segurança públicas. Ademais, merece destaque o estudo de Mauro,[251]

---

250 TRANSPARÊNCIA Internacional. Índice de percepção da corrupção. 2017. Disponível em: https://static1.squarespace.com/static/5a86d82132601ecb510239c2/t/5a8dc5b89140b72fa5081773/1519240719239/IPC+2017+-+RELATO%CC%81RIO+GLOBAL.pdf. Acesso em: 24 jun. 2025.

251 MAURO, Paolo. Corruption and growth. *The Quarterly Journal of Economics*, v. 110, n. 3, p. 681-712, 1995. *Apud* HERNANDES, Pedro Petronillio. *Combate à corrupção no Brasil:* análise sob a ótica da economia da corrupção. 6º concurso de monografias da Controladoria-Geral da União. 2011.

que vai além da influência da corrupção na economia, apontando que o ilícito compromete a distribuição de renda de três formas: altera a progressividade do sistema tributário — os mais favorecidos economicamente conseguem burlar o fisco; modifica o foco dos gastos com políticas sociais — pois, novamente, os mais abastados conseguem "tratamentos especiais" por meio do pagamento de "propinas", ou seja, por meio de suborno; e inibe a formação de capital humano, pois piora a qualidade do sistema de ensino, saúde e segurança, por meio da fuga de recursos.[252]

Com estas três formas de impactar a economia do país, fica clara a necessidade de se desenvolverem mecanismos de integridade mais sofisticados, que fortaleçam o combate à corrupção no setor público e busquem diminuir seus efeitos deletérios à sociedade brasileira.

Nesse quadro, o primeiro título desta obra trouxe uma visão geral sobre a forma com que a corrupção se desenvolve no setor de compras públicas no Brasil, concretizando-se por meio do superfaturamento de preços, qualidade e quantidade de itens adquiridos pelo setor público mediante licitações e contratos.

Em um mundo em que diversos setores da economia estão passando por um processo de transformação digital,[253] e que ferramentas de inteligência artificial têm o poder de aumentar significativamente a precisão, velocidade e eficiência de programas de conformidade,[254] o setor público e as instituições que exercem atividades de controle devem repensar suas práticas fiscalizatórias e de integridade, a fim de acompanhar esse processo e desenvolver-se, cada vez mais, no sentido de otimizar o combate à corrupção.

Em seguida, no intuito de introduzir uma proposta de aprimoramento dos mecanismos de *compliance* no setor público, demonstrou-se um panorama sobre a integridade do setor público: desde o surgimento da legislação anticorrupção até, mais recentemente, as iniciativas da

---

252 HERNANDES, Pedro Petronillio. Combate à corrupção no Brasil: análise sob a ótica da economia da corrupção. 6º concurso de monografias da Controladoria-Geral da União. 2011. Disponível em: http://www.cgu.gov.br/Publicacoes/controle-social/arquivos/6-concurso-monografias-2011.pdf. Acesso em: 29 jun. 2025, p. 20.

253 ESTADOS UNIDOS. MIT Sloan. *What the digital future holds*. Ginni Rometty: *Digital today, cognitive tomorrow*. Cambridge, Massachusetts: MIT Press, 2018, p. 11.

254 AALBERS, Geert. Inteligência artificial e big data no combate à corrupção. *Revista Valor Econômico*, publicado em 21 maio 2018. Disponível em: http://www.valor.com.br/opiniao/5537063/inteligencia-artificial-e-big-data-no-combate-corrupcao. Acesso em: 29 jun. 2025.

Controladoria-Geral da União em acompanhar a implantação dos programas de integridade nos órgãos do Governo Federal.

Ao final, foi sugerido um modelo de *compliance* aliado ao uso de inteligência artificial nas contratações públicas, ao que se intitulou de "*compliance* inteligente", que busca, ainda, modernizar a atividade fiscalizatória no Brasil. Foram sugeridas mudanças que visem ao ideal de uma atividade de controle em caráter preventivo, em larga escala, com o uso de inteligência artificial e ferramentas *de machine learning* na análise meritória de informações, além de um trabalho colaborativo entre as instituições de controle e o fomento à participação social efetiva, por meio da proteção estatal ao cidadão-denunciante.

As sugestões contidas nesta obra, de utilização das novas ferramentas de tecnologia da informação, foram citadas para fomentar o debate sobre novas soluções a serem aplicadas nas atividades de fiscalização e controle exercidas pelas instituições. Não se pretendeu, no entanto, esgotar o tema, mas, ao contrário, estimular o diálogo e a busca de novas formas de otimização dos resultados do setor.

Em síntese, os estudos sobre o tema devem continuar se desenvolvendo, a fim de aprimorar as soluções aqui propostas, buscando sempre novas ideias de combate ao problema sistêmico que se tornou a corrupção.

EXPERIÊNCIA DO USO DE TECNOLOGIA NO CONTROLE DAS PRÁTICAS ANTICOMPETITIVAS EM LICITAÇÕES PÚBLICAS

As novas tecnologias têm sido grandes aliadas na concretização de um sistema de controle e *compliance* efetivo em relação às compras e licitações públicas. Isto, pois essas ferramentas têm otimizado o trabalho dos controladores, permitindo que estes possam trabalhar com mais presteza, dedicando seu tempo e esforço em casos que realmente o demandem.

Neste sentido, os governos de diversos países têm, aos poucos, dado abertura às iniciativas de inovação e desenvolvimento de novas tecnologias, inclusive adotando estratégias nacionais para incentivo do setor. Observa-se, como se verá mais adiante, que os países, inicialmente, adotam medidas de transformação digital para introduzir a temática — só após a implementação destas medidas é que se passa a discutir a questão do uso da inteligência artificial propriamente dito para o auxílio na prestação de serviços públicos.

Ainda assim, mesmo sendo uma discussão para um segundo momento, diversos países já alcançaram esta etapa de maturidade tecnológica, tendo publicado ou anunciado publicamente seu enfoque em políticas descritas como "estratégias de inteligência artificial". Alguns exemplos são o Canadá,[1] a Coreia do Sul,[2] a Índia,[3] a França,[4] os Emirados Árabes Unidos,[5] Singapura[6] e o Japão.[7]

[1] CANADÁ. *Pan-Canadian AI Strategy*. Disponível em: https://cifar.ca/ai/. Acesso em: 20 jul. 2025.

Por outro lado, a adoção de estratégias de transformação digital e o uso de inteligência artificial são, certamente, iniciativas *inovadoras*. Neste sentido, os países têm se adaptado internamente para poder realizar o que se chama de compra pública de inovação — ou seja, a aquisição, por parte da Administração Pública, de tecnologias inovadoras que possam contribuir com a melhoria da prestação dos serviços e políticas públicas.

Assim, sobre o tema, houve a publicação do Manual de Oslo, cuja primeira edição é datada de 1992 e a mais recente é do ano de 2018, um documento elaborado pela OCDE em conjunto com a Eurostat, que traça diretrizes para a coleta e interpretação de dados na temática da inovação em seus países membros. Seu objetivo é facilitar a comparação internacional entre os países e ofertar uma plataforma para pesquisas e experimentação na medição da inovação.[8]

A justificativa para medir o desenvolvimento das iniciativas de inovação nos países é que a inovação é fundamental para a melhoria dos padrões de vida das pessoas, podendo afetar indivíduos, instituições e setores econômicos inteiros de formas diversas. Assim, o uso de dados relativos à inovação pode auxiliar a formulação de políticas públicas e entender melhor as mudanças econômicas e sociais, avaliando a eficácia das contribuições inovadoras e seu impacto nestas políticas públicas.[9]

---

[2] COREIA DO SUL. Mid-to long-term Master Plan in preparation for the intelligent information society. Managing the Fourth Industrial Revolution. Disponível em: https://k-erc.eu/wp-content/uploads/2017/12/Master-Plan-for-the-intelligent-information-society.pdf. Acesso em: 20 jul. 2025.

[3] ÍNDIA. National strategy for artificial intelligence. Discussion paper. Disponível em: https://www.niti.gov.in/sites/default/files/2023-03/National-Strategy-for-Artificial-Intelligence.pdf. Acesso em: 20 jul. 2025.

[4] VILLANI, Cédric. For a meaningful artificial intelligence — towards a French and European strategy. Disponível em: https://www.jaist.ac.jp/~bao/AI/OtherAIstrategies/MissionVillani_Report_ENG-VF.pdf. Acesso em: 20 jul. 2025.

[5] EMIRADOS ÁRABES UNIDOS. UAE Strategy for Artificial Intelligence. Disponível em: https://ai.gov.ae/wp-content/uploads/2021/07/UAE-National-Strategy-for-Artificial-Intelligence-2031.pdf. Acesso em: 20 jul. 2025.

[6] SINGAPURA. AI Singapore. Disponível em: https://aisingapore.org. Acesso em: 20 ago. 2020.

[7] JAPÃO. Public-private dialogue towards investment for the future. Disponível em: https://japan.kantei.go.jp/97_abe/actions/201604/12article6.html. Acesso em: 20 jul. 2025.

[8] OCDE; EUROSTAT. Oslo Manual 2018: Guidelines for Collecting, Reporting and Using Data on Innovation. 4th Edition. Disponível em: https://www.oecd.org/science/oslo-manual-2018-9789264304604-en.htm. Acesso em: 15 jul. 2025.

[9] *Idem*, p. 21.

Segundo o documento, o termo "inovação" pode significar tanto uma atividade quanto o resultado que se obtém dela. A definição apresentada pelo manual para o termo é a que segue:

> Uma inovação é um produto ou processo novo ou melhorado (ou a combinação dos mesmos), que difere significativamente dos produtos ou processos daquela unidade, que tenham sido disponibilizados para potenciais usuários (em caso de produtos) ou trazido para uso pela unidade (em caso de serviço). [Tradução livre].[10]

A definição utiliza o termo genérico "unidade" para se referir aos atores responsáveis pela inovação. Pode se referir a qualquer unidade institucional em qualquer setor, incluindo famílias e seus membros individuais. Assim, em linhas gerais, o manual traz diretrizes para se identificar elementos de inovação e estratégias gerais para sua medição, como forma de auxiliar os gestores a direcionar a eficácia de suas políticas públicas, de acordo com a maturidade do setor social impactado.

Ainda sobre a temática da inovação, a OCDE desenvolveu uma frente de trabalho específica para acompanhar as iniciativas de inovação em matéria de transformação digital e a promoção da inteligência artificial em seus países membros. É a iniciativa "Going Digital", que já publicou diversos relatórios acerca do que foi observado sobre o tema.[11] Além disso, foi criado um observatório específico para acompanhar o desenvolvimento da inovação no setor público, cujos trabalhos têm sido bastante relevantes em matéria do uso de tecnologias para inovação.[12]

Importa destacar que, diante de tantos estudos, a OCDE reconhece a dificuldade do setor público em inovar, especialmente em seu relatório sobre o fomento à inovação no setor público.[13] Isto, pois as regulações e procedimentos internos contribuem para obstaculizar

---

[10] *Idem*, p. 22. Texto original: "An innovation is a new or improved product or process (or combination thereof) that differs significantly from the unit's previous products or processes and that has been made available to potential users (product) or brought into use by the unit process)".

[11] OCDE. *Going digital*. Making the transformation work for growth and well-being. Disponível em: https://www.oecd.org/going-digital/. Acesso em: 16 jul. 2025.

[12] OCDE. Observatory of Public Sector Innovation. Disponível em: https://www.oecd-opsi.org/. Acesso em: 16 jul. 2025.

[13] OCDE. Fostering innovation in the Public Sector. Paris, 2017. Disponível em: https://oecd-opsi.org/wp-content/uploads/2018/07/Fostering-Innovation-in-the-Public-Sector-254-pages.pdf. Acesso em: 17 jul. 2025.

iniciativas inovadoras no setor. Assim, identificou-se que a burocracia é uma característica que gera bastante tensão em relação às iniciativas inovadoras.

É possível notar algumas particularidades que favorecem essa tensão, conforme citadas no relatório, tais como a necessidade continuada de regulação em contrapartida à imprescindibilidade de espaço para assumir riscos, por exemplo. Esta é uma das características que trazem dificuldade ao setor público, já que existe a expectativa de que os serviços públicos sejam prestados de forma consistente e confiável — justamente o oposto do que a inovação pode oferecer, já que envolve incertezas e o risco de fracasso.[14]

Apesar das dificuldades existentes, é sabido que introduzir iniciativas inovadoras no setor público é uma medida que se impõe. Portanto, trata-se de temática que também deve ser analisada quando se pensa em transformação digital ou, ainda, no uso de inteligência artificial para otimização da prestação de serviços públicos.

Neste sentido, este capítulo tratará das estratégias adotadas por cada país — Brasil e Espanha — a respeito da transformação digital da Administração Pública, bem como das recentes iniciativas para incentivo ao desenvolvimento de tecnologias de inteligência artificial. Também abordará a forma como cada um deles procede em caso de compra pública de inovação, com quais procedimentos e requisitos formais para tanto. É o que se verá a seguir.

5.1 Experimento brasileiro

O Brasil ainda está no início de sua caminhada no campo do uso de tecnologias para a otimização da Administração Pública. Segundo dados apresentados pelo relatório da OCDE, o país tem avançado em sua agenda de transformação para um governo digital, buscando garantir que a prestação de serviços e as políticas públicas sejam mais inclusivas e convenientes ao interesse público.[15]

O país demorou a utilizar a tecnologia em favor do cidadão: apesar de ser a 4ª maior população presente no mundo digital, o Brasil ocupa apenas a 44ª posição no *ranking* de governos digitais,

---

14 *Idem*, p. 34.

15 OCDE. Digital government review of Brazil. Towards the digital transformation of the public sector. Disponível em: http://www.oecd.org/governance/digital-government-review-of-brazil-9789264307636-en.htm. Acesso em: 20 jul. 2025.

segundo dados da ONU.[16] Isso demonstra a grave necessidade de se implantar uma agenda efetiva de transformação digital no país, além de demonstrar que há espaço para a proposta de um novo modelo de prestação de serviços públicos, conforme se propõe neste estudo.

Uma das primeiras ações adotadas pelo Brasil foi o Marco Civil da Internet,[17] publicado em abril de 2014, estabelecendo princípios, garantias, direitos e deveres para o uso da internet no país. Dentre os fundamentos que disciplinaram a lei, estão o respeito à liberdade de expressão, os direitos humanos, o exercício da cidadania em meios digitais, bem como a livre concorrência e a defesa do consumidor, entre outros.[18]

Além disso, foram elencados diversos princípios disciplinadores do uso da internet, envolvendo a garantia da liberdade de expressão — nos termos da Constituição Federal brasileira —, a proteção da privacidade, a proteção dos dados pessoais, etc.,[19] não excluindo outros previstos no ordenamento jurídico nacional ou nos tratados internacionais em que o Brasil seja parte. A lei ainda prevê direitos e garantias dos usuários da internet, cujo rol está presente nos arts. 7º e 8º, dando destaque à garantia do direito à privacidade e à liberdade de expressão nas comunicações, além de dispor sobre a neutralidade na rede em seu art. 9º.

---

[16] Informação disponível em: https://www.gov.br/governodigital/pt-br/EGD2020. Acesso em: 20 jul. 2025.

[17] BRASIL. *Lei nº 12.965, de 23 de abril de 2014*. Disponível em: http://www.planalto.gov.br/ccivil_03/_ato2011-2014/2014/lei/l12965.htm. Acesso em: 19 jul. 2025.

[18] BRASIL. *Lei nº 12.965/2014*. Art. 2º. A disciplina do uso da internet no Brasil tem como fundamento o respeito à liberdade de expressão, bem como: I - o reconhecimento da escala mundial da rede; II - os direitos humanos, o desenvolvimento da personalidade e o exercício da cidadania em meios digitais; III - a pluralidade e a diversidade; IV - a abertura e a colaboração; V - a livre iniciativa, a livre concorrência e a defesa do consumidor; e VI - a finalidade social da rede.

[19] BRASIL. *Lei nº 12.965/2014*. Art. 3º. A disciplina do uso da internet no Brasil tem os seguintes princípios: I - garantia da liberdade de expressão, comunicação e manifestação de pensamento, nos termos da Constituição Federal; II - proteção da privacidade; III - proteção dos dados pessoais, na forma da lei; IV - preservação e garantia da neutralidade de rede; V - preservação da estabilidade, segurança e funcionalidade da rede, por meio de medidas técnicas compatíveis com os padrões internacionais e pelo estímulo ao uso de boas práticas; VI - responsabilização dos agentes de acordo com suas atividades, nos termos da lei; VII - preservação da natureza participativa da rede; VIII - liberdade dos modelos de negócios promovidos na internet, desde que não conflitem com os demais princípios estabelecidos nesta Lei. Parágrafo único. Os princípios expressos nesta Lei não excluem outros previstos no ordenamento jurídico pátrio relacionados à matéria ou nos tratados internacionais em que a República Federativa do Brasil seja parte.

Em relação à atuação do Poder Público, foram estabelecidas diretrizes para atuação dos entes federativos no desenvolvimento da internet no país, envolvendo os seguintes fatores:

> Art. 24. Constituem diretrizes para a atuação da União, dos Estados, do Distrito Federal e dos Municípios no desenvolvimento da internet no Brasil:
>
> I - estabelecimento de mecanismos de governança multiparticipativa, transparente, colaborativa e democrática, com a participação do governo, do setor empresarial, da sociedade civil e da comunidade acadêmica;
>
> II - promoção da racionalização da gestão, expansão e uso da internet, com participação do Comitê Gestor da internet no Brasil;
>
> III - promoção da racionalização e da interoperabilidade tecnológica dos serviços de governo eletrônico, entre os diferentes Poderes e âmbitos da Federação, para permitir o intercâmbio de informações e a celeridade de procedimentos;
>
> IV - promoção da interoperabilidade entre sistemas e terminais diversos, inclusive entre os diferentes âmbitos federativos e diversos setores da sociedade;
>
> V - adoção preferencial de tecnologias, padrões e formatos abertos e livres;
>
> VI - publicidade e disseminação de dados e informações públicos, de forma aberta e estruturada;
>
> VII - otimização da infraestrutura das redes e estímulo à implantação de centros de armazenamento, gerenciamento e disseminação de dados no País, promovendo a qualidade técnica, a inovação e a difusão das aplicações de internet, sem prejuízo à abertura, à neutralidade e à natureza participativa;
>
> VIII - desenvolvimento de ações e programas de capacitação para uso da internet;
>
> IX - promoção da cultura e da cidadania; e
>
> X - prestação de serviços públicos de atendimento ao cidadão de forma integrada, eficiente, simplificada e por múltiplos canais de acesso, inclusive remotos.

Merecem destaque estas diretrizes, tendo em vista que vão ao encontro da proposta deste estudo, apresentada anteriormente (ver capítulo 4 desta obra), no sentido de se construir um modelo de *compliance* inteligente que seja estruturado de forma a conter as seguintes características: atuação preventiva, em rede (incisos I e III), em grande escala (inciso IV), com forte participação social (inciso I) e com uso de tecnologia (inciso X).

Desde a publicação desta lei, em 2014, tiveram início diversas discussões acerca dos princípios estabelecidos na então nova lei. Dentre eles, merece menção a livre concorrência no âmbito da internet, considerando ser um dos pilares do modelo de *compliance* inteligente aqui proposto. Del Masso destaca que:

> O princípio da livre concorrência também decorre do regime de livre mercado, no qual é franqueada aos agentes econômicos a liberdade de se estabelecer, concorrer e se apropriar tanto dos bens que reúne para explorar a sua atividade econômica quanto dos frutos de tal atividade. No que diz respeito à proteção da livre concorrência no âmbito da atividade econômica realizada pela Internet as consequências não são diferentes das realizadas fora da rede. É claro que os negócios realizados via digital também fazem parte da atividade econômica, de forma que, por exemplo, para fixar o mercado relevante de um produto ou serviço, as vendas realizadas pela Internet também entram na conta. Mas, *o que mais importa é que a quantidade de atos que configuram maneiras de concorrer ilicitamente é muito mais frequente na Internet.* (Grifou-se)[20]

Diante do exposto pelo autor, infere-se que o ambiente digital também deve ser tutelado pelo direito da concorrência, de tal modo que apenas a forma de celebração dos negócios é alterada (por via eletrônica). Por outro lado, o formato eletrônico permite que uma maior quantidade de atos seja celebrada, quando comparada aos atos físicos — o que implica, também, uma maior possibilidade de ocorrerem atos anticoncorrenciais.

No mesmo sentido, há que se atentar também para as modalidades de licitações e compras públicas que são divulgadas e tramitadas por via digital — que têm se tornado cada dia mais populares nos entes federativos. De toda sorte, conclui-se que essa modalidade de contratação pública, ainda que realizadas por canais eletrônicos, deve respeitar o regramento pátrio acerca da temática — tanto em relação à Lei Antitruste brasileira (Lei nº 12.529/2011) quanto aos princípios e diretrizes trazidos pelo Marco Civil da Internet.

Após a publicação do Marco Civil da Internet, em 2014, o governo brasileiro passou a debater e planejar as melhores formas de internalizar

---

[20] DEL MASSO, Fabiano. Livre iniciativa, livre concorrência e direitos do consumidor como fundamentos do uso da internet no Brasil. *In:* DEL MASSO, Fabiano; ABRUSIO, Juliana; FLORÊNCIO FILHO, Marco Aurélio (coord.) *Marco civil da internet* — Lei nº 12. 965/2014. 1. ed. em e-book baseada na 1. ed. Impressa. São Paulo: Revista dos Tribunais, 2014.

as novas tecnologias ao setor público. Em março de 2018, foi publicado o Decreto nº 9.319, que instituiu o Sistema Nacional para a Transformação Digital (SinDigital), estabelecendo estrutura de governança voltada à implantação de uma estratégia brasileira de transformação digital.

Em 1º de janeiro de 2023, o Decreto nº 11.356 (BRASIL, 2023) revogou o decreto anterior e aprovou a Estratégia de Governo Digital para o período de 2023 a 2027, atualizando os eixos temáticos e a governança. A nova estratégia visa harmonizar as iniciativas do Poder Executivo federal no ambiente digital, aproveitando o potencial das tecnologias para promover o desenvolvimento econômico, social, sustentável e inclusivo, com inovação, aumento de competitividade, produtividade e níveis de emprego e renda no país.

A Estratégia de Governo Digital 2023-2027 mantém a divisão em eixos habilitadores e de transformação digital, abordando temas como infraestrutura e acesso às tecnologias da informação, pesquisa, desenvolvimento e inovação, confiança no ambiente digital, educação e capacitação profissional, integração regional em economia digital e a informatização da economia brasileira, com foco em um governo mais acessível, eficiente e orientado ao cidadão.[21]

Para cada um dos eixos temáticos, foram delineados objetivos específicos, descritos no Anexo I do Decreto nº 11.356, de 1º de janeiro de 2023.[22] Merece destaque o eixo de transformação digital do governo, que, segundo o manual do Ministério da Ciência, Tecnologia e Inovação,[23] aborda a seguinte questão:

> Existem ao menos três grandes linhas orientadoras para as políticas públicas na área de cidadania e governo digital. A tecnologia digital deverá ser utilizada para: i) aumentar a transparência e o controle social das atividades estatais; ii) ampliar a participação social na formulação das políticas públicas; e iii) prover mais e melhores serviços públicos digitais. Ao formular e implementar ações estruturadas nestas três

---

21 BRASIL. *Decreto nº 11.356, de 1º de janeiro de 2023*. Aprova a Estratégia de Governo Digital para o período de 2023 a 2027, no âmbito dos órgãos e entidades da administração pública federal direta, autárquica e fundacional. Diário Oficial da União: seção 1, Brasília, DF, ano 160, n. 1, p. 1-12, 2 jan. 2023.

22 BRASIL. *Decreto nº 11.356, de 1º de janeiro de 2023*. Aprova a Estratégia de Governo Digital para o período de 2023 a 2027, no âmbito dos órgãos e entidades da administração pública federal direta, autárquica e fundacional. Diário Oficial da União: seção 1, Brasília, DF, ano 160, n. 1, p. 1-12, 2 jan. 2023.

23 BRASIL. *Ministério da Ciência, Tecnologia e Inovação*. Estratégia Brasileira de Transformação Digital — E-Digital. Brasília, DF, 2018. Disponível em: https://www.gov.br/mcti/pt-br/acompanhe-o-mcti/transformacaodigital/estrategia-digital. Acesso em: 10 ago. 2025.

grandes linhas, espera-se que o governo possa atender às expectativas quanto à sua atuação, preservando e fortalecendo seu papel como agente coordenador da sociedade e das transformações pelas quais ela deve passar.

Neste sentido, os objetivos específicos foram atualizados para o período de 2023 a 2027, com redação dada pelo Decreto nº 11.356/2023, substituindo a estratégia anterior, estabelecida pelo Decreto nº 10.332/2020.[24] Dentre eles, destacam-se a oferta de serviços públicos digitais simples e intuitivos, a concessão de acesso amplo à informação e aos dados abertos governamentais, a promoção do exercício da cidadania e o fomento à integração e à interoperabilidade das bases de dados governamentais.

Tais objetivos estão em consonância com aqueles introduzidos pelo *Marco Civil da Internet*,[25] bem como com os norteadores do modelo apresentado no capítulo 4, considerando estarem alinhados a um sistema de amplo acesso ao público (participativo), com atuação em rede (integração e interoperabilidade das bases de dados) e com a própria oferta de serviços públicos digitais (uso de tecnologia).

No final de 2018, ano de publicação da estratégia de transformação digital brasileira, a *Organização para a Cooperação e Desenvolvimento Econômico (OCDE)* elaborou um relatório de análise de maturidade do país em relação à temática do governo digital. Segundo o documento, o desafio do Brasil passou a ser: *como utilizar a tecnologia de forma eficaz nas diversas áreas de políticas públicas, permanecendo competitivo em um mundo globalizado e fornecendo serviços eficientes aos seus cidadãos?* O relatório aponta que:

> Nas últimas décadas, o governo brasileiro tem usado, cada vez mais, tecnologias para tornar suas instituições públicas mais funcionais, ágeis e responsivas ao cidadão e às demandas empresariais. No entanto, a complexidade do setor público brasileiro exige o que há de mais moderno em termos de abordagem tecnológica, que garanta a coordenação e acelere os processos de capacitação em agências e níveis de

[24] BRASIL. *Decreto nº 10.332, de 28 de abril de 2020.* Aprova a Estratégia de Governo Digital para o período de 2020 a 2022, no âmbito dos órgãos e entidades da administração pública federal direta, autárquica e fundacional. Diário Oficial da União: seção 1, Brasília, DF, ano 158, n. 82, p. 4-11, 29 abr. 2020.

[25] BRASIL. *Lei nº 12.965, de 23 de abril de 2014.* Estabelece princípios, garantias, direitos e deveres para o uso da Internet no Brasil. Diário Oficial da União: seção 1, Brasília, DF, ano 151, n. 77, p. 1-4, 24 abr. 2014.

> governo. Para levar os esforços do governo digital para o próximo nível de maturidade, o Brasil terá que navegar por escolhas relacionadas à tecnologia cada vez mais complexas.[26] [Tradução livre].

O documento revela que o país deve encontrar caminhos para incorporar soluções inovadoras em procedimentos, tanto para uso interno quanto para uso externo, implicando melhoria da governança e oferta de serviços ao cidadão baseados em dados.

Pensando nesses desafios, o governo brasileiro avançou na agenda de transformação digital e, no final de 2019, lançou consulta pública[27] para contribuir com a elaboração de uma estratégia específica para o desenvolvimento de tecnologias de inteligência artificial (IA) no país.

Na apresentação da consulta pública, foi esclarecido que o objetivo de se desenvolver uma estratégia nacional de IA seria solucionar problemas concretos do país, identificando áreas prioritárias no desenvolvimento e o uso das tecnologias de IA nas quais há maior potencial de obtenção de benefícios. Ademais, vislumbrou-se que a IA pode trazer vantagens na promoção da competitividade e no aumento da produtividade brasileira, além de melhorias na prestação de serviços públicos, entre outros benefícios.[28]

Para melhor organização do debate, a consulta pública foi dividida em nove eixos temáticos, sobre os quais a sociedade civil pôde opinar e sugerir propostas livremente, quais sejam: legislação, regulação e uso ético; governança de IA; aspectos internacionais; qualificações para um futuro digital; força de trabalho e capacitação; pesquisa, desenvolvimento, inovação e empreendedorismo; aplicação nos setores produtivos; aplicação no Poder Público; e segurança pública.

Importante notar que, quando se adentra na temática da inteligência artificial, o governo brasileiro se depara com diversos documentos internacionais sobre o tema. Um dos principais instrumentos é a publicação da OCDE, contendo recomendações do Conselho de IA

---

[26] ORGANIZAÇÃO PARA A COOPERAÇÃO E DESENVOLVIMENTO ECONÔMICO. *Digital Government Review of Brazil: Towards the Digital Transformation of the Public Sector.* Paris: OECD Publishing, 2018. Disponível em: https://www.oecd.org/en/publications/digital-government-review-of-brazil_9789264307636-en.html. Acesso em: 10 ago. 2025.

[27] BRASIL. Ministério da Ciência, Tecnologia, Inovações e Comunicações. *Consulta pública: Estratégia Brasileira de Inteligência Artificial.* Brasília, DF, 2019. Disponível em: https://www.gov.br/mcti/pt-br/acompanhe-o-mcti/inteligencia-artificial. Acesso em: 10 ago. 2025.

[28] BRASIL. Consulta pública: estratégia brasileira de inteligência artificial. Apresentação e instruções. Disponível em: http://participa.br/estrategia-brasileira-de-inteligencia-artificial/blog/apresentacao-e-instrucoes. Acesso em: 22 ago. 2020.

aos seus países membros, dando destaque aos cinco princípios que devem nortear o desenvolvimento das atividades de inteligência artificial: (i) crescimento inclusivo, desenvolvimento sustentável e bem-estar social; (ii) valores centrados no ser humano e na justiça; (iii) transparência e explicabilidade dos sistemas; (iv) robustez, segurança e proteção dos sistemas de IA; e (v) *accountability*.[29]

Portanto, o Brasil deve elaborar sua estratégia para inteligência artificial no mesmo sentido que o fez quando da proposta de transformação digital do país. Insta salientar que, para a persecução dos objetivos de desenvolvimento de sistemas de IA e posterior aquisição destes pacotes de tecnologia por parte do Poder Público, existe uma modalidade específica de contratação pública para este objetivo.

Atualmente, a compra pública de inovação no Brasil é regulamentada pela Lei nº 10.973, de 2 de dezembro de 2004,[30] que dispõe sobre incentivos à inovação e à pesquisa científica e tecnológica no ambiente produtivo, bem como pelo artigo 74, inciso XXXI, da Lei nº 14.133, de 1º de abril de 2021[31] (Lei de Licitações e Contratos Administrativos), e pela Seção V do Decreto nº 9.283, de 7 de fevereiro de 2018.[32]

É no artigo 20 da Lei nº 10.973/2004 que se encontra a previsão da compra pública com risco tecnológico — cuja redação atual foi dada pela Lei nº 13.243, de 11 de janeiro de 2016.[33] Veja a definição trazida pela legislação:

> Art. 20. Os órgãos e entidades da administração pública, em matéria de interesse público, poderão contratar diretamente ICT, entidades de direito privado sem fins lucrativos ou empresas, isoladamente ou

---

[29] OCDE. *Recommendation of the Council on Artificial Intelligence*. OECD/LEGAL/0449. Disponível em: https://legalinstruments.oecd.org/en/instruments/OECD-LEGAL-0449. Acesso em: 23 jul. 2025. Texto original: "Section 1: principles for responsible stewardship of trustworthy AI. 1.1.Inclusive growth, sustainable development and well-being; 1.2.Human-centred values and fairness; 1.3.Transparency and explainability; 1.4.Robustness, security and safety; 1.5. Accountability".

[30] BRASIL. *Lei nº 10.973, de 2 de dezembro de 2004*. Dispõe sobre incentivos à inovação e à pesquisa científica e tecnológica no ambiente produtivo. Diário Oficial da União: seção 1, Brasília, DF, ano 141, n. 232, p. 1-4, 3 dez. 2004.

[31] BRASIL. *Lei nº 14.133, de 1º de abril de 2021*. Lei de Licitações e Contratos Administrativos. Diário Oficial da União: seção 1, Brasília, DF, ano 159, n. 62, p. 1-21, 1 abr. 2021.

[32] BRASIL. *Decreto nº 9.283, de 7 de fevereiro de 2018*. Regulamenta a Lei nº 10.973/2004, a Lei nº 13.243/2016, e dispõe sobre estímulo à inovação. Diário Oficial da União: seção 1, Brasília, DF, ano 155, n. 28, p. 1-11, 8 fev. 2018.

[33] BRASIL. *Lei nº 13.243, de 11 de janeiro de 2016*. Dispõe sobre estímulos ao desenvolvimento científico, à pesquisa, à capacitação científica e tecnológica e à inovação. Diário Oficial da União: seção 1, Brasília, DF, ano 153, n. 8, p. 1-6, 12 jan. 2016.

em consórcios, voltadas para atividades de pesquisa e de reconhecida capacitação tecnológica no setor, visando à realização de atividades de pesquisa, desenvolvimento e inovação que envolvam risco tecnológico, para solução de problema técnico específico ou obtenção de produto, serviço ou processo inovador.

Diante do texto legal, extrai-se que existe a possibilidade de que os órgãos e entidades da Administração Pública possam contratar diretamente as Instituições Científicas, Tecnológicas e de Inovação (ICTs) — ou seja, sem a necessidade de licitação, conforme prevê o artigo 74, inciso XXXI, da Lei nº 14.133, de 1º de abril de 2021.[34]

Tais contratações visam à realização de atividades de pesquisa e inovação que envolvam risco tecnológico; em outras palavras, trata-se de compra pública voltada para encontrar solução para determinado problema por meio de desenvolvimento tecnológico — a chamada encomenda tecnológica (ETEC).

Segundo o Decreto nº 9.283, de 7 de fevereiro de 2018,[35] risco tecnológico é a "possibilidade de insucesso no desenvolvimento de solução, decorrente de processo em que o resultado é incerto em função do conhecimento técnico-científico insuficiente à época em que se decide pela realização da ação". Portanto, a compra de uma encomenda tecnológica possui resultado incerto, já que está sendo contratada para encontrar uma solução que, eventualmente, pode não alcançar o êxito esperado.

Para exemplificar o tema e utilizando-se do contexto da pandemia do coronavírus, conforme relatado no terceiro subtítulo do capítulo 3 desta obra, a contratação de uma encomenda de vacina para combate ao Sars-COV2 seria um caso de encomenda tecnológica, tendo em vista o seu resultado incerto e a necessidade de conhecimentos técnicos específicos para sua produção.

Neste exemplo, o risco tecnológico está presente claramente, já que, apesar de se ter muito conhecimento sobre a produção de vacinas no mundo, pouco se sabe sobre o coronavírus, o que gera diversas incertezas técnicas e científicas para o desenvolvimento de sua vacina.

---

[34] BRASIL. *Lei nº 14.133, de 1º de abril de 2021*. Lei de Licitações e Contratos Administrativos. Diário Oficial da União: seção 1, Brasília, DF, ano 159, n. 62, p. 1-21, 1 abr. 2021.

[35] BRASIL. *Decreto nº 9.283, de 7 de fevereiro de 2018*. Regulamenta a Lei nº 10.973/2004, a Lei nº 13.243/2016, e dispõe sobre estímulo à inovação. Diário Oficial da União: seção 1, Brasília, DF, ano 155, n. 28, p. 1-11, 8 fev. 2018

Neste sentido, a encomenda tecnológica é instrumento essencial para o incentivo ao desenvolvimento de novas tecnologias e de inovação. Rauen e Barbosa destacam que, neste tipo de encomenda, o que se está sendo contratado é o esforço para a busca de uma solução, e não o seu resultado. Assim, os resultados diretos das ETECs são sempre pontuais e específicos, como um relatório ou um protótipo, não sendo possível culminar em um fornecimento de bens e serviços em larga escala — para este tipo de produção em larga quantidade, deve-se empregar outros instrumentos contratuais.[36]

O Tribunal de Contas da União destaca que a dispensa de licitação para contratação de encomenda tecnológica é uma exceção, que exige a necessidade de requisitos objetivos para sua realização. Sobre o tema:

> É um tipo especial de compra pública que pode ser utilizada quando o Estado precisa resolver determinado problema, cuja solução ainda não é conhecida ou não se encontra disponível no mercado, para a qual é exigido um esforço formal de pesquisa e desenvolvimento, existindo risco tecnológico, ou seja, incerteza sobre o seu resultado.
>
> Cabe esclarecer que, embora o instrumento estimule a inovação por meio do poder de compra do Estado, a ETEC se destina a resolver um problema real e justificado, que pressupõe uma entrega concreta, dentro de um projeto maior, de acordo com a missão do contratante. Por ser muito difícil que empresas privadas consigam se dedicar, por conta própria, à pesquisa básica necessária à concepção de uma solução inédita de um problema, é necessária a atuação do Estado, assumindo boa parte do risco tecnológico inerente a esse desenvolvimento.[37]

Ainda sobre o risco tecnológico, importa salientar que, apesar de não ser um requisito facilmente mensurável, é possível conferir alguma objetividade na definição de quando usar uma contratação de encomenda tecnológica a partir do emprego do conceito de TRLs — *Technology Readiness Levels*. Rauen e Barbosa o definem como uma ferramenta de gestão tecnológica desenvolvida pela Agência Espacial Norte-Americana (NASA) nos anos 1970, cuja versão mais recente ainda

---

[36] RAUEN, BARBOSA. *Op. cit.*, p. 21.

[37] BRASIL. Tribunal de Contas da União. Proposta de atuação do Controle em contratações de Encomendas Tecnológicas (ETEC). Disponível em: https://portal.tcu.gov.br/data/files/10/04/A5/AE/5200371055EB6E27E18818A8/ETEC_proposta_atuacao_controle_contratacoes_encomendas_tecnologicas.pdf. Acesso em: 25 jul. 2025. p. 6.

é utilizada pela NASA e por órgãos de controle americanos e, no Brasil, é empregada pelo Instituto Nacional de Pesquisas Espaciais (Inpe).[38]

A ferramenta TRL classifica a(s) tecnologia(s) necessária(s) ao desenvolvimento de determinada solução em função de seu nível de maturidade, que guarda relação direta com seu nível de risco tecnológico — ou seja, quanto mais madura uma tecnologia, menor é o risco nela contido. Assim, a TRL "tem o poder de comunicar o status de desenvolvimento tecnológico das soluções mesmo entre agentes com diferentes lógicas, como por exemplo, entre demandantes e ofertantes de uma ETEC".[39] A classificação de maturidade segundo essa metodologia segue nove níveis:

> O primeiro nível é aquele no qual são respondidos os princípios básicos da ciência que fundamenta a tecnologia. Isto é, trata-se de uma pesquisa ainda sem aplicação, mesmo que especulativa. O último nível, por sua vez, diz respeito às primeiras aplicações da solução em ambiente real. Entre estes extremos estão fases que dizem respeito à identificação especulativa de aplicação (TRL 2), às provas de conceitos em ambiente controlado (TRL 3), ao teste em ambiente controlado dos subsistemas que compõem a solução (TRL 4), à validação de partes da solução em ambiente simulado (TRL 5), à demonstração da solução ou de parte dela em ambiente simulado (TRL 6), ao teste de protótipo ou modelo em ambiente relevante (TRL 7) e à solução pronta e com atuação comprovada em ambiente real ou relevante (TRL 8).[40]

Desta forma, quanto maior a maturidade tecnológica, maior a necessidade de atuação do demandante — isto, pois conforme surge a necessidade de testes simulados e verificação da atuação real da tecnologia, o demandante precisa se aproximar do fornecedor para garantir que os requisitos iniciais mínimos sejam atingidos. Assim, conclui-se que, quanto maior o nível de maturidade segundo a classificação TRL, menor o índice de risco tecnológico.

Neste sentido, infere-se que é imprescindível que se determine a ocorrência e classificação do risco tecnológico de uma proposta a fim de justificar a contratação de uma ETEC, cumprindo os requisitos legais para tanto e caminhando para a etapa de pesquisa e desenvolvimento.

---

38 RAUEN, BARBOSA. *Op. cit.*, p. 25.

39 *Ibidem.*

40 *Ibidem.*

Sendo assim, a entrega de resultado em uma ETEC se dá por meio do esforço formal de pesquisa e desenvolvimento de uma solução, mesmo que diante de incertezas sobre seu resultado. Ademais, para o rito de contratação, existem macroetapas que devem ser realizadas para culminar na celebração de uma encomenda tecnológica. Segundo Rauen e Barbosa, estas etapas são:[41]

FIGURA 2.1
Macroetapas prévias de celebração da ETEC

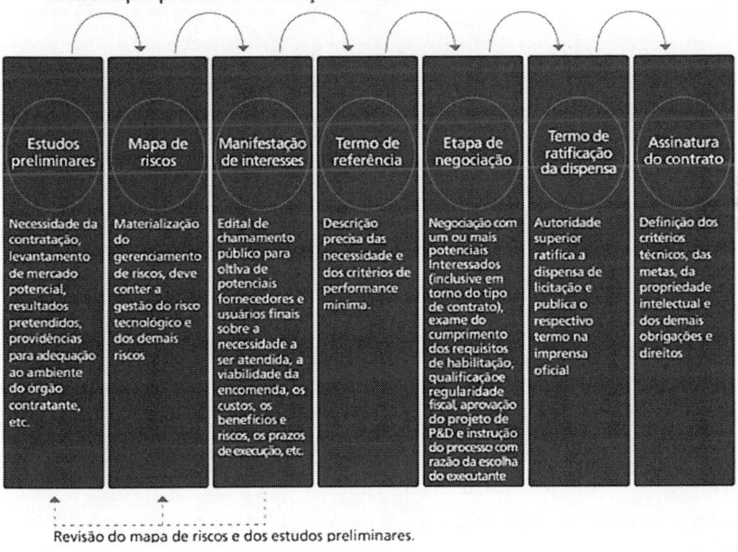

Elaboração dos autores.
Obs.: Encadeamento de etapas meramente exemplificativo. Não contém menção à indicação da dotação orçamentária, à analise da assessoria juridica e a outras etapas necessárias.

O fluxograma demonstra que existe a necessidade de se cumprir certos requisitos anteriores à contratação da encomenda. Tais requisitos envolvem tanto o estudo preliminar do tema, com a definição de uma matriz de risco, quanto a participação dos potenciais fornecedores na elaboração do termo de referência que balizará a contratação. Destaca-se a importância desse envolvimento com os interessados, pois é nesse diálogo que se garantirá que os requisitos da contratação sejam compatíveis com a realidade do projeto de pesquisa e desenvolvimento.

[41] RAUEN, BARBOSA. *Op. cit.*, p. 37.

Por fim, tendo compreendido as noções gerais de como se dá a contratação pública de inovação no Brasil em casos de risco tecnológico, é necessário entender, também, qual a atual orientação para atuação dos órgãos de controle em relação à matéria.

Segundo cartilha publicada pelo Tribunal de Contas da União,[42] a primeira providência a ser adotada é a capacitação do corpo técnico dos órgãos de controle em relação à legislação aplicável às ETECs, além de apresentar um planejamento para gestão dos riscos deste tipo de processo.

Assim, para a subsidiar a atuação dos órgãos de controle em processos de ETEC, é importante haver a elaboração de um *mapa de riscos* relativo a cada contratação. Segundo o TCU, essa peça deve ser elaborada pelo contratante no início da contratação e atualizada durante todo o processo da ETEC, preferencialmente utilizando o Roteiro para Gestão de Riscos em Encomendas Tecnológicas pela Corte de Contas.[43]

Este documento deverá refletir as mudanças que eventualmente aconteçam ao longo do processo, como a alteração dos níveis dos riscos já mapeados, o *status* das providências adotadas em relação a eles, bem como a detecção de novos riscos, se houver. A depender dessa apuração, pode haver a demanda de um acompanhamento mais apurado e regular dos órgãos de controle.[44]

Portanto, este subtítulo esclareceu noções gerais a respeito da estratégia nacional adotada pelo Brasil para a transformação digital do país, bem como as recentes iniciativas e debates a respeito do desenvolvimento de uma estratégia específica para a promoção de projetos de inteligência artificial. Compreendeu-se, também, como se dá a compra pública de inovação no país, segundo a legislação mais recente. Agora, passa-se à análise de como este tema tem se desenvolvido na Espanha.

---

[42] BRASIL. Tribunal de Contas da União. Proposta de atuação do controle em contratações de encomendas tecnológicas (ETEC). Brasília: Instituto Serzedello Corrêa, 2020. Disponível em: https://portal.tcu.gov.br/data/files/10/04/A5/AE/5200371055EB6E27E18818A8/ETEC_proposta_atuacao_controle_contratacoes_encomendas_tecnologicas.pdf. Acesso em: 13 jul. 2025. p. 8.

[43] BRASIL. Tribunal de Contas da União. Roteiro para gestão de riscos em encomendas tecnológicas (ETEC). Brasília: Instituto Serzedello Corrêa, 2020. Disponível em: https://portal.tcu.gov.br/data/files/8E/F3/E2/AE/5200371055EB6E27E18818A8/ETEC_roteiro_gestao_riscos_encomendas_tecnologicas.pdf. Acesso em: 13 jul. 2025.

[44] BRASIL. Tribunal de Contas da União. *Proposta de atuação do controle*... p. 12.

5.2 Experimento espanhol

A experiência espanhola com tecnologia e automação foi pioneira na Europa, quando, no início do século XX, Leonardo Torres-Quevedo realizou a primeira demonstração de automação do xadrez em 1912, sendo considerado o inventor do primeiro jogo eletrônico da história. Lançado em 1914, chamava-se "*El Ajedrecista*" e era um equipamento que contava com um algoritmo que permitia uma partida de um ser humano contra a máquina sem qualquer auxílio externo.[45]

Para além desta vivência inicial, o experimento espanhol teve início no quesito aprimoramento da Administração Pública mediante a utilização de tecnologias da informação ("*Tecnologías de la Información y la Comunicación*") em 2005 com o *Programa Avanza 1*, com ênfase em quatro macroáreas: cidadania digital, economia digital, serviços públicos digitais e sociedade digital. Os efeitos foram tão positivos que houve a continuidade do plano de ação com a segunda fase do Programa ("*Programa Avanza 2*").[46]

Essas medidas de desenvolvimento do governo digital na Espanha enfocaram na tomada de decisões políticas necessárias para permitir a automatização de serviços e, consequentemente, uma maior satisfação dos cidadãos. Houve a criação de sistemas de serviços comuns, como a rede de comunicações SARA e a plataforma de troca de dados @FIRMA, sendo consideradas como fontes potenciais de economia para a Administração.

O Sistema de Aplicações e Redes para Administrações, ordinariamente denominado de SARA, é um conjunto de infraestruturas de comunicações e serviços básicos que liga as Administrações Públicas espanholas às instituições europeias, facilitando o intercâmbio de informações e o acesso a serviços. Foi implementado na Lei nº 11, de 22 de junho de 2007, que prevê regras sobre o acesso eletrônico dos serviços públicos pelos cidadãos.[47]

---

45 Disponível em: http://www.itefi.csic.es/es/content/biografia-leonardo-torres-quevedo. Acesso em: 10 set. 2020.

46 OCDE. España: de la reforma de la administración a la mejora continua. Informe de la OCDE sobre gobernanza pública en España. Madrid: INAP, 2014. Disponível em: http://www.congreso.es/docu/docum/ddocum/dosieres/sleg/legislatura_10/spl_101/pdfs/57.pdf. Acesso em: 7 jul. 2025, p. 183.

47 ESPANHA. *Lei nº 11, de 22 de junho de 2007*. Boletim Oficial do Estado nº 150, de 23/06/2007. Disponível em: https://www.boe.es/diario_boe/txt.php?id=BOE-A-2007-12352. Acesso em: 8 jul. 2025.

Segundo o Portal da Administração Eletrônica (PAe), a Rede SARA tem como características a (i) confiabilidade, em razão de ser uma estrutura interligada totalmente por malha, com suporte 24x7x365, (ii) segurança, tendo em vista ser um tráfego criptografado em colaboração com o Centro Criptológico Nacional (CCN-CERT),[48] (iii) capacidade, com 10 Gbps de banda larga em Ministérios e 100 Mbps em Comunidades Autônomas, e (iv) interoperabilidade, mediante um *gateway IPv6* comum, para que os serviços de administração eletrônica sejam acessíveis aos cidadãos.[49]

Sobre o tema, o capítulo II da Lei nº 11/2007 é dedicado inteiramente à cooperação em matéria de interoperabilidade de sistemas e suas aplicações, sendo os aspectos mais relevantes destacados a seguir.

Interessante notar que o Decreto Real nº 4/2010 define como "interoperabilidade" a capacidade de os sistemas de informação compartilharem dados e conhecimentos dos respectivos procedimentos entre si. É um requisito necessário à cooperação, ao desenvolvimento e à integração de serviços públicos de modo conjunto entre as administrações públicas. Ademais, permite a execução de políticas públicas de forma coesa, facultando a transferência de tecnologia e de aplicações que possibilitem novos serviços. Implica, pois, uma relação correlativa dos entes públicos.[50]

O art. 41 da Lei nº 11/2007 dispõe acerca do intercâmbio de sistemas de informação, prescrevendo o dever de as Administrações Públicas utilizarem medidas tecnológicas, informáticas, organizacionais e de segurança para garantir um nível adequado de operabilidade, relacionando as Administrações entre si e com os cidadãos, evitando a discriminação contra esses últimos em razão da sua escolha tecnológica ("*elección tecnológica*").[51]

---

[48] Disponível em: https://www.ccn-cert.cni.es/. Acesso em: 8 set. 2020.

[49] Disponível em: https://administracionelectronica.gob.es/ctt/redsara#descripcion. Acesso em: 8 jul. 2025.

[50] ESPANHA. *Decreto Real nº 4, de 8 de janeiro de 2010*. Boletim Oficial do Estado nº 25, de 29/01/2010. Disponível em: https://www.boe.es/eli/es/rd/2010/01/08/4/con. Acesso em: 8 jul. 2025.

[51] Artículo 41. Interoperabilidad de los Sistemas de Información. Las Administraciones Públicas utilizarán las tecnologías de la información en sus relaciones con las demás administraciones y con los ciudadanos, aplicando medidas informáticas, tecnológicas, organizativas, y de seguridad, que garanticen un adecuado nivel de interoperabilidad técnica, semántica y organizativa y eviten discriminación a los ciudadanos por razón de su elección tecnológica. ESPANHA. *Lei nº 11, de 22 de junho de 2007*. Boletim Oficial do Estado nº 150, de 23/06/2007. Disponível em: https://www.boe.es/diario_boe/txt.php?id=BOE-A-2007-12352. Acesso em: 8 jul. 2025.

É interessante notar que esse dispositivo se relaciona intrinsecamente à sétima diretriz do *White Paper* da Comissão Europeia (garantia da segurança de acesso aos dados), visto que se preocupa com o acesso de informações mediante sistemas tecnológicos sem perder de vista os cuidados sobre o direito fundamental à não discriminação de sua população.

O artigo seguinte da referida legislação determina que será criado o Esquema Nacional de Interoperabilidade (ENI), sendo um conjunto de recomendações mínimas em matéria de segurança, preservação e padronização de programas e aplicações de sistemas, os quais necessitam ser levados em consideração pelas Administrações Públicas na tomada de decisões tecnológicas, cuja regulamentação se deu com o Decreto Real nº 4/2010.[52]

Esse sistema de colaboração demonstrou-se vital para a prestação de serviços aos cidadãos e à garantia de seus direitos, uma vez que permitiu a fluência de dados, a facilidade na realização de princípios e direitos humanos, a cooperação no desenvolvimento e na prestação de serviços públicos, bem como a eficiência na prestação desses serviços.[53]

Inclusive, o art. 3º da Lei nº 40/2015, que regulamenta sobre o Regime Jurídico do Setor Público, prevê a inclusão da interoperabilidade como princípio de atuação das Administrações Públicas, de modo que essas são obrigadas a se relacionar por meios eletrônicos que garantam o intercâmbio e a segurança dos sistemas e soluções adotados, além da proteção de dados pessoais dos interessados.[54]

---

52 ESPANHA. *Decreto Real nº 4, de 8 de janeiro de 2010.* Boletim Oficial do Estado nº 25, de 29/01/2010. Disponível em: https://www.boe.es/eli/es/rd/2010/01/08/4/con. Acesso em: 8 jul. 2025.

53 Informações obtidas no sítio do "Portal de Administración Electrónica". Disponível em: https://administracionelectronica.gob.es/pae_Home/pae_Estrategias/pae_Interoperabilidad_Inicio/pae_Esquema_Nacional_de_Interoperabilidad.html. Acesso em: 8 jul. 2025.

54 Artículo 3. Principios generales. 1. Las Administraciones Públicas sirven con objetividad los intereses generales y actúan de acuerdo con los principios de eficacia, jerarquía, descentralización, desconcentración y coordinación, con sometimiento pleno a la Constitución, a la Ley y al Derecho (...) 2. Las Administraciones Públicas se relacionarán entre sí y con sus órganos, organismos públicos y entidades vinculados o dependientes a través de medios electrónicos, que aseguren la interoperabilidad y seguridad de los sistemas y soluciones adoptadas por cada una de ellas, garantizarán la protección de los datos de carácter personal, y facilitarán preferentemente la prestación conjunta de servicios a los interesados. ESPANHA. *Lei nº 40, de 01 de outubro de 2015.* Boletim Oficial do Estado nº 236, de 02/10/2015. Disponível em: https://www.boe.es/eli/es/l/2015/10/01/40/con. Acesso em: 8 jul. 2025.

As normas técnicas de interoperabilidade do ENI especificam detalhes para facilitar os aspectos mais práticos e operacionais da permuta de informações entre o poder público e os cidadãos, sendo acompanhados por guias de inscrição e outros documentos complementares, sendo respeitadas em sua preparação as recomendações da União Europeia disponíveis até a data da edição.

Os princípios básicos do Esquema Nacional de Interoperabilidade são a qualidade integral, a natureza multidimensional e a abordagem de soluções integrais. O intuito do primeiro princípio é garantir que a interoperabilidade estará plenamente presente desde a concepção dos serviços e sistemas ao longo de seu "ciclo de vida", isto é, envolvendo o planejamento, a aquisição, a construção, a implantação, a execução, a conservação e a interligação entre as demais atividades (arts. 4º e 5º).[55]

A natureza multidimensional relaciona-se à noção de que a interoperabilidade será considerada nas dimensões organizacionais, semânticas e técnicas das atribuições administrativas. Isso porque se manifesta em acordos entre entes, na implantação de sistemas, normas e infraestruturas, bem como na publicação de reutilização de documentos, sem perder de vista a necessidade de salvaguardar o acesso à informação ao longo de todo tempo (art. 6º).[56]

O terceiro princípio é afeto à incumbência da abordagem de soluções multilaterais, fazendo uso de vantagens derivadas do escalonamento de atribuições, da aplicação de arquiteturas multiplataformas, compartilhamento e reutilização de dados e serviços (art. 7º).[57]

Além dos referidos princípios, é salutar o comando do art. 13 do Decreto Real nº 4/2010 que sugere que as Administrações Públicas deverão utilizar, preferencialmente, a rede SARA para comunicar-se entre si, de forma a facilitar o intercâmbio de informações, bem como a interligação com as redes das instituições da União Europeia e de outros Estados-membros.[58]

---

[55] ESPANHA. *Decreto Real nº 4, de 8 de janeiro de 2010.* Boletim Oficial do Estado nº 25, de 29/01/2010. Disponível em: https://www.boe.es/eli/es/rd/2010/01/08/4/con. Acesso em: 8 jul. 2025.

[56] *Idem.*

[57] *Idem.*

[58] Artículo 13. Red de comunicaciones de las Administraciones públicas españolas. 1. Al objeto de satisfacer lo previsto en el artículo 43 de la Ley 11/2007, de 22 de junio, las Administraciones públicas utilizarán preferentemente la Red de comunicaciones de las Administraciones públicas españolas para comunicarse entre sí, para lo cual conectarán a la misma, bien sus respectivas redes, bien sus nodos de interoperabilidad, de forma que se facilite el intercambio de información y de servicios entre las mismas,

Deste modo, considerando as disposições citadas, trata-se de medidas normativas altamente produtivas para a segurança, a conformidade e o desenvolvimento de um sistema íntegro de informações no âmbito da Administração Pública na Espanha.

Nesse sentido, o informe da OCDE sobre a governança pública espanhola aponta que houve resultados importantes na prestação de serviços públicos: a Administração Geral do Estado na Espanha tem sido capaz de atender à crescente demanda da população, tendo em oferta serviços sofisticados e níveis superiores à média da EU. Segundo consta, haveria mais de 2.500 procedimentos *on-line*.[59]

Ademais, o referido relatório aponta que uma das iniciativas mais importantes previstas pela Comissão para a Reforma das Administrações Públicas (*Comisión para la Reforma de las Administraciones* Públicas, sob a sigla CORA), cujo trabalho resultou na recomendação de uma série de medidas locais e regionais, foi o estabelecimento de um Ponto Geral de Acesso à Informação (PAG), constituindo-se um ponto de acesso unificado de informações sobre as atividades, organização e funcionamento da Administração Pública.

À época, substituiu o antigo portal *www.060.es* e foi concebido pela Lei de Acesso Eletrônico dos Cidadãos aos Serviços Públicos (Lei nº 11/2007) e regulamentado pelo Decreto Real nº 1.671/2009, sendo reconhecido como a orientação de cidadãos e empresários no trato com a máquina pública.[60] Fora uma iniciativa ímpar, uma vez que viabilizou a simplificação do acesso à gestão pública com a implementação de um único ponto de entrada a serviços e informações de diferentes níveis administrativos em um só lugar.

Não obstante, a Lei nº 11/2007 foi derrogada pela Lei nº 39/2015, a qual foi responsável por atualizar e regulamentar os procedimentos

así como la interconexión con las redes de las Instituciones de la Unión Europea y de otros Estados miembros. La Red SARA prestará la citada Red de comunicaciones de las Administraciones públicas españolas. 2. Para la conexión a la Red de comunicaciones de las Administraciones públicas españolas serán de aplicación los requisitos previstos en la disposición adicional primera. ESPANHA. *Decreto Real n. 4, de 8 de janeiro de 2010.* Boletim Oficial do Estado nº 25, de 29/01/2010. Disponível em: *https://www.boe.es/eli/es/rd/2010/01/08/4/con*. Acesso em: 8 jul. 2025.

59 OCDE. España: de la reforma de la administración a la mejora continua. Informe de la OCDE sobre gobernanza pública en España. Madrid: INAP, 2014. Disponível em: http://www.congreso.es/docu/docum/ddocum/dosieres/sleg/legislatura_10/spl_101/pdfs/57.pdf. Acesso em: 10 jul. 2025, p. 183.

60 *Idem*, p. 197.

administrativos comuns às Administrações Públicas.[61] Segundo esse diploma:[62]

> (...) uma economia competitiva requer Administrações Públicas eficientes, transparentes e ágeis.
>
> Na mesma linha, o Programa Nacional de Reforma da Espanha para 2014 inclui expressamente a aprovação de novas leis administrativas como uma das medidas a serem promovidas para racionalizar a ação das instituições e entidades do Poder Executivo, melhorar a eficiência na utilização dos recursos públicos e aumentar a sua produtividade.
>
> Os vícios que tradicionalmente têm sido atribuídos às Administrações espanholas devem-se a várias causas, mas a legislação em vigor não lhes é alheia, visto que o quadro regulamentar em que se desenvolveu a ação pública tem levado ao aparecimento de duplicações e ineficiências, com procedimentos administrativos excessivamente complexos que, por vezes, têm gerado problemas de insegurança jurídica. *Para ultrapassar estas deficiências, é necessária uma reforma abrangente e estrutural para ordenar e clarificar a forma como as Administrações se organizam e se relacionam tanto externamente, com os cidadãos e empresas, como internamente com as restantes Administrações e instituições do Estado* (grifou-se). [Tradução livre].[63]

Trata-se de uma medida altamente louvável que retrata a maturidade política em suas disposições, visto que pode ser visualizada logo em seu preâmbulo.

Tendo compreendido, em linhas gerais, o nível de desenvolvimento da transformação digital da Espanha (que há muitos anos vem se empenhando na matéria), é necessário entender, também, sua estratégia

---

61 ESPANHA. *Lei nº 39, de 01 de outubro de 2015.* Boletim Oficial do Estado nº 236, de 02/10/2015. Disponível em: *https://www.boe.es/eli/es/l/2015/10/01/39/con*. Acesso em: 10 jul. 2025.

62 *Idem.*

63 Texto original: "una economía competitiva exige unas Administraciones Públicas eficientes, transparentes y ágiles. En esta misma línea, el Programa nacional de reformas de España para 2014 recoge expresamente la aprobación de nuevas leyes administrativas como una de las medidas a impulsar para racionalizar la actuación de las instituciones y entidades del poder ejecutivo, mejorar la eficiencia en el uso de los recursos públicos y aumentar su productividad. Los defectos que tradicionalmente se han venido atribuyendo a las Administraciones españolas obedecen a varias causas, pero el ordenamiento vigente no es ajeno a ellas, puesto que el marco normativo en el que se ha desenvuelto la actuación pública ha propiciado la aparición de duplicidades e ineficiencias, con procedimientos administrativos demasiado complejos que, en ocasiones, han generado problemas de inseguridad jurídica. Para superar estas deficiencias es necesaria una reforma integral y estructural que permita ordenar y clarificar cómo se organizan y relacionan las Administraciones tanto externamente, con los ciudadanos y empresas, como internamente con el resto de Administraciones e instituciones del Estado".

para o uso da inteligência artificial no país, temática já mais avançada, que exige uma maturidade tecnológica para ser aplicada.

É importante relembrar, em primeiro lugar, que a Espanha está inserida na União Europeia, de modo que deve submeter-se às diretrizes comunitárias europeias antes de regulamentar o tema internamente. Neste sentido, a Comissão Europeia elaborou um documento chamado *"White Paper — On Artificial Intelligence — A European approach to excellence and trust"*,[64] publicado em 19 de fevereiro de 2020, com o intuito de compreender o contexto no qual os sistemas de inteligência artificial (IA) se encontram inseridos em seus países membros.

O referido documento elaborado pela Comissão Europeia é o início de uma consulta pública acerca da proposta de legislação sobre a IA, a qual contém parâmetros técnicos para uma estrutura regulatória do assunto. A ideia dessa consulta é promover o debate entre governos, academia, setor privado e sociedade civil, que passará pelo crivo no Parlamento Europeu e pelos governos da UE.

No que tange ao conteúdo em si, a Comissão Europeia entende que a inteligência artificial é um mecanismo que evolui expressivamente, de modo que possui o potencial de aumentar a eficiência e a segurança nos mais variados aspectos da vida humana. Em específico, considerando a conjuntura de forte concorrência global, os valores europeus e a expressiva produção de dados brutos na vida privada e pública, há variadas oportunidades e desafios no desenvolvimento e na implantação da inteligência artificial na União Europeia, uma vez que lida com implicações humanas e éticas, além de eventual utilização maliciosa para fins criminosos.[65]

Assim, é defendida a premissa de que, diante do fato de que a tecnologia digital é um elemento presente em todos os aspectos da vida das pessoas atualmente, há uma oportunidade para a Europa desenvolver produtos e serviços seguros, íntegros e sofisticados aos seus cidadãos.[66]

Soma-se a isso a crescente disponibilidade de dados brutos relacionados a consumidores, empresas e setores públicos que são

---

[64] EUROPEAN COMISSION. White Paper — On Artificial Intelligence — A European approach to excellence and trust. Disponível em: https://ec.europa.eu/info/publications/white-paper-artificial-intelligence-european-approach-excellence-and-trust_en. Acesso em: 6 jul. 2025.

[65] *Ibidem.*

[66] *Idem*, p. 01-02

"armazenados em nuvem",[67] permitindo a combinação de sistemas tecnológicos de infraestrutura digital a estratégicas políticas, desenvolvendo um "ecossistema de inteligência artificial que reúna benefícios da tecnologia para a sociedade e a economia europeia no seu conjunto".[68]

O ideal perseguido pela Comissão Europeia, deste modo, é alinhar esforços a nível nacional e regional de parcerias entre o setor privado e público para alcançar um ecossistema de excelência ("*ecosystem of trust*"), incluindo a adoção de regras de proteção de direitos fundamentais e o aumento da confiança jurídica em organizações públicas.

A construção desse ecossistema envolve o desenvolvimento de ações em diversos níveis da União Europeia, os quais serão sintetizados a seguir.

O primeiro ponto é a cooperação com os Estados-membros nos moldes apresentados no Plano Coordenado de dezembro de 2018, o qual propõe cerca de 70 atuações conjuntas para uma cooperação estreita e eficaz entre os membros da UE. O objetivo é maximizar o impacto no financiamento, inovação e implantação de estratégias nacionais de inteligência artificial, cuja previsão é obter mais de 20 bilhões de euros de investimento anual da União Europeia em inteligência artificial na próxima década.[69]

A segunda estratégia é centrar os esforços da comunidade em pesquisa e inovação, de modo a evitar que a Europa se torne fragmentada entre polos distintos de produção, impedindo-a de competir a nível global. O intento, portanto, é formar uma rede de inovação que reúna, a um só tempo, as melhores contribuições de cada país europeu (como pesquisas científicas, acadêmicos e mão de obra altamente qualificada), combinando investimentos internos, externos, públicos e privados para se tornar uma referência mundial no campo da inteligência artificial.[70]

A terceira ação envolve colmatar as lacunas existentes nas competências entre os países-membros da UE, visando a garantir que toda a Europa se beneficie das transformações econômicas desse bloco.

---

[67] O armazenamento em nuvem trata-se de uma tecnologia que permite ao usuário armazenar documentos, arquivos e outras informações em um servidor *on-line*, oferecido por empresas especializadas, prescindindo de *slots* físicos (como um risco rígido HD). Disponível em: *https://www.controle.net/faq/armazenamento-em-nuvem*. Acesso em: 6 jul. 2025.

[68] EUROPEAN COMISSION. White Paper - On Artificial Intelligence... p. 2.

[69] *Idem*, p. 5.

[70] *Idem*, p. 6.

Ademais, as iniciativas devem incluir o suporte a agências reguladoras na ordem de implementar regras que sejam eficientes e eficazes ao setor tecnológico. Há, inclusive, um plano de ação para a educação digital, cuja finalidade é auxiliar o uso de dados e tecnologias de ponta como o *machine learning* e a análise preditiva.

Busca-se, assim, desenvolver os níveis educacionais voltados à informática, a fim de preparar os cidadãos para as decisões informatizadas que serão afetadas pela inteligência artificial.

O quarto plano de ação é intrinsecamente ligado ao anterior, porém se difere na medida em que pretende assegurar que exista pelo menos um polo de inovação por Estado-Membro, com elevado grau de especialização em matéria de inteligência artificial. O seguinte é firmar parcerias com o setor privado, uma vez que o envolvimento desse tipo de capital é essencial para providenciar a quantidade de investimento necessário.[71]

O sexto ponto busca promover a adoção da inteligência artificial pelo setor público, haja vista que é vital que as áreas de interesse público rapidamente implementem essa tecnologia em suas atividades, tais como nas administrações públicas, hospitais, serviços de transporte, controle financeiro e outros.[72]

O sétimo e o oitavo correspondem, respectivamente, à garantia da segurança de acesso aos dados e aos aspectos internacionais, uma vez que é fundamental melhorar o acesso às informações digitais disponibilizadas tanto pelos gestores públicos quanto pelos cidadãos. Outrossim, havendo o referido posicionamento de criação de alianças em torno de valores comuns, é possível participar e influenciar os debates internacionais sobre as inovações tecnológicas, elaborando orientações éticas para uma convergência regulamentar, bem como a criação de condições de concorrência equitativas.[73]

As diretrizes sintetizadas devem orientar o quadro normativo para a criação de um ecossistema de excelência na União Europeia, conferindo maior robustez, segurança, privacidade de dados, transparência, diversidade e equidade das práticas públicas.

Tendo compreendido o nível de maturidade tecnológica da comunidade europeia, e já caminhando para o final da breve análise

---

[71] *Idem*, p. 07.

[72] *Idem*, p. 08.

[73] *Idem*, p. 08-09.

acerca da experiência do uso da tecnologia na Administração Pública da Espanha, é importante destacar as iniciativas nacionais espanholas acerca do tema. Assim, destacam-se os recentes trabalhos do Ministério da Ciência, Inovação e Universidades (*Ministerio de Ciencia, Innovación y Universidades*) relatados no documento "*Estrategia Española de I+D+I en Inteligencia Artificial*", publicado em 2019.

Primeiramente, cumpre assinalar que a abreviatura "I+D+I" são as primeiras letras dos termos "investigação, desenvolvimento tecnológico e inovação" em espanhol. O documento, propriamente, refere-se a uma série de iniciativas a serem adotadas no período de 2021 a 2028 e financiadas por meio de Planos Estaduais de Ciência, Tecnologia e Inovação (*Planes Estatales de Ciencia, Tecnología e Innovación*, sob a sigla PECTI), com vistas a permitir o cumprimento mais próximo dos Objetivos de Desenvolvimento Sustentável (ODS) da Agenda 2030.[74]

Esse plano de financiamento tem como características a articulação de instrumentos que (i) aumentem os investimentos do setor privado nacional e internacional; (ii) favoreçam as tecnologias de IA de natureza disruptivas e incremental; (iii) mantendo os dados, resultados, publicações e códigos abertos; (iv) garantindo a corresponsabilidade das Administrações Públicas no desenvolvimento de prioridades estratégicas; além (v) da implementação de tecnologias de IA em diferentes setores preferenciais.[75]

Esse relatório apresenta, outrossim, um conjunto de prioridades, as quais serão sintetizadas a seguir.

A primeira prioridade é a criação de uma estrutura organizacional que permita o desenvolvimento de um sistema de I+D+I em inteligência artificial, bem como a avaliação de seus impactos. Envolve, portanto, a manutenção de um alinhamento estratégico de políticas tecnológicas da Espanha com a União Europeia, garantindo a competitividade global desse país.[76]

Há a tentativa de mapear as possibilidades de aplicação dos recursos de IA, além de promover a interação dessas redes com centros de inovação digital espanhóis. Com vistas à proteção dos direitos humanos, há o planejamento de enfatizar o papel do Comitê Espanhol

---

[74] ESPANHA. Ministerio de Ciencia, Innovación y Universidades. Estrategia Española de I+D+I en Inteligencia Artificial. Disponível em: https://www.ciencia.gob.es/stfls/MICINN/Ciencia/Ficheros/Estrategia_Inteligencia_Artificial_IDI.pdf. Acesso em: 10 jul. 2025, p. 9.

[75] *Idem*, p. 22.

[76] *Idem*, p. 24.

de Ética nas investigações de uso e implementação de inteligência artificial, estabelecendo uma série de indicadores que permitam analisar a evolução dos mecanismos de promoção de I+D+I em matéria digital.[77]

A fim de aproveitar as oportunidades de cooperação com o bloco europeu, alcançando uma coordenação eficaz organizacional a nível nacional e internacional, busca-se a elaboração de um "mapa de capacidades IA" com o lançamento da "*Red de Nodos de Investigación em IA*" (Redes de Investigação em IA, em tradução livre). Afirmam que essa ação irá promover a consolidação de agentes, criando e mantendo uma comunidade científico-tecnológica ativa e competitiva no campo tecnológico ao longo do tempo. Os centros dessas redes devem possuir a capacidade de reter talentos regionais e estrangeiros, recuperando, por conseguinte, eventuais acadêmicos que saíram da Espanha nos últimos anos.[78]

A referida estrutura organizacional visa, ainda, ao desenvolvimento de instrumentos que permitam a transferência de conhecimento das universidades para as empresas, algo semelhante ao que ocorre no contexto das cátedras universidade-empresa na Universidade Politécnica de Madrid (UPM).[79]

A segunda prioridade se refere ao estabelecimento de áreas estratégicas para o desenvolvimento de atividades de IA, cuja ênfase será em setores vitais da economia e da sociedade espanhola. Isso porque o âmbito das ciências humanas e sociais tem caráter transversal, incorporando-se a todos os demais setores numa comunidade.[80]

É uma política de aceleração do progresso socioeconômico, exigindo a geração de conhecimento e aplicação em todas as esferas.

---

[77] *Ibidem.*

[78] *Idem*, p. 25.

[79] As cátedras universidade-empresas da UPM são um meio para estabelecer uma colaboração estratégica e duradoura entre universidade e empresa ou entidade, com vista à realização de atividades de formação, investigação e desenvolvimento ou transferência de conhecimento numa área de interesse comum. Para a empresa ou entidade colaboradora, as cátedras universidade-empresa oferecem acesso direto aos recursos humanos de que a universidade dispõe e a determinadas infraestruturas, podendo apoiar diversas ações (programas de bolsas para a realização de projetos de fim de curso, exploratórios ou vigilância tecnológica ou promoção de dias de divulgação e divulgação). Para a UPM, representam uma oportunidade de ter, com certa continuidade, financiamento para linhas de pesquisa, instrumentos de formação de estudantes e pesquisadores ou intercâmbio de pessoal e aproveitamento comercial dos resultados de suas pesquisas. Disponível em: https://www.upm.es/Investigacion/innovacion/OTRI/CatedrasUniversidad-Empresa. Acesso em: 10 jul. 2025.

[80] ESPANHA. Ministerio de Ciencia, Innovación y Universidades. *Op. cit.*, p. 27.

Trata-se de um benefício com efeitos multiplicadores de esforços com o fim de um desenvolvimento sustentável na Espanha.

Além disso, a prioridade em comento tem por fim assegurar que os valores humanos e os direitos fundamentais sejam centrais, de modo a proporcionar o aumento no nível de bem-estar dos cidadãos — nisso consistindo o teor transversal. Essa abordagem permite desenhar estratégias de curto, médio e longo prazos que proporcionam a reação pública a fenômenos corriqueiros, como a mudança de hábitos de consumo e vida, além de gerar recomendações para a adoção de políticas sociais mais adequadas a determinado contexto e época.[81]

Essa utilização racional e prática da tecnologia torna o *machine learning* um catalisador para a transformação da sociedade por meio de sua Administração Pública.

A terceira prioridade se associa às ações que permitem a transferência de conhecimentos, como a manutenção de boas práticas na parceria público-privada e a criação de ferramentas de treinamento de habilidades de IA. Justifica-se esse posicionamento a partir da premissa de que a intercomunicação entre universidades e empresas, públicas ou privadas, é essencial para a melhoria dos processos de produção, oferta de serviços públicos, oportunidades econômicas e sociais.[82]

Relaciona-se diretamente com a primeira prioridade, visto que defende que, para lograr êxito, os instrumentos e agentes transformadores devem ser devidamente financiados e apoiados por meio de ferramentas e capitais nacionais e internacionais.

O relatório sugere a criação de uma plataforma (*ecossistema computacional*) na qual os centros científicos possam experimentar suas inovações antes de lançá-las devidamente no mercado. Esse sistema deve atuar como uma janela única em experiências, certificações, modelos de programação, ferramentas de desenvolvimento, recursos informáticos e protótipos.[83]

A quarta prioridade é o desenvolvimento de um sistema de fomento ao treinamento profissional em matéria de inteligência artificial, mantendo-o permanente e acessível à população. Isso ocorre em razão da dificuldade em encontrar especialistas e *designers* na área de IA, pois já exigidas habilidades relacionadas a diferentes campos

[81] *Idem*, p. 28.

[82] *Idem*, p. 35.

[83] *Idem*, p. 36.

de atuação profissional. Assim, é imperiosa a adaptação do sistema educativo espanhol ao desenvolvimento de tecnologias avançadas, contemplando a hibridização de ciências e humanidades.[84]

A quinta prioridade é afeta à elaboração de uma infraestrutura digital voltada ao armazenamento e ao acesso de dados gerados em projetos de I+D+I. Essa postura sucede da constatação de que o condicionamento de dados é fundamental ao desenvolvimento de tecnologias de IA, além da certificação e gerenciamento dos procedimentos que eventualmente são interligados. Nesse contexto, as entidades públicas exigem transparência no planejamento, governança, implementação e manutenção dos processos de geração de dados, suas infraestruturas físicas e *softwares*.[85]

A sexta e última prioridade trata da análise ética da inteligência artificial na perspectiva de IA, evitando-se quaisquer preconceitos negativos de gênero ou outras formas de discriminação. Deste modo, o Comitê de Ética em Pesquisa (*Comité Español de Ética*) da Espanha deve conduzir as atividades de fiscalização e avaliação das referidas tecnologias sob uma perspectiva multidisciplinar, alinhando os aspectos éticos, legais e sociais.[86]

Há, consoante abordado linhas atrás, muitas questões éticas que cercam o desempenho do *machine learning* e seus possíveis impactos em uma sociedade multicultural. Por isso, o êxito dessas tecnologias dependerá da forma com que os agentes e as máquinas colaboram para o fornecimento de serviços transparentes e razoáveis aos usuários, em uma conjuntura em que as pessoas estão cada vez mais exigentes com a qualidade ofertada.

Por fim, tendo compreendido as diretrizes da estratégia espanhola de inovação e inteligência artificial, é necessário entender, também, de que forma se dá a compra pública de inovação no país, considerando ser importante instrumento de promoção do desenvolvimento tecnológico enquanto meio efetivo para a obtenção de produtos e serviços melhores adaptados às necessidades da Administração Pública.

Assim, em primeiro lugar, é importante destacar que, segundo Carrillo Donaire e Tarancón Babío,[87] a compra pública de inovação

[84] *Idem*, p. 37.

[85] *Idem*, p. 38.

[86] *Idem*, p. 40.

[87] CARRILLO DONAIRE, Juan Antonio; TARANCÓN BABÍO, Jesús. Concepto, sentido, objetivos y perspectivas de la compra pública de innovación. *In:* CARRILLO DONAIRE,

na Espanha não é uma espécie contratual, nem um procedimento de contratação — de acordo com as disposições da Diretiva 2014/24/UE sobre contratação pública, tratar-se-ia de uma *estratégia de compra* disponível para políticas públicas de inovação. Os autores esclarecem:

> Quando falamos em compras públicas de inovação, estamos nos referindo a uma ação de promoção da inovação, realizada a partir do setor público, através da contratação administrativa, que visa melhorar os serviços públicos, promover a inovação empresarial e internacionalizar a inovação local.[88]

Neste sentido, é importante destacar que há uma diferenciação no âmbito europeu a respeito dos contratos públicos que envolvam inovação. Por um lado, existe a compra pública pré-comercial (CPP), que é um contrato de serviços de inovação e desenvolvimento em que o comprador público não reserva os resultados inovadores para seu uso exclusivo, mas compartilha com a empresa vencedora os riscos e benefícios derivados do processo de criação, desenvolvimento e execução de soluções que, até então, eram inexistentes.[89] Segundo os autores:

> O estabelecimento de um regime partilhado de riscos e benefícios entre as partes contratantes constitui uma das condições essenciais para a celebração deste contrato de serviços de inovação, o qual está expressamente excluído da Diretiva sobre contratação pública e da Lei de Contratos do Setor Público. [Tradução livre].[90]

Por outro lado, existe a compra pública de tecnologia inovadora (CPTI), que consiste na contratação de um bem ou serviço inovador e inexistente até o momento, mas cujo desenvolvimento e execução possam ser efetuados em um período de tempo razoável; o objetivo dessa compra é a aquisição de uma tecnologia nova ou aprimorada,

---

Juan Antonio (coord.). *La compra pública de innovación en la contratación del sector público — manual práctico*. Madrid: Instituto Nacional de Administración Pública (INAP), 2019. p. 13.

88 *Ibidem*.

89 *Idem*, p. 13.

90 *Ibidem*. Texto original: "El establecimiento de un régimen compartido de riesgos y beneficios entre los contratantes constituye una de las condiciones esenciales para la celebración de este contrato de servicios de innovación que queda expresamente excluido de la Directiva sobre contratación pública y de la LCSP".

que já tenha passado por um processo anterior de pesquisa e desenvolvimento.[91] Sobre este tipo de contratação, destacam os autores:

> Com esta aquisição, a Administração Pública posiciona-se como cliente lançador de bens e serviços que, tendo um protótipo ou modelo, ainda não tenham atingido a fase comercial. Ao contrário do contrato pré-comercial, o CPTI está inserido no âmbito da Diretiva 2014/24/EU e da Lei de Contratos do Setor Público.[92]

Assim, existe uma diferença expressa entre os dois tipos de compras públicas, já que a compra pré-comercial está expressamente excluída da Lei espanhola de Contratos do Setor Público (LCSP), segundo seu artigo 8º,[93] enquanto a compra de tecnologia inovadora está inserida no âmbito de aplicação dos contratos públicos, na forma de contratos de obras, serviços ou fornecimento de bens, conforme artigos 12 e seguintes da LCSP.[94]

Ademais, dependendo das necessidades específicas de cada produto ou serviço, a compra pública de tecnologia inovadora (CPTI) poderá ser articulada por meio de procedimentos de contratação ordinária ou especial (em que há negociação entre as partes, diálogo

---

[91] *Idem*, p. 14.

[92] *Ibidem*. Texto original: "Con dicha adquisición, la Administración Pública se posiciona como un cliente de lanzamiento de aquellos bienes y servicios que, disponiendo de un prototipo o modelo, aún no han alcanzado la fase comercial7. A diferencia de la CPP, la CPTI sí queda incluida en el ámbito de aplicación de la Directiva 2014/24/UE y de la LCSP".

[93] ESPANHA. *Lei nº 09/2017, de Contratos do Setor Público.* Artículo 8. Negocios y contratos excluidos en el ámbito de la Investigación, el Desarrollo y la Innovación. Quedan excluidos de la presente Ley los contratos de investigación y desarrollo, excepto aquellos que además de estar incluidos en los códigos CPV 73000000-2 (servicios de investigación y desarrollo y servicios de consultoría conexos); 73100000-3 (servicio de investigación y desarrollo experimental); 73110000-6 (servicios de investigación); 73111000-3 (servicios de laboratorio de investigación); 73112000-0 (servicios de investigación marina); 73120000-9 (servicios de desarrollo experimental); 73300000-5 (diseño y ejecución en materia de investigación y desarrollo); 73420000-2 (estudio de previabilidad y demostración tecnológica) y 73430000-5 (ensayo y evaluación), cumplan las dos condiciones siguientes: a) Que los beneficios pertenezcan exclusivamente al poder adjudicador para su utilización en el ejercicio de su propia actividad. b) Que el servicio prestado sea remunerado íntegramente por el poder adjudicador.

[94] ESPANHA. *Lei nº 09/2017, de Contratos do Setor Público.* Capítulo II - Contratos del sector público. Sección 1ª. Delimitación de los tipos contractuales. Artículo 12. Calificación de los contratos. 1. Los contratos de obras, concesión de obras, concesión de servicios, suministro y servicios que celebren las entidades pertenecientes al sector público se calificarán de acuerdo con las normas contenidas en la presente sección. 2. Los restantes contratos del sector público se calificarán según las normas de derecho administrativo o de derecho privado que les sean de aplicación.

competitivo e associação para inovação). No entanto, apesar de haver as duas possibilidades, as autoridades espanholas recomendam que, nestes casos, haja um procedimento em que as partes contratantes estejam em permanente contato, possibilitando a negociação.[95]

Isto, pois os procedimentos com margem de negociação entre os participantes permitem maior agilidade no trato das quatro premissas básicas do CPTI, segundo Carrillo Donaire e Tarancón Babío:

> 1) A inexistência de bens ou serviços específicos que satisfaçam as pretensões de compra da Administração;
>
> 2) O desenvolvimento tecnológico necessário do protótipo a partir do qual o bem ou serviço pretendido será obtido, em um tempo razoável;
>
> 3) A inevitável espera do comprador em função do processo tecnológico;
>
> 4) A incerteza inicial do preço e o prazo pelo qual o resultado final será alcançado. [Tradução livre].[96]

Diante disso, nota-se que, apesar da legislação espanhola não ter criado uma figura jurídica específica para a compra de inovação ou de tecnologia inovadora, existem critérios especiais para esse tipo de contratação, que envolvem tanto a negociação entre as partes quanto um diálogo competitivo entre os licitantes.

Portanto, tendo compreendido a forma como a Administração Pública espanhola realiza a compra de inovação, é possível realizar a comparação entre os dois sistemas — brasileiro e espanhol —, além de tratar de suas estratégias nacionais de transformação digital e de uso da inteligência artificial. É o que se fará a seguir.

5.3 Diagnóstico, comparação e recomendações de aprimoramento

Diante do que foi exposto, nota-se que existe uma discrepância na maturidade tecnológica de cada país. O que se vê é que o Brasil está a discutir as primeiras medidas de inteligência artificial para o

[95] CARRILLO DONAIRE; TARANCÓN BABÍO. *Op. cit.*, p. 27.

[96] *Ibidem*. Texto original: "1) La inexistencia de bienes o servicios específicos que satisfagan las pretensiones de compra de la Administración. 2) El necesario desarrollo tecnológico del prototipo a partir del cual se obtendrá el bien o servicio pretendido en un tiempo razonable. 3) La inevitable espera del comprador público a causa del proceso tecnológico. 4) La indeterminación inicial del precio y el plazo por el que se conseguirá el resultado final".

setor público, ainda coletando contribuições por meio de chamamento público para a elaboração de sua futura estratégia. São recentes as discussões de transformação digital da Administração Pública e muitos são os desafios encontrados em virtude da burocracia existente na máquina pública.

Por outro lado, o país já possui iniciativas louváveis em relação a sistemas de tecnologia que auxiliem o trabalho do controle externo — são os robôs Alice, Sofia e Monica, utilizados pelo Tribunal de Contas da União, conforme será abordado mais à frente neste subtítulo. São ferramentas que contribuem para a otimização do exercício das atividades de controle e, consequentemente, da apuração de indícios de fraudes e irregularidades.

A Espanha, por sua vez, se encontra mais avançada nos debates relativos ao uso da inteligência artificial — seguindo a maturidade da discussão no nível da União Europeia, o que se avalia, por ora, vai além da técnica: debate-se, inclusive, a ética no manuseio destas ferramentas quando avaliada pela ótica da proteção dos direitos humanos e fundamentais.

O país ibérico também está bastante avançado no quesito de integração e estruturação de dados — a obrigatoriedade do uso da plataforma SARA (conforme exposto no subtítulo anterior) facilita a consolidação das informações para a execução da mineração de dados, situação que ainda é uma dificuldade para o Brasil (que ainda possui informações descentralizadas em diversas plataformas digitais).

Assim, nota-se que cada país tem suas vantagens e desafios, de forma que é possível identificar, em ambos, o desejo de se integrar com as novas tecnologias e otimizar a prestação dos serviços e políticas públicas aos seus cidadãos, cada um conforme suas necessidades.

Neste sentido, é importante que se tenha em mente, para a solução da problemática desta obra — qual seja, o combate a práticas anticompetitivas em licitações por meio de um *compliance* inteligente —, um modelo ideal de ferramenta tecnológica para a persecução deste objetivo. Portanto, passa-se a expor quais seriam as características deste sistema, com a intenção de clarear ao leitor, na prática, qual seria a proposta idealizada por este estudo.

Deste modo, a construção de uma ferramenta para o combate a fraudes e práticas anticompetitivas em licitações precisaria ser efetuada para, primeiro, mapear os dados existentes e escanear a rede de informação disponível relativa às compras públicas. Então, o programador — servidor público especializado para esta tarefa, com capacitação em Tecnologia da Informação e orientado por uma equipe de auditores especializada — deve desenhar as regras de negócio que irão nortear o trabalho do robô.

Essas regras de negócio são, na verdade, *insights* oferecidos ao robô para que identifique atividades suspeitas a partir do escaneamento das informações mapeadas. O conceito de regras de negócios está ligado à atividade da inteligência artificial, conforme comenta Semensato:

> O conceito é intimamente ligado à Tecnologia da Informação, uma vez que crescentemente vem se observando os benefícios tanto para o funcionamento de sistemas em si, quanto para o projeto do próprio sistema, embora não seja exclusivo desta área. Alguns consideram as Regras de Negócios como a ligação entre o mundo dos negócios com os sistemas de informação.
>
> (...) Em um processo, as Regras de Negócios são os componentes que implementam a lógica de tomada de decisão. Da perspectiva do negócio, uma regra de negócio é uma diretriz mostrando que há uma obrigação em relação à conduta, ação, prática ou procedimento em uma atividade ou esfera específica. Duas importantes características das Regras de Negócios são: deve haver uma motivação explícita para tal e deve haver uma política de garantia de aplicação declarando quais as consequências se a regra for quebrada.[97]

Assim, a definição das regras de negócio a serem utilizadas pelo robô é etapa primordial para o bom funcionamento do sistema. É a clareza do desenho dessas regras que irá determinar se a tomada de decisão realizada pela máquina será satisfatória e útil para a Administração Pública, ou não. Logo, é de suma importância que a motivação dessas regras esteja estabelecida em documento apartado e, além disso, que haja uma trilha lógica de ação por parte do robô para garantir que a identificação de anomalias não esteja sendo realizada de forma arbitrária.

São exemplos de regras de negócios para análise de dados relativos a licitações públicas: compras fornecidas por empresas com CNAE incomum para o objeto da compra, compras com valor final do contrato superior a 25% do valor inicial previsto, compras em que

---

[97] SEMENSATO, Barbara Ilze *et al.* Modelagem de regras de negócios utilizando EKD: o caso de um programa de pós-graduação. XXIX Encontro Nacional de Engenharia de Produção. Disponível em: http://www.abepro.org.br/biblioteca/enegep2009_TN_STP_091_615_12580.pdf. Acesso em: 20 jul. 2025. p. 05-06.

a empresa vencedora tem sócio com outra empresa impedida, entre outras inúmeras hipóteses.

Com esses *insights* desenhados pela equipe de auditoria e programados pela equipe técnica junto ao robô, poderá ter início o trabalho de mineração de dados por parte do sistema. Assim, devem ser utilizadas técnicas de mineração de textos, rastreamento de dados na internet, mapeamento de redes de relacionamento e tudo o mais que estiver disponível para servir de base de dados para o escaneamento do robô.

Após a realização dessa mineração, o sistema poderá detectar quaisquer tipos de anomalias que tenham sido previstas pelas regras de negócio anteriormente programadas. Isso significa que a *eficiência* e *acuracidade* do trabalho do robô dependerão de uma boa definição de regras desenhadas pelo programador; além disso, a manutenção da qualidade também dependerá da atualização destas regras de negócio. Isto, pois, com o passar do tempo, as estratégias utilizadas para fraudes acabam por se aprimorar — ao mesmo tempo em que deve ser aprimorada a programação do robô.

Destaca-se que, neste contexto, a acuracidade de um dado é a própria qualidade da informação, ou seja, o quanto ela é correta e confiável.[98] Portanto, trata-se de característica que deve estar presente não somente nos dados fornecidos para análise preditiva, mas também no próprio resultado dela obtido. Assim, obter-se-á uma trilha objetiva da mineração de dados, que posteriormente poderá ser auditada para verificar se a detecção dos indícios de anomalias realizada foi, de fato, justificável e razoável.

Neste ínterim, as anomalias identificadas — que, na verdade, são verdadeiros indícios de fraudes em licitações — serão repassadas a um auditor para análise manual do caso. Portanto, o trabalho do robô será filtrar a vasta quantidade de dados existente e consolidar aquelas que apresentam quaisquer indícios de irregularidades. Ao final, quem decidirá a respeito da existência ou não de fraude será o próprio corpo técnico do ente fiscalizador.

Destaca-se que este tipo de trabalho tem sido almejado pelo Tribunal de Contas da União no Brasil, que, em menor escala de

---

[98] WANG, R.; ZIAD, M.; LEE, Y. W. Data quality. Kluwer Academic Publishers, 2000. *Apud* FAVARETTO, Fábio. Melhoria da qualidade da informação no controle da produção: estudo exploratório utilizando Data Warehouse. Disponível em: https://www.scielo.br/scielo.php?script=sci_arttext&pid=S0103-65132007000200010. Acesso em: 20 jul. 2025.

complexidade, desenvolveu os sistemas Alice, Sofia e Monica para auxílio nas atividades de controle externo.

O primeiro deles, o robô Alice (acrônimo de "Análise de Licitações e Editais"), faz a leitura e identificação dos editais de licitação publicados nos canais oficiais da imprensa, compilando aos auditores, buscando auxiliar na avaliação preventiva e automatizada destes documentos. A ferramenta é executada em três módulos: primeiro, obtém os editais a partir de informações publicadas na plataforma ComprasNet;[99] em seguida, escaneia os dados e identifica padrões que sugiram indícios de irregularidades; por fim, envia e-*mails* periódicos aos usuários cadastrados, contendo apenas licitações que necessitem de análise manual.[100]

O segundo é o Sistema de Orientação sobre Fatos e Indícios para o Auditor (Sofia), trata-se de um robô que auxilia o corpo técnico a verificar a existência e validade de alguns dados, como registro de CPF, contratos de uma entidade, registros civis e existência ou não de cadastro no banco de dados do TCU.[101]

O terceiro é o sistema de Monitoramento Integrado para Controle de Aquisições (Monica), que rastreia e identifica informações sobre as compras públicas realizadas na esfera Federal, integrando dados dos Poderes Executivo, Legislativo e Judiciário, além do Ministério Público.[102]

Assim, embora as iniciativas sejam louváveis, ainda há muitos desafios para a efetivação de um modelo ideal de combate a práticas anticompetitivas em licitações por meio de um sistema de *compliance* inteligente.

Primeiramente, deve-se ter em mente que a ferramenta seria de *compliance inteligente,* pois estará intrinsecamente ligada ao uso de tecnologias de inteligência artificial para sua execução.

---

[99] É o Sistema Integrado de Administração de Serviços Gerais (SIASG) do Governo Federal brasileiro. Disponível em: https://www.comprasnet.gov.br/seguro/loginPortal.asp. Acesso em: 20 jul. 2025.

[100] BRASIL. Tribunal de Contas da União. Análise de licitações e editais (ALICE). Disponível em: https://acesso1.tcu.gov.br/comunidade/analisedados/Wiki/ALICE.aspx. Acesso em: 20 jul. 2025.

[101] ATRICON — Associação dos Membros dos Tribunais de Contas do Brasil. TCU usa tecnologia para combater fraudes. Disponível em: http://www.atricon.org.br/imprensa/destaque/tcu-usa-tecnologia-para-combater-fraudes/. Acesso em: 20 jul. 2025.

[102] DA REDAÇÃO. Revista Consultor Jurídico. Alice, Sofia e Monica: três robôs auxiliam o trabalho do Tribunal de Contas da União. Disponível em: https://www.conjur.com.br/2019-jun-02/tres-robos-auxiliam-trabalho-tribunal-contas-uniao. Acesso em: 20 jul. 2025.

Ademais, o sistema deve possuir duas equipes de trabalho que possam atuar em sintonia: o corpo técnico fiscalizatório de auditoria e um grupo de profissionais de tecnologia da informação, de tal forma que todos estejam em harmonia na persecução do objetivo comum, que é a mineração da infinita quantidade de dados existente, em detrimento do exercício de uma atividade de controle externo de qualidade.

Assim, conforme citado, deverão ser elaboradas trilhas de regras de negócios para atuação do robô, ou seja, a equipe de auditores deverá sintetizar as tipologias que servirão de filtro ao sistema para a geração de alertas. No caso da temática desta obra, as regras serão relativas às atividades anticompetitivas mais comuns, em consonância com a legislação nacional sobre o tema.

É importante que estas trilhas sejam desenhadas de forma clara e que possuam uma justificativa lógica, de maneira que seus resultados possam ter seus caminhos rastreados com transparência e facilitem a ocorrência do contraditório e da ampla defesa posteriormente. Tal rastreamento também contribui com a acuracidade dos resultados e das informações prestadas, de modo que ajustes e atualizações possam ser realizados constantemente por parte dos programadores.

Ao final, após a detecção de indícios de irregularidades obtidos a partir do cruzamento da mineração de dados em detrimento das regras de negócios previamente estabelecidas, os documentos da licitação identificada pelo robô voltarão para análise manual da equipe técnica, que, só depois de verificar os indícios, poderá concluir pela ocorrência ou não de fraude.

Trata-se de um sistema bastante complexo, que contribuirá sobremaneira com a otimização das atividades de controle externo. Ademais, ao fortalecer a fiscalização das práticas anticompetitivas em licitações públicas, incentivará o desenvolvimento de uma cultura concorrencial saudável no país, que, certamente, contribuirá também com a diminuição do desperdício de recursos públicos e, consequentemente, com a melhoria na prestação dos serviços e políticas públicas.

Considerações finais

Diante de todo o exposto nesta obra, demonstrou-se o atual cenário das contratações públicas no Brasil e na Espanha, bem como o impacto que os cofres públicos têm suportado em virtude do avanço da corrupção e da lavagem de dinheiro. Verificou-se a ocorrência de diversos tipos de práticas anticoncorrenciais nas licitações, especialmente no tocante aos cartéis.

Notou-se, também, que o modelo atual das atividades de controle e *compliance* é falho, considerando ser, ainda, insuficiente na prevenção da ocorrência de fraudes em certames licitatórios. Tanto no Brasil quanto na Espanha, é iminente a necessidade de aprimoramento destes sistemas, de forma a otimizar o trabalho dos técnicos e controladores, que têm encontrado dificuldades práticas diante da avalanche de dados a serem auditados.

Diante deste quadro, a solução que se propõe é a construção de um novo modelo administrativo para as atividades de controle e *compliance* da Administração Pública, favorecendo a utilização de recursos tecnológicos — em especial, a inteligência artificial — para ampliar o espectro de auditoria dos contratos e licitações públicas em curso, tanto quantitativa quanto qualitativamente.

O modelo proposto visa à construção de um mecanismo de *compliance*, aliado ao uso de inteligência artificial nas contratações públicas, ao que se intitulou de "compliance inteligente", em prol da defesa da concorrência na fiscalização dos certames públicos. Suas características principais são cinco, todas elas em contraposição às peculiaridades observadas na prática do modelo atual.

Em primeiro lugar, o novo modelo deve ser voltado à atividade preventiva — não mais de viés puramente repressivo, como tem ocorrido na maioria dos casos em ambos os países. Tal característica está em conformidade com as recomendações mais atuais de organismos internacionais, que sugerem ser a prevenção um dos ramos de atuação mais eficazes no combate à corrupção.

Além disso, o *compliance* inteligente deve ser estruturado em rede — em contraposição ao modelo atual, em que os órgãos de fiscalização dificilmente coordenam ou comunicam suas atividades entre si. Um modelo de trabalho em rede visa à cooperação dos órgãos administrativos entre si, por meio, especialmente, do compartilhamento de informações e resultados, evitando o retrabalho e otimizando o diálogo entre as instituições.

Destarte, não se pode falar em um modelo para a era digital se não existir a previsão de atuação em larga escala — diante da infinidade de dados disponíveis acerca dos contratos e licitações públicas, é primordial que o espectro de auditoria seja proporcional a essas atividades. Neste contexto, deve-se priorizar o processamento de dados em grande escala, reduzindo as chances de que algum certame deixe de ser fiscalizado.

Outrossim, faz-se necessário priorizar a participação da sociedade nas atividades de controle. Isso porque um modelo de fiscalização sólido e eficaz carece da contribuição dos cidadãos, que são, afinal, os destinatários de toda a atividade pública, os quais acompanham, na ponta e em tempo real, a efetividade dos recursos aplicados nas compras governamentais. Portanto, o novo modelo deve proporcionar e incentivar a fiscalização popular e a participação social, seja por meio de canais de denúncia, estímulos inclusive financeiros à apuração responsável pelos cidadãos, ou, ainda, por campanhas de conscientização sobre as práticas anticompetitivas em certames públicos e a proteção estatal ao cidadão-denunciante.

Por fim, o novo modelo, conforme já se reiterou diversas vezes, é baseado em um viés tecnológico, especialmente no que se refere ao uso de inteligência artificial (IA) e ferramentas de *machine learning* na análise meritória dos dados. Tal viés deve (i) ser construído aproveitando-se a parceria entre (a) o conhecimento das regras de negócio (trilhas de fiscalização) dos servidores públicos e (b) a mais avançada tecnologia em desenvolvimento pela iniciativa privada, bem como (ii) em obedecer às diretrizes mais atuais dos organismos internacionais acerca da ética no uso de IA, de forma que a atividade computadorizada seja plenamente explicável, com respeito à autonomia e supervisão humana, voltada a valores como a equidade e a prevenção de danos, conforme melhor esclarecido no capítulo 4.

Assim, diante de tudo o que se expôs, as sugestões contidas nesta obra foram citadas para fomentar o debate sobre novas soluções a serem aplicadas nas atividades de fiscalização e controle exercidas pelas instituições, em prol da construção de um modelo efetivo de defesa da concorrência. Não se pretendeu, no entanto, esgotar o tema, mas, ao contrário, estimular o diálogo e a busca de novas formas de otimização dos resultados do setor.

Desta forma, os estudos sobre o tema devem continuar se desenvolvendo, a fim de aprimorar as soluções aqui propostas, buscando sempre novas ideias para o combate ao problema sistêmico que se tornou a corrupção.

Está-se seguro de que o Brasil e a Espanha vivenciam, há algum tempo, um cenário de crise econômica, fiscal e política. Nesta conjuntura, o custo e a ineficiência da administração pública, juntamente com a malversação de recursos públicos, constituem as angústias sociais mais relevantes. Apesar da incansável atuação dos órgãos de controle, estes são inibidos seja pela carência de infraestrutura ou pelo ordenamento jurídico que limita suas capacidades. Ao mesmo tempo, o surgimento de estratagemas para desvios de verbas nas contratações públicas supera a capacidade de monitoramento. É neste contexto descrito, e como forma de revertê-lo, que se apresenta o livro sobre *compliance* inteligente na defesa da concorrência e da integridade das compras públicas.

REFERÊNCIAS

ALBERS, Geert. Inteligência artificial e big data no combate à corrupção. *Valor Econômico*, 21 maio 2018. Disponível em: http://www.valor.com.br/opiniao/5537063/inteligencia-artificial-e-big-data-no-combate-corrupcao. Acesso em: 29 jun. 2025.

ALEXY, Robert. *Teoria dos direitos fundamentais*. 2. ed. Tradução de Virgilio Afonso da Silva. São Paulo: Malheiros, 2015.

AMORIM, Victor Aguiar Jardim de. *Licitações e contratos administrativos*: teoria e jurisprudência. Brasília: Senado Federal, 2017.

ANDRADE, Diogo Thomson de; RODRIGUES, Eduardo Frade. A importância do compliance na detecção e combate aos cartéis. *In*: RODAS, João Grandino; CARVALHO, Vinícius Marques de (coord.). *Compliance e concorrência*. São Paulo: Revista dos Tribunais, 2017 [livro eletrônico].

ANDRADE, Renata Fonseca de. Leis anticorrupção Brasil e EUA. *In*: LAMBOY, Christian K. de. *Manual de Compliance*. São Paulo: Instituto ARC, 2017. p. 179-204.

ASSOCIATION OF CERTIFIED FRAUD EXAMINERS. *Report to the Nations on Occupational Fraud and Abuse*. 2020. Disponível em: https://www.acfe.com/report-to-the-nations/2020/. Acesso em: 01 jun. 2025.

ATHAYDE, Amanda. As três ondas do antitruste no Brasil. *JOTA*, 1 nov. 2017. Disponível em: https://www.jota.info/opiniao-e-analise/artigos/as-tres-ondas-do-antitruste-no-brasil-01112017. Acesso em: 20 abr. 2025.

ATRICON. Associação dos Membros dos Tribunais de Contas do Brasil. *TCU usa tecnologia para combater fraudes*. Disponível em: http://www.atricon.org.br/imprensa/destaque/tcu-usa-tecnologia-para-combater-fraudes/. Acesso em: 20 jul. 2025.

AYER, Flávia. Corrupção está enraizada no Brasil desde o período colonial, revela historiadora. *Estado de Minas*, 13 ago. 2017. Disponível em: https://www.em.com.br/app/noticia/politica/2017/08/13/interna_politica, 891482/corrupcao-esta-enraizada-no-brasil-desde-o-periodo-colonial-revela-hi.shtml. Acesso em: 25 jul. 2025.

BALANIUK, Remis. A mineração de dados como apoio ao Controle Externo. *Revista do TCU*, n. 117, p. 84, jan./abr. 2010.

BALANIUK, Remis. Novas Tecnologias aplicadas ao controle. *In*: OLIVEIRA, Aroldo Cedraz de (coord.). *O controle da Administração Pública na era digital*. 2. ed. Belo Horizonte: Fórum, 2017. p. 293.

BARBUGIANI, Luiz Henrique Sormani. *Corrupção como fenômeno supralegal*. Curitiba: Juruá, 2017.

BATHAEE, Yavar. The artificial intelligence black box and the failure of intent and causation. *Harvard Journal of Law & Technology*, vol. 31, n. 2, 2018. Disponível em: https://jolt.law.harvard.edu/assets/articlePDFs/v31/The-Artificial-Intelligence-Black-Box-and-the-Failure-of-Intent-and-Causation-Yavar-Bathaee.pdf. Acesso em: 22 jul. 2025.

BBC NEWS BRASIL. *Como o escândalo de corrupção que derrubou o premiê da Espanha arrastou o partido dele para o banco dos réus.* 2 jun. 2018. Disponível em: https://www.bbc.com/portuguese/internacional-44330279. Acesso em: 29 jun. 2025.

BECK, Ulrich. *Risk society*: towards a new modernity. London: Sage Publications, 1992.

BENTO, Leonardo Valles. *Governança e governabilidade na reforma do estado.* Barueri: Editora Manole, 2003.

BERTOCCELLI, Rodrigo de Pinho; MIGUEL, Luiz Felipe Hadlich. O papel das empresas e do Estado no combate à corrupção. *In*: LAMBOY, Christian K. de. *Manual de Compliance.* São Paulo: Instituto ARC, 2017. p. 91-108.

BRASIL. Câmara dos Deputados. *Exposição de Motivos da Lei nº 12.846/13.* Disponível em: https://www.camara.leg.br/proposicoesWeb/prop_mostrarintegra;jsessionid=E9486FEE3919782851CA604D8D7AB7E4.proposicoesWebExternol?codteor=735505&filename=Tramitacao-PL+6826/2010. Acesso em: 22 jun. 2025.

BRASIL. Câmara dos Deputados. *Projeto de Lei nº 1.292/1995.* Disponível em: https://www.camara.leg.br/proposicoesWeb/fichadetramitacao?idProposicao=16526. Acesso em: 12 maio 2025.

BRASIL. Câmara dos Deputados. *Projeto de Lei nº 6.814/2017.* Disponível em: https://www.camara.leg.br/proposicoesWeb/fichadetramitacao?idProposicao2122766. Acesso em: 6 maio 2025.

BRASIL. Conselho Administrativo de Defesa Econômica. *Ata da 94ª Sessão Ordinária de Julgamento.* DOU nº 219, de 16 de novembro de 2016. Disponível em: https://sei.cade.gov.br/sei/modulos/pesquisa/md_pesq_documento_consulta_externa.php?DZ2uWeaYicbuRZEFhBt-n3BfPLlu9u7akQAh8mpB9yMoVH4-y5ouL9TCuunwKpA_HP8_PxLCIVXReqhPCyb2wKrWYVj8svfiiOVFi8YrKQ0-xQJZwDSciQyb_CXliMdd. Acesso em: 26 jun. 2025.

BRASIL. Conselho Administrativo de Defesa Econômica. *Balanço anual (2017).* Apresentado em abril de 2018, na 122ª Sessão Ordinária de Julgamento. Disponível em: http://www.cade.gov.br/servicos/imprensa/balancos-e-apresentacoes/apresentacao-balanco-2017.pdf/view. Acesso em: 14 jul. 2025.

BRASIL. Conselho Administrativo de Defesa Econômica. *CADE celebra acordo de leniência em investigação de cartel na licitação da usina de Belo Monte.* Disponível em: http://www.cade.gov.br/noticias/cade-celebra-acordo-de-leniencia-em-investigacao-de-cartel-na-licitacao-da-usina-de-belo-monte. Acesso em: 26 jun. 2025.

BRASIL. Conselho Administrativo de Defesa Econômica. *CADE em números.* Processos administrativos julgados por mês (2018) — conduta de cartel. Disponível em: http://cadenumeros.cade.gov.br/QvAJAXZfc/opendoc.htm?document-Painel%2FCADE%20em%20N%C3%BAmeros.qvw&host=QVS%40srv004q6774&anonymous=true. Acesso em: 14 jul. 2025.

BRASIL. Conselho Administrativo de Defesa Econômica. *CADE instaura processos para apurar cartéis em licitações de estádios da Copa e de edificações especiais da Petrobras.* Disponível em: http://www.cade.gov.br/noticias/cade-instaura-processos-para-apurar-carteis-em-licitacoes-de-estadios-da-copa-e-de-edificacoes-especiais-da-petrobras. Acesso em: 30 jun. 2025.

BRASIL. Conselho Administrativo de Defesa Econômica. *CADE lança cursos online sobre leniência antitruste e detecção de cartéis em licitações.* Disponível em: http://www.cade.gov.

br/noticias/cade-lanca-cursos-on-line-sobre-leniencia-antitruste-e-deteccao-de-carteis-em-licitacoes. Acesso em: 13 jul. 2025.

BRASIL. Conselho Administrativo de Defesa Econômica. *Cartilha do CADE*. Atualização: maio 2016. Disponível em: http://www.cade.gov.br/acesso-a-informacao/publicacoes-institucionais/cartilha-do-cade.pdf. Acesso em: 22 maio 2025.

BRASIL. Conselho Administrativo de Defesa Econômica. *Despacho SG instauração de inquérito administrativo nº 32/2016*. Disponível em: https://sei.cade.gov.br/sei/modulos/pesquisa/md_pesq_documento_consulta_externa.php?DZ2uWeaYicbuRZEFhBt-n3BfPLlu9u7akQAh8mpB9yOU1UfT49Ba5adJCGmc9Kx8lA66TZAnvJ6TilbsoWmis3OiUbC3c_ALbLQUYBjKoYqdL-haKjleQPx2702tbX4. Acesso em: 29 jun. 2025.

BRASIL. Conselho Administrativo de Defesa Econômica. *Despacho SG instauração de inquérito administrativo nº 34/2016*. Disponível em: https://sei.cade.gov.br/sei/modulos/pesquisa/md_pesq_documento_consulta_externa.php?DZ2uWeaYicbuRZEFhBt-n3BfPLlu9u7akQAh8mpB9yPt0yvEx-7AC1G2dME2wS0vpThQcQlxe9H3d2CTp6KlcSdclZvGrWWoT2jyq5FQjjpWidaB9L8Si4jCAARGRFE3. Acesso em: 26 jun. 2025.

BRASIL. Conselho Administrativo de Defesa Econômica. *Estatísticas sobre o Programa de Leniência do CADE*. Disponível em: https://www.gov.br/cade/pt-br/assuntos/programa-de-leniencia. Acesso em: 18 jun. 2025.

BRASIL. Conselho Administrativo de Defesa Econômica. *Guia de combate a cartéis em licitações*. Disponível em: http://www.cade.gov.br/acesso-a-informacao/publicacoes-institucionais/guias_do_Cade/guia-de-combate-a-carteis-em-licitacao-versao-final-1.pdf. Acesso em: 14 jun. 2025.

BRASIL. Conselho Administrativo de Defesa Econômica. *Guia Programas de Compliance*. Disponível em: http://www.cade.gov.br/acesso-a-informacao/publicacoes-institucionais/guias_do_Cade/guia-compliance-versao-oficial.pdf. Acesso em: 29 jun. 2025.

BRASIL. Conselho Administrativo de Defesa Econômica. *Guia sobre o programa de Leniência do CADE*. Disponível em: http://www.cade.gov.br/acesso-a-informacao/publicacoes-institucionais/guias_do_Cade/guia_programa-de-leniencia-do-cade-final.pdf. Acesso em: 14 jul. 2025.

BRASIL. Conselho Administrativo de Defesa Econômica. *Guia sobre Termo de Compromisso de Cessação para casos de cartel*. 2017. Disponível em: http://www.cade.gov.br/acesso-a-informacao/publicacoes-institucionais/guias_do_Cade/guia-tec-atualizado-11-09-17. Acesso em: 19 jun. 2025.

BRASIL. Conselho Administrativo de Defesa Econômica. *Histórico da conduta (versão pública)*. Disponível em: https://sei.cade.gov.br/sei/modulos/pesquisa/md_pesq_documento_consulta_externa.php?DZ2uWeaYicbuRZEFhBt-n3BfPLlu9u7akQAh8mpB9yNfyMroJOuB6E1Tamri4LWsD70_x6V7zUbpJTFtLvP5T3TN8jFBepluBgR8kbwIQt91toAq5JhEBlilsXaIUJAw. Acesso em: 29 jun. 2025.

BRASIL. Conselho Administrativo de Defesa Econômica. *Perguntas frequentes sobre infrações à ordem econômica*. Disponível em: http://www.cade.gov.br/servicos/perguntas-frequentes/perguntas-sobre-infracoes-a-ordem-economica. Acesso em: 27 jun. 2025.

BRASIL. Conselho Administrativo de Defesa Econômica. *Perguntas sobre infrações à ordem econômica*. Disponível em: http://www.cade.gov.br/servicos/perguntas-frequentes/perguntas-sobre-infracoes-a-ordem-economica. Acesso em: 26 jun. 2025.

BRASIL. Conselho Administrativo de Defesa Econômica. *Processo Administrativo nº 08012.009645/2008-46*. Rel. Cons. Alexandre Cordeiro Macedo. Voto em versão pública de 9 de novembro de 2016. Disponível em: https://sei.cade.gov.br/sei/modulos/pesquisa/md_pesq_documento_consulta_externa.php?DZ2uWeaYicbuRZEFhBt-n3BfPLlu9u7akQAh8mpB9yOuKb6Fc3uXzE-ppKDdfmWG415WKbXtjb7qFYJwi73Z59R7nrVlhLUaEFACH7S-GfzSW0X7m6VJktCsDHylEjaF. Acesso em: 26 jun. 2025.

BRASIL. Conselho Administrativo de Defesa Econômica. *Processo Administrativo nº 08700.006377/2016-62*. Disponível em: https://sei.cade.gov.br/sei/modulos/pesquisa/md_pesq_processo_exibir.php?0c62g277GvPsZDAXAO1tMiVcL9FcFMR5UuJ6rLqPE.JuTUu08mg6wxLt0JzWxCor9mNcMYP8UAjTVP9dxRfPBcXCjQtLVUg-Sjxb3OAbZ5AXFCNumoHgEN8V5ylvsmE5t. Acesso em: 21 jun. 2025.

BRASIL. Conselho Administrativo de Defesa Econômica. *Publicações institucionais*. Disponível em: http://www.cade.gov.br/acesso-a-informacao/publicacoes-institucionais. Acesso em: 13 jul. 2025.

BRASIL. Conselho Administrativo de Defesa Econômica. *Regimento Interno*. Disponível em: https://cdn.cade.gov.br/Portal/centrais-de-conteudo/regimento-interno/Regimento-interno-Cade-versao-05-2021.pdf. Acesso em: 25 jun. 2025.

BRASIL. Conselho Administrativo de Defesa Econômica. *Relatório de gestão 2018*. Disponível em: http://www.cade.gov.br/acesso-a-informacao/auditorias-1/auditorias-anexos/2018/relatorio-de-gestao/relatorio-de-gestao_2018.pdf. Acesso em: 14 jul. 2025.

BRASIL. Conselho Administrativo de Defesa Econômica. *Revisões por Pares da OCDE sobre Legislação e Política de Concorrência*: Brasil, 2019. Disponível em: https://www.oecd.org/daf/competition/revisoes-por-pares-da-ocde-sobre-legislacao-e-politica-de-concorrencia-brasil-2019-web.pdf. Acesso em: 19 jul. 2025.

BRASIL. *Constituição da República Federativa do Brasil de 1967*. Disponível em: http://www.planalto.gov.br/ccivil_03/constituicao/constituicao67.htm. Acesso em: 19 abr. 2025.

BRASIL. *Constituição da República Federativa do Brasil de 1988*. Disponível em: http://www.planalto.gov.br/ccivil_03/constituicao/constituicao.htm. Acesso em: 19 abr. 2025.

BRASIL. Controladoria-Geral da União. *Manual para implementação de programas de integridade*: orientações para o setor público. Brasília: Ministério da Transparência e Controladoria-Geral da União, 2017.

BRASIL. Controladoria-Geral da União. *Portal da Integridade*. Disponível em: http://paineis.cgu.gov.br/integridadepublica/index.htm. Acesso em: 16 abr. 2025.

BRASIL. Controladoria-Geral da União. *Portaria nº 1.089/2018*. Disponível em: https://www.cgu.gov.br/noticias/2018/04/cgu-lanca-regulamentacao-para-programas-de-integridade-no-governo-federal/portaria-cgu-1089-2018.pdf/@@download/file/portaria-cgu-1089-2018.pdf. Acesso em: 16 abr. 2025.

BRASIL. *Decreto nº 7.746, de 5 de junho de 2012*. Estabelece critérios, práticas e diretrizes para a promoção do desenvolvimento nacional sustentável nas contratações realizadas pela Administração Pública federal. Disponível em: https://www.planalto.gov.br/ccivil_03/_Ato2011-2014/2012/Decreto/D7746.htm. Acesso em: 07 abr. 2025.

BRASIL. *Decreto nº 8.420, de 18 de março de 2015*. Regulamenta a Lei nº 12.846, de 1º de agosto de 2013. Revogado pelo Decreto nº 11.129, de 11 de julho de 2022. Disponível em: http://www.planalto.gov.br/ccivil_03/_Ato2015-2018/2015/Decreto/D8420.htm. Acesso em: 16 abr. 2025.

BRASIL. *Decreto nº 8.777, de 11 de maio de 2016*. Disponível em: http://www.planalto.gov.br/ccivil_03/_ato2015-2018/2016/decreto/d8777.htm. Acesso em: 4 ago. 2025.

BRASIL. *Decreto nº 9.203, de 22 de novembro de 2017*. Dispõe sobre a política de governança da administração pública federal direta, autárquica e fundacional. Disponível em: http://www.planalto.gov.br/ccivil_03/_Ato2015-2018/2017/Decreto/D9203.htm. Acesso em: 16 abr. 2025.

BRASIL. *Decreto nº 9.283, de 7 de fevereiro de 2018*. Regulamenta o art. 20 da Lei nº 10.973/2004, para dispor sobre as encomendas tecnológicas e o estímulo à inovação no setor produtivo. Diário Oficial da União, Brasília, DF, 8 fev. 2018. Disponível em: https://www.planalto.gov.br/ccivil_03/_ato2015-2018/2018/decreto/D9283.htm. Acesso em: 26 maio 2025.

BRASIL. *Decreto nº 10.332, de 28 de abril de 2020*. Aprova a Estratégia de Governo Digital para o período de 2020 a 2022, no âmbito dos órgãos e entidades da administração pública federal direta, autárquica e fundacional. Diário Oficial da União: seção 1, Brasília, DF, ano 158, n. 82, p. 4-11, 29 abr. 2020.

BRASIL. *Decreto nº 11.129, de 11 de julho de 2022*. Regulamenta a Lei nº 12.846, de 1º de agosto de 2013. Diário Oficial da União: seção 1, Brasília, DF, 12 jul. 2022.

BRASIL. *Decreto Legislativo nº 6, de 20 de março de 2020*. Disponível em: http://www.planalto.gov.br/ccivil_03/portaria/DLG6-2020.htm#::text=DECRETO%20LEGISLATIVO%20N%C2%BA%206%2C%20DE,18%20de%20mar%C3%A7o%20de%202020.. Acesso em: 22 jul. 2025.

BRASIL. *Decreto-lei nº 2.848, de 7 de dezembro de 1940*. Código Penal. Disponível em: https://www.planalto.gov.br/ccivil_03/decreto-lei/del2848compilado.htm. Acesso em: 28 jun. 2025.

BRASIL. *Emenda Constitucional nº 19, de 4 de junho de 1998*. Disponível em: http://www.planalto.gov.br/ccivil_03/Constituicao/Emendas/Emc/emc19.htm. Acesso em: 30 jun. 2025.

BRASIL. *Lei Complementar nº 123, de 14 de dezembro de 2006*. Disponível em: http://www.planalto.gov.br/ccivil_03/leis/lcp/lep123.htm. Acesso em: 12 abr. 2025.

BRASIL. *Lei nº 8.137, de 27 de dezembro de 1990*. Disponível em: http://www.planalto.gov.br/ccivil_03/LEIS/L8137.htm. Acesso em: 8 maio 2025.

BRASIL. *Lei nº 8.429, de 2 de junho de 1992*. Art. 10, inciso VIII (com redação da Lei nº 14.230/2021). Disponível em: https://www.planalto.gov.br/ccivil_03/leis/18429cons.htm. Acesso em: 8 abr. 2025.

BRASIL. *Lei nº 8.666, de 21 de junho de 1993*. Disponível em: http://www.planalto.gov.br/ccivil_03/leis/18666cons.htm. Acesso em: 04 ago. 2025.

BRASIL. *Lei nº 8.884, de 11 de junho de 1994*. Disponível em: http://www.planalto.gov.br/ccivil_03/LEIS/L8884.htm. Acesso em: 14 jul. 2025.

BRASIL. *Lei nº 8.987, de 13 de fevereiro de 1995*. Disponível em: http://www.planalto.gov.br/ccivil_03/leis/18987compilada.htm. Acesso em: 8 abr. 2025.

BRASIL. *Lei nº 10.973, de 2 de dezembro de 2004*. Dispõe sobre incentivos à inovação e à pesquisa científica e tecnológica no ambiente produtivo. Diário Oficial da União: seção 1, Brasília, DF, ano 141, n. 232, p. 1-4, 3 dez. 2004.

BRASIL. *Lei nº 11.482/2007*. Disponível em: http://www.planalto.gov.br/ccivil_03/_Ato2007-2010/2007/Lei/L11482.htm. Acesso em: 19 nov. 2019.

BRASIL. *Lei nº 12.527, de 18 de novembro de 2011*. Disponível em: http://www.planalto.gov.br/ccivil_03/_ato2011-2014/2011/lei/112527.htm. Acesso em: 4 ago. 2025.

BRASIL. *Lei nº 12.529, de 30 de novembro de 2011*. Estrutura o Sistema Brasileiro de Defesa da Concorrência — SBDC, dispõe sobre a prevenção e repressão às infrações contra a ordem econômica. Diário Oficial da União: seção 1, Brasília, DF, 1º dez. 2011. Disponível em: https://www.planalto.gov.br/ccivil_03/_ato2011-2014/2011/lei/l12529.htm. Acesso em: 26 jun. 2025.

BRASIL. *Lei nº 12.846, de 1º de agosto de 2013*. Disponível em: http://www.planalto.gov.br/ccivil_03/_ato2011-2014/2013/lei/l12846.htm. Acesso em: 16 abr. 2025.

BRASIL. *Lei nº 12.965, de 23 de abril de 2014*. Estabelece princípios, garantias, direitos e deveres para o uso da Internet no Brasil. Diário Oficial da União: seção 1, Brasília, DF, ano 151, n. 77, p. 1-4, 24 abr. 2014.

BRASIL. *Lei nº 13.243, de 11 de janeiro de 2016*. Dispõe sobre estímulos ao desenvolvimento científico, à pesquisa, à capacitação científica e tecnológica e à inovação. Diário Oficial da União: seção 1, Brasília, DF, ano 153, n. 8, p. 1-6, 12 jan. 2016.

BRASIL. *Lei nº 13.303, de 30 de junho de 2016*. Dispõe sobre o estatuto jurídico da empresa pública, da sociedade de economia mista e de suas subsidiárias. Diário Oficial da União, Brasília, DF, 1º jul. 2016. Disponível em: https://www.planalto.gov.br/ccivil_03/_ato2015-2018/2016/lei/L13303.htm. Acesso em: 13 abr. 2025.

BRASIL. *Lei nº 13.979, de 6 de fevereiro de 2020*. Disponível em: http://www.planalto.gov.br/ccivil_03/_ato2019-2022/2020/lei/l13979.htm. Acesso em: 4 ago. 2025.

BRASIL. *Lei nº 14.035, de 11 de agosto de 2020*. Disponível em: http://www.planalto.gov.br/ccivil_03/_ato2019-2022/2020/Lei/L14035.htm. Acesso em: 22 jul. 2025.

BRASIL. *Lei nº 14.133, de 1º de abril de 2021*. Lei de Licitações e Contratos Administrativos. Diário Oficial da União, Brasília, DF, 1 abr. 2021. Disponível em: https://www.planalto.gov.br/ccivil_03/_ato2019-2022/2021/lei/L14133.htm. Acesso em: 14 abr. 2025.

BRASIL. *Medida Provisória nº 961, de 6 de maio de 2020*. Disponível em: http://www.planalto.gov.br/ccivil_03/_ato2019-2022/2020/Mpv/mpv961.htm#:~:text=MPV%20961&text=Autoriza%20pagamentos%20antecipados%20nas%20licita%C3%A7%C3%B5es,20%20de%20mar%C3%A7o%20de%202020.. Acesso em: 22 jul. 2025.

BRASIL. Ministério da Administração Federal e Reforma do Estado — MARE. *Plano Diretor da Reforma do Aparelho do Estado*. Brasília: Imprensa Nacional, nov. 1995. Disponível em: http://www.bresserpereira.org.br/Documents/MARE/PlanoDiretor/planodiretor.pdf. Acesso em: 29 jun. 2025.

BRASIL. Ministério da Ciência, Tecnologia e Inovação. *Estratégia Brasileira de Transformação Digital E-Digital*. Brasília, DF, 2018. Disponível em: https://www.gov.br/mcti/pt-br/acompanhe-o-mcti/transformacaodigital/estrategia-digital. Acesso em: 10 ago. 2025.

BRASIL. Ministério da Ciência, Tecnologia, Inovações e Comunicações. *Consulta pública*: Estratégia Brasileira de Inteligência Artificial. Brasília, DF, 2019. Disponível em: https://www.gov.br/mcti/pt-br/acompanhe-o-mcti/inteligencia-artificial. Acesso em: 10 ago. 2025.

BRASIL. Ministério do Esporte. *Balanço final para as ações da Copa do Mundo FIFA Brasil 2014* (6º balanço). Dezembro/2014. Disponível em: http://www.esporte.gov.br/arquivos/assessoriaEspecialFutebol/copa2014/6_Balanco_Copa_dez_2014.pdf. Acesso em: 28 jun. 2025.

BRASIL. Ministério do Turismo. *Anunciadas as cidades-sede da Copa de 2014, começa o trabalho*. Disponível em: http://www.turismo.gov.br/%C3%BAltimas-not%C3%ADcias/4159-anunciadas-as-cidades-sede-da-copa-de-2014-comeca-o-trabalho.html. Acesso em: 28 jun. 2025.

BRASIL. *Painel de preços do Ministério do Planejamento*. Disponível em: http://paineldeprecos.planejamento.gov.br/. Acesso em: 26 jun. 2025.

BRASIL. *Portal de compras do Governo Federal*. Disponível em: https://www.comprasgovernamentais.gov.br/. Acesso em: 26 jun. 2025.

BRASIL. *Portal de licitações do Banco do Brasil*. Disponível em: http://www.licitacoes-e.com.br/aop/index.jsp. Acesso em: 26 jun. 2025.

BRASIL. Senado Federal. *Projeto de lei do Senado nº 236, de 2012*. Disponível em: https://www25.senado.leg.br/web/atividade/materias/-/materia/106404. Acesso em: 28 jun. 2025.

BRASIL. Senado Federal. *Revista Em discussão*, ano 5, n. 20, abr. 2014. Disponível em: https://www.senado.gov.br/noticias/jornal/emdiscussao/copa-do-mundo-no-brasil-2014.pdf. Acesso em: 28 jun. 2025.

BRASIL. Superior Tribunal de Justiça. *Recurso Especial nº 685.325/PR*, 1ª Turma. DJU, 6 mar. 2006.

BRASIL. Superior Tribunal de Justiça. *Recurso Ordinário em Habeas Corpus nº 2014/0145528-4 apud* FURTADO, Lucas Rocha. *Op. cit.*, p. 146.

BRASIL. Supremo Tribunal Federal. *Ação direta de inconstitucionalidade nº 1.950*. Rel. Min. Eros Grau, j. 03/11/2005, DJ de 02/06/2006. Disponível em: http://www.stf.jus.br/portal/constituicao/artigobd.asp?item=%201663. Acesso em: 20 abr. 2025.

BRASIL. Tribunal de Contas da União. *Acórdão nº 2.622/2015*. Disponível em: https://contas.tcu.gov.br/sagas/SvlVisualizarRelVotoAcRtf?codFiltro=SAGAS-SESSAO-ENCERRADA&seOcultaPaginaS&item0=537209. Acesso em: 13 abr. 2025.

BRASIL. Tribunal de Contas da União. *Análise de licitações e editais (ALICE)*. Disponível em: https://acessol.tcu.gov.br/comunidade/analisedados/Wiki/ALICE.aspx. Acesso em: 20 jul. 2025.

BRASIL. Tribunal de Contas da União. *Normas Internacionais das Entidades Fiscalizadoras Superiores (EFS) ISSAI 11 — Diretrizes e Boas Práticas da INTOSAI Relacionadas com a independência das EFS*. Brasília, 2015. Disponível em: https://portal.tcu.gov.br/fiscalizacao-e-controle/auditoria/normas-internacionais-das-entidades-fiscalizadores-superiores-issai/. Acesso em: 25 jun. 2025.

BRASIL. Tribunal de Contas da União. *Normas Internacionais das Entidades Fiscalizadoras Superiores (EFS) ISSAI 20 — Princípios de transparência e accountability*. Brasília, 2015. Disponível em: https://portal.tcu.gov.br/fiscalizacao-e-controle/auditoria/normas-internacionais-das-entidades-fiscalizadores-superiores-issai/. Acesso em: 25 jan. 2020.

BRASIL. Tribunal de Contas da União. *Proposta de atuação do Controle em contratações de Encomendas Tecnológicas (ETEC)*. Disponível em: https://portal.tcu.gov.br/data/files/10/04/A5/AE/5200371055EB6E27E1881848/ETEC_proposta_atuacao_controle_contratacoes_encomendas_tecnologicas.pdf. Acesso em: 25 jul. 2025.

BRASIL. Tribunal de Contas da União. *Roteiro de análise de dados em ações de controle externo*. Brasília: TCU, Secretaria de Gestão de Informações para o Controle Externo (SGI), 2019.

BRASIL. Tribunal de Contas da União. *Roteiro para gestão de riscos em encomendas tecnológicas (ETEC)*. Brasília: Instituto Serzedello Corrêa, 2020. Disponível em: https://portal.tcu.gov.br/data/files/8E/F3/E2/AE/5200371055EB6E27E1881848/ETEC_roteiro_gestao_riscos_encomendas_tecnologicas.pdf. Acesso em: 13 jul. 2025.

BRASIL. Tribunal de Contas da União. *TCU divulga relatório consolidado sobre obras da Copa*. Relatório de acompanhamento no processo nº 009.205/2013-6. Disponível em: https://portal.tcu.gov.br/copa2014/portal/page/portal/TCU/copa2014/noticias/detalhes_noticia8032.html?noticia-5077998. Acesso em: 28 jun. 2025.

BRASIL. Tribunal de Contas da União. *Transparência internacional*. Recomendações para transparência de contratações emergenciais em resposta à Covid-19. Disponível em: https://portal.tcu.gov.br/imprensa/noticias/tcu-e-transparencia-internacional-lancam-guia-de-recomendacoes-para-contratacoes-emergenciais-em-razao-da-covid-19.htm. Acesso em: 4 ago. 2025.

BRESSER-PEREIRA, Luiz Carlos. Da Administração Pública Burocrática à Gerencial. *Revista do Serviço Público*, Brasília, ano 47, n. 1, jan./abr. 1996. Disponível em: http://www.bresserpereira.org.br/papers/1996/95.AdmPublicaBurocraticaAGerencial.pdf. Acesso em: 01 jul. 2025.

BRESSER-PEREIRA, Luiz Carlos. Do estado patrimonial ao gerencial. *In*: PINHEIRO, Wilheim; SACHS, Ignacy (org.). *Brasil*: um século de transformações. São Paulo: Cia. das Letras, 2001.

BRUNA, Sérgio Varella. O poder econômico e a conceituação do abuso em seu exercício. *Apud* TAUFICK, Roberto Domingos. *Nova lei antitruste brasileira*. 2. ed. São Paulo: Almedina Brasil, 2017.

CAMPOS ACUÑA, María Concepción. *Aplicação prática do Compliance na contratação pública*. 1. ed. Cizur Menor: Aranzadi, 2019 [livro digital].

CANADA. *Pan-Canadian AI Strategy*. Disponível em: https://cifar.ca/ai/. Acesso em: 20 jul. 2025.

CARBAJO CASCÓN, Fernando. Introdução ao direito da concorrência (princípios, funções e alcance). *In*: CARBAJO CASCÓN, Fernando (coord.). *Manual práctico de derecho de la competencia*. Valencia: Tirant lo Blanch, 2017.

CARVALHO FILHO, José dos Santos. *Manual de direito administrativo*. 30. ed. São Paulo: Atlas, 2016.

CHAKRABARTI, Deepayan. Graph Mining. *In*: SAMMUT, C.; WEBB, G. I. (coord.) *Encyclopedia of Machine Learning*. Boston: Springer, 2011.

COMISSÃO EUROPEIA. Grupo independente de peritos de alto nível sobre a inteligência artificial. *Orientações éticas para uma inteligência artificial de confiança*. Abr. 2019. Disponível em: https://ec.europa.eu/newsroom/dae/document.cfm?doc_id=60435. Acesso em: 23 jul. 2025.

COMISIÓN NACIONAL DE LA COMPETENCIA. *Guía sobre Contratación* Pública y *Competencia*. Disponível em: http://www.cnmc.es/guias-y-recomendaciones. Acesso em: 23 jun. 2025.

CONSELHO EUROPEU. *Ação Comum do Conselho Europeu sobre corrupção no setor privado*. Disponível em: https://op.europa.eu/en/publication-detail/-/publication/e924646a-a992-40d3-ba8b-03bddcdc7149/language-es. Acesso em: 19 jun. 2025.

COREIA DO SUL. *Mid-to long-term Master Plan in preparation for the intelligent information society*. Managing the Fourth Industrial Revolution. Disponível em: https://k-erc.eu/wp-content/uploads/2017/12/Master-Plan-for-the-intelligent-information-society.pdf. Acesso em: 20 jul. 2025.

COSO. Committee of Sponsoring of the Treadway Commission. *Controle Interno – Estrutura integrada*. Trad. PWC. Disponível em: http://www.auditoria.mpu.mp.br/bases/legislacao/COSO-I-ICIF_2013_Sumario_Executivo.pdf. Acesso em: 23 jun. 2025.

COUTINHO, Doris de Miranda; SANTOS, Aline Sueli de Salles. O papel do Tribunal de Contas frente à accountability. *Revista de Direito Administrativo e Constitucional*, ano 18, n. 72, p. 212, abr./jun. 2018.

CURTO POLO, María Mercedes. Prohibición de las conductas colusorias (I): prácticas prohibidas y régimen de exenciones. *In*: CARBAJO CASCÓN, Fernando (coord.). *Manual práctico de derecho de la competencia*. Valencia: Tirant lo Blanch, 2017.

DA REDAÇÃO. Dinheiro de propina da Odebrecht poderia fazer muito pela população. *Bom Dia Brasil*, 17 abr. 2017. Disponível em: http://gl.globo.com/bom-dia-brasil/noticia/2017/04/dinheiro-de-propina-da-odebrecht-poderia-fazer-muito-pela-populacao.html. Acesso em: 11 abr. 2025.

DA REDAÇÃO. Grudges and kludges: too much federal regulation has piled up in America. *The Economist*, 2 mar. 2017.

DA REDAÇÃO. Por falta de recursos, um hospital fecha por semana no Brasil. *ANAPH*, 18 jul. 2014. Disponível em: http://anahp.com.br/noticias/noticias-do-mercado/por-falta-de-recursos-um-hospital-fecha-por-semana-no-brasil. Acesso em: 24 set. 2020.

DA REDAÇÃO. Quem rouba mata milhões. *Senado Notícias*, 23 set. 2020. Disponível em: https://www2.senado.leg.br/bdsf/bitstream/handle/id/513389/noticia.html?sequence=1. Acesso em: 23 set. 2020.

DA REDAÇÃO. Tecnologia: varredura diária de irregularidades em editais. *Governo Aberto*, 2017. Disponível em: http://governoaberto.cgu.gov.br/noticias/2017/tecnologia-varredura-diaria-de-irregularidades-em-editais. Acesso em: 15 abr. 2025.

DEL MASSO, Fabiano. Livre iniciativa, livre concorrência e direitos do consumidor como fundamentos do uso da internet no Brasil. *In*: DEL MASSO, Fabiano; ABRUSIO, Juliana; FLORENCIO FILHO, Marco Aurélio (coord.) *Marco civil da internet* — Lei nº 12. 965/2014. 1. ed. em e-book baseada na 1. ed. impressa. São Paulo: Revista dos Tribunais, 2014.

DENHARDT, Robert B.; DENHARDT, Janet V. *The New Public Service*: Serving, Not Steering. New York: Routledge, 2011.

DI PIETRO, Maria Sylvia Zanella. *Direito Administrativo*. 35. ed. São Paulo: Atlas, 2022.

DUTRA E SILVA, Luís André. Utilização de deep learning em ações de controle. *Revista do TCU*, n. 135, jan./abr. 2016. Disponível em: http://revista.tcu.gov.br/ojs/index.php/RTCU/article/view/1321/1423. Acesso em: 28 jun. 2025.

EMIRADOS ÁRABES UNIDOS. *UAE Strategy for Artificial Intelligence*. Disponível em: https://ai.gov.ae/wp-content/uploads/2021/07/UAE-National-Strategy-for-Artificial-Intelligence-2031.pdf. Acesso em: 20 jul. 2025.

ESPANHA. *Código de Contratos do Setor Público*. Disponível em: https://www.boe.es/biblioteca_juridica/codigos/codigo.php?id=31&modo=1&nota=0&tab=2. Acesso em: 29 abr. 2025.

ESPANHA. Comissão Nacional de Mercados e Concorrência. *La CNMC publica un estudio sobre los procedimientos de contratación* pública *en España*. Disponível em: https://www.cnmc.es/node/373651. Acesso em: 13 abr. 2025.

ESPANHA. *Constitución Española*. 1978. Boletim Oficial do Estado n. 311, de 29/12/1978. Disponível em: https://www.boe.es/buscar/act.php?id=BOE-A-1978-31229. Acesso em: 17 out. 2019.

ESPANHA. *Decreto Real nº 4, de 8 de janeiro de 2010*. Boletim Oficial do Estado n. 25, de 29/01/2010. Disponível em: https://www.boe.es/eli/es/rd/2010/01/08/4/con. Acesso em: 8 jul. 2025.

ESPANHA. *Decreto Real nº 463, de 14 de março de 2020*. Boletim Oficial do Estado n. 67, de 14/03/2020. Disponível em: https://www.boe.es/eli/es/rd/2020/03/14/463/con. Acesso em: 5 ago. 2025.

ESPANHA. *Decreto-Lei Real nº 7, de 12 de março de 2020*. Boletim Oficial do Estado n. 65, de 13/03/2020. Disponível em: https://www.boe.es/buscar/act.php?id=BOE-A-2020-3580#a1-8. Acesso em: 9 ago. 2025.

ESPANHA. *Decreto-Lei Real nº 8, de 18 de março de 2020*. Boletim Oficial do Estado n. 73, de 18/03/2020. Disponível em: https://www.boe.es/eli/es/rdl/2020/03/17/8/con. Acesso em: 5 ago. 2025.

ESPANHA. *Lei nº 3/2013, de 4 de junho, da criação da Comissão Nacional dos Mercados e da Concorrência*. Boletim Oficial do Estado n. 134, de 05/06/2013. Disponível em: https://www.boe.es/buscar/act.php?id=BOE-A-2013-5940. Acesso em: 3 abr. 2025.

ESPANHA. *Lei nº 9/2017, de 8 de novembro, de Contratos do Setor Público*. Boletim Oficial do Estado, Madrid, 9 nov. 2017. Disponível em: https://www.boe.es/buscar/act.php?id=BOE-A-2017-12902. Acesso em: 9 maio 2025.

ESPANHA. *Lei nº 11/1995, de 11 de maio*. Control de la ejecución del gasto público en materia reservada. Boletín Oficial del Estado, n. 113, 12 mayo 1995. Disponível em: https://www.boe.es/buscar/act.php?id=BOE-A-1995-11339. Acesso em: 3 jul. 2025.

ESPANHA. *Lei nº 15/2007, de 3 de julho, de Defensa da Concorrência*. Boletim Oficial do Estado n. 159, de 04/07/2007. Disponível em: https://www.boe.es/buscar/doc.php?id=BOE-A-2007-12946. Acesso em: 15 abr. 2025.

ESPANHA. *Lei nº 16/1989, de 17 de julho, de Defensa da Concorrência*. Boletim Oficial do Estado n. 170, de 18/07/1989. Disponível em: https://www.boe.es/buscar/doc.php?id=BOE-A-1989-16989. Acesso em: 16 abr. 2025.

ESPANHA. *Lei nº 20/2013, de 9 de dezembro, da garantia da unidade do mercado*. Boletim Oficial do Estado n. 295, de 10/12/2013. Disponível em: https://www.boe.es/buscar/doc.php?id=BOE-A-2013-12888. Acesso em: 7 jul. 2025.

ESPANHA. *Lei nº 28/2006, de 18 de julho, de agências estatais para a melhoria dos serviços públicos*. Boletim Oficial do Estado n. 171, de 19/07/2006. Disponível em: https://www.boe.es/buscar/act.php?id=BOE-A-2006-13011. Acesso em: 10 jun. 2025.

ESPANHA. *Lei nº 39, de 1º de outubro de 2015*. Boletim Oficial do Estado n. 236, de 02/10/2015. Disponível em: https://www.boe.es/eli/es/l/2015/10/01/39/con. Acesso em: 10 jul. 2025.

ESPANHA. *Lei nº 40, de 1º de outubro de 2015*. Boletim Oficial do Estado n. 236, de 02/10/2015. Disponível em: https://www.boe.es/eli/es/l/2015/10/01/40/con. Acesso em: 08 jul. 2025.

ESPANHA. *Lei nº 110/1963, de 20 de julho, de repressão a práticas restritivas da concorrência*. Boletim Oficial do Estado n. 175, de 23/07/1963. Disponível em: https://www.boe.es/buscar/doc.php?id=BOE-A-1963-14051. Acesso em: 11 abr. 2025.

ESPANHA. *Lei Orgánica* nº 3/1987, sobre *financiación de los partidos políticos*. Disponível em: https://www.boe.es/eli/es/lo/1987/07/02/3. Acesso em: 29 jun. 2025.

ESPANHA. *Ley nº 7/2007, de 12 de abril*. Estatuto Básico del Empleado Público. Boletín Oficial del Estado, n. 89, 13 abr. 2007. Disponível em: https://www.boe.es/buscar/act.php?id=BOE-A-2007-7788. Acesso em: 3 jul. 2025.

ESPANHA. *Ley Orgánica nº 2/2012, de 27 de abril, de Estabilidad Presupuestaria y Sostenibilidad Financiera*. Boletín Oficial del Estado, n. 103, 30 abr. 2012. Disponível em: https://www.boe.es/buscar/doc.php?id=BOE-A-2012-5730. Acesso em: 16 jul. 2025.

ESPANHA. *Ley Orgánica nº 6/2013, de 14 de noviembre, de creación de la Autoridad Independiente de Responsabilidad Fiscal*. Boletín Oficial del Estado, n. 274, 15 nov. 2013. Disponível em: https://www.boe.es/buscar/doc.php?id=BOE-A-2013-12074. Acesso em: 16 jul. 2025.

ESPANHA. Ministerio de Ciencia, Innovación y Universidades. *Estrategia Española de I+D+I en Inteligencia Artificial*. Disponível em: https://www.ciencia.gob.es/stfls/MICINN/Ciencia/Ficheros/Estrategia_Inteligencia_Artificial_IDI.pdf. Acesso em: 10 jul. 2025.

ESPANHA. *O que é a União Europeia*: o direito comunitário. Disponível em: http://www.exteriores.gob.es/RepresentacionesPermanentes/EspanaUE/es/quees2/Paginas/El-Derecho-comunitario.aspx. Acesso em: 20 abr. 2025.

ESPANHA. Oficina independente de regulação e supervisão de contratos. *Informe especial de supervisão*. Publicidade dos contratos tramitados por emergência durante o estado de alerta derivado do Covid-19. 23 de junho de 2020. Disponível em: https://www.hacienda.gob.es/RSC/OIReSuC/COVID-19/INFORME%20ESPECIAL%20EMERGENCIAS/VERSI%C3%93N%2023-06-2020/%C3%9ALTIMA%20ACTUALIZACI%C3%93N%20CONTRATOS%20EMERGENCIAS%2023%20de%20junio.pdf. Acesso em: 10 ago. 2025.

ESPANHA. Oficina independente de regulação e supervisão de contratos. *Informe especial elaborado pela Oficina sobre Publicidade e Emergências Covid-19*. Disponível em: https://www.hacienda.gob.es/es-ES/RSC/Paginas/OIReSuC/INFORME-ESPECIAL-(PUBLICIDAD-EMEREGENCIAS-COVID-19).aspx. Acesso em: 10 ago. 2025.

ESPANHA. *Portal de la Transparencia*: Presidencia del Gobierno. Disponível em: https://transparencia.gob.es/transparencia/transparencia_Home/index/PublicidadActiva/OrganizacionYEmpleo/Funciones/Funciones-PG.html. Acesso em: 20 abr. 2025.

ESPANHA. *Ratificação ao Convênio civil do Conselho Europeu sobre a corrupção*. Disponível em: https://www.boe.es/diario_boe/txt.php?id=BOE-A-2010-5259. Acesso em: 19 jun. 2025.

ESPANHA. *Real decreto nº 261/2008, de 22 de fevereiro, pelo qual se aprova o Regulamento de Defesa da Concorrência*. Boletim Oficial do Estado n. 50, de 27/02/2008. Disponível em: https://www.boe.es/buscar/doc.php?id=BOE-A-2008-3646. Acesso em: 26 abr. 2025.

ESPANHA. *Real Decreto Legislativo nº 3, de 14 de novembro de 2011*. Boletim Oficial do Estado n. 276, de 16/11/2011. Disponível em: https://www.boe.es/diario_boe/txt.php?id=BOE-A-2011-17887. Acesso em: 3 maio 2025.

ESPANHA. *Real Decreto-ley nº 9/2017, de 26 de mayo*. Disponível em: https://www.boe.es/buscar/doc.php?id=BOE-A-2017-5855. Acesso em: 12 ago. 2025.

ESTADOS UNIDOS. MIT Sloan. *What the digital future holds*. Ginni Rometty: Digital today, cognitive tomorrow. Cambridge, Massachusetts: MIT Press, 2018.

EUROCID. *Adesão às Comunidades Europeias de Espanha e de Portugal.* Eurocid Centro de Informação Europeia. Disponível em: https://eurocid.mne.gov.pt/eventos/adesao-comunidades-europeias-de-espanha-e-de-portugal. Acesso em: 26 abr. 2025.

EUROPEAN COMISSION. *Compliance matters — What companies can do better to respect EU competition rules.* Luxembourg: Publications Office of the European Union, 2012. Disponível em: https://op.europa.eu/en/publication-detail/-/publication/78f46c48-e03e-4c36-bbbe-aa08c2514d7a/language-en. Acesso em: 22 jun. 2025.

EUROPEAN COMISSION. *White Paper - On Artificial Intelligence - A European approach to excellence and trust.* Disponível em: https://ec.europa.eu/info/publications/white-paper-artificial-intelligence-european-approach-excellence-and-trust_en. Acesso em: 6 jul. 2025.

FATEMI, Mahboubeh; BEHMANESH, Mohammad Reza. New public management approach and accountability. *International Journal of Management, Economics and Social Sciences (IJMESS),* Houston, v. 1, n. 2, p. 48-59, 2012. Disponível em: http://hdl.handle.net/10419/70131. Acesso em: 3 jul. 2025.

FAVARETTO, Fábio. Melhoria da qualidade da informação no controle da produção: estudo exploratório utilizando Data Warehouse. *Gestão & Produção,* v. 14, n. 2, p. 335-347, 2007. Disponível em: https://www.scielo.br/scielo.php?script=sci_arttext&pid=S0103-65132007000200010. Acesso em: 20 jul. 2025.

FERNANDES, Jacoby Ulisses. *Tribunais de Contas do Brasil:* jurisdição e competência. 2. ed. rev. atual. e ampl. Belo Horizonte: Fórum, 2005.

FERNÁNDEZ AJENJO, José Antonio. *El control de las administraciones* públicas y *la lucha contra la corrupción.* Madrid: Civitas, 2011.

FERRAZ, Luciano. Função regulatória da licitação. *A&C – Revista de Direito Administrativo & Constitucional,* v. 37, p. 133-142, 2009.

FIGUEIREDO, Apoliana Rodrigues. Pessoa jurídica corruptora lei 12.846/2013. *Revista de Direito Internacional e Globalização Econômica,* vol. 1, n. 2, p. 41, jul./dez. 2017. Disponível em: https://revistas.pucsp.br/DIGE/article/download/35169/24030. Acesso em: 28 jun. 2025.

FJELD, Jessica *et al. Principled artificial intelligence*: mapping consensus in ethical and rights-based approaches to principles for AI. Berkman Klein Center for internet & society at Harvard University. Janeiro, 2020. Disponível em: https://papers.ssrn.com/sol3/papers.cfm?abstract_id=3518482. Acesso em: 23 jul. 2025.

FLORENCIO, Juliana Abrusio. *Proteção de dados na cultura do algoritmo.* 2019. Tese (Doutorado em Direito) — Pontifícia Universidade Católica de São Paulo, São Paulo, 2019. Disponível em: https://tede2.pucsp.br/handle/handle/22255. Acesso em: 23 jul. 2025.

FORGIONI, Paula. *Os fundamentos do Antitruste.* 2. ed. São Paulo: Revista dos Tribunais, 2005.

FRANÇA, Vladimir da Rocha. Desafios contemporâneos da Administração Pública brasileira. *In*: PONTES FILHO, Valmir; MOTTA, Fabrício; GABARDO, Emerson (coord.). *A regeneração da Administração Pública brasileira.* Curitiba: Íthala, 2017.

GALLEGO CÓRCOLES, Isabel; GAMERO CASADO, Eduardo. El Derecho de la contratación pública: evolución normativa y configuración actual. *In*: *Tratado de Contratos del Sector Público.* Disponível em: http://www.tirantonline.com sob o documento TOL6.648.399. Acesso em: 10 maio 2025.

GARCÍA LOYGORRI, Alfonso Rincón. ¿Qué es un cártel para la CNMC? *In*: BENEYETO PÉREZ, José M.; MAILLO GONZÁLEZ-ORÚS, Jerónimo (dir.). *La lucha contra los cárteles en España*. 1. ed. Cizur Menor: Thomson Reuters Aranzadi, 2015 [versão digital].

GARZON VALDÉS, E. Acerca del concepto de corrupción. *In*: LAPORTA, F. J.; ÁLVARES, S. (ed.). *La corrupción política*. Madrid: Alianza Editorial, 1997.

GIOVANINI, Wagner. Programas de compliance e anticorrupção: importância e elementos essenciais. *In*: DE CASTRO, Rodrigo Pironti Aguirre; DE PAULA, Aurélio Borges (coord.). *Compliance, gestão de riscos e combate à corrupção* — integridade para o desenvolvimento. 1. ed. São Paulo: Ed. Fórum, 2018.

GOMBATA, Marsilea. Modelo brasileiro de segurança favorece a corrupção. *Valor Econômico*, 19 fev. 2018. Disponível em: http://www.valor.com.br/politica/5329415/modelo-brasileiro-de-seguranca-favorece-corrupcao. Acesso em: 12 abr. 2025.

GONZÁLEZ JIMÉNEZ, Pedro Mario. Las conductas de bid rigging y la aplicación de la per se rule en el derecho antitrust español. *Revista de Derecho de la Competencia y la Distribución*, n. 25, 2º semestre de 2019. Disponível em: https://dialnet.unirioja.es/servlet/articulo?codigo-7274106. Acesso em: 20 jun. 2025.

GUERRA FERNÁNDEZ, Antonio; ARECES LÓPEZ, Cristina. Balance de la aplicación del programa de clemencia. *In*: RECUERDA GIRELA, Miguel Angel (dir.). *Anuario de Derecho de la Competencia*. 1. ed. 2019. Cizur Menor: Editorial Civitas (Thomson Reuters), 2019. (versão digital).

HERNANDES, Pedro Petronillio. *Combate à corrupção no Brasil*: análise sob a ótica da economia da corrupção. 6º concurso de monografias da Controladoria-Geral da União. 2011. Disponível em: http://www.cgu.gov.br/Publicacoes/controle-social/arquivos/6-concurso-monografias-2011.pdf. Acesso em: 29 jun. 2025.

ÍNDIA. *National strategy for artificial intelligence*. Discussion paper. Disponível em: https://www.niti.gov.in/sites/default/files/2023-03/National-Strategy-for-Artificial-Intelligence.pdf. Acesso em: 20 jul. 2025.

ISHIKAWA, Lauro; ALENCAR, Alisson Carvalho de. Compliance inteligente: o uso da inteligência artificial na integridade das contratações públicas. *Revista de Informações Legislativas*, Brasília, ano 57, n. 225, p. 83-98, jan./mar. 2020.

JAPÃO. *Public-private dialogue towards investment for the future*. Disponível em: https://japan.kantei.go.jp/97_abe/actions/201604/12article6.html. Acesso em: 20 jul. 2025.

JUSTEN FILHO, Marçal. *Efeitos jurídicos da crise sobre as contratações administrativas*. Disponível em: https://www.justen.com.br/pdfs/IE157/IE%20-%20MJF%20-%20200318-Crise.pdf. Acesso em: 4 ago. 2025.

KPMG. *Pesquisa de Maturidade do Compliance no Brasil*. 3. ed. 2018.

LAMBOY, Christian K. de; RISEGATO, Giulia Pappalardo; COIMBRA, Marcelo de Aguiar. Introdução ao Corporate compliance, ética e integridade. *In*: LAMBOY, Christian K. de. *Manual de Compliance*. São Paulo: Instituto ARC, 2017.

LAMO DE ESPINOSA, E. Corrupción política y ética económica. *In*: LAPORTA, F. J.; ÁLVARES, S. (ed.). *La corrupción política*. Madrid: Alianza Editorial, 1997.

LIMA, Luiz Henrique. *Controle externo*: teoria e jurisprudência para os tribunais de contas. 7. ed. Rio de Janeiro: Forense; São Paulo: Método, 2018.

LOHR, Steve. Facial recognition is accurate, if you're a white guy. *The New York Times*, 9 fev. 2018. Disponível em: https://www.nytimes.com/2018/02/09/technology/facial-recognition-race-artificial-intelligence.html?module=inline. Acesso em: 7 jul. 2025.

LÓPEZ COMBARROS, J. L. Entrevista a José Luis López Combarros, Presidente del ICAC. *Apu*, n. 28, 2003.

LÓPEZ HERNÁNDEZ, Antonio M.; MARTÍNEZ MONTES, Germán. *La gestión sistemática del riesgo en la contratación* pública una *oportunidad para mejora*. Disponível em: http://asocex.es/la-gestion-sistematica-del-riesgo-en-la-contratacion-publica-una-oportunidad-para-la-mejora#_ftnref5. Acesso em: 29 jun. 2025.

LOZANO CUTANDA, B. Urbanismo y corrupción: algunas reflexiones desde el derecho administrativo. *RAP*, n. 172, 2007.

LUCAS VERDU, P. Apuntes sobre los aspectos jurídico-políticos del Tribunal de Cuentas. *In*: Dirección General de lo Contencioso del Estado. *El Tribunal de Cuentas en España*. Madrid: Instituto de Estudios Fiscales. vol. II. 1982.

MAGGI, Bruno Oliveira. *Cartel*: responsabilidade civil concorrencial. 1. ed. São Paulo: Thomson Reuters Brasil, 2018 [livro eletrônico].

MALEM SEÑA, J. F. *La corrupción*: aspectos éticos, económicos, políticos y jurídicos. Barcelona: Editorial GEDISA S.A., 2002.

MANTECA, F. Incidencia del covid-19 en los contratos de concesión administrativa el reequilíbrio económico del contrato. *Diario LA LEY*, n. 9633, Sección Tribuna, de 15 de mayo de 2020.

MAQUIAVEL, Nicolau. *O Príncipe*. Trad. Antonio Cauccio-Caporale. Porto Alegre: L&PM Pocket, 2011.

MARÍN QUEMADA, José María. La CNMC: cinco años favoreciendo el correcto funcionamiento de los mercados y la competitividad de la economía española. *In*: *Regulación de mercados y competencia*. Madrid: Revista de Economía ICE (Información Comercial Española) n. 905. nov./dez. 2018. Disponível em: http://www.mineco.gob.es/stfls/mineco/ministerio/ficheros/libreria/ICE905.pdf. Acesso em: 14 jun. 2025.

MARTIN ARESTI, Pilar. Ley 3/2013, de 4 de junio, de creación de la Comisión Nacional de los Mercados y la Competencia. *Ars Iuris Salmanticensis*, vol. 1, dez. 2013. Disponível em: https://gredos.usal.es/bitstream/handle/10366/128957/Ley_3_2013%2c_de_4_de_junio%2c_de_creacion_d.pdf?sequence=1&isAllowedy. Acesso em: 03 abr. 2025.

MARTIN ARESTI, Pilar. Relaciones entre el derecho de la competencia de la unión europea y el derecho nacional español de la libre competencia. *In*: CARBAJO CASCÓN, Fernando (coord.). *Manual práctico de derecho de la competencia*. Valencia: Tirant lo Blanch, 2017.

MARTINS JÚNIOR, Wallace Paiva. *Probidade administrativa*. 4. ed. São Paulo: Saraiva, 2009.

MATO GROSSO. Tribunal de Contas do Estado de Mato Grosso. *Resolução de consulta nº 20/2016 — TP*. Processo nº 13.193-8/2016. Disponível em: https://www.tce.mt.gov.br/protocolo/decisao/num/131938/ano/2016/num_decisao/20/ano_decisao/2016. Acesso em: 25 jun. 2025.

MAURO, Paolo. Corruption and growth. *The Quarterly Journal of Economics*, v. 110, n. 3, p. 681-712, 1995.

MAZZILLI, Hugo Nigro. O Ministério Público de Contas. *Revista do Ministério Público de Contas do Paraná,* n. 7, ano III, nov./17 a maio/2018. Curitiba: Ministério Público de Contas do Paraná, 2017. Disponível em: https://drive.google.com/file/d/1wcBMXJ0iE2BJmPvmWkoo-ugahFK-nxne/view. Acesso em: 29 jun. 2025.

MEIRELLES, Hely Lopes. *Direito administrativo brasileiro.* 23. ed. São Paulo: Malheiros, 1998.

MELLO, Celso Antônio Bandeira de. *Curso de direito administrativo.* 30. ed. São Paulo: Malheiros, 2013.

MENDIZÁBAL ALLENDE, R. Función y esencia del Tribunal de Cuentas. *RECE,* n. 3, 2001.

MENÉNDEZ, Uría. *Principales novedades de la Ley 9/2017, de 8 de noviembre, de Contratos del Sector Público.* Dezembro, 2017. Disponível em: https://www.uria.com/documentos/circulares/941/documento/7153/Novedades-LCSP.pdf. Acesso em: 09 abr. 2025.

MEZZAROBA, Mariana Pessini. Uso de dados por organizações e startups em benefício dos cidadãos. *Via Revista,* Universidade Federal de Santa Catarina, n. 5, dez. 2018. Disponível em: https://via.ufsc.br/wp-content/uploads/2018/12/revista-VIA-5ed.pdf. Acesso em: 10 jul. 2025.

MOHALLEM, Michael Freitas *et al. Cartilha Novas medidas contra a corrupção.* Transparência Internacional; FGV Direito Rio; FGV Direito São Paulo.

MOTTA, Paulo Roberto de Mendonça. O estado da arte da gestão pública. *ERA — Revista de Administração de Empresas,* v. 53, n. 1, p. 82-90, jan./fev. 2013. Disponível em: https://doi.org/10.1590/S0034-75902013000100008. Acesso em: 10 jul. 2025.

MUNAKATA, Toshinori. *Fundamentals of the new artificial intelligence 1-2.* 2d ed. 2008.

NEVES, Daniel; SOUSA, Rafaela. Revolução Industrial. *Brasil Escola.* Disponível em: https://brasilescola.uol.com.br/historiag/revolucao-industrial.htm. Acesso em: 3 jul. 2025.

NEVADO-BATALLA MORENO, P. T. Responsabilidad de los servidores públicos: rendimiento como garantía a la legalidad de la actuación pública. *In:* FABIAN CAPARRÓS, E.A. (coord.). *La corrupción:* Aspectos jurídicos y económicos. Salamanca: Ratio Legis, 2000.

NIETO GARCIA, A. De la Republica a la Democracia: La administración española del Franquismo (III). Pérdida de identificación y crisis de identidad de unos Cuerpos burocráticos. *REDA,* n. 18, 1978.

NOGUEIRA, Nair Maria Gaston. Administração pública e sociedade digital: panorama evolutivo. *In:* OLIVEIRA, Aroldo Cedraz de (coord.). *O controle da Administração Pública na era digital.* 2. ed. Belo Horizonte: Fórum, 2017.

OCDE. *Diretrizes para combater o conluio entre concorrentes nas contratações públicas.* Disponível em: https://www.oecd.org/daf/competition/cartels/44162082.pdf. Acesso em: 9 ago. 2025.

OCDE. *España:* de la reforma de la administración a la mejora continua. Informe de la OCDE sobre gobernanza pública en España. Madrid: INAP, 2014. Disponível em: http://www.congreso.es/docu/docum/ddocum/dosieres/sleg/legislatura_10/spl_101/pdfs/57.pdf. Acesso em: 10 jun. 2025.

OCDE. *Fostering innovation in the Public Sector.* Paris, 2017. Disponível em: https://oecd-opsi.org/wp-content/uploads/2018/07/Fostering-Innovation-in-the-Public-Sector-254-pages.pdf. Acesso em: 17 jul. 2025.

OCDE. *Glossary of Industrial Organization Economics and Competition Law*. Definition of Bid Rigging. Disponível em: http://www.oecd.org/regreform/sectors/2376087.pdf. Acesso em: 27 jun. 2025.

OCDE. *Glossary of statistical therms*. Disponível em: https://stats.oecd.org/glossary/detail.asp?ID=3145. Acesso em: 30 maio 2025.

OCDE. *Going digital*. Making the transformation work for growth and well-being. Disponível em: https://www.oecd.org/going-digital/. Acesso em: 16 jul. 2025.

OCDE. *Observatory of Public Sector Innovation*. Disponível em: https://www.oecd-opsi.org/. Acesso em: 16 jul. 2025.

OCDE; EUROSTAT. *Oslo Manual 2018*: Guidelines for Collecting, Reporting and Using Data on Innovation. 4. ed. Disponível em: https://www.oecd.org/science/oslo-manual-2018-9789264304604-en.htm. Acesso em: 15 jul. 2025.

OCDE; EUROSTAT. *Recommendation of the Council on Artificial Intelligence*. OECD/LEGAL/0449. Disponível em: https://legalinstruments.oecd.org/en/instruments/OECD-LEGAL-0449. Acesso em: 23 jul. 2025.

OLIVEIRA, Rafael Carvalho Rezende. *Curso de direito administrativo*. 6. ed. Rio de Janeiro: Forense, 2018.

OLIVEIRA, Rafael Carvalho Rezende. *Licitações e contratos administrativos*. 2. ed. São Paulo: Método, 2015.

ORDÓÑEZ SOLÍS, David. La aplicación pública del derecho de la competencia. *In*: CARBAJO CASCÓN, Fernando (coord.). *Manual práctico de derecho de la competencia*. Valencia: Tirant lo Blanch, 2017.

ORGANIZAÇÃO DAS NAÇÕES UNIDAS. *Convenção das Nações Unidas contra a corrupção*. Disponível em: https://www.unodc.org/documents/lpo-brazil//Topics_corruption/Publicacoes/2007_UNCAC_Port.pdf. Acesso em: 11 maio 2025.

ORGANIZAÇÃO DAS NAÇÕES UNIDAS. Escritório contra drogas e crime. *Convenção das Nações Unidas contra a Corrupção*. Disponível em: https://www.unodc.org/documents/lpo-brazil//Topics_corruption/Publicacoes/2007_UNCAC_Port.pdf. Acesso em: 28 jun. 2025.

ORGANIZAÇÃO DOS ESTADOS AMERICANOS. *Convenção Interamericana contra a corrupção*. Disponível em: http://www.oas.org/juridico/portuguese/treaties/B-58.htm. Acesso em: 1 maio 2025.

ORGANIZATION FOR ECONOMIC COOPERATION AND DEVELOPMENT. *Promoting compliance with Competition Law*. DAF/COMP 20, 2011.

ORTEGA FLORENSA, X. Sobre la imposibilidad de ejecutar el contrato de concesión como presupuesto para el reequilibrio económico por la Covid 19. *Observatorio de Contratación* Pública, 22 jun. 2020.

PALUDO, Augustinho. *Administração Pública*. 9. ed. São Paulo: Juspodivm, 2020.

PECES BARBA, G. La corrupción en las instituciones y en la sociedad civil. *In*: VV AA. *Corrupción y ética*. Bilbao: Universidad de Deusto, 1996.

PEREIRA, Cesar. Autossaneamento (self-cleaning) e reabilitação no direito brasileiro anticorrupção. *Revista de direito administrativo contemporâneo*, São Paulo, vol. 3, n. 20, p. 13-34, set./out. 2015.

PÉREZ, José M. Beneyeto; GONZÁLEZ-ORÚS, Jerónimo Maillo (dir.). *La lucha contra los cárteles en España*. 1. ed. Cizur Menor: Thomson Reuters Aranzadi, 2015 [versão digital].

PIANKO, Deborah. Analytics to fight tax fraud. Entrevista por Robert Morison. *International Institute for Analytics*, mar. 2018. Disponível em: https://www.sas.com/en_us/whitepapers/iia-analytics-to-fight-tax-fraud-108220.html. Acesso em: 29 abr. 2025.

PLATÃO. *A República*. Trad. Leonel Vallandro. Rio de Janeiro: Nova Fronteira, 2016.

RAUEN, Andre; BARBOSA, Henrique. *Instrumentos de estímulo à inovação tecnológica*: reflexões sobre as encomendas tecnológicas. Brasília: Ipea, 2019.

REK, Marcos. Os modelos de Administração Pública e reflexos à qualidade na gestão administrativa Brasileira. Âmbito *Jurídico*. Disponível em: https://ambitojuridico.com.br/cadernos/direito-administrativo/os-modelos-de-administracao-publica-e-reflexos-a-qualidade-na-gestao-administrativa-brasileira/. Acesso em: 1 jul. 2025.

REINO UNIDO. *Enterprise and Regulatory Reform Act*. Disponível em: http://www.legislation.gov.uk/ukpga/2013/24/contents/enacted. Acesso em: 29 jun. 2025.

REINO UNIDO. *Public Interest Disclosure Act (PIDA)*. Disponível em: https://www.legislation.gov.uk/ukpga/1998/23/contents. Acesso em: 29 jun. 2025.

RIVERO ORTEGA, R. Es necesaria una revisión del régimen de contratos administrativos en España? *REDA*, n. 120, 2003.

ROCHA, Lilian Rose. *Corrupção*: os efeitos deletérios sobre as políticas de saúde. Disponível em: https://www.uniceub.br/media/1045444/Corrup%C3%A7%C3%A3o_os_efeitos_delet%C3%A9rios_sobre as.pdf. Acesso em: 11 abr. 2025.

RODRÍGUEZ MÍGUEZ, José Antonio. Prevención de cárteles, promoción de la competencia y programas de cumplimiento. *In*: BENEYETO PÉREZ, José M.; MAILLO GONZÁLEZ-ORÚS, Jerónimo (dir.). *La lucha contra los cárteles en España*. 1. ed. Cizur Menor: Thomson Reuters Aranzadi, 2015. [Versão digital].

SABAN GODOY, A. *El marco jurídico de la corrupción*. Madrid: Civitas, 1991.

SANCHO GARGALLO, Ignacio. El efecto vinculante de las decisiones de las autoridades nacionales de la competencia. *In*: RUIZ PERIS, Juan Ignacio (dir.). *Derecho europeo de compensación de los daños causados por los carteles y por los abusos de posición de dominio de acuerdo con la Directiva 2014/104/UE*. Valencia: Tirant lo Blanch, 2018.

SÁNCHEZ MÓRON, M. La corrupción y los problemas del control de las administraciones públicas. *In*: LAPORTA, F. J.; ÁLVARES, S. (ed.). *La corrupción política*. Madrid: Alianza Editorial, 1997.

SAS. Security Intelligence Practise. *Government procurement offices*: improving fiscal responsibility through data analytics. Disponível em: https://www.sas.com/en_us/whitepapers/government-procurement-offices-107129.html. Acesso em: 29 out. 2025.

SCHAPIRO, Mario G.; MARINHO, Sarah. Compliance concorrencial: a experiência internacional e as lições para o CADE. *In*: RODAS, João Grandino; CARVALHO, Vinícius Marques de (coord.). *Compliance e concorrência*. São Paulo: Revista dos Tribunais, 2017 [livro eletrônico].

SCHUARTZ, Luís Fernando; POSSAS, Mario Luiz. Habilitação em licitações públicas e defesa da concorrência. *Revista do IBRAC — Direito da Concorrência, Consumo e Comércio Internacional*, vol. 5, n. 3, jan. 1998. Disponível em: http://www.ibrac.org.br/UPLOADS/PDF/RevistadoIBRAC/Revista5n3.pdf. Acesso em: 22 maio 2025.

SCHWAB, Klaus. *A quarta revolução industrial*. Trad. Daniel Moreira Miranda. São Paulo: Edipro, 2016.

SEMENSATO, Barbara Ilze *et al.* Modelagem de regras de negócios utilizando EKD: o caso de um programa de Pós-Graduação. *In*: *XXIX Encontro Nacional de Engenharia de Produção*. 2009. Anais... Disponível em: http://www.abepro.org.br/biblioteca/enegep2009_TN_STP_091_615_12580.pdf. Acesso em: 20 jul. 2025.

SHARK, Alan R.; SHROSPSHIRE, Anders. Artificial Intelligence and the Teaching of Public Policy and Administration. *In*: *Al and Its Impact on Public Administration*. National Academy of Public Administration. Standing Panel on Technology Leadership, abr. 2019.

SILVA, Fábio Ricardo Araújo. *Detecção de ironia e sarcasmo em língua portuguesa*: uma abordagem utilizando deep learning. Disponível em: https://www.researchgate.net/profile/Fabio_Araujo_Da_Silva/publication/323369673_Deteccao_de_Ironia_e_Sarcasmo_em_Lingua_Portuguesa_uma_abordagem_utilizando_Deep_Learning/links/5a9090340f7e9ba4296b9ea2/Deteccao-de-Ironia-e-Sarcasmo-em-Lingua-Portuguesa-uma-abordagem-utilizando-Deep-Learning.pdf. Acesso em: 28 jun. 2025.

SILVA, Thiago Antunes de. Conceitos e evolução da Administração Pública: o desenvolvimento do papel administrativo. *In*: *Anais do 7º Seminário Integrado de Ensino, Pesquisa e Extensão da Unochapecó*, 2017, Chapecó. Disponível em: https://online.unisc.br/acadnet/anais/index.php/sidr/article/download/16678/4429. Acesso em: 3 jul. 2025.

SILVEIRA, Everton; MARCOLIN, C.; FREITAS, H. M. R. O big data e seu uso corporativo: uma revisão de literatura. *In*: *Anais do IV SINGEP*, 2015, São Paulo. Disponível em: https://singep.org.br/4singep/resultado/245.pdf. Acesso em: 28 jun. 2025.

SIMONSEN, Ricardo. Os requisites de um bom programa de compliance. *In*: CUEVA, Ricardo Villas Boas; FRAZÃO, Ana. *Compliance* — perspectivas e desafios dos programas de conformidade. 1. ed. Belo Horizonte: Fórum, 2018.

SINGAPURA. *AI Singapore*. Disponível em: https://aisingapore.org. Acesso em: 20 ago. 2020.

SOUZA, Kleberson Roberto de; SANTOS, Franklin Brasil. *Como combater a corrupção em licitações*: detecção e prevenção de fraudes. Belo Horizonte: Fórum, 2018.

SPINELLI, Mário Vinicius Claussen; CRUZ, Hamilton Cota. Controle interno e prevenção da corrupção. *In*: BLIACHERIENE, Ana Carla; BRAGA, Marcus Vinicius de Azevedo; RIBEIRO, Renato Jorge Brown. (coord.). *Controladoria no Setor Público*. Belo Horizonte: Fórum, 2016.

TAUFICK, Roberto Domingos. A brief overview of the Federal Trade Comission's organization and operation. *Revista de Direito da Concorrência*, Brasília: IOB/CADE, v. 14, p. 69-106, 2007. Disponível em: http://www.cade.gov.br/acesso-a-informacao/publicacoes-institucionais/Revista-de-Defesa-da-Concorrencia/publicacoes-anteriores-da-revista-de-defesa-da-concorrencias/14a-edicao-abril-a-junho-de-2007. Acesso em: 23 abr. 2025.

TAUFICK, Roberto Domingos. *Nova lei antitruste brasileira*. 2. ed. São Paulo: Almedina Brasil, 2017.

TAVARES, André Ramos. *Curso de direito constitucional*. 18. ed. São Paulo: Saraiva Educação, 2020.

TORNOS MAS, Joaquin. Covid-19, contratos concesionales y reequilibrio económico. *Observatorio de Contratación* Pública. Disponível em: http://www.obcp.es/opiniones/covid-19-contratos-concesionales-y-reequilibrio-economico. Acesso em: 5 ago. 2025.

TRANSPARÊNCIA INTERNACIONAL. Índice de percepção da corrupção. 2017. Disponível em: https://static1.squarespace.com/static/5a86d82132601ecb510239c2/t/5a8dc5b89140b72fa5081773/1519240719239/IPC+2017+-+RELATO%CC%81RIO+GLOBAL.pdf. Acesso em: 24 jun. 2025.

TRANSPARÊNCIA INTERNACIONAL. Índice de percepção da corrupção. 2019. Disponível em: https://images.transparencycdn.org/images/2019_CPI_Report_EN_200331_141425.pdf. Acesso em: 11 abr. 2025.

TRANSPARÊNCIA INTERNACIONAL. *Relatório do índice de percepção da corrupção de 2019*. Disponível em: https://comunidade.transparenciainternacional.org.br/asset/67:indice-de-percepcao-da-corrupcao-2019?stream=1. Acesso em: 26 jun. 2025.

TUREK, Matt. *Explainable artificial intelligence*. Defense Advanced Research Project Agency (DARPA). Disponível em: https://www.darpa.mil/program/explainable-artificial-intelligence. Acesso em: 29 abr. 2025.

UNIÃO AFRICANA. *Convenção da União Africana sobre a prevenção e o combate à corrupção*. Disponível em: https://au.int/sites/default/files/treaties/36382-treaty-0028-african_union_convention_on_preventing_and_combating_corruption_p.pdf. Acesso em: 1 maio 2025.

UNIÃO AFRICANA. *Comunicação da Comissão sobre a cooperação na Rede de Autoridades da Concorrência (2004/C 101/03)*. Disponível em: https://eur-lex.europa.eu/legal-content/ES/TXT/PDF/?uri=CELEX:52004XC0427(02)&from=EN. Acesso em: 8 ago. 2025.

UNIÃO AFRICANA. *Comunicação da Comissão sobre a dispensa do pagamento de multa e a redução de seu valor em casos de cartel (2006/C 298/11)*. Disponível em: https://eur-lex.europa.eu/LexUriServ/LexUriServ.do?uri=OJ:C:2006:298:0017:0022:ES:PDF. Acesso em: 8 ago. 2025.

UNIÃO AFRICANA. *Convenção estabelecida com base no nº 2, alínea "c", do artigo K.3 do Tratado da União Europeia, relativa à luta contra a corrupção em que estejam implicados funcionários das Comunidades Europeias ou dos Estados-membros da União Europeia*. Disponível em: https://eur-lex.europa.eu/legal-content/PT/TXT/?uri=celex:41997A0625 (01. Acesso em: 1 maio 2025.

UNIÃO AFRICANA. *Diretiva 2014/23/UE do Parlamento Europeu e do Conselho*. Diário Oficial das Comunidades Europeias L 94 de 28.3.2014, pp. 1 a 64. Disponível em: https://eur-lex.europa.eu/legal-content/pt/TXT/?uri=CELEX:32014L0023. Acesso em: 23 abr. 2025.

UNIÃO AFRICANA. *Diretiva 2014/24/UE do Parlamento Europeu e do Conselho*. Diário Oficial das Comunidades Europeias L 94 de 28.3.2014, p. 65-242. Disponível em: https://eur-lex.europa.eu/legal-content/pt/TXT/?uri=CELEX:32014L0024. Acesso em: 24 abr. 2025.

UNIÃO AFRICANA. *Diretiva 2014/25/UE do Parlamento Europeu e do Conselho*. Diário Oficial das Comunidades Europeias L 94 de 28.3.2014, p. 243-374. Disponível em: https://eur-lex.europa.eu/legal-content/PT/TXT/?uri=celex%3A32014L0025. Acesso em: 25 abr. 2025.

UNIÃO AFRICANA. *Regulamento (CE) nº 1/2003 do Conselho, de 16 de dezembro de 2002, relativo à execução das regras de concorrência estabelecidas nos artigos 81 e 82 do Tratado*. Disponível em: https://eur-lex.europa.eu/legal-content/PT/TXT/PDF/?uri=CELEX:32003R0001&from=ES. Acesso em: 26 abr. 2025.

UNIÃO AFRICANA. *Sentença do Tribunal de Justiça da União Europeia assunto C-501/11-P (Schindler Holding y otros/Comisión) de 18 de julio de 2013*. Disponível em: http://curia.europa.eu/juris/liste.jsf?num=C-501/11&language=ES. Acesso em: 20 jul. 2025.

UNIÃO AFRICANA. *Tipos de Direito da União Europeia*: tipos de atos jurídicos. Disponível em: https://ec.europa.eu/info/law/law-making-process/types-eu-law_es. Acesso em: 29 abr. 2025.

UNIÃO AFRICANA. *Tratado de adesão do Reino da Espanha e da República Portuguesa às Comunidades Europeias, de 31 de maio de 1985*. Diário Oficial das Comunidades Europeias n. L 302 de 15/11/1985. Disponível em: https://eur-lex.europa.eu/legal-content/ES/TXT/?uri=OJ:L:1985:302:TOC. Acesso em: 20 abr. 2025.

UNIÃO AFRICANA. *Tratado de funcionamento da União Europeia*. Disponível em: https://eur-lex.europa.eu/legal-content/PT/TXT/PDF/?uri=CELEX:12012E/TXT&from=FR. Acesso em: 26 abr. 2025.

UNODC. Escritório das Nações Unidas sobre Drogas e Crime. *Agências da ONU alertam para impactos da corrupção no desenvolvimento dos países*. 15 dez. 2017. Disponível em: https://nacoesunidas.org/agencias-da-onu-alertam-para-impactos-da-corrupcao-no-desenvolvimento-dos-paises/. Acesso em: 11 abr. 2025.

VÁSQUEZ HONRUBIA, J. M. Fraude a las subvenciones comunitárias en la práxis. *In*: FERRÉ OLIVÉ, J. C. *Fraude de subvenciones comunitarias y corrupción*: delitos financieros, fraude y corrupción en Europa, vol. I. Ediciones Universidad de Salamanca, 2002.

VERÍSSIMO, Carla. *Compliance*: incentivo à adoção de medidas anticorrupção. São Paulo: Saraiva, 2017.

VILLANI, Cédric. *For a meaningful artificial intelligence towards a French and European strategy*. Disponível em: https://www.aist.go.jp/~bao/Al/OtherAlstrategies/MissionVillani_Report_ENG-VF.pdf. Acesso em: 20 jul. 2025.

WAGNER, Ben. *Ethics as an escape from regulation*: from ethics-washing to ethics-shopping?. 2018. Disponível em: https://www.privacylab.at/wp-content/uploads/2018/07/Ben_Wagner_Ethics-as-an-Escape-from-Regulation_2018BW9.pdf. Acesso em: 23 jul. 2025.

WELLS, Joseph. *Corporate fraud handbook*: prevention and detection. 2. ed. Estados Unidos da América: 2007.

WILSON, Benjamin; HOFFMAN, Judy; MORGENSTERN, Jamie. *Predictive Inequity in Object Detection*. Georgia Institute of Technology, fev. 2019. Disponível em: https://arxiv.org/pdf/1902.11097.pdf. Acesso em: 7 jul. 2025.

ZENKNER, Marcelo. *Integridade governamental e empresarial*: um espectro da repressão e da prevenção à corrupção no Brasil e em Portugal. Belo Horizonte: Fórum, 2019.

ZYMLER, Benjamin. Prefácio. *In*: DE CASTRO, Rodrigo Pironti Aguirre; DE PAULA, Aurélio Borges (coord.). *Compliance, gestão de riscos e combate à corrupção* — integridade para o desenvolvimento. 1. ed. *São Paulo: Fórum, 2018.*

Esta obra foi composta em fonte Palatino Linotype, corpo 10
e impressa em papel Pólen Bold 70g (miolo) e Supremo 250g (capa)
pela Gráfica Star7.